ALS IN EEN DONKERE SPIEGEL

Frank Vande Veire

Als in een donkere spiegel

De kunst in de moderne filosofie

SUN

Omslagontwerp en typografische vormgeving: Leo de Bruin†, Ooij
Opmaak: Peter Tychon, Wijchen
Op het omslag: Man Ray, *L'énigme d'Isidore Ducasse*, 1920

Tweede druk oktober 2005
Derde druk oktober 2007
Vierde druk juni 2012
ISBN 978 90 5875 057 0
NUR 736, 640

Inhoud

Woord vooraf

Hoezeer het ook onze wrevel kan opwekken, het hedendaagse commentaar op kunst, dat men in dag- en weekbladen, gespecialiseerde tijdschriften en kunstcatalogi terugvindt, bepaalt meer hoe we over kunst denken én hoe wij haar ervaren dan we durven aannemen. Deze woordenvloed beïnvloedt niet alleen de receptie van het kunstwerk, maar heeft tevens effecten op de artistieke productie zelf. Kunstenaars werken niet in een discursief vacuüm, maar binnen het intellectuele klimaat van hun tijd. Het commentaar dat zich voortdurend rond het kunstbedrijf ontspint, werkt onvermijdelijk in op de manier waarop zij over hun eigen activiteit nadenken, en dus even onvermijdelijk ook op hun praktijk zelf.

Sinds geruime tijd wekt dit commentaar terecht ergernis. Nu kan men de kunstkritiek niet verwijten dat ze zich uitdrukt in een bont jargon dat ze ontleent aan de kunstgeschiedenis, de sociologie, de semiotiek, de filosofie en de psychoanalyse, wel dat ze van deze disciplines vaak slechts pasklare slogans en ondoorzichtige, ijdele verwijzingen overhoudt. De kunstcriticus 'zapt' als het ware van het ene theoretische kader naar het andere, waardoor hij uiteindelijk op het kunstwerk noch op de theorie een licht werpt. 'De kunstkritiek heeft geen begrip', schreef Walter Benjamin reeds in de jaren dertig, 'zij heeft alleen een jargon dat van dag tot dag verandert.'

Ook de kunstgeschiedenis, die als bezadigde wetenschap de nodige afstand tegenover haar object bewaart, en dus niet die noodlottige obsessie kent actueel te zijn, verkeert sinds geruime tijd in crisis. De fundamentele verschuivingen die zich de laatste decennia hebben voorgedaan op het gebied van de filosofie, de psychoanalyse, de culturele antropologie en de semiotiek hebben haar niet onberoerd gelaten. Deze disciplines hebben vele impliciete veronderstellingen van de kunstgeschiedenis omtrent de aard van haar object op de helling gezet. Toch lijkt dit slechts langzaam tot de kunstgeschiedenis door te dringen. Daarbij komt nog dat de kunsthistoricus zijn onderzoek meestal beperkt tot kunst uit een eerbiedwaardig verleden, waardoor hij vaak blind is voor de manier waarop in de laatste twee eeuwen binnen de artistieke praktijk zelf het begrip 'kunst' serieus werd omgewoeld. In die zin heeft de kunstkritiek met haar ergerlijke conceptuele chaos misschien op de kunstgeschiedenis voor dat zij, hoe verward ook, openstaat voor deze zelfproblematisering van de kunst.

Aangezien de kunst zelf sinds lang bezig is haar eigen begrip ter discussie te stellen, zou men haar ontrouw zijn indien men haar zou willen bevrijden van dit eindeloze gereflecteer dat zich rond haar weeft. De pogingen om de kunst in haar zogenaamde onschuld, haar reflectieloze spontaneïteit te herstellen, zijn even regressief en fundamentalistisch als de pogingen de religie van allerlei theologische speculaties te zuiveren en aan de mensen hun 'spontane', 'volkse' geloof terug te geven. Nadat kunst er al pakweg twee eeuwen blijk van geeft niet zomaar genoten te willen worden, kan de nog steeds populaire uitspraak dat ze enkel voor dit 'esthetisch' genot dient, slechts verklaard worden als een verkrampte reactie op een onomkeerbaar gegeven: dat de kunst sinds lang zelf een reflexieve component bevat en tot reflectie uitnodigt, over de kunst zelf, en meteen ook over de mens die zich tegenover die kunst geplaatst ziet.

Niet dat men te veel over kunst reflecteert is een probleem, maar dat men slecht en te weinig reflecteert. Iedereen kent de ergerlijke gewoonte van talloze kunstcritici om hun teksten zonder verdere toelichting of persoonlijke verwerking te doorspekken met begrippen uit de moderne filosofie. Vaak gaat het om allerlei door elkaar gehaspelde 'postmoderne' of 'poststructuralistische' theorieën die als modieuze boutades de revue passeren. Filosofische begrippen functioneren op die manier als handige passe-partouts waarmee men bewijst tot de *art world* te behoren.

De bedoeling van dit boek is dan ook om een stap terug te zetten uit het gewoel van het commentaar over kunst dat ons dagelijks overspoelt – niet in een of andere gewijde stilte, maar in een traditie van geduldige en systematische bezinning op het fenomeen kunst die ruim twee eeuwen aan de gang is. Deze bezinning is onvermijdelijk *filosofisch* van aard omdat ze niet enkel haar onderwerp wil begrijpen, maar ook, in een zelfreflexieve beweging, de mogelijkheid van het (theoretische) begrijpen zonder meer aan de orde stelt.

Ik heb gekozen voor een *historische* benadering, maar in geen geval voor een encyclopedische, 'neutrale' opsomming van allerlei theorieën. Veertien belangrijke filosofen heb ik geselecteerd die elk op hun manier de vreemde plaats hebben omcirkeld die de kunst voor de moderne mens inneemt. Daarbij ligt de nadruk niet in de eerste plaats op het 'historisch belang' dat zij hebben gehad, noch op de invloed die zij op elkaar hebben uitgeoefend, maar op wat zij ons tot op de dag van vandaag te denken meegeven. Ik heb aannemelijk willen maken dat de manier waarop Kant, Hegel, Nietzsche en anderen het probleemveld van de kunst hebben aangesneden, nog steeds de grond vormt van waaruit wij denken, spreken en discussiëren over kunst. Wanneer we deze filosofen lezen en interpreteren, maken we niet zomaar kennis met een 'theorie', maar worden we binnengeleid in het spanningsveld waarbinnen ons eigen denken over kunst zich hoe dan ook afspeelt. Het gaat er dus niet in de eerste plaats om deze denkers aan te hangen of te verwerpen, maar om via hen klaarheid te scheppen in ons eigen denken.

De keuze van de auteurs is ongetwijfeld tendentieus. Waarom bijvoorbeeld niet Arthur Schopenhauer, Georg Lukács, Ludwig Wittgenstein, Paul Valéry, het Russische formalisme, Roman Ingarden, Maurice Merleau-Ponty, Nelson Goodman, Julia Kristeva? Dit te verantwoorden zou op zichzelf al een flink hoofdstuk vergen. Soms gaat het om gebrek aan affiniteit, of gewoon gebrek aan kennis. In elk geval was een beperking op zich onvermijdelijk, aangezien ik ervoor koos geen theorieën af te wikkelen, maar telkens, binnen de enge grenzen van een didactisch 'overzichtswerk', aandacht te vragen voor de praktijk van een denken dat zichzelf zoekt en zichzelf herneemt.

Inleiding

Het moderne filosofische denken peilt de specifieke aard van de *ervaring*, of het nu aan de kant van de 'schepper' of van de beschouwer is, die wij als 'artistiek' of 'esthetisch' bestempelen. De vraag is dus wat aan kunst zo eigen-aardig is dat wij er een speciaal woord voor hebben en dat we voor dit verschijnsel in onze cultuur een relatief apart domein hebben gereserveerd. Iedereen weet dat kunst niet losstaat van andere activiteiten waarmee de mens zich tot de wereld, zichzelf en de anderen verhoudt. Toch bezit zij voor ons blijkbaar genoeg specificiteit dat wij haar spontaan onderscheiden van zaken zoals wetenschap, techniek, arbeid, ethiek, religie, politiek, enzovoort. Tegelijk blijft daar de vraag naar de relatie die kunst onvermijdelijk met die terreinen onderhoudt.

Kunstfilosofie en kunstgeschiedenis

De filosofische reflectie over kunst heeft veel verschillende vormen aangenomen, maar wat haar duidelijk onderscheidt van de kunstgeschiedenis is dat ze weinig of geen positieve kennis over de kunst aanbrengt. De kunstgeschiedenis als wetenschap geeft ons een berg aan informatie over het kunstwerk als materieel ding en als betekenisgegeven (materiaal, procédé, stilistische eigenschappen, iconografie, kunsthistorische invloeden, culturele en biografische context, enzovoort). Maar deze informatie, hoe interessant ze op zichzelf ook is, zegt daarom nog niets over het eigensoortig *appèl* dat het kunstwerk op de mens doet, en over wat daarmee voor hem op het spel staat.

De kunstgeschiedenis kan met andere woorden alles over het kunstwerk zeggen, behalve wat het kunstwerk tot een kunstwerk maakt, terwijl ze anderzijds toch steeds impliciet uitgaat van een opvatting van wat kunst is. Dat doet zij alleen al wanneer zij als wetenschap haar onderwerp afbakent, en dus een onderscheid maakt tussen dingen die voor kunst kunnen doorgaan en dingen die dat blijkbaar niet kunnen. Maar de grond van dit onderscheid ontsnapt aan de kunstgeschiedenis als wetenschap. Kunsthistorische beschrijving en theorievorming over kunst opereren dus altijd vanuit meer oorspronkelijke, niet theoretisch gethematiseerde onderscheidingen die elk kunstwerk als een *kunst*-werk aanwijzen, en bijvoorbeeld niet als een technisch artefact of een natuurlijk object.

Het verschil tussen de kunstgeschiedenis als wetenschap en het filosofische denken over kunst is er dan ook niet zozeer in gelegen dat de kunstgeschiedenis zich op allerlei particuliere kunstuitingen, -stromingen en -tijdperken richt, terwijl de filosofie de kunst in haar abstracte algemeenheid beschouwt. Het gaat er eerder om dat de filosofie het begrip kunst, dat door een historisch proces als zodanig is afgebakend, probeert te verhelderen, terwijl de kunstgeschiedenis opereert binnen een reeds afgebakend domein van objecten. De kunstgeschiedenis doet zelden een poging deze afbakening te legitimeren, blijkbaar omdat zij voor haar bij voorbaat is gelegitimeerd. Voor de filosofische esthetica is deze legitimering juist de grootste uitdaging. Centraal staat dan ook de vraag: 'Wat is kunst? Wat is het dat men "kunst" noemt?' Ook al zal deze vraag zelf in de loop van de moderne filosofie steeds meer als problematisch worden aangevoeld, de filosofie zal haar nooit zomaar van zich afschudden.

Hoewel de kunstgeschiedenis zich, zoals gezegd, zelden expliciet inlaat met de vraag naar wat kunst nu eigenlijk is, verraadt zij toch steeds iets van haar vooronderstellingen daaromtrent in de wijze waarop zij haar object benadert: het theoretische kader van waaruit zij vertrekt en haar onderzoeksmethode.

Zo kan de kunsthistoricus de nadruk leggen op formeel-stilistische kwaliteiten, of juist meer op iconografische inhouden. Hij kan de 'persoonlijke toets', het specifieke handschrift van de kunstenaar essentieel vinden, maar ook hoe kunstwerken een licht werpen op een breed sociaal-cultureel veld. Sommige kunsthistorici zetten het 'genie' van de kunstenaar in de verf, waarbij de uiterlijke omstandigheden slechts worden benaderd als obstakels die hij naar zijn hand heeft gezet en overstegen. Anderen zien het oeuvre van een kunstenaar eerder als een ruimte waarin allerlei invloeden en tendensen uit een tijd in een synthese samenkomen. Kunsthistorici kunnen over kunstwerken spreken in termen van 'imitatie', 'expressie', 'symbool', 'sublimatie', 'tijdgeest' enzovoort. Zonder dat zij steeds de betekenis van deze begrippen voldoende verhelderen, verraden zij daarmee iets van waar het volgens hen in kunst wezenlijk om gaat.

Op de achtergrond van elk kunsthistorisch onderzoek[1] speelt dus steeds een visie mee op wat kunst is of zelfs op wat zij hoort te zijn: een 'esthetica'. Het boeiende aan klassieke kunsthistorici als Alois Riegl, Heinrich Wölfflin en Erwin Panofsky is dat ze die esthetica min of meer systematisch hebben uitgewerkt en er de filosofische grondslagen van

1. Zie voor een kort overzicht van de kennistheoretische en methodologische problemen van de kunstgeschiedenis: Marlite Halbertsma en Kitty Zijlmans (red.), *Gezichtspunten. Een inleiding in de methoden van de kunstgeschiedenis.* Nijmegen 1993.

hebben geëxpliciteerd. Het idealisme van deze theorieën was zeer aanvechtbaar, evenals hun pogingen om, in de trant van Hegel, het verloop van de kunstgeschiedenis in wetmatigheden te vangen. Alleen al het feit dat de kunstgeschiedenis tot de 'Geisteswissenschaften' werd gerekend, waardoor men steeds de neiging had achter het kunstwerk een geestelijke betekenis te zoeken, heeft het gezichtsveld en de methode sterk getekend. Maar doordat deze kunsthistorici tenminste ingingen op vragen van kennistheoretische en geschiedfilosofische aard, behoedden zij het kunsthistorisch onderzoek voor het gedachteloze conventionalisme en de blinde systematiseringswoede die in veel universitaire faculteiten en musea nog altijd heersen.

Sinds de jaren tachtig probeert men het conventionalisme filosofisch te legitimeren. Men springt heen over de vraag wat kunst is met een al dan niet expliciet geformuleerde sociologische definitie, vaak de 'institutionele definitie' van kunst genoemd: 'kunst is wat door de vertegenwoordigers van het kunstmilieu als kunst wordt aangewezen'. 'Kunst' is hier niet meer dan een verzamelnaam waaronder men binnen de *art world* bepaalde objecten samenbrengt.

Met zo'n lege, 'deiktische' definitie – er wordt niet beschreven maar *aangewezen* – meent men zich boven het debat over wat kunst is te verheffen en op die manier de zuiverheid, de 'neutraliteit' van de kunstwetenschap te bewaren. Meer nog: men doet de vraag wat kunst is af als een filosofisch, 'essentialistisch' schijnprobleem. Hiermee sluit men zich evenwel van de kunst zelf af, omdat kunst nu eenmaal sinds anderhalve eeuw zelf dit debat oproept. Zij brengt telkens weer de consensus, het collectieve begrip dat zich rond haar vormt, in het geding. Kunst problematiseert het oog dat haar op al te vanzelfsprekende wijze als 'kunst' bekijkt en daarmee onderbrengt bij wat 'men', dat wil zeggen de 'kunstwereld', voor 'kunst' aanziet. Men gaat dan ook aan de kunst zelf voorbij wanneer men het afbakenen en definiëren van wat 'kunst' is aan de conventie overlaat om dan vervolgens ongestoord de concrete kunstwerken te benaderen.

Met elk kunstwerk staat de 'kunst' opnieuw op het spel. Dit is de moderne conditie van de kunst. Wie zich niet aan de vraag naar de kunst waagt, waagt zich niet aan de kunst zelf. Hem rest enkel nog datgene wat voor hem door de gevestigde wetenschap en vanuit een aantal instituties en hun vertegenwoordigers als domein van de kunst wordt afgebakend, reflectieloos te genieten of methodisch in kaart te brengen. Voor de moderne filosoof daarentegen is elk kunstwerk in principe een gebeuren dat de grenzen van het domein waarbinnen men een kunstwerk als 'kunst'-werk meent te kunnen ervaren en begrijpen, aan de orde stelt.

Na de Tweede Wereldoorlog heeft de kunstgeschiedenis steeds meer aandacht gekregen voor de wijze waarop het kunstwerk is ingebed in een historisch tijdsgewricht. Maar evenzeer als van een kunsthistorische analyse in enge zin, onderscheidt het filosofische denken over kunst zich van een benadering die het kunstwerk situeert in de context van het 'wereldbeeld', het 'mensbeeld', de 'mentaliteit', het 'geestesleven' van een bepaald tijdvak. Zo kan men bijvoorbeeld heel interessante analogieën maken tussen het 'realisme' van de zeventiende-eeuwse Hollandse schilderkunst en de zin voor exacte waarneming die toen bij experimentele wetenschappers en cartografen in zwang was. Maar steeds dreigt hier het gevaar dat kunst herleid wordt tot een 'uitdrukking' of 'weerspiegeling' van een buiten-esthetische stand van zaken die bij voorbaat door de historicus is gekend. Gezien als 'spiegel van haar tijd' is de kunst niet meer dan een re-presentatie van historische inhouden die men reeds geconceptualiseerd heeft en die eventueel een 'filosofisch' gehalte kunnen hebben.

Van een dergelijk historisme is er een universalistische en een relativistische versie. De universalistische kunsthistoricus ziet de kunst als een van de meest eminente manieren, samen met bijvoorbeeld de religie en de filosofie, waarop de mens in elk tijdperk een beeld van zichzelf vormt. Op de achtergrond van deze visie speelt vaak de idee dat dit beeld, deze 'spiegel' die de mens zichzelf voorhoudt, in de loop van de geschiedenis steeds transparanter wordt. De kunstgeschiedenis wordt aldus opgenomen in het grote humanistische verhaal van de mensheid die een steeds helderder idee van zichzelf krijgt en dus tot een steeds groter zelfbewustzijn komt.

De vraag die men aan dit universalistisch historisme, dat Hegeliaans van oorsprong is, uiteraard kan stellen is of de voorstellingen waarin de mens zichzelf als in een spiegel ontmoet, niet altijd iets duisters behouden. De vraag is of kunst niet juist het uitdiepen is van de onophefbare vreemdheid van wat zo gekend lijkt.

In de relativistische versie van het historisme heeft het kunstwerk geen algemeen-menselijke draagwijdte, maar heeft het enkel betekenis binnen de historische context waarin het werd gemaakt en 'oorspronkelijk' werd ervaren en begrepen. Hierbij wordt ervan uitgegaan dat er zoiets bestaat als een in zichzelf gesloten context waarin het kunstwerk vast verankerd zou zijn. Dit veronderstelt uiteraard dat men die context kan omkaderen en kennen en daarbij ook de betekenis of de 'functie' die de kunst in een bepaald tijdperk had, iets wat men voor de eigen tijd niet zo gauw zou durven beweren. Zo wordt in de klassieke overzichten van de kunstgeschiedenis, zoals die van E.H. Gombrich en H.W. Janson, de functie van de kunst in de prehistorie steevast als magisch-instrumenteel beschreven. Het is evenwel allesbehalve vanzelfsprekend dat daarmee het wezenlijke over de prehistorische kunst is gezegd.[2]

De relativist komt in elk geval in tegenspraak met zichzelf wanneer hij in zijn 'objectieve reconstructie' van een bepaalde historische context denkt te kunnen abstraheren van een hele traditie van interpretatie en herinterpretatie die sinds zijn ontstaan over het kunstwerk is heengegaan. De receptie door de kunsthistoricus, net zoals die door het meer 'onbevangen' publiek, is evenwel wezenlijk door die traditie getekend. Iedereen die in onze tijd een Rafaël of een Vermeer bekijkt, kan dit slechts doen met de blik van iemand die weet dat ook Cézanne en Picasso hebben bestaan, zelfs in het geval dat hij van deze laatsten niets wil weten. De poging het kunstwerk in zijn 'eigen' tijd op te sluiten, verdoezelt de historiciteit en dus de *begrensdheid* van het eigen standpunt. Deze begrensdheid moet men niet proberen te ontwijken, maar kan men maar beter aanvaarden.

Het relativisme is een objectivisme. De relativist gaat niet in op de eigen ervaring van het kunstwerk. Doordat hij slechts onderzoekt welke betekenis het kunstwerk in een bepaald tijdperk had, sluit hij zich af van het appèl dat het kunstwerk hier en nu op hem doet.

Het grondprobleem van de kunstgeschiedenis is eenvoudigweg dat zij over het kunstwerk zowel op 'formeel' als 'inhoudelijk' vlak enkel *kennis* aanbrengt. Een neiging tot intellectualistische reductie van het kunstwerk lijkt in elke wetenschap over kunst ingebakken. Niettemin weet iedereen dat het appèl dat van het kunstwerk uitgaat, zich nooit afspeelt op een louter cognitief niveau. Tegenover de ervaring van het kunstwerk blijft het geheel van *wetenswaardigheden* dat de kunstgeschiedenis aanbrengt, dan ook abstract. We weten ook dat deze ervaring niet zomaar ethisch, sociaal-politiek, religieus, mystiek of louter sensitief van aard is, ook al hebben kunstenaars, kunsttheoretici en kunstcritici in de loop van de geschiedenis, niet in de laatste plaats in de tijd van de moderne avant-garde, telkens weer pogingen ondernomen om de kunst dan weer bij de ene, dan weer bij de andere sfeer te doen aansluiten.

Michelangelo zag het wel degelijk als zijn taak met zijn kunst de evangelische boodschap te verkondigen. Voor de eerste kunstcritici in de achttiende eeuw was kunst niet zo'n verheven zaak, maar eerder een subtiele prikkeling van de zintuigen, zoals later voor sommige impressionisten. Aan het einde van diezelfde eeuw wilde men via de kunst de

2. Zie E.H. Gombrich, *Eeuwige schoonheid*. Houten 1969; H.W. Janson, *Wereldgeschiedenis van de kunst*. Houten 1962. Vergelijk Batailles interpretatie van de grotkunst in Lascaux, behandeld in ons hoofdstuk over Bataille.

morele idealen van de revolutie overbrengen. Het symbolisme in het fin-de-siècle van de negentiende eeuw had van zijn kant, evenzeer als veel abstracte kunst nadien, eerder spiritualistische en mystieke aspiraties. En in de twintigste eeuw hebben veel kunstenaars hun kunst gebruikt om hun onvrede met de maatschappij tot uitdrukking te brengen.

En toch is kunst, die dit blijkbaar allemaal – religie, sensualiteit, politiek, mystiek, kritiek – kan zijn of kan willen zijn, uiteindelijk niets van dit alles. Maar wat zij dan wel is blijkt heel moeilijk aan te duiden. Dit glipt ons, glipt de kunstenaar zelf als het ware voortdurend tussen de vingers door. Maar het is wel precies het onderwerp van de kunstfilosofie. Dat dit onderwerp moeilijk is, daarvan getuigt de historische ervaring dat telkens wanneer de kunst zichzelf wilde (her)definiëren, haar 'functie' wilde omschrijven, zij het blijkbaar steeds nodig vond om zich voor te doen als iets anders of iets 'meer' dan kunst: religie, politieke utopie, ideologie, sensitieve prikkeling, of desnoods amusement, 'entertainment'... De kunst lijkt nooit een keer gewoon 'zichzelf' te kunnen zijn. Zij moet zich altijd vermommen.

In de loop van de twintigste eeuw hebben velen gedacht dat het de taak van de kunst is zichzelf te zoeken, dat het zelfs de natuurlijke ontwikkeling van haar geschiedenis is dat zij geleidelijk alle vreemde, 'extra-artistieke' elementen uit zichzelf zou wegbannen. Het is de modernistische droom van een kunst die volledig haar autonomie zou hebben gerealiseerd. Een dergelijke kunst zou dan, zoals men vaak nogal onvoorzichtig zegt, 'a-referentieel' of 'zelf-referentieel' zijn, waarmee wordt bedoeld dat ze niet meer naar iets buiten zichzelf verwijst. Aangezien de kunstfilosofie zoekt naar wat kunst 'eigenlijk' is, ontmoet zij onvermijdelijk deze modernistische autonomie-idee op haar weg. Deze idee is haar als het ware ingebakken. Het mag dan ook niet verwonderen dat het lijkt alsof Kant, die aan het einde van de achttiende eeuw voor het eerst scherp wist te definiëren wat zo essentieel is aan de esthetische ervaring, op de twintigste-eeuwse autonomie-idee vooruitliep. En de kunstfilosofie na Kant zal deze idee nooit zomaar van zich af kunnen schudden.

De 'crisis' van de kunst en haar moderniteit

In de achttiende eeuw heeft men kunst voor het eerst geïsoleerd als een apart domein van studie. In die tijd is men immers het kunstwerk gaan beschouwen als een op zichzelf staand ding, en is zowel het maken als het beschouwen van kunst een activiteit met een aparte status geworden. Daarvoor was de kunst altijd ingebed geweest in een religieuze, aristocratische of koninklijke cultuur. Als zodanig had ze haar vanzelfsprekende maatschappelijke plaats en functie. Vanaf de achttiende eeuw wordt kunst steeds minder gemaakt in opdracht van adel en clerus. Hierdoor wordt de directe band tussen de kunst en zijn beschouwer doorgesneden. De kunstenaar gaat produceren voor de vrije markt en werkt dus voor een publiek waarvan hij de smaak en de verwachtingen niet kent. De plaats en maatschappelijke functie van de kunst zijn hierdoor onduidelijk geworden. Maar juist door deze onduidelijkheid, door deze maatschappelijke dakloosheid, is de kunst het curieuze onderwerp kunnen worden van kunsthistorisch onderzoek én van verfijnde filosofische beschouwingen. Juist doordat de kunst als praktijk niet langer a priori maatschappelijk gelegitimeerd was, kon de filosofische vraag naar wat kunst eigenlijk is in al haar scherpte opduiken. Het moderne denken over kunst is dan ook altijd meteen een reflectie over haar *moderniteit* geweest, namelijk een vraag naar de eigen aard van een praktijk waarvan niet alleen de betekenis maar zelfs het bestaansrecht onduidelijk was geworden, zowel voor de gemeenschap als voor de kunstenaar.

Tot op heden speelt het debat over wat kunst eigenlijk is zich af tegen de achtergrond van een gevoel van *crisis*. Dit crisisgevoel is structureel voor het denken over kunst. De loutere vraag naar wat kunst is wijst op de onzekerheid van de moderne mens over wat kunst nog zou kunnen betekenen, en vaak ook op het verlangen de kunst 'opnieuw' betekenis te geven. Binnen de burgerlijke cultuur is het in elk geval onduidelijk of zoiets als kunst eigenlijk nodig is. De burger beschouwt kunst al gauw als iets vrijblijvends. Het artistieke domein is dat van het ijdele divertissement, het substantieloze spel van de schijn. Het beste dat de kunst te bieden heeft is een aangename prikkeling van de zintuigen ter aflossing van de ernst van de arbeid.

Maar juist vanwege haar marginale, onzekere positie is men de kunst voor het eerst als de meest hoogstaande en 'diepzinnige' activiteit van de mens gaan beschouwen. Juist doordat zij inderdaad niets meer produceert dat meteen als maatschappelijk nuttig of waardevol wordt erkend, kon zij worden gezien als een activiteit die haar doel in zichzelf heeft. Terwijl een bepaalde mercantilistische burgerij op de kunst neerkeek als op een pseudo-activiteit, werd zij door bepaalde intellectuelen en filosofen nu net beschouwd als de menselijke activiteit *par excellence*, namelijk een activiteit die niet ondergeschikt is aan een doel dat buiten haar ligt. De kunst werd het domein waarin de mens meer dan waar ook getuigt van zijn autonomie.

Het zegt veel over de moderne kunstfilosofie dat in het begin van de negentiende eeuw de kunst door twee overigens zeer verwante denkers enerzijds voor dood werd verklaard (Hegel), anderzijds werd uitgeroepen tot de hoogste metafysische activiteit van de mens (Schelling). Voor

Hegel is het de taak van de filosofie het einde van de kunst te bezegelen, voor Schelling daarentegen moet de filosofie de kunst uit de impasse halen waarin het moderne rationalisme haar heeft gebracht en haar inspireren tot een 'aan vroeger tijden herinnerende heerlijkheid'. Deze labiele positie van de kunst, deze schommeling tussen niets en alles, tussen ondergangsstemming en verlangen naar stralende hergeboorte, is de essentie van haar moderniteit – en ongetwijfeld evenzeer van haar 'postmoderniteit'.

Naarmate men kennis maakt met het moderne denken over kunst leert men deze 'identiteitscrisis' van de kunst te beschouwen als haar natuurlijke element. Dat de maatschappelijke, religieuze, wetenschappelijke of morele waarde van de kunst twijfelachtig was geworden, betekende niet enkel dat de kunst voor het eerst werd erkend als een heel specifieke praktijk. Het 'specifieke' van die praktijk bestond erin dat de kunst zich nu met eender welk domein kon inlaten, zij het dan zonder in die domeinen werkelijk in te grijpen of een concreet effect teweeg te brengen. Om deze paradox te begrijpen kan men niet anders dan telkens weer Kants idee over de 'belangeloosheid' van de kunst overdenken. Met dit begrip heeft Kant de autonomie van het esthetische domein willen garanderen. De irritatie die dit begrip oproept, is altijd groot geweest. Men associeert het met vrijblijvendheid, ongevaarlijkheid, impotentie, onwerkelijkheid, alsof de kunst haar autonomie koopt door te worden geneutraliseerd, 'gecastreerd'. Vast staat dat tot op heden elke poging om de eigen aard van de esthetische ervaring te bepalen op een of andere manier dit irritante begrip op haar weg ontmoet.

Een problematische uitgangssituatie: kunstfilosofie als 'esthetica'

In haar poging om datgene waar het in de kunst om gaat te vatten, gaat de moderne kunstfilosofie gebukt onder een dubbele erfenis.[3] Eerst en vooral is er Plato's negatieve beoordeling van de kunst. De kunst is voor hem 'mimesis'. Zij is van de orde van de *nabootsing*. Plato verwijt de kunst vooreerst dat ze vaak zonder onderscheid goede en slechte voorbeelden nabootst, en dus immoreel of minstens amoreel is. Maar hij gaat nog verder en bestempelt uiteindelijk het nabootsen *tout court* als bedrog, omdat daarmee geen wezenlijke kennis omtrent de realiteit van het nagebootste wordt verstrekt. De mimesis kopieert immers enkel de uiterlijke verschijningsvorm van de dingen. En aangezien de tastbare dingen op zichzelf reeds afschaduwingen zijn van de ware werkelijkheid van de Idee, zijn kunstwerken eigenlijk niet meer dan nabootsingen in

3. Michel Haar, *L'oeuvre d'art. Essai sur l'ontologie des oeuvres*. Parijs 1994, pp. 7-8.

de tweede graad: schaduwen van schaduwen. De kunst produceert slechts een substantieloze schijn waarvan niet alleen de ontologische waarde maar ook het praktische nut nihil is.

De kunst is voor Plato, om een moderne uitdrukking te gebruiken, ideologisch verdacht. Terwijl ze de illusie wekt een licht te werpen op de realiteit, beneemt ze de mens met allerlei bedrieglijke beelden juist het zicht op de ware realiteit. Zoals bekend gaat Plato dan ook zo ver dat hij voorstelt de dichters vriendelijk maar beslist uit de staat te verbannen.

Aangezien de westerse filosofie aldus een aanvang genomen heeft met een uitbanning van de kunst, kan de kunstfilosofie nooit genoeg op haar hoede zijn. Een zekere minachting voor de kunst lijkt immers van in den beginne wezenlijk voor het westerse rationele denken te zijn, en blijft dan ook minstens tot en met Hegel in de filosofie aanwezig.

In de neoplatoonse traditie, die in de derde eeuw aanvangt met Plotinos en in de Renaissance een enorme opleving kent, wordt de kunst daarentegen steeds zeer hoog gewaardeerd. Zij bootst niet zomaar de zintuiglijke wereld na, maar de bovenzintuiglijke Idee van de Schoonheid en, hoger nog, het Goede als oerbron van het universum dat alle verstand te boven gaat. Vanuit de geestelijke 'schouwing' van deze onzichtbare oermodellen creëert de kunstenaar zichtbare dingen. Op die manier heeft hij deel aan de creatieve kracht van het zich uitstortende 'Ene', het grondprincipe van de werkelijkheid.

Een dergelijke metafysische waardering van de kunst, die in de Romantiek zeer levend was en ook in onze eeuw onder allerlei vormen de kop opsteekt, wordt evenwel betaald met een onderworpenheid van de esthetica aan de theologie. De kunst wordt verregaand gespiritualiseerd en dus dreigen haar concreet-zintuiglijke aspecten te worden veronachtzaamd.

De tweede erfenis die op de moderne kunstfilosofie drukt, is haar naam: 'esthetica'. De esthetica, die als filosofische discipline voor het eerst in het midden van de achttiende eeuw ontstaat, situeert de kunst immers in het domein van de *aesthesis*, dit is: van de zintuiglijke gewaarwordingen en affecten. Alexander Gottlieb Baumgarten is de eerste die de term 'aesthetica'[4] gebruikt, niet enkel in de betekenis van een kunstwetenschap, maar in de bredere betekenis van een wetenschap van de waarneembare wereld, van de wereld zoals ze onmiddellijk aan de zintuigen verschijnt.

Het domein van de zintuigen was in de zeventiende eeuw altijd stiefmoederlijk behandeld. Voor de grote rationalistische systemen was het

4. In zijn gelijknamige boek *Aesthetica* uit 1850.

een te vaag en verward gebied om zich te lenen tot heldere begripsonderscheidingen en logische redeneringen. Ook in de kunstbeschouwing lag alle nadruk op het rationele. Nog tot in het begin van de achttiende eeuw heerste het classicisme. De kunst werd in het algemeen gezien als imitatie van een ideale schoonheid die in de natuur verscholen zat. De juistheid van deze imitatie hing af van de adequate toepassing van vaststaande regels en voorschriften (betreffende compositie, proportie, symmetrie). *Orde* was hét artistieke parool en de Ouden golden als model.

Baumgarten zette zich met zijn *Aesthetica* niet expliciet af tegen het rationalistisch classicisme. Hij was er alleen van overtuigd dat het schijnbaar ondoorzichtige domein van het zintuiglijke een eigen vorm van rationaliteit bezit die maakt dat kennis ervan mogelijk is, bijvoorbeeld kennis omtrent relaties van identiteit en verschil. Maar voor Baumgarten bereikt de esthetica als wetenschap van het zintuiglijke nooit het niveau van rationaliteit van de theoretische filosofie die zich met de zuivere ideeën van de rede inlaat. Ze blijft ten opzichte van de metafysica een inferieure, want vagere vorm van kennis. De kennis die zij aan de zintuiglijke ervaring onttrekt geldt slechts als een 'analogon' van de pure begrippelijke kennis.

De positie van Baumgarten blijft dus dubbelzinnig. Hij schrijft aan het esthetische een eigen 'volmaaktheid' toe die hij als 'schoon' aanduidt. En in de kunst, waar deze natuurlijke schoonheid nog een handje wordt geholpen, bereikt de orde van het esthetische haar hoogst mogelijke perfectie. Maar anderzijds vindt de redelijkheid die eigen is aan het schone niet haar rechtvaardiging in zichzelf; ze blijft een voorafschaduwing van een meer volmaakte, vergeestelijkte vorm van redelijkheid. Hoewel bestempeld tot 'autonoom' domein blijft de esthetica een soort prothese waarvan de hogere rede zich bedient om in het moerassige gebied van het zintuiglijke af te dalen met de bedoeling het in cultuur te brengen.

Wanneer de kunstfilosofie het 'esthetische' of de kunst erkent als een gebied dat zijn 'eigen' rationaliteit bezit, dreigt zij altijd in een valkuil te trappen: die van een betuttelende indienstneming van de kunst door het rationele denken. Kant zal deze betutteling op subtiele wijze proberen te vermijden. Hij ziet de 'inferieure' rationaliteit van het zintuiglijke als het product van een verbeelding die, voorafgaand aan elke conceptualisering, vorm geeft aan de verschijnende wereld. De werkzaamheid van deze verbeelding, die 'normaal' werkt in functie van het verstand, wordt in de esthetische ervaring een doel op zich.

Ook voor de grote Engelse empirist David Hume, tijdgenoot van Baumgarten, behoort de kunst tot het domein van het esthetische. Maar anders dan voor Baumgarten geldt voor Hume het esthetische niet als een soort elementaire vorm van rationaliteit die de mens in de wereld kan ontdekken; het wordt louter een zaak van subjectieve impressies. Zo is ook schoonheid voor Hume 'puur relatief en hangt ze af van een aangenaam gevoel dat door een object in een particuliere geest wordt opgewekt overeenkomstig de eigen constitutie en structuur van deze geest'. Dit gevoel is geen voorafschaduwing van rationele kennis, maar wordt puur omwille van zichzelf gewaardeerd. Het gevoel is juist zo onweerlegbaar reëel en waarachtig omdat het geen aanspraak maakt op enige objectiviteit. Deze absolute evidentie heeft het gevoel voor op het verstand, dat steeds algemene uitspraken doet over wat de onmiddellijke ervaring te boven gaat. Het verstand verbindt actief verschillende (herinneringen aan) impressies met elkaar en meent daarmee onterecht iets over de realiteit zelf te zeggen.

Hume lijkt dus Plato op zijn kop te zetten. Wetenschap en filosofie dwalen, met hun abstracties en speculaties, van de ervaring af, maar de kunst bedriegt ons niet. Kunst richt zich enkel tot onze smaak, en niemand kan zich vergissen in wat hij hier en nu gewaarwordt. Aangezien Hume zo de subjectieve smaak tot norm van het esthetische oordeel uitroept, kan hij niet anders dan een relativisme aanhangen. Er is nu eenmaal in de esthetische smaak een enorme variabiliteit.

Toch slaat Humes relativistisch sensualisme op een eigenaardige manier om in een nieuw soort universalisme.[5] Hij ontdekt namelijk in de menselijke natuur een 'relatief invariabele' norm. Tot de 'interne constitutie' van de mens behoort nu eenmaal dat hij in bepaalde vormen en kwaliteiten eerder genot schept dan in andere. Aan deze quasi-universele smaak verbindt Hume criteria als gezondheid, verfijndheid, deskundigheid, vrijheid van vooroordelen en 'gezond verstand'. Het wordt meteen duidelijk dat enkel een beschaafde 'Qualified Observer' werkelijk in het bezit is van een 'natuurlijke' smaak. Vertrokken van een extreem relativisme tuimelt Hume zodoende in een klassieke kunstopvatting die van een aantal tijdgebonden 'standards of taste', die zeer classicistisch blijken te zijn, beweert dat ze tot de natuur van de mens behoren.

Ook in Frankrijk wordt het subjectieve gevoel voor de eerste keer erkend als het doorslaggevende principe van het esthetische oordeel. Het gevoel hoeft niet meer, zoals in het classicisme, rationeel gerechtvaardigd te worden. Het rechtvaardigt zichzelf. Het verstand is er nog slechts om achteraf een genot te beschrijven en te legitimeren dat eraan

5. Zie Luc Ferry, *Homo Aestheticus. L'invention du goût à l'âge démocratique*. Parijs 1990, pp. 71 e.v. Zie ook: Benedetto Croce, *Essais d'esthétique*. Parijs 1991, pp. 93 e.v.

voorafgaat.[6] Voor iemand als abbé Dubos gaat het in kunst om de emotie, om het onmiddellijke effect dat zij op het menselijke hart heeft. 'De belangrijkste verdienste van gedichten of schilderijen', schrijft Dubos, 'is dat ze ons bevallen', niet dat ze – zo zet hij zich af tegen het classicisme – aan bepaalde regels beantwoorden. En evenals de culinaire smaak is de artistieke smaak niet enkel afhankelijk van het individuele karakter, maar ook van de streek en het tijdperk. Maar evenals Hume schrikt Dubos terug voor de consequenties van zijn psychologische, geografische en historische relativisme. 'Niet iedereen heeft even goede oren en ogen', stelt hij, en niet bij iedereen is door gewoonte de esthetische smaak evenveel ontwikkeld.

Het blijkt dus dat de esthetica, wanneer ze in de achttiende eeuw ontstaat, van meet af aan niet zo sterk in haar schoenen staat. Ze wordt namelijk van twee kanten bedreigd. Baumgarten schrijft aan de sfeer van het esthetische een eigensoortige rationaliteit toe, maar die rationaliteit, en de aanspraak op universaliteit die eruit voortvloeit, blijft toch de mindere van de hogere metafysica. Anderen, zoals bijvoorbeeld Hume en Dubos, maken van de kunst louter een zaak van het subjectieve gevoel, maar vervallen daardoor in een relativisme; dit proberen ze dan te pareren door als norm de 'menselijke natuur' in te roepen, die vreemd genoeg haar meest eminente belichaming vindt in de gecultiveerde 'connaisseur'.

De waardering voor het subjectieve gevoel, voor de pure 'aesthesis', is vanaf het ontstaan van de esthetica niet vrij van dubbelzinnigheid. De esthetica draait immers steeds rond de problematiek van het esthetische *oordeel*. Dit oordeel beoordeelt bij Hume of een bepaald esthetisch gevoel 'gepast' is of niet en kan een gevoel desgevallend afwijzen. Ook bij Dubos is de directe emotionele ervaring of genieting niet doorslaggevend. Dubos onderscheidt immers een esthetisch gevoel (*sentiment*) van de emotie; deze laatste is meer direct zintuiglijk verbonden met een van de vijf zintuigen. Het gevoel noemt hij een 'zesde zintuig' dat als het ware de emoties op afstand 'beoordeelt'.[7] En voor de Engelse filosoof Francis Hutcheson bestaat er zoiets als een '*internal sense*' die zich onderscheidt van de uitwendige, aan een specifiek orgaan gebonden, zintuigen. Dit extra zintuig oordeelt niet over pure impressies, maar over regelmaat, orde en harmonie.

Wanneer men een extra zintuig invoert, of, zoals Dubos doet, een onderscheid invoert tussen emotie en gevoel, dan is dat in een poging

6. Vgl. Jean Starobinski, *L'invention de la liberté*. Genève 1964, p. 53.
7. Vgl. Annie Becq, *Genèse de l'esthétique française moderne, 1680-1814*. Parijs 1984, pp. 247 e.v.

om een onderscheid te maken tussen esthetische ervaringen in de meest ruime zin van het woord, en ervaringen die de kunst betreffen. De kunst behoort weliswaar tot het esthetische domein, maar is er anderzijds toch ook niet zomaar toe te herleiden. Het speciaal voor kunst bestemde zintuig is een meer *spiritueel* zintuig. Hoe zou het anders te verklaren zijn, zo meent bijvoorbeeld Hutcheson, dat vele mensen over uitstekend functionerende zintuigen en een groot concentratievermogen beschikken terwijl het hun ontbreekt aan sensibiliteit voor muziek, architectuur of schilderkunst?

Als men in de achttiende eeuw de kunst benadert in termen van *aesthesis* betekent dit dan ook geenszins dat men haar, als reactie op het classicistisch intellectualisme, tot iets 'laags' wil reduceren. Men beschouwt het *artistiek*-esthetische eerder als een soort vergeestelijking of verheffing van het zintuiglijke *binnen* of *vanuit* het domein van het zintuiglijke zelf. De achttiende eeuw is immers ook de eeuw van Johan Winckelmann die, in de traditie van de Renaissance, de kunst ziet als een idealiserende verbetering van de natuur. Zelfs een sensualist als Denis Diderot beweerde dat de 'schone natuur' die de kunstenaar voor zijn geestesoog ziet, niet geïnspireerd is door wat is of zelfs niet door wat zou kunnen zijn, maar door een idee van schoonheid die elke waarneming te buiten gaat. Overigens heeft de achttiende eeuw ook haar neoplatonist: Lord Shaftesbury. Ook voor hem staat het gevoel centraal. Maar dit gevoel wordt niet sensualistisch en dus strikt genomen niet 'esthetisch' gedacht. Zowel de scheppende kunstenaar als de beschouwer is aangestoken door een enthousiasme dat niet zomaar subjectief is, maar een ontologische grond heeft. Dit enthousiasme komt voort uit een intuïtief inzicht in de harmonie die in de hele kosmos heerst, een harmonie die zijn oorsprong heeft in het Goede dat tegelijk het Schone is. Wie de dingen in de natuur of de kunst kan bekijken in het perspectief van deze goddelijke harmonie die alles doordringt, abstraheert van het onmiddellijk-zintuiglijk genot dat men eraan kan beleven, alsook van het verlangen ze te bezitten of ten nutte te maken. Shaftesbury introduceert hiermee de gedachte dat de esthetische contemplatie 'belangeloos' is. Dit zal later, zij het vanuit een ander perspectief, de kernidee van de Kantiaanse esthetica worden.

Het probleem van de esthetica is dat zij met haar nadruk op het 'esthetische' de kunst dreigt te herleiden tot een louter zintuiglijk genoegen en haar zo elk waarheidskarakter ontzegt. Benadrukt men echter dit waarheidskarakter, zoals bijvoorbeeld Shaftesbury doet, dan dreigt men eveneens aan de specificiteit van de esthetische ervaring voorbij te schieten. De achttiende-eeuwse esthetica weifelt tussen het sensitieve en het metafysische, en ze zal op Kant moeten wachten om hierin op subtiele en evenwichtige wijze klaarheid te scheppen. Voor Kant behoort kunst weliswaar tot het 'esthetische' domein, maar het gaat om een esthetiek die de sfeer van de loutere gewaarwording overstijgt. In de kunst geniet men van het pure vormenspel van de verbeelding, zij het dat dit vormenspel voor Kant toch symbolisch verwijst naar een dieperliggende waarheid die voor het verstandelijke denken onbereikbaar blijft. De schoonheid is de ervaring dat de natuur zelf zich, zij het in een 'geheimschrift', aan de mens openbaart. Kant wijst er wel op dat het hier om een subjectief *gevoel* van waarheid gaat, waaraan men geen enkele theoretische zekerheid kan verbinden.

Eigenlijk heeft Kant aan de waarheid een 'esthetische' kwaliteit meegegeven. Omdat volgens zijn kritische filosofie het theoretische verstand de werkelijkheid slechts begrijpt zoals het die met zijn begrippen construeert, blijft de werkelijkheid *zelf* voor het verstand een gesloten boek. Alleen in de esthetische ervaring is het *alsof* die werkelijkheid zich nog laat zien. De romantici stellen zich met het Kantiaanse 'alsof' niet tevreden. Zij zien de kunst als een reële verschijning van de ware werkelijkheid. Daarmee lijkt het 'esthetische' (sensitieve, affectieve, lichamelijke) aspect van kunst weer ondergeschikt te worden gemaakt aan de waarheid. De kunst wordt meteen weer een metafysische, spirituele zaak.

De esthetica is nauwelijks ontstaan of ze gaat al ten onder. Volgens Hegel gaat het om een historisch proces dat inherent is aan de kunst zelf. De kunst verruilt steeds meer haar esthetische kwaliteiten voor geestelijke. Zo tendeert ze ertoe filosofie te worden. Haar einde is in aantocht. Nietzsche van zijn kant gaat radicaal in tegen elke vorm van 'kunstmetafysiek'. Het lijkt alsof de esthetica met hem een nieuwe aanvang neemt. Voor Nietzsche geldt het vitale, het lichamelijke, het zintuiglijke immers als primair, en hij schrikt er op een bepaald moment niet voor terug de kunst een 'fysiologische' kwestie te noemen. Haar 'geestelijke' kwaliteiten vormen slechts een bovenbouw. Toch zal Nietzsche het probleem van de waarheid niet kunnen ontwijken. Hij kan de metafysische illusie van de 'waarheid' enkel vanuit het leven bestoken door van het leven zelf een – ondraaglijke – waarheid te maken. De kunst kan deze waarheid slechts aan de orde stellen voorzover ze de mens er tegelijk tegen in bescherming neemt.

Kunstfilosofie als reflectie

In het moderne denken over kunst is het probleem van de waarheid nooit ver weg. Er is sinds Kant geen filosoof die de kunst heeft herleid tot een esthetisch fenomeen, tot een zaak van het affect, de emotie, de zinnelijkheid. Altijd werd de kunst ook op een of andere manier beschouwd als een waarheidsgebeuren, een openbaring. Alleen werd het begrip 'waarheid', een keer gedacht als een zaak van de kunst, grondig omgewoeld. Anders gezegd: met de kunst staat de waarheid, of beter: de waarheid over de waarheid, op het spel. En aangezien het wezen van de waarheid toch wel de zaak bij uitstek van de filosofie is, staat met de kunst de filosofie zelf op het spel. Dit houdt meteen in dat de kunst voor de moderne filosofie nooit zomaar een studieobject is geweest. Dit laatste geldt eerder voor kunstgeschiedenis en kunstwetenschap die over de kunst zo veel mogelijk kennis willen verzamelen. Voor de filosofie is de kennis en dus de waarheid zelf een probleem, en niet alleen een 'methodologisch' probleem. Haar vraag is niet zozeer: hoe breng ik mijn object zo adequaat mogelijk in kaart?, maar: is mijn verhouding tot het 'object' wel van dien aard dat ik haar 'adequaat' 'in kaart zou kunnen brengen'? Wat houdt het in dat ik over dit object, in casu kunst, 'waarheid' produceer? Anders gezegd: filosofie is altijd reflexief. Zij kan niet op haar object afgaan zonder tegelijk over die beweging te reflecteren. Uit respect voor de kunst kan de filosofie niet over kunst spreken zonder over zichzelf te spreken. De filosofie kan niet zomaar proberen waarheid te spreken over kunst zonder zich eerst af te vragen wat 'waarheid' is. En een dergelijke zelfbevraging gaat niet louter en alleen van de filosofie uit. Daartoe wordt zij door haar object uitgedaagd. De filosofie komt misschien enkel te weten wat waarheid is, *en dus wat filosofie is*, in de mate waarin ze zich met kunst inlaat, zich door de kunst laat aanspreken.

Dit heeft grote consequenties. De filosofie kan geen waarheid spreken 'over' kunst zonder dat die waarheid zelf een 'artistiek' karakter krijgt. Ons selectieve overzicht van wat een aantal moderne denkers over kunst hebben gedacht, zal dit aannemelijk moeten maken. Telkens wanneer er anders gedacht werd over kunst, hield dit in dat er anders gedacht werd over de waarheid en vooral: over de verhouding van de mens tot de waarheid. In elk geval neemt de moderne kunstfilosofie een aanvang wanneer over waarheid niet langer wordt gedacht in termen van representatie, imitatie, afbeelding. Zo denken, kort gezegd, de romantici over de waarheid als over iets dat geproduceerd of gecreëerd wordt. Bij Heidegger is de waarheid eerder iets dat de mens wordt toebedeeld. Benjamin ziet de waarheid als een gewelddadige breuk in het kennisproces, iets dat bij de mens inslaat zonder dat hij er iets mee kan aanvangen. Bij al deze auteurs is de kunst het meest eminente voorbeeld van wat zij met 'waarheid' bedoelen. Hierbij moet wel worden vermeld dat ze met deze 'kunst' in hoge mate doelen op iets wat nog moet komen, en dat de mogelijkheid van zo'n komst intiem verbonden is met het lot van het filosofische denken.

Als het mede van de kunst afhangt wat filosofie is, als de kunst de waarheidsaanspraak van de filosofie helpt vormgeven, dan kan men slechts bevestigen wat Schelling en Nietzsche elk op hun manier hebben geformuleerd: de filosofie van de kunst is nooit zomaar een tak van de filosofie. De filosofie van de kunst is fundamentele filosofie gezien vanuit het oogpunt van de kunst. Ze is denken, niet zomaar 'over' kunst, maar *vanuit* de kunst, van binnenuit 'aangetast' door de kunst. Het is ongetwijfeld de verontrusting omtrent deze vreemde nabijheid tussen filosofie en kunst die Plato ertoe bracht de kunst uit zijn ideale staat te weren.

Door haar wezenlijk zelfreflexieve natuur, doordat filosofie niet met kunst bezig kan zijn zonder meteen met zichzelf bezig te zijn, is de relevantie van de filosofie in de benadering van concrete kunstwerken of stromingen niet onmiddellijk vanzelfsprekend. De kunstfilosofie kan immers de kunstgeschiedenis en de kunstwetenschap niet met extra kennis verrijken. Wel moet zij, wil zij iets over particuliere kunstuitingen te vertellen hebben, een dialoog aangaan met die disciplines, om ze te doen reflecteren over de aard en de grenzen van hun kennis.

Eist men van het filosofische denken een zekere 'toepasbaarheid' op het gebied van de kunsttheorie, dan is het vaak niet aangeraden zich te laten leiden door de concrete voorbeelden die filosofen, wier ervaringswereld én kennis zoals bij iedereen beperkt zijn, zelf aandragen. Kants idee over schoonheid en over de onuitputtelijkheid van de 'esthetische idee' werpt zonder twijfel meer licht op een schilderij van Rafaël dan op het middelmatige gedicht van Peter de Grote dat hij zelf als voorbeeld aanhaalt. Men kan evenmin volhouden dat de ervaring van het 'sublieme' zich enkel bij het aanschouwen van indrukwekkende berglandschappen en zeegezichten kan voordoen (voorbeelden die Kant zelf aanhaalt), en niet bij een doek van Matisse of een verhaal van Kafka.

Uit de geschiedenis blijkt in elk geval dat de diepgang van een kunstfilosofie niet afhangt van de kennis die de desbetreffende filosoof had van concrete kunstwerken of van de ontwikkeling van zijn artistieke smaak. Dat Hegel een berg literatuur las en een tijd in Europa rondreisde om talloze concerten en musea te bezoeken, betekent nog niet dat hij beter heeft gevat waar het in kunst om gaat dan Kant, die zijn hele leven Koningsbergen niet heeft verlaten en dus weinig kunstwerken van belang kan hebben gezien. Wat een filosofisch denken over kunst groot maakt, is niet dat het een breed veld van de empirie in beschouwing neemt – hoewel dat bijvoorbeeld bij denkers als Hegel en Adorno terecht ontzag kan wekken –, maar dat het radicaal doordenkt over wat er met de mens aan de hand is dat er zoiets als 'kunst' bestaat, over hoe het komt dat de mens plaats blijft maken voor een fenomeen waarvan de betekenis steeds minder vanzelfsprekend lijkt te zijn geworden.

Een diepgaand denken over kunst heeft altijd een veel breder bereik dan het beperkte kunsthistorische gezichtsveld van zijn auteur. Het overstijgt de artistieke smaak van zijn auteur,[8] en gaat zeker ook verder dan een specifiek soort kunst dat men zich na een oppervlakkige kennismaking met die kunstfilosofie al te gauw voor de geest roept. Zo is er geen enkele reden om aan te nemen dat het werk van Delacroix door zijn onstuimigheid meer 'Nietzscheaans' zou zijn dan dat van Ingres, of dat van de schuimbekkende Céline meer dan dat van de meer serene Kafka.[9] In de ongeduldige zoektocht naar verwantschappen tussen filosofen en kunstenaars staart men zich al gauw blind op de in het oog springende, tot cliché geworden facetten van een filosofie. Gaat men daarentegen serieus in op een (kunst)filosofisch oeuvre, dan merkt men al gauw dat het een licht werpt op het gehele probleemveld van de kunst als modern fenomeen. Dat is wat ik in dit boek heb willen doen: de verschillende filosofen zo presenteren dat het overduidelijk wordt dat hun denken, hoe hoog het abstractiegehalte ervan of hoe beperkt het kunsthistorisch gezichtsveld ervan ook kan zijn, de fundamentele krachtlijnen openlegt van het debat over kunst zoals het tot op de dag van vandaag wordt gevoerd.

Toch leek het nuttig in het besluit van elk hoofdstuk, zij het zeer schetsmatig, enkele meer concrete suggesties te geven over de wijze waarop men aan de hand van de betreffende filosoof het veld van de moderne kunst zou kunnen benaderen. Misschien zal blijken dat ik deze

8. Zoals men filosofen onrecht aandoet door ze te identificeren met hun kunstzinnige smaak, zo is men uiteraard even onbillijk tegenover kunstenaars wanneer men hun werk al te zeer wil begrijpen vanuit hun filosofische smaak. Kunstenaars putten vaak inspiratie uit obscurantistische, quasi-mystieke filosofieën of antropo- en theosofieën, of uit een oppervlakkige lezing van filosofen als Schopenhauer en Nietzsche. Er is bijvoorbeeld de aanwijsbare invloed van allerlei spiritualistische filosofieën à la Swedenborg op kunstenaars als Mondriaan en Kandinsky, de invloed van Nietzsche op het Duitse expressionisme en op een flink stuk van de literatuur in onze eeuw, van Freud op het surrealisme, van Schopenhauer, Nietzsche en Adorno op Thomas Mann, van Rudolf Steiner en Friedrich Schiller op Joseph Beuys, enzovoort. Maar het 'intellectuele klimaat' waarin de moderne kunst in haar ontstaan en bloei historisch was ingebed, is in dit boek niet aan de orde. Het gaat erom wat bepaalde cruciale denkers vandaag voor ons denken over kunst kunnen betekenen, niet wat de filosofie historisch voor kunstenaars heeft betekend.

9. Het is overigens net zo naïef om kunstwerken, omdat ze een 'filosofisch thema' aansnijden of, zoals sommige 'conceptuele kunst', door een bepaalde filosofische theorie zijn geïnspireerd, daarom vanuit die bepaalde theorie te interpreteren. Elk kunstwerk kan in verschillende filosofische registers worden geïnterpreteerd, welk soort filosofie de kunstenaar ook kan hebben geïnspireerd.

'toepassing' van de filosofie beter aan de lezer had overgelaten dan er mij zelf zo kort en onbevredigend aan te wagen. Ik besef terdege dat deze fragmenten het wildste en kwetsbaarste deel van het boek vormen.

HOOFDSTUK I

Immanuel Kant – *Overvloed en nood van de verbeelding*

Inleiding

Als de esthetica voor het moderne denken niet zomaar een uitstapje betekent, maar een moment van ultieme zelfreflectie, kan men rustig stellen dat met Immanuel Kant (1724-1804) de moderne esthetica pas echt begint. Wanneer de 'filosoof van Koningsbergen' zich in 1790 met het 'schone' en het 'sublieme' inlaat, is dat niet omdat hij, na grondig de fundamentele problemen van de kennistheorie en de moraal te hebben behandeld, ook nog het meer 'vrijblijvende' onderwerp van de esthetica wilde aansnijden, maar omdat zijn denken in een probleemsituatie was terechtgekomen. Door zijn strenge behandeling van het probleem van de kennis en de ethiek, meer bepaald door de consequente scheiding die hij tussen deze twee gebieden van het 'ware' en het 'goede' had aangebracht, had Kant in zijn systeem een onoverbrugbare kloof geslagen. Deze kloof betrof een fundamentele breuk binnen de mens zelf tussen zijn natuurlijke strevingen en zijn – wezenlijk ethische – vermogen tot vrije zelfbepaling. Het is vanwege zijn bezorgdheid om deze verdeeldheid dat Kant esthetische onderwerpen als het natuur- en kunstschoon, het genie en dergelijke aansnijdt.

Daarom is Kants esthetica juist zo modern: het esthetische wordt ingeroepen vanuit het bewustzijn van een 'crisis', namelijk vanuit de vraag hoe de mens de breuk met de wereld én met zichzelf die hij ervaart, op een of andere manier kan overstijgen, zonder evenwel de radicaliteit ervan te ontkennen. Het gaat meer bepaald om de vraag hoe de moderne mens omgaat met het gegeven dat hij weliswaar een eindig wezen is wiens ervaring niet buiten het concreet gegevene reikt, maar desondanks niet anders kan dan verder denken en hopen dan zijn zintuigen kunnen waarnemen en zijn verstand kan bevatten.

Kant is de eerste filosoof die de eindigheid van de mens heeft gedacht: de grenzen van wat hij kan ervaren, weten en doen. Maar anderzijds kan de mens zich slechts bewust zijn van deze begrensdheid omdat hij juist wordt gedreven door een 'metafysische drift' naar het oneindige. De mens wil de grenzen van de ervaring verleggen. Het is vanuit dit spanningsveld tussen eindigheid en oneindigheid dat men Kants esthetica moet begrijpen. Daarom is hij niet enkel de grote denker van de Verlichting, maar ligt zijn denken tevens aan de oorsprong van de romantische beweging.

Het heeft dus weinig zin om Kants opvattingen over het 'schone' en het 'sublieme' geïsoleerd te behandelen. Zo gaat men er al te gauw aan voorbij hoe ze de kern van zijn filosofie raken. Deze esthetische thema's doen immers hun intrede op het moment dat Kant op zijn filosofisch systeem terugblikt, over de fundamenten ervan reflecteert en tot een ultieme synthese probeert te komen. Het is dan ook noodzakelijk om een summier overzicht te geven van de indrukwekkende weg die Kant in het denken reeds had afgelegd voordat hij zijn esthetica aanvatte.

Kritische filosofie

Na Descartes is Kant de filosoof die, ditmaal voorgoed, het moderne denken inluidt. Hij kan terecht de grote filosoof van de Verlichting worden genoemd, omdat hij de verschillende tendensen die wezenlijk zijn voor deze grote culturele beweging rationeel heeft willen rechtvaardigen en tegelijk de grenzen ervan heeft bepaald.

Vooreerst is er het empirisch-wetenschappelijk onderzoek van de natuur, dat nu bedreven wordt zonder de dogma's van de religie en de speculaties van de klassieke metafysica. Kant onderzoekt waar het nieuw soort kennis dat in het bijzonder door de Newtoniaanse natuurwetenschap wordt geproduceerd, haar zekerheid en algemeengeldigheid vandaan haalt. Dat is het onderwerp van de *Kritik der reinen Vernunft*, het kennistheoretische luik van zijn filosofie.

Een tweede tendens die wezenlijk is voor de Verlichting is de emancipatorische idee van de 'bevrijding van de mens uit zijn onmondigheid' (Kant). Tegenover allerlei vormen van geestelijke en maatschappelijke onderdrukking moet de mens zijn eigen vrijheid van denken en handelen stellen. Kant wil aantonen dat de moderne eis tot bevrijding, tot zelfbeschikking van de mens, wel degelijk gegrond is. Dit gebeurt vooral in de *Kritik der praktischen Vernunft*, het praktisch-morele luik van zijn filosofie.

Opvallend in de titels van Kants grote werken, zoals ook in zijn derde grote werk, *Kritik der Urteilskraft*, waarvan de esthetica een onderdeel is, is het woord 'kritiek'. Houdt dit woord in dat Kant kritiek leverde op de filosofieën van zijn tijd? Kant nam inderdaad op een radicale manier afstand van het soort filosofie dat in zijn tijd in trek was, meer bepaald de grote rationalistische systemen van Descartes, Spinoza en Leibniz, die tot een zekere kennis van de wereld meenden te komen vanuit puur logische axioma's en deducties.

Maar kritiek in de specifiek Kantiaanse zin van het woord betekent in de eerste plaats dat de rede, voordat ze van alles en nog wat poneert over de werkelijkheid, een onderzoek instelt naar haar eigen mogelijkheden en grenzen. Kritische filosofie betekent dus dat de rede aan *zelfreflectie* doet, dat ze zich erover bezint in hoeverre de kennis die zij produceert legitiem is. De rede onderzoekt aan welke voorwaarden die kennis moet beantwoorden om 'objectief' en algemeen geldig te zijn.

Maar de rede onderwerpt niet enkel de kennis aan een kritisch onderzoek. Na een kritiek van de rede in haar theoretische gebruik, volgt een kritiek van de rede in zoverre ze regels voor het praktische handelen uitvaardigt. Kant vraagt zich af waarop de normen gebaseerd zijn die de rede aan het menselijke handelen voorschrijft. Daarmee gaat hij op zoek naar de fundamenten van een universele menselijke ethiek. Ik bespreek eerst Kants kennisleer.

Kennis- of ervaringsleer

In de *Kritik der reinen Vernunft* (1781) wil Kant weten op grond waarvan absoluut zekere, algemeen geldige kennis mogelijk is. Daarbij gaat hij ervan uit dat dergelijke kennis wel degelijk mogelijk is. Hij ziet deze gerealiseerd in de wetenschap van zijn tijd, meer bepaald in de mathematische fysica van Newton. Kant vraagt zich af waaraan deze kennis die zekerheid en universele geldigheid ontleent. Waarom kunnen wij niet anders dan bijvoorbeeld de gravitatiewetten voor juist aannemen?

Het is duidelijk dat dit soort kennis niet louter voortkomt uit een puur logische constructie van begrippen. De uitspraken die de moderne natuurwetenschap doet, zijn duidelijk gebaseerd op waarneming, op zintuiglijke ervaring. Maar anderzijds velt de wetenschap niet zomaar uitspraken over particuliere verschijnselen of gebeurtenissen. Ze stelt algemene wetten op over hoe dingen altijd en noodzakelijk op een bepaalde manier gebeuren. Hierbij gebruikt de wetenschap volgens Kant steeds algemene begrippen die niet uit de ervaring kunnen worden afgeleid, maar integendeel door het verstand aan de ervaring worden opgelegd.

Zo stelt de wetenschapper met de uitspraak dat water kookt bij 100 graden geen eenmalig feit vast omtrent dít water. Evenmin bedoelt hij zomaar dat water zich tot op de dag van vandaag zo gedraagt. Hij bedoelt dat, in dezelfde omstandigheden, waar en wanneer ook in het universum, water *in alle gevallen* en *noodzakelijk* bij 100 graden kookt. Toch is het principieel onmogelijk deze algemeenheid en noodzakelijkheid uit de ervaring af te lezen, hoeveel waarnemingen men ook zou doen. Voorts meent de wetenschapper niet alleen dat het bereiken van 100 graden en de kooktoestand noodzakelijk altijd samen zullen optreden, maar dat water kookt *doordat* het 100 graden bereikt. Hij doelt dus op een relatie van oorzaak en gevolg. Maar ook tot dit causale verband kan hij niet besluiten vanuit de loutere waarneming, dat de twee toestanden samen voorkomen.

Met de uitspraak 'water kookt bij 100 graden' wordt dus bedoeld: 'als water de temperatuur van 100 graden bereikt, zal het, waar en wanneer ook ter wereld, als gevolg daarvan noodzakelijk koken'. Tot een dergelijke wet kan men uiteraard niet besluiten zonder nauwkeurige waarneming, maar evenzeer blijken hierbij *begrippen* (of 'categorieën') in het spel te zijn (algemeenheid, noodzakelijkheid en causaliteit) die de zintuiglijke waarneming te buiten gaan. Kant zegt: deze begrippen gaan aan elke concrete ervaring *vooraf*; ze zijn reeds van tevoren in het verstand aanwezig en moeten daarom worden beschouwd als 'a priori begrippen'. Kant noemt ze ook a priori *vormen*, omdat het eigenlijk lege, louter formele begrippen zijn. Op zichzelf genomen zeggen ze niets over de realiteit, maar ze vormen wel de noodzakelijke mogelijkheidsvoorwaarde om iets over de realiteit te zeggen. Ze zijn volgens Kant twaalf in getal.

Niet alleen het verstand heeft a priori vormen. Reeds op het niveau van de zintuiglijke aanschouwing zijn er vormen waarin alle verschijningen bij voorbaat zijn gevat. Deze vormen zijn ruimte en tijd. Ruimte en tijd kunnen voor Kant namelijk nooit als zodanig worden ervaren. Ze maken zoiets als ervaring pas mogelijk. Elke indruk die wij vanuit de buitenwereld ontvangen is a priori naast andere in de ruimte geplaatst, en voor of na andere opgenomen in een tijdsopeenvolging. Net zoals er geen kennis, geen begrip van wat dan ook denkbaar is zonder de categorieën van het verstand, is er geen zintuiglijke ervaring denkbaar zonder deze tijdruimtelijke situering van de verschijnselen.

Kants antwoord op de kritische vraag hoe zoiets als kennis eigenlijk mogelijk is, luidt dus: door een samenwerking tussen aanschouwing en verstand, waarbij het verstand de chaotische veelheid van in ruimte en tijd gesitueerde gewaarwordingen ordent door ze aan zijn a priori begrippen te onderwerpen, te 'subsumeren'. Kennis is dus een proces waarbij passief ontvangen empirische indrukken door verstandsbegrippen actief worden bewerkt.

Er stelt zich nu evenwel een probleem, namelijk hoe de verstandsbegrippen, die niet uit de ervaring stammen, zich op de chaos van de waarneming kunnen betrekken, hoe ze daarop kunnen passen, welke regels daarvoor bestaan. Het gaat dus om de vraag naar de objectieve waarde van categorieën. Kants antwoord, dat op het eerste gezicht vreemd kan klinken, is dat zoiets als ervaring enkel mogelijk is door begrippen. Deze zijn namelijk reeds werkzaam op het niveau van de zintuiglijke aanschouwing. Dit houdt in dat hetgeen verschijnt zich nooit aandient als een ordeloze veelheid van losse indrukken, maar altijd reeds is voorgevormd, 'geprepareerd' om te worden begrepen. Eigenaardig is nu dat deze 'voorvorming' weliswaar in functie staat van het verstand – hoewel dit juist in de esthetische ervaring niet meer zo evident zal blijken – maar niettemin toch geen prestatie is van het verstand zelf. Kant roept hiervoor een apart vermogen in: de verbeelding (*Einbildungskraft*).

De verbeelding is voor Kant niet in de eerste plaats het vermogen zich iets voor te stellen dat afwezig is of in de realiteit niet bestaat. De verbeelding structureert, 'synthetiseert' de wereld zoals die voor de zintuiglijke waarneming verschijnt tot een wereld van objecten die onder begrippen kunnen worden gebracht. Op die manier heeft ze een bemiddelende functie tussen zintuiglijke aanschouwing en verstand. Zo doorloopt de verbeelding in het verloop van de tijd verschillende voorstellingen om ze samen te nemen ('apprehensio'). Deze 'compositie' veronderstelt evenwel dat men bij een voorstelling de vorige in de herinnering vasthoudt ('reproductio'), zodat een 'verknoping' of 'associatie' van voorstellingen optreedt. Een dergelijke synthese van voorstellingen is enkel mogelijk door een bewustzijn dat datgene wat het op een bepaald moment beschouwt als hetzelfde herkent als datgene wat het daarvoor dacht ('recognitio').

Pas door deze synthetiserende werkzaamheid van de verbeelding, door Kant 'een verborgen kunst in de diepte van de menselijke ziel' genoemd, kan er iets blijvends en dus hoe dan ook 'iets', een 'object', worden ervaren en begrepen. Kant spreekt over de '*transcendentale* verbeelding'. Deze is het vermogen dat ervoor instaat dat de wereld *a priori* aan ons verschijnt als een gestructureerde wereld van onderscheidbare, substantiële objecten, en niet als een ordeloos fluïdum van vervlietende, want telkens weer vergeten en nieuw opduikende impressies. De verbeelding vormt de verschijnende wereld om tot een 'stand van zaken' waarover een verstandelijk oordeel kan worden gevormd. Terwijl ze in de *Kritik der Reinen Vernunft* voornamelijk wordt behandeld voorzover ze bijdraagt tot begrippelijke ervaringskennis, zal de verbeelding in de *Kritik der Urteilskraft*, meer bepaald als het over het *esthetisch* oordeelsvermogen gaat, veel meer in haar autonome werkzaamheid worden erkend.

Kants kritische onderzoek heeft enorme consequenties in verband met de aard en de reikwijdte van de menselijke kennis. De werkelijkheid die wij kennen is niet langer een op zichzelf bestaande gegevenheid die dan zo trouw mogelijk moet worden afgebeeld, maar het resultaat van een constructief ordeningsproces, waarbij uitwendige voorstellingen door de verbeelding en het verstand worden gestructureerd. Dit houdt in dat de wereld niet kenbaar is zoals ze *op zichzelf* is, maar enkel zoals ze voor ons in ruimte en tijd verschijnt en in de a priori vormen van onze voorstellingsvermogens wordt gegoten. De kennis is met Kant radicaal begrensd want *menselijk* geworden. Ze reikt niet meer tot het wezen van de dingen, zoals dat van Plato tot het moderne rationalisme het geval was.

Zo wordt voor ons verstand de verschijnende wereld geregeerd door causaliteit, door ketens van oorzaak en gevolg. Maar wanneer we met dit begrip causaliteit gaan speculeren over de uiteindelijke oorzaak van alles wat bestaat, dan gaan we de grenzen van onze ervaring te buiten. De idee van een eerste oorzaak die zelf geen gevolg meer is van iets anders, de idee van 'God' dus, is geen begrip meer van het verstand, maar een *meta*-fysische notie, dat wil zeggen een bovenzintuiglijke idee van de *rede* (*Vernunft*), waarover we met ons verstand niets kunnen zeggen. Ook voor de idee van de ziel als immateriële substantie en voor de idee van de wereld als totaliteit geldt dat er geen ervaring aan beantwoordt, en dat er dus geen theoretische kennis van mogelijk is.

Dit betekent niet dat Kant de ideeën van de Ziel, God en de Wereld wil afschaffen. Hij beschouwt ze als 'regulatieve' ideeën: ze zijn behulpzaam om onze ervaring en kennis op een hoger vlak te systematiseren en tot eenheid te brengen. Daarbij voldoen ze aan de onuitroeibare behoefte van de rede de grenzen van de ervaring te overstijgen. Aan deze metafysische behoefte zal meer tegemoet worden gekomen in Kants tweede grote kritiek, de *Kritik der praktischen Vernunft*, al blijft ook daar de restrictie gelden dat de ideeën ontoegankelijk zijn voor theoretische kennis.

Ethiek

In zijn *Kritik der praktischen Vernunft* (1788) zet Kant zijn kritische onderzoek, dat hij ook 'transcendentaal' noemt, voort. Transcendentaal onderzoek laat zich niet in eerste instantie in met objecten, maar met de manier waarop objecten in het algemeen worden gekend en met de manier waarop deze kennis a priori mogelijk is. Eenvoudig gezegd: Kant beschrijft de wereld niet, maar het (eindige) kader waarbinnen deze wereld noodzakelijk aan ons verschijnt en door ons kan worden gekend.

Nu is volgens Kant een dergelijk reflexief onderzoek niet enkel mogelijk van de kennis, maar ook van de wil. Na een kritische inspectie van de theoretische rede gaat Kant dus over naar een inspectie van de rede in haar betrokkenheid op de praktijk.

Dit betekent niet dat Kant regels, normen en wetten voor het handelen opstelt. Hij ontwerpt geen 'zedenleer' of 'moraal', maar hij vraagt zich af op welke grond de rede eigenlijk regels aan het praktische handelen kan voorschrijven. Waarop is de 'redelijkheid' gebaseerd die men van het menselijke handelen eist?

Als kennis mogelijk is, dan is dat omdat de mens met zijn verstand orde weet te scheppen in de veelheid van verschijnselen. Welnu, als zoiets als moreel handelen mogelijk is, dan is dat omdat de mens in staat is met zijn morele wil orde op te leggen aan de willekeur van zijn eindeloos variërende strevingen en verlangens. En zoals het verstand orde schept aan de hand van a priori principes (categorieën), zo bezit ook de morele wil een a priori principe, namelijk de *zedenwet*. Deze zedenwet bestaat erin dat de mens onvoorwaardelijk handelt vanuit een *plicht* die hij zichzelf oplegt, niet vanuit een of andere neiging waarbij hij een bepaalde toestand wenst te bereiken, hoe 'goed' die toestand ook mag lijken, bijvoorbeeld het geluk, de volmaaktheid of de harmonie tussen alle mensen. Zodra men vanuit een bepaalde neiging handelt is er eigenbelang in het spel, terwijl de zedenwet juist van de mens eist dat hij *belangeloos* handelt.

Kant vraagt zich af wat de ultieme grond of mogelijkheidsvoorwaarde van het zedelijke handelen is. Als de mens in staat is onvoorwaardelijk uit plicht te handelen, veronderstelt dit dat hij zich onafhankelijk kan maken van allerlei neigingen en drijfveren waaraan hij niettemin zoals alle natuurwezens onderhevig is. Dit veronderstelt meer in het algemeen dat hij zich kan bevrijden van de ijzeren natuurwetten die de zintuiglijke wereld regeren. Anders gezegd: de gehoorzaamheid aan de plicht veronderstelt dat het zedelijke subject *vrij* is.

De vrijheid is de grondvoorwaarde van de zedelijkheid. De idee van een moreel handelen zou onzinnig zijn indien de mens zichzelf niet begreep als een zelfstandig, zichzelf bepalend wezen dat niet onderworpen is aan de blinde causale natuurwetten. Maar deze idee van vrije zelfbepaling blijft dan ook tot de praktische, morele sfeer beperkt. Dat de mens vrij is, daarvan kan hij nooit meer dan een 'praktische zekerheid' hebben, dit wil zeggen een zekerheid die onmiddellijk met zijn morele handelen verbonden is, en nooit kan uitgroeien tot een theoretische zekerheid. Uit Kants eerste Kritiek bleek reeds dat er geen verstandelijk begrip van de vrijheid (de ziel) mogelijk is, omdat er geen zintuiglijke ervaring, geen 'aanschouwing' aan beantwoordt. Toch is het dit bovenzintuiglijke idee, waarover het theoretische verstand niet kan spreken, dat door de praktische rede als haar grondprincipe wordt erkend.

Het oordeelsvermogen

Er werd gesteld dat de esthetica van Kant wordt gemotiveerd door de bezorgdheid om een 'kloof' die in zijn systeem was ontstaan. De aard van deze kloof moet door het voorgaande duidelijker zijn geworden. Het gaat namelijk om een breuk tussen het domein van de natuur, dat door ijzeren wetten wordt beheerst, en het domein van de vrijheid, dat noodzakelijk de mens als ethisch wezen moet veronderstellen. Beide lijken onverzoenbaar van elkaar gescheiden. In de wereld van de fenomenen ontdekt het verstand enkel blinde causale ketens, geen vrijheid, evenmin een 'telos': een oriëntatie op een doel. Dit maakt het Kantiaanse universum radicaal modern. Het is immers een gedesacraliseerd, 'onttoverd' universum, later door Dostojevski als een onmenselijk, 'zwijgend heelal' beschreven, in de zin dat de mens daarin niet langer iets, al was het maar een teken, van zijn uiteindelijke bestemming ziet (voor)afgebeeld. Anderzijds kan hij als zedelijk subject niet anders dan zichzelf als vrij beschouwen, maar hij beschikt dan wel over geen enkele zekerheid omtrent de effectieve werkzaamheid van die morele vrijheid in het domein van de natuur. En deze kloof tussen vrijheid en natuur is niet zomaar een kloof tussen de mens en zijn buitenwereld, maar een kloof binnen de mens zelf, die zowel een geestelijk subject is dat zichzelf in vrijheid de wet oplegt, als een lichamelijk wezen dat aan blinde fysische en fysiologische natuurwetten gehoorzaamt.

In de *Kritik der Urteilskraft* (1790), Kants derde grote Kritiek, wordt het 'oordeelsvermogen' ingeroepen om de eenheid van de menselijke rede, verdeeld tussen verstand en morele rede, te herstellen. Maar de complexiteit van dit werk bestaat erin dat het evenzeer kan worden gelezen als een blijk van kritische terughoudendheid ten opzichte van een dergelijk project.

Eigenaardig aan het oordeelsvermogen is dat het geen eigen domein bezit waar het geldig is, waar het 'autoriteit' bezit. Zo is het verstand geldig in het domein van de zintuiglijke fenomenen. De zedelijke wil van zijn kant is enkel geldig in het bovenzintuiglijke, 'noumenale' domein van de vrijheid. Het oordeelsvermogen heeft het evenwel nergens voor het zeggen. Het brengt geen kennis aan, noch vaardigt het regels uit voor het handelen. Het is er enkel om de overgang tussen beide radicaal van elkaar gescheiden domeinen te verzorgen.

Maar wat kan de betekenis zijn van een oordeel dat geen eigen domein heeft? Heel in het algemeen betekent oordelen voor Kant dat men het bijzondere bij een algemeen begrip onderbrengt. Zo subsumeert het verstand bijzondere verschijnselen onder algemene begrippen (categorieën). Specifiek echter aan de oordelen waarover het in de *Kritik der Urteilskraft* gaat, is dat dit algemene begrip niet echt iets over het bijzondere bepaalt, maar er enkel *subjectief* over *reflecteert*. Het gaat dus om oordelen die strikt genomen enkel iets 'bepalen' omtrent het oordeelsvermogen zelf en daarom door Kant *onbepaald* worden genoemd.

Nu onderscheidt Kant twee soorten reflexieve oordelen: teleologische en esthetische. Een teleologisch oordeel betreft dingen in de natuur, meestal levende organismen, die niet louter causaal kunnen worden verklaard, maar enkel in termen van *doelmatigheid*. Zo'n oordeel dat aan een natuurding een gerichtheid op een doel toeschrijft, is reflexief omdat het geen objectieve waarde heeft. De doelmatigheid van een organisme blijft een hypothetische veronderstelling van het oordeelsvermogen dat bepaalde verschijnselen nu eenmaal niet anders kan begrijpen dan naar analogie met een wil die op een doel is aangelegd.

Hoewel onbepaald blijft het teleologisch oordeel een *kennis*oordeel. Het werkt, hoe subjectief ook, met begrippen. Dit in tegenstelling tot het esthetische oordeel. Dat verschaft helemaal geen begrip van het object, zelfs geen *subjectief*. In die zin is het esthetische oordeel op een radicale manier reflexief. Het betrekt enkel de voorstelling van het object op het lust- of onlustgevoel van het subject. Het zegt enkel iets over de subjectieve gevoelstoestand van de beoordeler zelf.

De vraag die hierbij onmiddellijk opkomt is hoe een dergelijk gevoelsoordeel nog in enige mate aanspraak kan maken op noodzakelijkheid en algemeengeldigheid. Het verstand heeft zijn categorieën waarmee het a priori de aanschouwingen bepaalt, de praktische rede een zedenwet die a priori het handelen bepaalt. Maar hoe kan nu een a priori principe ten grondslag liggen aan esthetische oordelen die zo gevoelsgebonden zijn? Kants oplossing hiervoor zal zijn dat esthetische oordelen hun grond weliswaar niet vinden in een *bepaald* principe, maar wel in de formele voorwaarden die een oordeel *in het algemeen* mogelijk maken. Omdat hierbij steeds zowel verbeelding en verstand (gericht op het zintuiglijke) als de rede (gericht op het bovenzintuiglijke) in het spel zijn, kan men inderdaad stellen dat Kant hier een brug werpt over de 'kloof' die hij zelf heeft geschapen. Maar het zal blijken dat deze brug het paradoxale kenmerk heeft de onoverbrugbaarheid van die kloof te beklemtonen. Opdat dit alles duidelijker wordt, moet Kants analyse van het smaakoordeel, alsook van zijn oordeel over het sublieme, van dichterbij worden bekeken.

Het schone

Kants 'analytiek van het schone' is strikt genomen geen esthetica. Er wordt immers niet gespecificeerd wat eigen is aan kunstvoorwerpen of andere 'schone' objecten. Enkel het esthetische *oordeel* wordt ontleed. Kant bepaalt dus niet de wezenskenmerken of de regels waaraan een schoon voorwerp beantwoordt of moet beantwoorden, maar vraagt zich af wat wij bedoelen wanneer wij iets schoon noemen en waarin zo'n smaakoordeel uiteindelijk is gegrond. Het gaat dus weer om 'transcendentaal' onderzoek, deze keer naar de mogelijkheidsvoorwaarden van het esthetische smaakoordeel. Kant onderscheidt in dit oordeel vier 'momenten', die evenwel sterk met elkaar zijn vervlochten.[1]

BELANGELOOS WELBEHAGEN

Het esthetische oordeel berust op een welbehagen dat ik ervaar bij de voorstelling van een object. Het gaat niet om een logisch verstandsoordeel dat iets zegt over de eigenschappen van het object. Het smaakoordeel brengt geen kennis bij, maar betrekt de voorstelling van het object op mijn gevoel van welbehagen.

Dit gevoel is onvermijdelijk subjectief, maar is toch niet louter zintuiglijk. Het is namelijk 'belangeloos' ('*ohne alles Interesse*'). Dit betekent dat het geen belang stelt, niet 'geïnteresseerd' is in de objectieve, materiële eigenschappen van het object, maar enkel in de pure beschouwing van de voorstelling van het object.

In die zin verschilt het gevoel voor het schone grondig van het behagen in wat gewoon aangenaam is. Bij dit laatste speelt een begeerte die belang stelt in de materiële aanwezigheid van het object. Deze begeerte wil zich het object op een of andere manier toe-eigenen met het oog op een direct lichamelijk genot, of ze wil het object gebruiken als middel om een doel te bereiken. Ook een zedelijke wil, die gemotiveerd is door een belangeloze gehoorzaamheid aan de wet, stelt redelijkerwijs belang in de realisering van een object, en kan derhalve niet esthetisch zijn.

De esthetische ervaring is belangeloos omdat ze met het object niets op het oog heeft: geen lichamelijk genot, geen verderreikend doel, ook geen kennis. In die zin is de beoordeler van het schone *vrij*: hij is niet afhankelijk van het al dan niet bestaan van het object.

ALGEMEEN WELBEHAGEN ZONDER BEGRIP

De algemeenheid van het esthetische smaakoordeel volgt uit de idee van zijn belangeloosheid. Het gaat er immers niet om dat iemand, met zijn persoonlijke neigingen en doelstellingen, welbehagen ondervindt bij het

1. Deze vier momenten komen overeen met de vier 'verstandsbegrippen' (kwaliteit, kwantiteit, relatie, modaliteit) die in de *Kritik der reinen Vernunft* de formele structuur van alle kennisoordelen bepalen. Over het nogal geforceerde karakter van de wijze waarop Kant hier esthetische oordelen begrijpt naar 'analogie' met kennisoordelen, zie de bespreking van Jacques Derrida's interpretatie van Kants schoonheidsoordeel in het laatste hoofdstuk van dit boek.

object. Het gaat erom dat zijn oordeel aanspraak maakt op algemeengeldigheid. Maar hoe kan een oordeel dat zo radicaal subjectief is die pretentie hebben?

Hiervoor moet men het onderscheid in het oog houden dat Kant maakt tussen zuivere en natuurlijke smaakoordelen. Het gaat hier om niet meer dan het verschil tussen de uitspraak van het type 'dit is schoon' en een uitspraak als 'dit is (ruikt, smaakt...) lekker'. Kant merkt op dat men voor de eerste soort oordelen spontaan algemene instemming verwacht. Daarvan getuigt het feit dat men over de schoonheid spreekt alsof ze een eigenschap, een objectieve kwaliteit van het object is, terwijl men bij een uitspraak over het lekkere of aangename gemakkelijk toegeeft dat het slechts om een persoonlijke gewaarwording gaat. Niettemin is ook het zuivere smaakoordeel slechts subjectief. Het is immers helemaal niet gebaseerd op een begrip omtrent de objectieve structuur van het object zelf. Men hoeft helemaal geen bioloog te zijn om een roos met recht en reden mooi te vinden. Meer nog: als bioloog heeft men over de schoonheid van de roos niets te vertellen. De algemeenheid die men aan het esthetische smaakoordeel toeschrijft kan enkel een *subjectief gevoelde* algemeenheid zijn.

Hangt zo'n algemeenheid niet in het luchtledige? Kants antwoord hierop vormt de kern van zijn esthetica, namelijk zijn theorie van de specificiteit van het esthetische gevoel (*Gefühl*) als onderscheiden van de zintuiglijke gewaarwording (*Empfindung*). Als het gevoel voor het schone als algemeen en dus algemeen mededeelbaar wordt ervaren, is dat omdat het op een vreemde manier *toch aanleunt bij het verstand*. Wat volgens Kant wordt gevoeld is niet zomaar een prikkel, maar de overeenstemming, de harmonie die de voorstellingsvermogens bereiken in het verwerken van prikkels. Naar aanleiding van een schoon object geniet het subject van de goede samenwerking tussen zijn twee fundamentele kenvermogens: verbeelding en verstand (zie de paragraaf 'Kennis- of ervaringsleer', pp. 33-36). Het is omtrent dit puur *formele* genot dat het zuivere smaakoordeel oordeelt.

Het is dus niet omdat het (zuivere) smaakoordeel geen kennis tot stand brengt dat het niets met kennis te maken heeft. Zonder tot een *bepaald* begrip te komen, brengt het een bepaalde voorstelling binnen het bereik van het begripsvermogen (het verstand) *in het algemeen*. Het kennisproces wordt niet buiten spel gezet, maar wordt op zichzelf, op zijn eigen werkzaamheid, teruggeworpen. De grondvoorwaarde voor de constitutie van kennis, namelijk de eenstemmige activiteit van verbeelding en verstand, wordt op zichzelf als lustvol ervaren. De verbeelding is hier in die zin bevrijd van haar ondergeschiktheid aan het verstand zonder dat zij daarom tegen het verstand ingaat. Het is alsof de verbeelding in haar vrij spel vanuit zichzelf een horizon van begrijpelijkheid openlegt zonder dat die horizon door een of ander begrip wordt ingeperkt.

Ik begrijp de roos niet, maar vanuit de belangeloze contemplatie van dit ene ding wordt de wereld voor mij opengelegd als iets dat zich laat begrijpen. Dit doet denken aan een uitspraak van Einstein: 'Het meest raadselachtige is dat de wereld zich laat begrijpen.' Voor Kant is de schoonheid de ervaring van dit raadsel. De mens kan desnoods alles begrijpen behalve de mogelijkheid van het begrijpen zelf, behalve *dat* hij kan begrijpen. Anders gezegd: de grond van het begrijpen, namelijk het geslaagde samenspel tussen verbeelding en verstand, onttrekt zich aan het begrip, maar wordt in de schoonheid ervaren als een *gunst*.

Kant maakt aannemelijk dat het smaakoordeel rechtmatig aanspraak maakt op universaliteit. Er wordt immers niet zomaar een subjectieve uitspraak gedaan over bepaalde prikkels, maar over de goede samenwerking tussen de voorstellingsvermogens die deze prikkels verwerken. Deze samenwerking is de universele mogelijkheidsvoorwaarde van alle subjectieve ervaring en kennis.

DOELMATIGHEID ZONDER DOEL

Een object is doelmatig wanneer het zijn bestaan of vorm dankt aan een wil die zich dit object als doeleinde heeft gesteld. Met betrekking tot het schone wordt deze doelmatigheid evenwel enkel subjectief gevoeld. Het schone object, en Kant denkt vooral aan het natuurschoon, *komt ons voor* als doelmatig. De vorm van het object lijkt enkel te verklaren vanuit een wil die een doel voor ogen had. Maar dat zo'n wil effectief bestaat, kan niet worden geponeerd. Het esthetische oordeel kan van dit doel zelfs geen begrip vormen, dit in tegenstelling tot het teleologische oordeel, dat wel degelijk een theoretische uitspraak doet, hoewel hypothetisch, over bijvoorbeeld de doelmatige organisatie van een levend wezen. In het esthetische smaakoordeel is de doelmatigheid niet alleen slechts een subjectieve veronderstelling van ons oordeelsvermogen, maar blijft dit principe daarbij louter *formeel*, dat wil zeggen naar inhoud en begrip onbepaald. De 'doelmatigheid' van het object komt er enkel op neer dat zijn vorm mij het doelmatig functioneren van mijn voorstellingsvermogens laat voelen zonder dat deze werkzaamheid op een specifiek doel is aangelegd. Vandaar de paradox van een 'doelmatigheid zonder doel'.

Indien het welbehagen in het schone gericht zou zijn op een *bepaald* doel, dan zou het object weer belang hebben. Dit belang kan een uiterlijk doel zijn, in de zin dat het object nuttig kan zijn voor iets anders. Maar het kan ook gaan om een innerlijke doelmatigheid. Dit is het geval wanneer het object wordt voorgesteld als iets wat in zichzelf volmaakt is. Dit veronderstelt evenwel dat men een begrip heeft van die volmaaktheid en eveneens dat men belang heeft bij de realisatie ervan. Dit is het duidelijkst bij wat Kant het 'ideaal van de schoonheid' noemt. Hij denkt hierbij aan de voorstelling van een (zedelijk) volmaakt mens, namelijk van dat wezen dat als enige in staat is in vrijheid zijn eigen doeleinden te stellen en elk doel op een hoger doel (het Goede) te betrekken.

Kant doet hier een (eerste) poging om het esthetische met het ethische te verbinden, maar hij weet zelf dat dit enkel kan ten koste van de zuiverheid van het esthetische. Het schoonheidsideaal, namelijk het beeld van zedelijke volmaaktheid, kan immers niet het voorwerp zijn van een zuiver esthetisch oordeel. Het oordeel hierover is, omdat het op het begrip van een doel berust, 'gedeeltelijk geïntellectualiseerd'.[2] Het zuivere smaakoordeel van zijn kant is op niets anders gericht dan op de voortzetting van het doelmatige doch doelloze spel van de voorstellingsvermogens onder elkaar. Het subject wil slechts blijven *verwijlen* bij de voorstelling die deze toestand genereert. In een dergelijke voorstelling zijn de puur zintuiglijke gewaarwordingen, de 'materiële prikkels' (hierbij denkt Kant aan de kleur of, in de muziek, de toon) als het ware buiten spel gezet, en geniet het subject van de loutere vorm van de voorstelling. Het geniet van het spel van vrije '*Gestaltung*' dat zijn verbeelding met de vorm speelt (Kant verwijst hier naar het lijnenspel in de schilderkunst).

NOODZAKELIJK WELBEHAGEN ZONDER BEGRIP

Het welgevallen dat wordt ondervonden bij het aanschouwen van een schoon object, is *noodzakelijk*. Dit betekent niet dat een smaakoordeel de onweerlegbaarheid en het dwingende karakter bezit van een wetenschappelijke uitspraak of van de zedenwet die ons noodzaakt een handeling te verrichten. In tegenstelling tot theoretische en morele wetten, kan niet van iedereen instemming worden geëist. Deze instemming kan enkel worden *verwacht*. Er kan enkel worden aangevoerd dat iedereen een bepaald object schoon 'zou moeten' vinden. Het schone is nu eenmaal geen voorbeeld van een regel of een wet die wordt gekend en dus begrippelijk kan worden geformuleerd. Het schone object is 'exemplarisch': het is een 'voorbeeld' van een regel die niet kan worden aangegeven. Dat is de reden waarom een 'esthetica' in de zin van een wetenschap van het schone een onmogelijkheid is. Men kan, zoals de kunsthistoricus, veel van een kunstwerk weten of begrijpen, maar waarom het

2. Kants tekst (zie § 17 van de *Kritik der Urteilskraft*) is hier evenwel inconsequent omtrent de vraag of het om een verstandsbegrip gaat of om een begrip van de rede (een 'idee'), dat verstandelijk niet expliciteerbaar is en daarom veel minder de zuiverheid van het smaakoordeel aantast. Verderop zal blijken dat er in het meest zuivere smaakoordeel altijd ideeën in het spel zijn.

'schoon' is, kan nooit met logische begrippen en argumentaties worden geëxpliciteerd.

Maar niettegenstaande onze intellectuele machteloosheid tegenover het schone, dringt het zich vreemd genoeg aan ons op als iets dat noodzakelijk door elk redelijk wezen schoon moet worden gevonden. Dit is omdat ons gevoel voor het schone is geworteld in wat Kant de 'sensus communis' noemt. Deze 'gemeenschappelijke zin' betekent niet dat mensen elkaar feitelijk in een gedeelde esthetische smaak vinden. (Dit is trouwens helemaal niet het geval, vandaag de dag nog minder dan in Kants tijd.) Hij is evenmin gelegen in de begrijpelijke neiging om de eigen smaak aan zijn medemensen uit te dragen, noch in de effectieve solidariteit of de sociabiliteit die zich her en der rond 'schone objecten' ontspint. Wat dergelijke kringen samenhoudt heeft voor Kant weinig of niets met een belangeloos welbehagen te maken, maar alles met aangename, nogal ijdele gewaarwordingen. De sensus communis is daarentegen het gevoel, hoe eenzaam ook, van iets in mezelf dat ik met iedereen deel, namelijk van de best mogelijke samenwerking van mijn verbeelding en mijn verstand als universele voorwaarde voor elke algemeen geldige en algemeen mededeelbare kennis.

Het bestaan van een sensus communis is uiteraard niet bewijsbaar, maar ze maakt wel de vraag naar universele bijval begrijpelijk die van elk smaakoordeel uitgaat. Het is een transcendentale, geen sociaal-politieke categorie, in de zin dat de mensen elkaar werkelijk zouden vinden of moeten vinden in een consensus omtrent het schone. Toch heeft deze notie een utopische bijklank. Zij draagt de idee in zich van een 'waarachtige' sociale band, namelijk een band die niet langer zou zijn bepaald door belangen, evenmin zou zijn bemiddeld door het verstand, noch gestuurd door een bepaald doel. Maar zo'n idee van universele, puur gevoelsmatige eensgezindheid kan geen interesse opwekken voor een ander soort maatschappij. Kant staat, in tegenstelling tot zijn interpretator Schiller, niet aan de oorsprong van latere avant-gardistische kunstutopieën. De 'utopie' die met de ervaring van het schone is verbonden, kan nooit een maatschappelijk project worden. Zij laat zich niet in de toekomst projecteren, maar blijft een gunst die mij hier en nu te beurt valt door de ongemotiveerde ontmoeting met een singulier object.

Het is duidelijk geworden dat het Kant er niet om gaat vast te leggen wat voor schoon kan doorgaan en wat niet. Het bepalen van de smaak, zegt Kant, laat ik aan anderen over. Hij vraagt zich enkel af wat wij bedoelen met de uitspraak 'dit is schoon'. Welnu, daarmee schijnen wij iets te bedoelen als: 'aangedaan door de vorm van dit object ondervind ik een belangeloos welbehagen waarbij mijn voorstellingsvermogens, zonder begrip, op een zodanig doelmatige wijze overeenstemmen, dat ik bij elk ander redelijk wezen bijval mag verwachten'.

Opvallend zijn de negaties: het schone dient zich aan als iets dat *zonder* belang, *zonder* begrip en *zonder* doel is. Het brengt ons geen zinnelijk genot. Het is niet nuttig. Wij leren er niets door bij. Het verplicht ons tot niets, wijst ons niet de weg naar het goede. Het blijkt dus iets waar we op zintuiglijk vlak, noch op technisch, cognitief of moreel vlak wat aan hebben. De vraag is dan wat er nog overblijft na deze aftrekking? Wat 'geeft' de schoonheid ons eigenlijk? Welnu: de loutere vorm waarin iets aan ons verschijnt.

Neem een appel op een schilderij van Cézanne. Hoe presenteert deze zich volgens Kant aan een 'zuiver' esthetische beschouwer? Deze appel dient niet om in te bijten of aan te ruiken. Hij is onkoopbaar en onverkoopbaar. Hij is geen voorbeeld van hoe een appel er het beste uitziet. Hij is geen illustratie van het begrip appel in zijn algemeenheid. Hij wil mensen niet aanzetten tot het eten van meer appels, noch vormt hij het zinnebeeld van een zedelijk hoogstaand leven... Hij is een appel zoals hij zich toont wanneer we hem vrij laten om vanuit zichzelf te verschijnen, wanneer we even ophouden onze belangen, begrippen of doelen op deze appel te projecteren.[3]

Het esthetisch genietende subject beleeft dus 'lust' aan de loutere aanwezigheid van de appel, die geen materiële aanwezigheid is maar een pure voorstelling. Juist vanwege dit vermogen mijn persoonsgebonden projecties te neutraliseren, mag ik mijn contemplatief genot als universeel mededeelbaar beschouwen. Zo kan Kants 'subjectivisme', die de objectpool van de esthetische ervaring oningevuld laat, worden beschouwd als een serieuze poging om recht te doen aan de 'andersheid' van het object. Het zelfgevoel, de puur subjectieve 'auto-affectie', wordt me geschonken door een radicaal 'buiten': een ding dat qua betekenis volledig open blijft en waarvan ik zelfs het bestaan niet eis.[4]

Kants schoonheidsbegrip is reeds vaak aangevallen, maar wie er serieus bij stilstaat, moet erkennen dat het onze meest moderne opvattingen van wat kunst is of moet zijn, blijft bespoken. Telkens wanneer we willen bepalen wat de eigenheid en autonomie is van de esthetische ervaring, komen we onvermijdelijk in Kantiaans vaarwater terecht. Kant heeft deze autonomie op een onnavolgbaar subtiele wijze bepaald. Subtiel aan zijn analyse is dat alles wat hij uit het smaakoordeel wegschrapt,

3. Dit is de manier waarop Heidegger in *Der Ursprung des Kunstwerkes* de belangeloosheid van het schoonheidsoordeel interpreteert.

4. Zie voor deze problematiek in dit boek hoofdstuk 11 over Jacques Derrida.

niet zonder meer verdwijnt, maar op onbepaalde wijze bewaard blijft: het 'zonder doel' blijkt het gevoel van een perfecte doelmatigheid. Het 'zonder begrip' blijkt een lust aan de begrijpelijkheid zelve. En aan het 'zonder belang' – dat zal even verder worden toegelicht – wordt een ethisch belang gehecht.

Anders gezegd: hoewel Kant als eerste op een heldere manier het esthetische afpaalt van het natuurlijk-zintuiglijke, het cognitieve en het ethische, zorgt hij er toch voor dat het esthetische geen volledig apart reservaat wordt, maar dat er een band met de andere domeinen behouden blijft. Het schone is zelfs de ervaring bij uitstek van iets wat ze allemaal met elkaar verbindt. Want zoals gezegd is het niet Kants eerste bekommernis om het schone te specificeren, maar om, zo goed en zo kwaad als het kan, de eenheid van de menselijke rede te herstellen. Hij wil een 'brug' slaan tussen de kenvermogens en de zedelijke wil, en daarmee tussen de respectievelijke gebieden van de natuur en de vrijheid. Maar Kant weet zelf dat deze brug een prachtige fata morgana van de rede is, waarop de romantiek zich later al te vaak zal blindstaren.

HET SCHONE EN HET GOEDE: DE 'BRUG'

Wanneer ik universele instemming met mijn smaakoordeel verwacht, is dat omdat ik voel dat mijn kenvermogens, mijn verbeelding en mijn verstand, goed op elkaar zijn afgestemd. Nu kan ik die afstemming wel voelen, maar de algemene bijval die ik daarvoor vraag, kan ik in geen duizend jaar rationeel rechtvaardigen. Ik voel dat ik een algemene norm respecteer waarvan ik evenwel geen begrip heb. Deze norm, zegt Kant, gaat terug op een idee van de rede. Het is enkel vanuit zo'n idee dat de 'antinomie van de smaak' kan worden 'opgelost'.

De 'antinomie van de smaak' is niet zomaar een abstract probleem, maar iets waar iedereen die ooit over de kwaliteit van een kunstwerk heeft gediscussieerd, heel direct mee te maken heeft. Kant stelt het probleem als volgt: enerzijds kan men met recht opperen dat het smaakoordeel niet op begrippen is gebaseerd, want in dat geval zou men esthetische kwesties op rationele basis kunnen beslissen, wat duidelijk niet het geval is. Maar men kan ook aanvoeren dat het smaakoordeel wel op begrippen moet zijn gefundeerd, omdat anders de discussie waarbij men steeds anderen met argumenten tracht te overtuigen, onmogelijk zou zijn. De ervaring is evenwel dat die discussie doorgaat.

Kortom: er zijn geen begrippen om een discussie met betrekking tot schoonheid te beslechten, maar anderzijds lijkt de discussie toch door begrippen te worden geleid. Beide uitspraken zijn juist, maar hun tegenstelling is slechts schijnbaar. Er zijn inderdaad geen rationeel expliciteerbare begrippen of regels die uitsluitsel kunnen geven in schoonheidskwesties (hiermee onderscheidt Kant zich van het classicisme dat de criteria voor schoonheid dacht vast te kunnen omlijnen), maar dit is geen argument voor het relativistische standpunt dat schoonheid puur een zaak is van persoonlijke smaak en dat er dus 'over smaak niet te twisten valt'. De 'strijd' of het 'debat' rondom het schone speelt zich namelijk af tegen de achtergrond van een begrip dat niet van het verstand is, maar van de rede, en daarom een 'idee' wordt genoemd. Alleen een dergelijk onbepaald en onbepaalbaar idee kan, tegen de nuchterheid van het loutere verstand in, de hoop motiveren om tot een vergelijk te komen en daarmee het debat op gang houden.

Het betreft hier vooral de bovenzintuiglijke idee van de vrijheid, door het verstand niet te bevatten, maar door de zedelijke wil noodzakelijk verondersteld. Voor het esthetische oordeelsvermogen blijft deze vrijheid, die de grondvoorwaarde is van het ethische handelen, geen loutere veronderstelling, maar wordt ze in de natuur leesbaar. Het esthetische gevoel zou aldus de ervaring zijn van een reële of objectieve manifestatie van de vrijheid, en zodoende van de synthese tussen natuur en vrijheid.

Maar wat is de aard van deze 'synthese'? Kant wijst op het zedelijke belang van de esthetische belangeloosheid. Het vermogen wars van persoonlijke, 'egoïstische' strevingen bij de voorstelling van een object te verwijlen, wijst op een morele aanleg. Kant noemt de schoonheid dan ook het 'symbool' van de zedelijkheid. Er is een *analogie* tussen het vrije spel van de verbeelding en de zedelijke wil die autonoom zichzelf bepaalt. Een voorstelling waarmee de verbeelding zodanig speelt dat het verstand haar niet meer onder een begrip kan brengen, is een symbool, dit wil zeggen een 'indirect teken', van de vrijheid die strikt genomen onvoorstelbaar is.

Het kan niet anders of de redelijke mens hecht een moreel belang aan het werkelijk bestaan of de realisatie van alles wat het belangeloze spel van de verbeelding opwekt. De rede hecht dan ook belang aan de kunst, op voorwaarde dat deze kunst, wat zelden het geval is, door geen belang wordt gemotiveerd en zo'n belang ook niet bij de toeschouwer wil cultiveren. Het model van zo'n soort kunst is de natuur, omdat de natuur met de schoonheid die zij schenkt, op geen enkel voordeel uit is. Zij beoogt geen enkel doel, en toch blijkt zij doelmatig, want ook aan wie niet uit is op enig begrip, presenteert zij zich als iets dat zich laat verbeelden en begrijpen. Zo kan het lijken alsof een landschap ons in een 'cijferschrift' toespreekt, alsof het 'sporen' nalaat die ons wenken om er een belangeloos welbehagen in te ondervinden. Dit schrift, waarmee de natuur er vanuit zichzelf op gericht lijkt door ons te worden begrepen, kan het verstand niet thuisbrengen. Maar het oordeelsvermogen ervaart dit niet als een tekort, want in de schoonheid gaat het niet om een begrip, maar om deze gunst die de natuur ons verleent.

De schone natuur is duidelijk niet de natuur zoals die zich aan het loutere verstand voordoet: een systeem waar een blinde, mechanische causaliteit heerst. Het gaat immers om een natuur waaraan men de wil of intentie toeschrijft de optimale werkzaamheid van onze voorstellingsvermogens na te streven. Vandaar de idee van een 'bovenzintuiglijk substraat', van een soort vrijheid die in of achter de natuur werkzaam is, en zowel aan de menselijke vrijheid als aan de natuur, aan subject en object, ten grondslag ligt. Op die manier zou de brug gelegd zijn tussen de twee domeinen die door Kants eerste twee kritieken zo streng van elkaar waren gescheiden.

Maar Kant wil vooral dat we hier nuchter blijven. We mogen immers nooit uit het oog verliezen dat het esthetisch oordeelsvermogen niet over een objectieve toestand oordeelt, maar reflexief is en blijft. De natuur wordt enkel door ons geïnterpreteerd *alsof* ze opzettelijk haar vormen aan onze voorstellingsvermogens opdient en zich bekommert om ons welbehagen. We denken, of beter: we voelen hier enkel *naar analogie* met een vrije, zichzelf bepalende oorzaak. De 'gunst' die de natuur ons verleent, zegt Kant, is er een 'waarmee *wij* de natuur opnemen, niet een gunst die *zij* ons bewijst'. Schreven we een intentionaliteit aan de natuur zelf toe, dan kwamen we terecht in neoplatoonse regionen; daar bevat de natuur allerlei tekens waarmee een bovennatuurlijk wezen zich aan ons kenbaar maakt: de natuur als 'allegorisch universum', als een door God geschreven 'boek'. Kants kritische terughoudendheid geldt eveneens allerlei romantische opvattingen, animistisch of pantheïstisch, over de natuur die 'bezield' zou zijn.

De vrije doelmatigheid die het oordeelsvermogen aan de natuur toeschrijft, ligt voor Kant in de mens zelf, meer bepaald in de idee van zijn morele bestemming. Wanneer in het schone de natuur wordt ervaren als werd ze door een vrije geest bewoond, dan is dat een illusie. Maar deze illusie beantwoordt vreemd genoeg aan een onvermijdelijke want *redelijke* behoefte van de zedelijke wil zijn vrijheid *gerealiseerd* te zien. Zo blijft er in de mens een fundamentele breuk tussen wat zijn verstand weet en wat zijn (morele) rede niet anders kan dan hopen. De schoonheid neemt als het ware plaats in deze scheur zonder hem te dichten. In een zintuiglijk fenomeen waarin het verstand enkel een blinde causaliteit leest, ziet het esthetische gevoel, als het ware gesouffleerd door de zedelijke wil, een manifestatie van de vrijheid. Maar omdat dit een gevoel blijft, dat slechts betrokken is op de *vorm* van het object, is hiermee niets werkelijk gerealiseerd. (Over deze 'vrijblijvendheid' zullen later Schiller en meer nog Hegel hun ongenoegen uiten.) Wel is het zo dat de vrijheid, die voor het verstand onbevattelijk is en voor de zedelijke wil een abstractie blijft, hier even wordt *ervaren*. Het schone biedt, hoe indirect ('symbolisch') ook, van deze bovenzintuiglijke idee een zintuiglijke aanschouwing.

De kunst en het genie

Maar hoe zit het dan met de kunst*productie*? Nietzsche ontwaart in de westerse esthetica een neiging om de kunst alleen maar vanuit het standpunt van de beschouwer te denken, terwijl men de kunstenaar en het creatieve proces links laat liggen. Hij denkt hierbij ongetwijfeld aan Kant, die inderdaad vooral het esthetische *oordeels*vermogen heeft behandeld. Toch heeft Kant een serieuze visie op de kunst en het genie ontwikkeld die Nietzsche zeker niet vreemd kon zijn.

Kant maakt het sinds de Renaissance ingeburgerde onderscheid tussen 'mechanische' kunsten en 'vrije' kunsten, hoewel hij dit onderscheid anders interpreteert. Voor wat betreft het creatieve proces gaat het niet meer om een tegenstelling tussen het eenvoudige ambacht en een kunst die op intellectueel onderzoek steunt, maar om het verschil tussen een techniek waarvan alleen het resultaat aangenaam of nuttig is, en een maak*proces* dat omwille van zichzelf wordt genoten. Als het over het product gaat is het duidelijk dat de mechanische kunst voor haar gebruiker een functie heeft, terwijl de vrije kunst omzeggens 'tot niets dient'; de beschouwing ervan is 'in zichzelf doelmatig' en wordt evenals de productie omwille van zichzelf genoten. Dit genot wordt uiteraard niet beleefd aan louter zintuiglijke prikkels, maar aan de belangeloze reflectie over de vorm van het object. Pas een dergelijke kunst noemt Kant 'schoon', daarmee het begrip 'beaux arts' of 'fine arts' verbindend dat toen nog maar anderhalve eeuw courant werd gebruikt.

Ondanks de overeenkomsten is de ervaring van het kunstschoon fundamenteel anders dan die van het natuurschoon. De waarneming van het kunstwerk is namelijk wezenlijk getekend door het besef dat het door een mens is gemaakt en dus het resultaat is van een doelgerichte activiteit die aan regels beantwoordt, wat bij een natuurproduct uiteraard niet het geval is. Maar anderzijds tracht Kant dit verschil af te vlakken. In tegenstelling tot hetgeen het geval is bij een technisch vervaardigd object mag het bij een kunstwerk niet te merken zijn dat er een bewuste bedoeling aan ten grondslag ligt, hoewel dat wel het geval is. Het kunstwerk mag er, letterlijk, niet 'gemaakt' uitzien. Het moet eruitzien alsof het vrij van regels aan de natuur zelf is ontsproten. Maar anderzijds mag het kunstwerk niet perfect aan deze illusie tegemoetkomen. De schijn moet zich dan ook *als* schijn tonen. Het moet duidelijk blijven dat het wel degelijk om kunst gaat, namelijk om iets dat met opzet is gemaakt door een bewust wezen dat hierbij bepaalde regels in acht neemt. Deze paradox van een opzettelijk bedoelde, 'artificiële' natuurlijkheid laat zich enkel oplossen wanneer men stelt dat de regels waarmee de kunstenaar werkt een 'gave van de natuur' zijn.

Hiermee zijn we meteen bij Kants geniebegrip beland: 'Genie is de aangeboren aanleg van het gemoed, waarmee de natuur regels aan de kunst geeft.'[5] Het genie is geen oppermachtig subject dat op arbitraire wijze zijn eigen regels aan de stof oplegt, maar slechts een onpersoonlijk medium dat te werk gaat volgens regels die het door de natuur zijn ingefluisterd en die het zelf niet begrippelijk kan expliciteren.[6] Deze regels worden niet van buitenaf aan het genie opgelegd, maar in het genie is de natuur zelf spontaan aan het werk.

Een dergelijke opvatting brengt een serieuze verschuiving aan in de opvatting, die men in de tweede helft van de achttiende eeuw slechts langzaamaan ter discussie begon te stellen, als zou kunst een *mimesis* (nabootsing, afbeelding, imitatie, weergave...) zijn van de natuur. De kunst van het genie bootst de natuur immers niet na, maar de band tussen kunst en natuur wordt intiemer: het is de natuur die als het ware zichzelf nabootst, zich over zichzelf heen plooit door middel van het genie. En wat zich in die 'plooi' toont, is niet de uiterlijke verschijningsvorm van de natuur, maar haar creativiteitsprincipe, de spontaneïteit van een productie die slechts gehoorzaamt aan wetten die zij zelf stelt.

De kunst is vrij – dit betekent: ze is niet, of alleen maar gedeeltelijk bepaald door mechanische natuurwetten, maar juist in die vrijheid lijkt ze het meest op een 'andere' natuur, gedacht als een organisch, 'vanuit zichzelf' verlopend doelmatig proces. Kant kan dus alleen stellen dat het genie zijn regels van de natuur krijgt omdat hij reeds bij voorbaat de natuur zelf als kunst heeft bepaald, namelijk als een autonoom scheppingsproces geleid door niet conceptualiseerbare regels: een doelmatigheid zonder (begrip van) een doel. Het kan niet anders of de artistieke creativiteit wordt hier gedacht naar analogie van de creativiteit van een 'bovenzintuiglijk substraat', van een God die geen onderscheid kent tussen vrije zelfbepaling en natuurlijke noodzaak. Met dit theologisch geladen geniebegrip legt Kant de grondslag voor de romantische idee

5. Kant, *Kritik der Urteilskraft*, § 46.
6. Vandaar dat voor Kant enkel kunstenaars geniaal kunnen zijn, niet wetenschappers. Maar daarom heeft Kant voor deze laatsten niet minder achting. Integendeel. De nuchterheid van Newton had voor hem meer 'civilisatonische waarde' dan de bevlogenheid van het artistieke genie, dat niet werkelijk cultuur sticht omdat het niet geïmiteerd kan worden, en daarom als het ware telkens weer 'vervliegt'. Kunst is nooit een verworvenheid.

van creativiteit, die trouwens tot op de dag van vandaag door velen, bewust of onbewust, wordt gehanteerd.

DE ESTHETISCHE IDEE

Dat het genie werkt volgens regels die het zelf niet verstandelijk kan vatten, betekent niet dat het helemaal geen bewust begrip heeft van hoe zijn product eruit zal zien. Alleen wordt dit begrip van zijn bepaaldheid ontdaan door een spel met de voorstelling die Kant de 'esthetische idee' noemt: 'onder een esthetische idee versta ik een voorstelling van de verbeelding die veel te denken geeft zonder dat een bepaalde gedachte, d.i. een begrip, aan die voorstelling adequaat kan zijn'.[7] In de esthetische idee is de verbeelding niet 'reproducerend' aan het werk, maar 'scheppend' of 'productief'. Dit betekent dat de verbeelding het zintuiglijk materiaal niet vormgeeft om het onder een bepaald begrip te brengen, maar dat ze het integendeel zodanig bewerkt dat het begrip zich 'onbegrensd verwijdt'. Het gaat niet om een voorstelling die zich zonder meer aan elke begripsvorming onttrekt, maar om een voorstelling die talloze 'nevenvoorstellingen' oproept, niet door één begrip te vangen is. Ze springt over of 'verglijdt' van het ene begrip naar het andere. Kant lijkt hiermee vooruit te lopen op moderne metafoor-theorieën die de metafoor beschouwen als een teken dat verschillende 'semantische velden' (betekeniscontexten) doorkruist.

Maar waarom zo'n voorstelling van de productieve verbeelding een 'idee' noemen? Omdat dit on(be)grijpbare spel van de verbeelding de voorstelling weghaalt onder het dictaat van het verstand en onder dat van de rede brengt. De esthetische idee zwengelt het *redelijke* vermogen aan, uiteraard zonder het werkelijk te bevredigen, om *ideeën* te denken waaraan geen enkele zintuiglijke voorstelling kan beantwoorden. Kant bevindt zich hiermee aan de oorsprong van het romantische symboolbegrip: het symbool als een bijzondere, 'eindige' voorstelling die de algemene idee van het oneindige belichaamt.

Een zekere neiging tot exces[8] van de verbeelding in haar poging het onvoorstelbare voor te stellen, is in de esthetische idee inbegrepen. Maar het genie is en blijft een schepper van *schoonheid*: hoe de verbeelding ook met vormen jongleert, zij blijft een goede, zij het 'onstabiele' verhouding bewaren met het 'verstand in het algemeen'. Het genot dat het genie beleeft aan het spel met eindige vormen waaraan het de doel-

7. Kant, *Kritik der Urteilskraft*, § 49.
8. Wanneer Kant zegt dat bij het genie de 'gewone verhouding der gemoedsvermogens' afwijkt ten gunste van één ervan, kan hij hier enkel de verbeelding bedoelen. Vgl. *Kritik der Urteilskraft*, § 17 (voetnoot).

matigheid van zijn voorstellingsvermogens voelt, behoedt het voor een 'onverstandige' *Sehnsucht* naar het oneindige en het daarmee verbonden gevoel van tekort en onmogelijkheid. Door de proliferatie van voorstellingen waarmee het schone het verstand uitdaagt, maar niet in principe verdacht maakt, komt voor zowel de schepper als de genieter van schoonheid de gaping tussen zintuiglijke vorm en bovenzintuiglijke idee niet in zicht. Het 'sublieme' daarentegen zal de beschouwer bij niets anders dan die gaping doen stilstaan.

Het sublieme

Net zoals het smaakoordeel over het schone is het oordeel over het sublieme of het 'verhevene' (*das Erhabene*) een zuiver esthetisch oordeel; het is een belangeloos oordeel zonder begrip, dat de voorstelling enkel op het gevoel betrekt en niettemin algemene instemming vraagt. Maar hiermee houdt de vergelijking op. Het cruciale verschil is dat het schone onmiddellijk stimulerend werkt, terwijl het sublieme op een eerste niveau een remmend effect heeft. In tegenstelling tot de genieter van het schone, die een vorm als doelmatig ervaart voor zijn kenvermogens, ziet de mens zich met het sublieme geplaatst tegenover een vormloosheid die de werking van zijn kennisapparaat ontregelt. Niet toevallig komen de voorbeelden[9] die Kant voor het sublieme aanhaalt bijna alle uit de ruwe natuur: bergmassieven, overhangende rotsen, stormen, ontketende zeeën, vulkanen; het zijn telkens dingen en gebeurtenissen met onbepaalde contouren.

Het sublieme is 'wanordelijk' of 'verwoestend'; maar toch mag er van het object geen *reële* dreiging uitgaan. Het moet er schrikwekkend *uitzien*. Het gevaar moet beperkt blijven tot het *schouwspel* van bijvoorbeeld een storm op zee waarin slechts de *mogelijkheid* om te worden verzwolgen zich aan de geest voordoet; indien er echt zou moeten worden gevreesd voor het vege lijf, ging het om een *natuurlijk*, door (levens)-belang gemotiveerd, esthetisch oordeel, niet meer om een zuiver esthetisch oordeel.

Het sublieme confronteert het subject met een fenomeen dat niet meer door de verbeelding (en dus evenmin door het verstand) te bevatten is; de verbeelding slaagt er niet in een veelheid van tijdruimtelijke

9. Strikt genomen kunnen voorbeelden het onderscheid tussen het schone en het sublieme niet scherp stellen, aangezien het in Kants transcendentaalfilosofie niet gaat om eigenschappen van natuur- of kunstobjecten, maar om de aard en de legitimiteitsgrond van het oordeel. Toch geeft Kant zelf voorbeelden, omdat sommige objecten nu eenmaal eerder de smaak voor het schone opwekken en andere het gevoel voor het sublieme.

impressies in één synthetische intuïtie samen te brengen en mislukt derhalve in haar 'normale' taak het zintuiglijk materiaal aan het verstand te presenteren als principieel bevattelijk.[10] Een fenomeen kan namelijk zodanig groot of krachtig zijn dat de verbeelding, als vormgevend vermogen, geen maat kan vinden om het zich voor te stellen. Hoewel het zoals elk natuurfenomeen in principe meetbaar is, wordt het subjectief ervaren als iets dat volstrekt zonder maat, 'mateloos' is: iets in vergelijking waarmee alles wat men kan aanwijzen klein is. Dit 'iets' kan niet meer tot de orde van het fenomenale (zintuiglijk aanschouwelijke) worden gerekend, en moet zodoende een bovenzintuiglijke idee zijn.

In het geval van het sublieme is het oordeelsvermogen blijkbaar in staat van het niveau van de verbeelding over te schakelen naar dat van de rede. Het doet dat niet zonder 'overtreding'. De verbeelding wordt er immers door de rede toe uitgedaagd zich te verwijden tot buiten de sfeer van het zintuiglijke, en dus de grenzen van het domein waar ze legitiem fungeert, over te steken. Er wordt namelijk van de verbeelding geëist een onaanschouwelijk idee aanschouwelijk te maken. En het is nu juist door de onvermijdelijke mislukking die hierop volgt dat de rede haar superioriteit voelt. Dit is de paradox van het sublieme: geconfronteerd met de eindigheid, de begrensdheid van zijn verbeelding, ontwaakt in het subject een vermogen het on-eindige te denken.

De 'omslag' naar een hoger voorstellingsvermogen vertaalt zich in het gevoel als een ambivalentie: de onlustvolle schipbreuk van de verbeelding, waarvan meer wordt geëist dan ze aankan, wordt op het niveau van de rede als lustvol ervaren – niet zomaar als een welbehagen, maar als een verrukking.[11] De beklemming omwille van het tekort wordt vreugde om de overvloed. Juist in de ervaring van een reusachtige, vormloze kracht die het subject tot niets zou kunnen herleiden, wordt het iets gewaar dat 'alles' te buiten gaat: zijn onvervreemdbare autonomie, zijn vrijheid. In haar mateloosheid laat de natuur zich ervaren als teken van het 'onnatuurlijke' vermogen tot vrije zelfbepaling. Met het sublieme raakt de mens dus aan de grond van de zedelijkheid, zonder dat hij daarom enig begrip heeft van een zedenwet of van een bepaalde norm. Er is slechts het gevoel van een bodemloze vrijheid, van de pure mogelijkheid om, tegen alle natuur, tegen alle leven in, zichzelf de wet te stellen.

10. Zie de paragraaf 'Kennis- of ervaringsleer', pp. 33-36.

11. Kant neemt hier de psychologische bevindingen over van Edmund Burke, voor wie het gevoel voor het sublieme een mengsel is van 'horror and delight'. Zie Burke, *A Philosophical Enquiry into the Origin of our Ideas of the Sublime and the Beautiful* (1757).

De doelmatigheid van zijn voorstellingsvermogens die het subject naar aanleiding van het schone object ervaart, schrijft het spontaan toe aan het object zelf. Bij het sublieme daarentegen weerstreeft de voorstelling elke doelmatigheid. Er is dus zelfs niet meer het subjectieve gevoel dat de natuur mij in een 'cijferschrift' toespreekt, en dat er dus mogelijkerwijs aan haar mechanisme een vrije, 'artistieke' intentie ten grondslag ligt. Wie het sublieme ervaart *gebruikt* enkel een vormloos natuurfenomeen om de totaal on- of zelfs tegennatuurlijke doelmatigheid van zijn zedelijke wil te voelen.

De schoonheidsminnaar ervaart de natuur als een spiegel van zichzelf. Het vormenspel dat hij in de natuur ontwaart, komt hem voor als symbool van zijn eigen vrijheid. In het sublieme vervult de natuur deze symboolfunctie niet. Een ruw of losgeslagen stuk natuur doet enkel dienst als 'negatieve voorstelling' van iets bovenzintuiglijks; de vrijheid wordt enkel in haar absolute tegendeel, namelijk in een vormloze materialiteit, 'voorstelbaar'. En wanneer degene die het sublieme ervaart zich genoopt voelt te denken dat er werkelijk een bovenzintuiglijk 'substraat' aan zo'n totaal onmenselijke natuur ten grondslag ligt, dan is dat omdat hij als zedelijk subject wel moet veronderstellen dat het goede ook werkelijk bestaat. Maar deze metafysische veronderstelling ligt niet in het verlengde van de ervaring van een chaotische natuur.

Het sublieme slaat dus nog minder de verhoopte 'brug' tussen natuur en vrijheid dan het schone, dat in ieder geval nog een *subjectieve* verzoening realiseert. De verbeelding wordt in de sublieme ervaring weliswaar veel directer aan de rede gekoppeld dan dit bij het schone het geval is, maar dat gebeurt enkel om de mislukking van die koppeling te laten voelen. In hun samenwerking tonen de verbeelding en de rede hun onverzoenbaarheid, en daarmee de fundamentele verdeeldheid van het menselijke subject dat niet vermag te aanschouwen wat het als idee kan 'denken', namelijk de vrijheid als grond van de zedelijkheid. Maar de paradox van de sublieme ervaring is dat deze onoverbrugbare kloof tussen zintuiglijke aanschouwing en bovenzintuiglijke idee 'aanschouwelijk' wordt gemaakt. Het sublieme blijft een *esthetische* ervaring, al is het dat de verbeelding enkel aan het werk wordt gezet opdat haar spel met de voorstellingen volledig zou verbleken tegenover de ernst van de vrijheidsidee. Het is deze verbleking die subliem is, niet een of andere voorstelling.

Het sublieme maakt de idee van de vrijheid op de meest 'authentieke' manier ervaarbaar, namelijk in wat Kant zijn 'onpeilbaarheid' noemt. Geen uitspraak lijkt hem subliemer dan het opschrift op de tempel van Isis: 'Ik ben alles wat is, wat was en wat zal zijn, en geen sterveling heeft ooit mijn sluier opgelicht.' Mijn vrijheid, grond van mijn zedelijke bestemming, blijft voor mezelf versluierd, want mijn ervaring ervan blijkt gebonden aan een vreemde, zelfs beangstigende vormloosheid waarin ik mezelf niet herken. Een brute uiterlijkheid die zich niet meer laat verbeelden, appelleert slechts op 'negatieve' wijze aan mijn innerlijke vrijheid. Mijn vrijheid toont én verbergt zich in deze schommeling die ik niet beheers, maar die omgekeerd mij in 'vervoering' brengt.

Besluit: moderniteit van het schone en het sublieme

De moderne esthetica begint waar de klassieke metafysica niet meer mogelijk is. Kant heeft de reikwijdte van het verstand beperkt tot de wereld van de verschijningen, waarvan de bewegingswetten kunnen worden onderzocht. Maar of die wereld nu 'op zich' door redelijke principes wordt geleid, blijft duister. De mens, die nu een onverschillig universum bewoont, kan deze redelijkheid enkel bij zichzelf (als zedelijk wezen) veronderstellen. Enkel in de ervaring van het natuurschoon lijkt het voor de mens nog *alsof* de wereld er vanuit zichzelf op aanstuurt hem een eenstemmigheid in zichzelf te laten voelen. In haar schoonheid is de natuur geen inerte materie meer, maar lijkt ze bewoond door een creatief principe. Ze verschijnt als de spiegel van mijn vrijheid. Het genie is in staat, als een soort buikspreker van de natuur, kunst te maken die deze ervaring opwekt. Hoewel ik, evenmin als in de natuur, in het geniale kunstwerk een *bepaalde* intentie of *bepaald* begrip kan aflezen, heb ik toch het *gevoel* van een doelmatigheid die mijn begrip onbegrensd verruimt.

Het sublieme daarentegen werpt de mens op zichzelf terug. Geconfronteerd met een vormloze materialiteit gaat de verbeelding haar grenzen te buiten, waarmee ze ervan getuigt te worden aangedreven door een idee die zich in geen enkele vorm laat incarneren. Omdat van de vormloze zintuiglijkheid van het sublieme geen doelmatigheid valt af te lezen, wordt er geen beroep gedaan op de esthetische smaak, maar enkel op een *Geistesgefühl* dat elke uiterlijke vormelijkheid afwijst. Daarom is voor Kant het joodse beeldverbod subliem: 'je zult geen beeld maken, noch een gelijkenis van wat in de hemel is, noch van wat op aarde is of ergens anders'. Hij geeft dan ook geen voorbeelden van sublieme kunstwerken.[12] Toch zullen Friedrich Schiller en F.W.J. Schelling reeds enkele jaren na de verschijning van de *Kritik der Urteilskraft* de Griekse tragedie als subliem bestempelen. En uit de gehele post-Kantiaanse esthetica tot op de dag van vandaag zal blijken dat de notie van het

12. Hij noemt wel de piramiden en de Sint-Pieterskerk te Rome, maar niet omwille van hun esthetisch vorm, maar omdat het onmogelijk is hun grootte in één oogopslag te bevatten.

sublieme sterk aansluit bij de mutatie die het kunstgevoel van de moderne mens na Kant heeft ondergaan.

In het algemeen worden het schone en het sublieme door Kant niet gepresenteerd als kunstcategorieën, maar als modaliteiten van de esthetische ervaring. Toch kan het niet anders of bepaalde kunstwerken appelleren eerder aan de smaak voor het schone dan dat ze het 'geestesgevoel' voor het sublieme opwekken – of omgekeerd –, hoewel geen enkel kunstwerk zonder meer tot de ene of de andere 'klasse' kan worden gerekend. Een kunstwerk dat zonder meer 'schoon' is, kan wellicht alleen maar steriel zijn, omdat het mijn voorstellingsvermogen uiteindelijk alleen maar bevestigt. Anderzijds zou een puur subliem kunstwerk vanwege zijn loutere vormloosheid ongetwijfeld niet meer als kunstwerk herkenbaar zijn.

Elke esthetische ervaring speelt zich derhalve af in het spanningsveld tussen het schone en het sublieme. Het schone spel met de vormen zou niet werkelijk kunnen fascineren wanneer het niet tegelijk voelbaar was dat er in dit spel iets is dat elke vorm weerstaat. En de sublieme afwezigheid van vorm kan alleen in verrukking brengen wanneer die afwezigheid nog het spoor draagt van een delirante omgang met vormen waartoe de verbeelding wordt gedreven in haar poging het onvoorstelbare voor te stellen. Niet de pure negatie van de vorm is subliem, maar de vorm die zichzelf te buiten gaat.

Strikt genomen kunnen de betekenis en de geldigheid van deze begrippen slechts traag en geduldig in confrontatie met specifieke kunstwerken worden aangetoond, terwijl men eveneens in acht zou moeten nemen hoe ze in de esthetica na Kant telkens weer werden geherinterpreteerd. Toch lijkt het onvermijdelijk dat men nagaat in hoeverre tendensen of richtingen in de geschiedenis van de moderne kunst naar het schone dan wel naar het sublieme neigen.

Men kan gerust stellen dat Kant, als hij tegen het einde van de achttiende eeuw het schone definieert als object van een begriploos en belangeloos welbehagen in het vrije spel van de verbeelding, hiermee vooruitliep op een tendens die in de negentiende eeuw steeds meer zou doorzetten: de vernieuwende kunst wijdt zich steeds minder aan het overbrengen van morele, religieuze en allegorische boodschappen, maar spitst zich toe op de loutere vorm van de voorstelling. Dit hoeft niet te betekenen dat het voorgestelde geen belang meer heeft, wel dat er slechts belang wordt gehecht aan hoe het, los van cognitieve en morele bekommernissen, verschijnt. Deze tendens bereikt zijn eerste hoogtepunt in het impressionisme. De vrijheid is hier geen idee dat wordt voorgesteld of ergens achter de voorstelling schuilt, maar is direct verbonden met een lust aan de uiterlijke vorm, aan het spel van licht en kleur.

Wellicht is het impressionisme de laatste kunstvorm die zonder meer 'schoon' was, dit wil zeggen onmiddellijk behaagde zonder kitscherig te zijn. Nadien wordt deze 'geniale oppervlakkigheid', waar ook Nietzsche op zijn manier van droomde, doorbroken. De voorstelling krijgt een expliciet geconstrueerd karakter (Cézanne, Seurat, constructivisme), wordt vervormd tot in het wanstaltige (Van Gogh, expressionisme), gefragmenteerd (kubisme, collage, montage...) of onherkenbaar gemaakt (abstractie). Hiermee lijkt de balans door te slaan in de richting van het sublieme. Het is alsof de vorm van het voorgestelde voortdurend moet worden omgewoeld en gereconstrueerd opdat zich daarin iets zou tonen dat noodzakelijk onvoorstelbaar moet blijven: een aanwezigheid zonder vorm, dat wil zeggen een aanwezigheid die slechts vorm krijgt in de vervorming, breking of, in extremis, in de weigering van de vorm, hoewel deze weigering toch telkens weer 'vorm' krijgt.

De avant-garde wordt in het algemeen gekenmerkt door een argwaan tegenover het schone, en dus tegenover alles wat het vlotte functioneren van de voorstellingsvermogens bevestigt en daarmee het gevoel cultiveert met alle mensen verbonden te zijn. Beelden die de mens al te gemakkelijk verzoenen met de wereld, zichzelf en de anderen, worden door de avant-garde beschouwd als een ontkenning van de werkelijkheid. De kunst mag niet functioneren zoals volgens Marx de religie functioneert: als het 'hart van een harteloze wereld', dat wil zeggen als een schijnbeeld van schoonheid en harmonie in een verscheurde wereld. Een dergelijk wantrouwen ten aanzien van het esthetische kan enkel steunen op een *ethische* eis tot waarheid of waarachtigheid. De moderne kunst is 'anti-illusionistisch': ze wil de vinger leggen op een harde *realiteit* die door de verslaving aan geijkte vormen, de enge schema's van het 'burgerlijke' verstand en allerlei ideologische ficties wordt versluierd.

Deze 'harde realiteit' die de avant-garde in het spel wil brengen blijkt evenwel iets dat terugwijkt. Het gaat om iets waar tegenover de verbeelding onvermijdelijk faalt en dat dan ook het object is van een *sublieme* ervaring. Dit betekent dat het subject die ervaring letterlijk 'niet (in ruimte of tijd) kan plaatsen'. Deze ervaring krijgt in het bewustzijn vorm noch begrip, en wordt daardoor tot een soort blinde vlek die het spoor is van een te grote intensiteit, een te grote nabijheid. Een dergelijke 'traumatische' ervaring, die als het ware het subject zelf ontglipt, kan in het kunstwerk slechts worden voorgesteld door datgene wat niets voorstelt: de 'materie' van het kunstwerk. Voor het schilderij bijvoorbeeld zijn dat het timbre, de toon, de schakering en intensiteit van de kleuren.[13] Het kan ook de lijn zijn, maar dan niet als iets dat een figuur vormgeeft, maar als insnijding. Ook de materialiteit van de verf en het doek, het kader, de ruimte en het museum waarin het schilderij hangt of staat, behoren tot de materie van het kunstwerk.

Zo begrepen wordt de moderne kunst niet zozeer gekenmerkt door een formalisme, maar door de 'vervreemdende' nadruk op een inhoudelijk onbepaalde materialiteit. Deze materialiteit eist van de blik een ontvankelijkheid die voorafgaat aan elke beeldende of begrippelijke identificatie. Abstrahering, fragmentering, montage, repetitie, enzovoort zijn procédés die men 'subliem' kan noemen omdat ze het beeld ontdoen van de evidentie van zijn verschijning en daardoor de blik doen peilen naar wat in elke verschijning terug blijft wijken. De zogenaamde 'ontmenselijking' van de kunst, waarover conservatieve filosofen als Ortega y Gasset klagen, komt niet voort uit een negativisme, maar uit een trouw aan het onvoorstelbare dat met de ervaring is verbonden.

Men verengt de notie van het sublieme als men deze eenzijdig associeert met het zogenaamd 'romantische' verlangen zich in het oneindige, in een onbestemde vormloosheid te verliezen. Zo'n mystiek-romantisch gebruik van de term doet geen recht aan de ambiguïteit van Kants begrip, evenmin trouwens als het enig licht werpt op een bepaalde traditie die van Friedrich en Turner naar Rothko loopt.[14] Het sublieme staat niet voor een quasi-religieuze overgave aan het grenzeloze, maar eerder voor de affirmatie van de grens die aan het menselijk voorstellingsvermogen is gesteld. Subliem is niet zozeer een kunstwerk dat de oneindigheid oproept, maar een kunstwerk dat, geconfronteerd met de onmogelijkheid daarvan, de voorstelling uit zijn voegen rukt.

Kants notie van het sublieme helpt ons twee kenmerken van de moderne en de hedendaagse kunst, die haar bij een meerderheid van de mensen in een ongunstig daglicht stellen, samen te denken. Enerzijds is er de neiging tot het 'primitieve' of 'irrationele'; de kunst spreekt meer dan vroeger op een meer directe, soms 'brutale' manier de zintuigen aan: niet bemiddeld door herkenbare culturele betekenissen. Tegelijk wordt de kunst 'cerebraal', 'intellectualistisch', 'conceptueel'. Deze beide kenmerken sluiten elkaar geenszins uit. Het bevreemdende van het 'sublieme' kunstwerk als onverbeeldbaar, want al te materieel 'beeld', eist een openheid voor iets wat zich niet direct esthetisch laat genieten en verbeelden, maar juist daardoor tot *denken* uitdaagt.

13. In die zin kan reeds het impressionisme niet meer binnen het paradigma van het schone worden begrepen. De kleur die zich 'bevrijdt' en het belang van de figuur en de lijn naar de achtergrond dringt, raakt volgens Kant het subject op zo'n directe, 'materiële' manier, dat hij zich niet meer 'belangeloos', puur contemplatief laat genieten.
14. Zie Robert Rosenblum, *Modern Painting and the Northern Romantic Tradition, Friedrich to Rothko*. Londen 1975.

Dit 'iets' kan men met Kant een 'bovenzintuiglijk idee' noemen, maar het gaat eigenlijk om het onvoorstelbare dat eigen is aan de ervaring van de meest concrete, dagelijkse realiteit. Om het geëxalteerde spiritualisme te vermijden dat vaak met het vertoog over het sublieme is verbonden, spreekt Jean-François Lyotard over het 'immanent sublieme'.[15] De wijze waarop het aanzien van de werkelijkheid door industrie, techniek, oorlog en massamedia sinds twee eeuwen onophoudelijk wordt omgewoeld, stelt de voorstellingsvermogens van de mens op de proef. De kunstenaar die, zoals Rimbaud dat eiste, 'absoluut modern' is, keert zich niet van deze traumatiserende aardbevingen af in de richting van een 'schonere' werkelijkheid, maar probeert deze aardbevingen juist te assumeren, alsof hij pas daar waar zijn verbeelding op een grens stuit, zijn vrijheid ervaart. Het mag niet verwonderen dat in de moderne kunst een leegte gaapt tussen een voorstelling die niet onmiddellijk behaagt en een 'idee' die zich niet laat bevatten. Het is deze gaping die onvermijdelijk telkens weer een reflectie, een lezing, een (eindeloze) interpretatie in gang zet. Het sublieme vraagt om 'filosofie', maar niet om een filosofie van het loutere verstand. Het vraagt om een denken dat blijft terugkeren naar een ervaring die niet alleen het verstand te buiten gaat, maar zelfs de mogelijkheid van ervaring zonder meer op de proef stelt. Zo'n ervaring op de grens van de ervaring is de sublieme geboorteplaats van de filosofie.

15. Vgl. Jean-François Lyotard, *L'inhumain. Causeries sur le temps*. Parijs 1988, p. 140. Onze uiterst summiere uitweiding omtrent de moderniteit van het sublieme is voor een aanzienlijk deel geïnspireerd door Lyotard. Adorno's opvatting van het sublieme aspect van de moderne kunst komt verderop in dit boek aan bod. De lezer zal trouwens merken dat het denken van alle twintigste-eeuwse auteurs die nog aan bod komen geïnterpreteerd kan worden alsof het zich afspeelt in discussie met Kants notie van het sublieme. Op Lyotard komen we nog in de epiloog van dit boek terug.

Bibliografie

WERKEN VAN IMMANUEL KANT

Esthetica

Kritik der Urteilskraft. Ed. Wilhelm Weischedel, Frankfurt a.M. (Suhrkamp) 1974

Over schoonheid. Ontledingsleer van het schone. Amsterdam (Boom) 1978 (vertaling van het eerste 'boek' van het eerste hoofdstuk van de *Kritik der Urteilskraft*, namelijk de *Analytik des Schönen*)

Over filosofie. De eerste inleiding tot de Kritik der Urteilskraft. Vertaling: B. Raymaekers, Kampen (Kok Agora) 1989

Selectie uit overige werken

Kritik der reinen Vernunft. Hamburg (Felix Meiner) 1956

Grondslagen van de ethiek. Amsterdam (Boom) 1978

Prolegomena. Amsterdam (Boom) 1979

De drie kritieken. Een becommentarieerde keuze. Amsterdam (SUN) 2002

OVER KANTS ESTHETICA

Walter Biemel, *Die Bedeutung von Kants Begründung der Ästhetik für die Philosophie der Kunst*. Keulen (Kölner Universitäts-Verlag) 1959

Jacques Taminiaux, *La nostalgie de la Grèce à l'aube de l'idéalisme allemand. Kant et les Grecs dans l'itinéraire de Schiller, de Hölderlin et de Hegel*. Den Haag (Martinus Nijhoff) 1967

Jacques Derrida, 'Parergon', in: Idem, *La vérité en peinture*. Parijs (Flammarion) 1978

Eliane Escoubas, *Imago Mundi. Topologie de l'art*. Parijs (Galilée) 1986

J.F. Courtine e.a., *Du sublime*. Alençon (Belin) 1988

Manfred Frank, *Einführung in die frühromantische Ästhetik. Vorlesungen*. Frankfurt a.M. (Suhrkamp) 1989

Jean-François Lyotard, *Leçons sur l'Analytique du sublime. Kant, Critique de la faculté de juger*. Parijs (Galilée) 1991

OVER DE ACTUALITEIT VAN KANTS ESTHETICA

Jean-François Lyotard, *Het postmoderne uitgelegd aan onze kinderen*. Vertaling: Cécile Janssen, Kampen (Kok Agora) 1992[2]

Jean-François Lyotard, *Heidegger en 'de joden'*. Vertaling: Cécile Janssen, Kampen (Kok Agora) 1990

Jean-François Lyotard, *Het onmenselijke*. Vertaling: Ineke van der Burg, Kampen (Kok Agora) 1992

HOOFDSTUK 2

Schiller, Schelling, Hölderlin – *Het absolute in de kunst*

Ein Rätsel is das Reinentsprungene. Auch
Der Gesang kaum darf es enthüllen.
FRIEDRICH HÖLDERLIN

De romantische esthetica

De brede intellectuele beweging die zich in Duitsland aan het einde van de achttiende en het begin van de negentiende eeuw voordoet, en die bekendstaat als de 'romantiek', is voor de esthetica zo belangrijk omdat de kunst hier voor het eerst in de geschiedenis ondubbelzinnig in het middelpunt van de filosofische belangstelling komt te staan. Dit betekent niet alleen dat de esthetica een zeer belangrijke 'tak' wordt aan de 'stam' van de filosofie, maar fundamenteler dat de filosofie als geheel zich alleen in de esthetica kan voltooien. Als er iets is waar zeer verschillende figuren als Schiller, Schelling en Hölderlin, maar ook de jonge Hegel, Novalis, de gebroeders Schlegel en vele andere Duitse denkers en dichters uit dit tijdsgewricht het over eens zijn, dan is het dat alleen in de kunst de mens de hoogste waarheid kan bereiken. De kunst zou namelijk in staat zijn te verenigen wat Kant had gescheiden en in zijn derde kritiek niet voldoende zou hebben verenigd: zintuiglijkheid en geest, natuur en vrijheid, theorie en praxis, eindigheid en oneindigheid, object en subject, gevoel en rede. Op deze vereniging doelen de romantici wanneer zij beweren dat in de kunst het 'absolute' wordt 'gerealiseerd', 'geopenbaard', 'gesymboliseerd', enzovoort. Met dit privilege dat aan de kunst wordt toegekend, kan de Duitse romantische esthetica worden onderscheiden van de filosofie van het Duitse idealisme, hoewel beide bewegingen voor het overige intiem met elkaar zijn vervlochten. Voor het idealisme, dat zijn hoogtepunt vindt in Hegels filosofie, is niet de kunst het hoogste, maar het pure denken.

Voor de romantici gaat het in de kunst inderdaad om een streven naar eenheid, naar een 'harmonie' die in de moderne tijd, meer bepaald door het rationalisme van de Verlichting, verloren zou zijn gegaan. Toch gaat men volledig aan de complexiteit van het romantische denken voorbij, wanneer men vergeet hoe enorm belangrijk de *reflectie* voor de Duitse romantiek is, een reflectie die verbonden is met een lucide, Kantiaans bewustzijn van de scheiding. De wijze waarop het absolute in de kunst verschijnt, wordt door de romantici voortdurend geproblematiseerd. In de kunst wordt het eindige niet zomaar met het oneindige versmolten, de kunst is tevens de ervaring van de grens die aan zo'n poging is gesteld. Zo wordt de kunst de ervaring bij uitstek van de *eindigheid*. Het is pas op dit punt dat het romantische denken voor ons zo radicaal modern is.

De eis het gescheidene te verenigen, die Schiller en de vroegromantici in zijn kielzog met elkaar verbindt, wordt gesteld vanuit het besef van een diepgaande cultuurcrisis, een crisis die om een radicale ommekeer vraagt in het denken, handelen en voelen van de mens. Op een eerste niveau betrof deze crisis de discrepantie tussen de humanistische idealen van de *Aufklärung* en het weinige dat daarvan in concreto terechtkwam. Toen de veruit meest indrukwekkende poging om deze idealen te realiseren, namelijk de Franse Revolutie, uitliep op de Terreur en uiteindelijk op de Restauratie, was dit voor mensen als Schiller, Hölderlin, Schelling en Hegel, die aanvankelijk de ontwikkelingen in Frankrijk met enthousiasme volgden, een zware teleurstelling. Maar niet alleen was de feitelijke ontaarding van de revolutie voor hen teleurstellend, zij stelden ook het ideeëngoed dat aan de revolutie ten grondslag lag onder verdenking. Vooral het blinde *geloof* in het menselijk verstand werd bekritiseerd, meer bepaald de idee, typisch voor de Verlichting, dat men vanuit rationele inzichten in hoe een rechtvaardige samenleving eruit moet zien, een dergelijke samenleving ook kan realiseren. Geïnspireerd door Friedrich Schiller raakten de romantici ervan overtuigd dat een politieke omwenteling geen zin heeft, en zelfs gevaarlijk is, wanneer die niet wordt voorafgegaan door een soort 'culturele revolutie', dat wil zeggen een omwenteling in het gevoelsleven, de 'ziel' van de individuen. In deze geestelijke omwenteling werd de kunst een cruciale rol toebedacht, en daarmee ook de religie en de mythe, die de romantici beschouwden als *poëtische* creaties.

Het romantische denken, gedragen door een 'onbehagen in de cultuur' en een verlangen om dit onbehagen te boven te komen, was praktisch gericht. De uitspraken die men over kunst deed, de theorieën die erover werden gevormd, hadden ook altijd een 'performatief' karakter, in de zin dat men er ook effectief de geboorte mee wilde bespoedigen van een nieuwe kunst die in vrijheid en oorspronkelijkheid alle vorige kunstvormen achter zich zou laten (behalve dan de Griekse, die paradoxaal genoeg algemeen als model van die oorspronkelijkheid gold[1]). Zo hadden vele beschouwingen over kunst in het tijdschrift *Athenaeum*

1. Zie voor het 'double bind'-karakter van deze 'imitatie van het onimiteerbare': Philippe Lacoue-Labarthe, *L'imitation des Modernes*. Parijs 1986.

(1798-1800), geleid door de gebroeders August-Wilhelm en Friedrich Schlegel, de allures van een manifest, in die mate zelfs dat deze groep wel eens de eerste avant-gardistische beweging is genoemd.[2] Niet alleen de geëngageerde toon van de geschriften wijst daarop, maar vooral de zeer moderne idee, die door alle romantici werd gedeeld, dat de kunst iets is wat opnieuw moet worden uitgevonden, en dat met die 'heruitvinding' de mens zelf meteen herboren zal worden.

De kunst raakt aan het hoogste en zodoende staan met de kunst de mens zelf en zijn historische bestemming op het spel. Het engagement van de romantische denkers bleef dan ook niet altijd beperkt tot het opstellen van programma's. Velen onder hen probeerden ook te 'doen wat zij zeiden': Schiller, Hölderlin, Novalis en Friedrich Schlegel waren namelijk zelf ook kunstenaars, meer bepaald dichters en literatoren. Allen wilden zij vanuit een *idee*, een 'filosofische droom' over kunst een nieuwe kunst gemaakt zien of zelf maken. Dit programmatische idee had niets meer van doen met een klassieke retorica die regels opgeeft waaraan de kunst moet beantwoorden, maar kwam voort uit de droom van een kunst die volledig 'autonoom' zou zijn.

De betekenis van deze 'autonomie' verschuift naar gelang de subject- of de objectpool van de kunst wordt geaccentueerd. Als object moet het kunstwerk voor de romantici een in zichzelf gesloten entiteit vormen die volledig zijn doel en zijn betekenis in zichzelf heeft. Hoewel voor de goede verstaander reeds Kants esthetica niet veel overlaat van de imitatietheorie, is het pas in de romantiek dat men voor het eerst expliciet deze theorie verlaat. (Deze theorie werd tijdens de zeventiende en de achttiende eeuw nooit grondig ondergraven, enkel genuanceerd.[3]) Het kunstwerk is voor de romantici geen afbeelding van de zichtbare werkelijkheid; het is *in zichzelf* een wereld, een soort microkosmos die in zichzelf voltooid is. Het is wat het is door de interne samenhang van zijn delen die meestal met een biologische metafoor als 'organisch' wordt getypeerd. Net als bij een levend wezen is in het kunstwerk geen enkel

2. Zie Ph. Lacoue-Labarthe en J.-L. Nancy, *L'absolu littéraire. Théorie de la littérature du romantisme allemand.* Parijs 1978, p. 17. De laatste zin van een van Friedrich Schlegels bekendste 'Kritische Fragmente' (nr. 16) luidt: 'Het romantische poëziegenre is het enige dat meer dan een genre is, en dat eigenlijk de poëzie zelf is, want elke poëzie is of moet in zekere zin romantisch zijn.' Voor een kort commentaar op het hele fragment, zie: Tzvetan Todorov, *Théories du symbole.* Parijs 1977, pp. 232 e.v.
3. Bijvoorbeeld in de zin dat men selectief moest afbeelden, namelijk enkel wat *schoon* is in de natuur, of dat men *idealiserend* moet imiteren, vanuit een ideaalmodel (deductief) of door het samenbrengen in één beeld van allerlei schone elementen die men in de natuur samen aantreft (inductief). Zie Todorov, *Théories du symbole*, hoofdstuk 4: 'Les infortunes de l'imitation'.

deel arbitrair of toevallig; elk deel is noodzakelijk voor het geheel dat op zijn beurt noodzakelijk is opdat elk deel zou kunnen functioneren.

De autonomiegedachte kan ook refereren aan de subjectieve pool van de kunst. Het kunstwerk heeft voor de romantici namelijk ook met het levend 'organisme' (dit woord werd het eerst door Schelling gebruikt) gemeen dat het een product is van een kiemkracht die zich vanuit zichzelf ontwikkelt. Niet de afbeelding is het principe van zijn totstandkoming, maar de scheppende of 'productieve verbeelding' (een term van Kant) die haar product volledig vanuit zichzelf produceert. Het kunstwerk manifesteert in wezen niets anders dan deze vrije productiviteit zelf. Het is het resultaat van een zich in zichzelf spiegelende werkzaamheid die geen finaliteit buiten zichzelf heeft en naar niets anders dan zichzelf verwijst. Deze werkzaamheid gaat weliswaar uit van een subject, maar dit subject bevat voor de romantici evenzeer een objectieve component: het is in het subject de natuur zelf die, als een onbewuste kracht, creatief is.[4] Vandaar de idee dat in de kunst het absolute aan het werk is als een niet door het verstand te bevatten eenheid tussen subject en object, tussen bewustzijn en onbewuste, geest en natuur.

De kunst beeldt de natuur dus niet af, zij 'is' natuur: de subjectieve verbeelding creëert zelf op 'organische' wijze een object dat een even organische samenhang vormt. Wanneer de nadruk wordt gelegd op het object als een afgesloten, in zichzelf gesloten wereld-in-het-klein (Friedrich Schlegel gebruikt de metafoor van de egel), dan is er buiten het kunstwerk niets van waaruit het nog zou kunnen worden beoordeeld. Het kan enkel vanuit zichzelf begrepen worden. Strikt genomen is het 'een ding dat enkel zichzelf betekent' (Karl Philipp Moritz). Door die 'zelfreferentialiteit' is de contemplatie van het kunstwerk een doel op zich.

Maar men kan ook de aandacht verleggen naar de vrije verbeelding. De romantiek wordt, naast haar nadruk op het in zichzelf voltooide kunstwerk, gedreven door het verlangen de oorsprong van de creativiteit bloot te leggen. En deze oorsprong wordt gezien als een oneindige, in principe aan niets gebonden, zichzelf genererende productiviteit die in de natuur huist en waaraan de kunstenaar deel heeft wanneer hij creëert.

Onvermijdelijk duikt hier het probleem op hoe zo'n productiviteit, wanneer ze trouw wil blijven aan haar oorsprong, zich kan belichamen in een altijd eindig maaksel. Het verlangen te raken aan de instantie zelf

4. Zie voor een geschiedenis van hoe in de esthetica van de achttiende eeuw de idee van imitatie langzaam plaatsmaakt voor die van creatie: Annie Becq, *Genèse de l'esthétique française moderne, 1680-1814*. Parijs 1984.

waarin elk oeuvre wortel schiet, moet onvermijdelijk leiden tot een problematisering van het oeuvre als afgewerkt product. Vandaar dat de romantiek het kunstwerk niet altijd als een harmonieus geheel zal zien. Binnen het romantische denken ontstaat net zo goed een esthetica van de chaos en de verbrokkeling. Het concrete kunstwerk wordt beschouwd als een *fragment* van een gedroomd kunstwerk, waarin de oneindigheid van de creativiteit en de eindigheid van de creatie met elkaar verzoend zouden zijn.

De relevantie van een algemene typering van de 'romantische filosofie' is uiteraard beperkt. Men construeert een soort algemene deler door een aantal opvattingen samen te brengen die door een paar 'representatieve' figuren gedeeld worden. Zo meent men dan de 'geest' van de romantiek te vatten. Hoe meer aandacht men evenwel schenkt aan de individuele posities van verschillende denkers, hoe meer een term als 'romantiek' een onwezenlijke abstractie wordt, even vaag en ongepast als we nu de term 'postmoderniteit' ervaren. De drie cruciale figuren die hier zijn uitgekozen (Schiller, Schelling en Hölderlin) zullen dan ook niet zozeer worden belicht als vertegenwoordigers van een 'wereldbeeld' dat zijn tijd heeft gehad, maar als figuren die elk op een heel eigen manier een probleemveld hebben aangeboord dat nog steeds het onze is.

Friedrich Schiller (1759-1805) wordt doorgaans nog tot de late *Aufklärung* gerekend. Getroffen door de esthetica van Kant onderbrak hij in 1792 zijn werkzaamheid als dichter en dramaturg om zich te bezinnen op de plaats en de functie van de esthetische ervaring in een tijd van grote omwentelingen. Friedrich Wilhelm Joseph Schelling (1775-1854) staat bekend als de grote filosoof van de romantiek, en wordt in de ontwikkeling van het Duitse idealisme gesitueerd tussen Fichte en Hegel. Terwijl Schiller meer essayist was, ontpopte Schelling zich reeds op jonge leeftijd als een bouwer van grote idealistische systemen. Van Friedrich Hölderlin (1770-1843) heeft men het ietwat geëxalteerde beeld van een 'natuurdichter' die zich in de middag van zijn leven in de waanzin verloor. Dat hij samen met Schelling en Hegel, die in het volgende hoofdstuk wordt behandeld, aan de basis staat van het Duitse idealisme, is minder algemeen bekend.

Schematisch kan worden gesteld dat Schiller, vriend van Goethe, de romantiek inzet, dat Schelling er het hoogtepunt van vormt, en dat Hölderlin, reeds van het begin af aan, haar basisvooronderstellingen problematiseert. Maar boeiend wordt het pas wanneer men merkt dat deze problematisering overal in het romantische denken aan het werk is.

Friedrich Schiller: *de utopische kracht van de kunst*

Na lezing van Kants *Kritik der Urteilskraft* (1790) levert de toneelauteur Schiller een stroom van kunstfilosofische geschriften af waarvan zijn *Über die ästhetische Erziehung des Menschen*, geschreven in 1793-1794, het belangrijkste is. In deze brieven probeert hij op een meer overtuigende manier het dualisme van Kant te overstijgen dan Kant zelf in zijn derde kritiek had gedaan. Kant heeft namelijk de dualiteit tussen de vrijheid van de zedelijke wil en het natuurdeterminisme waaraan de mens als zintuiglijk wezen onderworpen is, slechts kunnen overwinnen op het niveau van de *analogie*. Hij wees op een 'gelijkenis' tussen het esthetische en het morele. Wanneer men geniet van de loutere vorm van een voorstelling, en dus geen belang stelt in de materie en zelfs niet in het bestaan van het object, dan wijst zo'n onthechte houding op een morele aanleg. Voorts stelde Kant dat het vrije spel waarmee de verbeelding 'esthetische ideeën' produceert het *symbool* is van de zedelijke vrijheid. Maar met het aanwijzen van een symbolisch verband was nog niets gezegd over de vraag of de esthetische ervaring de mens *effectief* tot een meer zedelijk leven zou kunnen aanzetten. Nu wordt de hele esthetica van Schiller gedreven door het geloof dat dit inderdaad kan, dat de zedelijkheid die in de schoonheidservaring wordt gesymboliseerd, wel degelijk effecten kan hebben in de realiteit van het morele en sociaal-politieke leven. Via de esthetische ervaring kunnen de zedelijke wil en het zintuiglijke bestaan werkelijk met elkaar worden verzoend.

KUNST EN UTOPIE

'Over de esthetische opvoeding van de mens'... Schiller gelooft inderdaad in het belang van het esthetische, van schoonheid en kunst, in de opvoeding, hoewel hij zelf beseft dat hij in een 'lelijke tijd' leeft die helemaal niet met kunst is begaan. Politiek en economie zijn allesoverheersend. Op politiek gebied bevinden we ons volgens Schiller in een gevaarlijke 'tussentoestand', namelijk tussen de 'Notstaat' en de 'Vernunftstaat'. De *Notstaat* is een in wezen primitieve staatsvorm waarin de mensen gemotiveerd door natuurlijke, dierlijke behoeften, zich aaneensluiten: de behoefte aan voedsel en veiligheid. Een dergelijke som van individuele egoïsmen maakt evenwel nog geen waarlijke gemeenschap. Daarvoor moet de gemeenschap een morele eenheid worden, waarbij de individuen niet zomaar denken en handelen vanuit welbegrepen eigenbelang, maar vanuit morele wetten waarvan zij de redelijkheid inzien.

Aangezien de mensen niet zomaar hun natuurlijke neigingen opzij kunnen zetten, is er het gevaar dat die morele redelijkheid puur van bovenaf door het staatsgezag wordt opgelegd, waardoor die redelijkheid iets louter uiterlijks blijft waarmee de individuen zich helemaal niet kunnen identificeren. Deze 'redelijkheid' kan zelfs ervaren worden als een terreur, wat ze in de Franse Revolutie ook was. Schiller gelooft niet in een revolutie in de zin van een plotse en gewelddadige overgang van een primitieve gemeenschap naar een morele maatschappij. Waarachtige zedelijkheid kan men niet van de ene dag op de andere opleggen. Dat kunnen alleen langzame, geduldige opvoeding en onderwijs: *Bildung*. En deze *Bildung* bestaat voor Schiller niet wezenlijk in het overbrengen van kennis, en evenmin in het opleggen van morele regels; deze *Bildung* zal *esthetisch* zijn. Alleen een esthetische opvoeding kan de overgang mogelijk maken van de louter behoeftige en als zodanig egoïstische mens, naar een redelijke, plichtbewuste mens.

Waarom speelt het 'esthetische' zo'n beslissende rol? Omdat wat Schiller de 'esthetische toestand' noemt de toestand bij uitstek is van harmonie tussen het lichamelijke en het geestelijke, de passie en de rede. De zintuiglijke behoefte onderwerpt de mens aan steeds andere prikkels die hem rusteloos voortjagen naar steeds andere doelen. Maar ook de zedelijke wet die de jacht naar zintuiglijke bevrediging aan banden legt, oefent, indien ze de alleenheerschappij bezit, dwang uit. De toestand nu waarin beide zich in een harmonische wisselwerking tot elkaar verhouden, is juist de esthetische. De rede wordt dan niet abstract aan de zintuiglijkheid opgelegd, maar doordringt en veredelt deze. Omgekeerd is de zintuiglijke gewaarwording niet langer iets wat louter passief wordt ondergaan, maar de activiteit van een vrij persoon.

Schiller beschrijft de esthetische toestand in termen van een driftenleer. De natuurlijke 'stofdrift' streeft blindelings naar zelfbehoud en levensintensiteit. De morele natuur van de mens daarentegen uit zich in een 'vormdrift' die de natuurlijke driften in goede banen wil leiden. In de esthetische toestand grijpen de beide driften in elkaar om een stoffelijke vorm, een *lebende Gestalt* te vormen. Omdat het gaat om een spel waarin beide driften elkaar doordringen, spreekt Schiller van een 'speldrift'.

Bij nader inzien is de status van deze 'derde drift' dubbelzinnig. Enerzijds moet het spel worden gecultiveerd opdat de mens, die de speelbal is van zijn natuurlijke behoeften, zonder dwang zou kunnen rijpen tot een volwaardige burger. Het esthetische spel is zodoende een middel om de overgang van de 'behoeftenstaat' naar een redelijke staat te realiseren. Maar anderzijds blijkt voor Schiller de spelende mens – en dit is bij uitstek de kunstenaar – reeds op zichzelf het ideale, met zichzelf verzoende subject te zijn; de ideale staat zou dus een 'esthetische' staat zijn. De esthetische toestand is immers het hoogste dat men als eindig, sterfelijk wezen kan bereiken. Het is de geprivilegieerde toestand waarin de mens zijn zintuiglijkheid beheerst zonder deze enig geweld aan te doen. Hij assumeert deze zintuiglijkheid ten volle zonder zich er evenwel door te laten begrenzen. Nauwkeuriger uitgedrukt: het esthetische gemoed laat zich door fysische aandoeningen bepalen, maar tezelfdertijd wordt de eindigheid, de toevalligheid van elke bepaling geneutraliseerd doordat ze onmiddellijk wordt opgenomen in een onbegrensd spel waarin uiteindelijk alles onbepaald blijft.

Deze onbepaaldheid is geen 'lege oneindigheid' die zich van alle zintuiglijke indrukken afschermt, maar een 'vervulde oneindigheid': de esthetische mens laat zich van allerlei indrukken doordringen, maar niet zonder ze in een en dezelfde beweging te negeren. Niet dat hij er zich zonder meer van ontdoet, maar hij kan de exclusiviteit en de directheid van elke indruk opheffen door hem te absorberen in een vrij spel van vormen. Zo worden passief ondergane gewaarwordingen omgesmeed tot actief geconstitueerde vormen. In het esthetische spel onderwerpt de vormdrift met zachte hand de stofdrift. De spelende mens geniet van zijn vermogen autonoom vorm te geven aan alles wat hem toevalt. Een dergelijke gestemdheid is dan ook de voorwaarde voor een *effectieve* vrijheid, dat wil zeggen een vrijheid die zich waarmaakt, die zich 'objectiveert' in de zintuiglijke realiteit. Ze is dus de voorwaarde voor het zedelijk handelen, maar ook voor de wetenschapsbeoefening. Want zowel het vermogen van de mens om met zijn verstand orde aan te brengen in de verschijnselen, als het vermogen om aan zijn handelingen de vorm van de zedenwet op te leggen, veronderstellen de 'esthetische' mogelijkheid dat de redelijkheid de zintuiglijkheid kan doordringen.

Dat de esthetische toestand de mogelijkheidsvoorwaarde is voor elke vorm van rationele kennis en zedelijk handelen, impliceert geenszins dat ze in deze beide gebieden een concreet resultaat oplevert. Schiller pleit vanuit een moreel-pedagogische en politieke bekommernis voor een cultiveren van het esthetische spel, omdat hij daarin het ideaal van humaniteit ziet, met name de harmonie tussen natuurlijke neigingen en redelijkheid, tussen overgave en beheersing. Maar toch vormt het esthetische daarom nog geen waarborg voor een werkelijk humaan bestaan. Wel is het als het ware het model, de matrix van elke waarachtige humane bestaansvorm. Terwijl de mens in esthetische toestand qua kennis en zedelijk engagement geen enkele prestatie levert, is het vormenspel waarmee hij zijn vermogen tot vrije zelfbepaling manifesteert, toch het voorbeeld van wat een zedelijk en verstandig mens moet zijn. Het exclusief menselijke vermogen tot zelfbepaling kan zich in de esthetische toestand juist op zo'n zuivere, exemplarische wijze tonen, omdat het louter *formeel* werkzaam is. Vandaar dat in een esthetische activiteit, en bij uitstek in de kunst, eigenlijk niets gerealiseerd wordt – *tenzij de ideale mens in zijn totaliteit*, zij het enkel als pure *mogelijkheid* elke eindige bepaaldheid in een onbegrensd vormenspel, en dus op het vlak van de *schijn*, te ontbinden.

Dit formalisme maakt het onmogelijk in Schillers ideeën over de 'esthetische opvoeding van de mensheid' de voorafschaduwing te zien van een stalinistische of fascistische cultuurpolitiek, of zelfs maar van enige vorm van 'politiek geëngageerde kunst' in het algemeen. Schiller stuurt er helemaal niet op aan dat men door middel van esthetische voorstellingen bepaalde waarheden zou verkondigen of tot actie zou oproepen. Zoals elke kunstenaar en kunstminnaar weet hij dat grote waarheden en hooggestemde idealen slechts middelmatige kunst opleveren. Het esthetische roept, zonder enige inhoudelijke invulling, bij de mens slechts het vermogen wakker om eender welke ervaring in een spel van vrije *Gestaltung* te sublimeren, en laat hem van dit spel, dat elke concrete bepaaldheid opschort, genieten. Maar de paradox die Schillers esthetica zo actueel maakt, is dat hij juist aan dit 'zelfgenoegzame' spel, dat omwille van zichzelf wordt gespeeld, een morele en politieke draagwijdte toeschrijft.

Niet alleen staat de 'vrijblijvendheid' van het esthetische spel model voor de ideale mens bij wie zintuiglijke ontvankelijkheid en geestelijke activiteit hand in hand gaan, maar ook voor de ideale republiek waarin geen tegenstelling meer zou bestaan tussen de levende individuen en de staat die hen in een moreel verband dwingt. De harmonie van het esthetische loopt op die manier vooruit op een maatschappelijke harmonie waarin de tegenstelling tussen de particulariteit van de natuurlijke strevingen en de algemeenheid van de wet zou zijn opgeheven. Daarom worden alle problemen die door Schiller en de romantici worden ervaren als typisch voor de moderne tijd – zoals de versplintering van de kennis en het daaruit voortvloeiende enge professionalisme, de reductie van de levende mens tot een schakel in het 'koude mechanisme' van de staat en de maatschappelijke instituties, de loskoppeling van arbeid en genot, van geleerdheid en verbeelding – in de esthetische sfeer 'opgelost'. Elke handeling wordt hier immers van haar altijd beperkende inhoud of doelgerichtheid ontdaan en in het vrije spel met de vorm opgezogen.

Het is dus onterecht om in verband met de 'opvoedende' taak die Schiller aan de kunst toekent, het schrikbeeld van een soort didactische kunst op te roepen. Kunst kan voor Schiller slechts *bildend* zijn wanneer ze zich juist niet laat leiden door expliciete morele of maatschappelijke bekommernissen. Slechts een 'autonome' kunst, dat wil zeggen een kunst waarvan de creatie en de receptie een doel op zichzelf zijn, draagt een kiem van een positieve maatschappelijke omwenteling in zich. Zo bekeken is Schillers esthetica verbazingwekkend modern: het is immers steeds met een morele ondertoon dat men erop hamert dat kunst haar autonomie moet vrijwaren, dat kunstwerken 'functieloos' zijn of qua betekenis onbepaald. De nutteloosheid van de kunst lijkt op een indirecte, moeilijk te definiëren wijze toch een hoger nut te hebben. Telkens weer, bijvoorbeeld wanneer men overheidssteun eist voor kunst, lijkt men de maatschappelijke noodzaak te willen bevestigen van beelden of handelingen waarvan het niettemin onduidelijk is wat ze voorstellen of welk doel ze dienen.

Schiller legitimeert het spel van de kunst op humanistische grondslag. Op een moment in de geschiedenis waarop de kunstenaar steeds minder beelden produceert die religieus, moreel of ideologisch bindend zijn, en hem dus in concreto zijn opvoedende taak uit handen wordt genomen, schetst Schiller hem als het prototype van de vrije, *gebildete* mens, namelijk van de mens die de dingen niet zomaar ondergaat, maar zelf *bewerkt*, *vormgeeft*, of beter: die alles wat hij ondergaat weet te transformeren tot vormen die hij actief oplegt. En hij kan enkel de incarnatie zijn van een vrije zelfrealisatie omdat hij helemaal niets realiseert, maar enkel in de sfeer van de schijn getuigt van het *vermogen* daartoe.

Schiller lijkt aan de oorsprong te staan van de letterlijk avant-gardistische kunst-idee: de kunstenaar als vrije mens in een nog onvrije maatschappij. De 'schijnvertoningen' die de kunstenaar ten beste geeft, vormen de 'voor-schijn' van een harmonie die historisch nog niet is gerealiseerd. Geen ervaring van schoonheid zonder het verlangen dat het eigenlijk altijd en voor iedereen zo zou zijn. Daarbij rijst de vraag of zo'n utopische belofte een echt constructief effect kan hebben en niet een etherische gelukshallucinatie blijft. Schiller waarschuwt in elk geval voor de dwepers die de harmonie die in de kunst heerst ook feitelijk willen verwerkelijken. Of het schone spel van de schijn op sociaal-politiek niveau vruchten zal afwerpen, laat hij aan de 'voorzienigheid' over. De kunst zelf kan ons van niets verzekeren. We kunnen, we moeten zelfs van haar verwachten dat zij een moreel-politieke werking heeft, maar niet dat zij zich deze tot doel stelt. Schillers esthetisch utopisme wordt gedragen door een verlangen naar vooruitgang, niet door een vooruitgangs*geloof*.

HET 'NAÏEVE' EN HET 'SENTIMENTELE'

De idee van de schoonheid, als overeenstemming tussen zintuiglijkheid en redelijkheid, tussen passieve ontvankelijkheid en actieve vormkracht, wordt door Schiller gepresenteerd als een *transcendentaal* idee, dat wil zeggen als een idee dat losstaat van elke concreet-historische ervaring en in de realiteit enkel op onvolmaakte wijze is gerealiseerd. Maar anderzijds krijgt deze idee toch een historische invulling. De esthetische harmonie werd volgens Schiller toch ooit gerealiseerd, en dit niet enkel in de sfeer van de kunst, maar in de hele cultuur, en wel in het oude Griekenland. Bij de Grieken vormden zintuiglijke intuïtie en rede een eenheid. De ongelukkige scheiding tussen het vuur van de verbeelding en de dorre abstracties van het verstand, tussen kunst en geleerdheid, was hun vreemd. Evenmin zouden zij geleden hebben onder de tegenstelling tussen de strevingen van het individu en de levensvreemde abstractie van de staat. Deze idealiserende visie op de Griekse cultuur wordt na Schiller een van de constantes in het romantische en idealistische denken.

Terwijl Griekenland een nostalgisch beeld van eenheid opriep, ervoer men de eigen tijd als een tijd van verscheurdheid, verbrokkeling, fragmentarisering. Wat de kunst doet is de Griekse eenheid in een verscheurde wereld bewaren. De kunstenaar is zoals iedereen een mens van zijn tijd, maar tevens wordt hij bij tijd en wijle aan zijn tijd onttrokken en 'onder een Griekse hemel geplaatst', waarvan hij de stralen opvangt. Dan leeft hij even in een bovenhistorische tijd, waarvan hij evenwel slechts een bedrieglijk nabeeld kan geven.

In zijn *Über naive und sentimentalische Dichtung*, geschreven een jaar na zijn brieven over de esthetische opvoeding, gaat Schiller op een subtielere manier om met zijn nostalgie naar Griekenland. Daar luidt het nog steeds dat de Griekse cultuur een volmaakte eenheid had bereikt, maar nu met de kanttekening dat deze volmaaktheid nog 'naïef' was, in de zin dat de eenheid tussen rede en natuur voor de Grieken een vanzelfsprekende gegevenheid was: de natuur werd voor hen niet louter beheerst door ruwe strevingen, maar was in zichzelf (goddelijk) bezield en dus met de menselijke rede verwant. Hierdoor lijkt het alsof de natuur en de menselijke handelingen in de Griekse poëzie 'spontaan' van geest doordrongen zijn.

De moderne mens daarentegen heeft een 'sentimenteel' verlangen, een *Sehnsucht* naar het natuurlijke, het spontane, het ongedwongene, enzovoort. De eenheid tussen geest en natuur die hij niet meer kan beleven, die hij niet meer *is*, bestaat voor hem enkel nog als idee of ideaal. Omdat hij in de concrete, eindige werkelijkheid niets vindt dat ermee overeenstemt, wordt dit ideaal voor hem iets 'oneindigs'. Vandaar dat in de moderne poëzie, waarbij Schiller denkt aan Homerus, maar vooral aan Shakespeare, Cervantes, Michelangelo en Sterne, de concrete inhouden van de natuur en het menselijke leven niet meer vanuit zichzelf een geestelijke dimensie bezitten, maar betrokken moeten worden op een *Idee*. De harmonie van de 'esthetische toestand' wordt hierdoor van een gegevenheid een 'oneindige opgave'.

Schillers categorie van het *Sentimentalische* heeft weinig te maken met weke gevoeligheid, maar verwijst daarentegen naar een intellectualisering van de cultuur en de kunst. De eenheid eigen aan de esthetische toestand wordt niet meer op een natuurlijke wijze gevoeld, want wat zich presenteert aan de zintuigen wordt ervaren als tegenstrijdig met de rede. Het 'sentimentele' kunstwerk reflecteert deze tegenstrijdigheid. Dit gebeurt bijvoorbeeld in de satire waarin de breuk tussen realiteit en ideaal in de verf wordt gezet, maar ook in de elegie, die in elk gegeven object naar de oneindige Idee tast.

Al met al streeft de moderne dichter er volgens Schiller niet zomaar naar om weer een Griek te worden, aangezien de eenheid die hij zoekt niet dezelfde is als de 'naïeve' eenheid die hij verloren heeft. Terwijl voor de Grieken deze eenheid als het ware een natuurlijk element was waarin ze baadden, is deze voor de modernen een toestand die is losgekoppeld van elke evidente feitelijkheid, een toestand die derhalve moet worden veroverd. Die 'verovering' gebeurt vanuit het bewustzijn van een breuk: elke eindige verschijning is ontoereikend om het oneindige voor te stellen. De erkenning van deze ontoereikendheid maakt dat de moderne, dat is sentimentele poëzie van het schone naar het sublieme verschuift. Haar kenmerk is niet zozeer een *gratie* die behaagt, maar een serene beheerstheid, een *waardigheid* te midden van de verscheurdheid, die (morele) achting afdwingt.[5] Deze achting verdient de sentimentele hang naar het oneindige slechts zolang zij zich niet verliest in de lege begeestering waar ze steeds toe neigt, maar, zoals de naïeve poëzie, trouw blijft aan het eindige object. Vandaar dat Schillers ideaal uiteindelijk een synthese is tussen het naïeve en het sentimentele, het schone en het sublieme, en dus: tussen harmonie en verscheurdheid. Hiermee luidt hij het grondmotief in van het Duitse idealisme: 'identiteit van identiteit en verschil' (Hegel).

BESLUIT

In zijn brieven over de 'esthetische opvoeding van de mens' verdedigt Schiller een voorzichtig 'avant-gardistisch' utopisme. In het esthetische spel getuigt de mens, juist omdat hij in die toestand 'niets'[6] is, van zijn *vermogen* een ideale mens te worden in een ideale gemeenschap. Maar dit ideaal wordt geenszins moreel en maatschappelijk gerealiseerd. In die zin is Schiller er niet in geslaagd het dualisme van Kant te overstijgen. Wel bevat de kunst een utopische dimensie. Kunst 'realiseert', in het spel van de vorm, een verzoening in een wereld die verscheurd blijft.

5. *Über Anmut und Würde* is een belangrijk essay van Schiller.

6. Zie de 21ste brief: 'In dem ästhetischen Zustande ist der Mensch also Null...'

Vanuit een maatschappijkritisch perspectief zou men kunnen stellen dat de rol van kunst compensatorisch is: alsof ze een stukje paradijs creëert in een allesbehalve paradijselijke wereld. Maar met zijn beschouwingen over de sentimentele essentie van de moderne poëzie nuanceert Schillers zijn humanistisch utopisme. Het schone heeft in de moderne tijd onherroepelijk zijn vanzelfsprekendheid verloren. Het is zelf wezenlijk getekend door een 'subliem' moment van verscheurdheid en kan in die zin niet zomaar een voorafspiegeling zijn van een toekomstig ideaal. Het laat weliswaar dat ideaal verschijnen, maar dan in zijn eeuwige onvervuldheid. De kunst toont iets dat niet van deze tijd kan zijn, maar hallucineert daarom nog niet een andere, betere tijd. Ze is de ervaring bij uitstek van de mens die leeft in een 'tussentijd', maar dan een die even niet als gebrekkig wordt ervaren.

F.W.J. Schelling: *het kunstwerk als metafoor voor het onheuglijke*

HET 'SYSTEEMPROGRAMMA'

> 'Ten slotte de idee die alle ideeën verenigt: de idee van de *schoonheid*, in de hogere platoonse zin van het woord. Ik ben ervan overtuigd dat de hoogste act van de rede, omdat ze alle ideeën omvat, een esthetische act is, en dat *waarheid en goedheid slechts in de schoonheid* nauw met elkaar verbonden zijn – de filosoof moet daarom net zo veel esthetische kracht bezitten als de dichter. [...] De poëzie krijgt daardoor een hogere waarde, ze wordt uiteindelijk weer wat ze aanvankelijk was – *lerares van de mensheid*; want er is dan geen filosofie, geen geschiedenis meer, de dichtkunst zal alle andere wetenschappen en kunsten overleven. [...] We moeten een nieuwe mythologie hebben; deze mythologie echter moet in dienst staan van de ideeën, ze moet een mythologie van de *rede* worden.'[7]

Dit is een fragment uit een manuscript van twee bladzijden, dat bekend staat als 'Het oudste systeemprogramma van het Duitse idealisme'. Het dateert van 1796. Zowel door zijn inhoud als door het elan dat eruit spreekt, kan het worden beschouwd als het manifest van de romantische filosofie. Veelbetekenend is dat commentatoren het afwisselend toeschrijven aan Hegel, Hölderlin en Schelling, die het rond die tijd inderdaad over een aantal fundamentele punten eens waren.

De schoonheid wordt in het 'systeemprogramma' naar voren gebracht als de hoogste idee omdat ze de ideeën van het ware (theorie) en het goede (praktijk) met elkaar verenigt. De artistieke daad is immers een creatieve handeling die de waarheid openbaart. Deze waarheid is

7. Zie F.W.J. Schelling, *Filosofie van de kunst*, p. 61.

niet zomaar een abstracte idee van het intellect, maar is een concrete waarheid. Voor de romantici is – en dit zal ook voor Hegel zo blijven – waarheid slechts waarheid wanneer ze wordt waar*gemaakt*, dit wil zeggen een zintuiglijk waarneembare gestalte aanneemt die de verbeelding mobiliseert.

Dit korte manifest is solidair met Schillers Kant-interpretatie. De verbeelding brengt de redelijke en zintuiglijke vermogens van de mens met elkaar in harmonie, en een '*esthetische Bildung*' die de verbeelding cultiveert is de enige geldige weg naar een algemene culturele en sociaal-politieke omwenteling. Maar de romantici gaan verder dan Schiller. Ze vullen het formalisme van zijn 'esthetische spel' meer in. Ze dromen van een beeldcultuur waarin de moderne mens zich evenzeer zou herkennen als de Grieken zich eertijds in hun godenwereld herkenden. Vandaar dat een 'zinnelijke religie' moet worden gesticht, een 'mythologie van de rede' die enerzijds de dorre abstracties van de verlichte filosofen leven zou inblazen, en anderzijds de 'massa' tot de rede zou bekeren.

De drie auteurs aan wie dit zeer schetsmatige ontwerp van de Duitse romantiek én van de idealistische filosofie afwisselend wordt toegeschreven, zijn nadien elk een heel eigen weg opgegaan. In het reusachtige dialectische systeem dat Hegel later ontwikkelt zal het niet meer de kunst zijn die de hoogste eenheid belichaamt, maar het zuivere denken (zie het volgende hoofdstuk). Hölderlin van zijn kant zal steeds meer de onmogelijkheid van die eenheid affirmeren als wat de mens het meest wezenlijk is, en op die manier de dichter van het 'ontbreken van de goden' worden. Maar ook bij Schelling, de meest 'romantische' van het drietal, is de zaak niet zo eenvoudig.

DE TWEEVOUDIGHEID VAN DE 'OEREENHEID'

Geen denker vóór hem heeft ooit zo onomwonden de kunst als het hoogste bestempeld als F.W.J. Schelling in zijn *System des transzendentalen Idealismus* (1800). De filosofie van de kunst is niet zomaar een specifieke tak van de filosofie, maar is op zichzelf de meest eigenlijke metafysica. Niet via de theorie, ook niet door praxis, maar pas door het medium van de kunst leert de filosofie het absolute kennen. De filosofie is dus pas waarachtig filosofie als zij esthetica is.

Het absolute, als eenheid tussen subject en object, is voor Schelling de transcendentale grond van alle kennis. Kennis als overeenkomst tussen subjectieve voorstellingen en een objectieve werkelijkheid zou niet denkbaar zijn wanneer er niet een oorspronkelijke identiteit was tussen het subjectieve en het objectieve. Elke voorstelling van een realiteit veronderstelt deze identiteit, hoewel deze identiteit zelf niet als zodanig in een bepaalde voorstelling kan worden gevat. Deze identiteit is een 'oergrond' die aan elke begrensde, gearticuleerde voorstelling voorafgaat.

Het verschil met Kant is dat deze oergrond voor Schelling niet zomaar een hypothetische vooronderstelling, een 'regulatief idee' is, maar een *realiteit* die kan worden ervaren. De aard van deze realiteit blijft moeilijk te bepalen. In elk geval kan de eenheid tussen subject en object enkel worden gedacht als een 'Ik', dat wil zeggen een instantie die er op een of andere manier *voor zichzelf* is. Bij de vroege Schelling gaat het om een subject dat volledig in de eigen activiteit opgaat, zichzelf daarbij onmiddellijk, dit is zonder bewustzijn of begrip, vat in een '*intellektuelle Anschauung*'.[8] In het *System* bepaalt hij deze oorspronkelijke identiteit iets minder mystiek als een 'puur zelfbewustzijn', namelijk als een subject dat zichzelf produceert en dit produceren zelf, niet een of ander product, voor zichzelf tot object maakt. (Zoals bij Fichte, de grondlegger van het Duitse idealisme, zijn theorie en praxis hier met elkaar verstrengeld.)

Nu is Schelling zich er terdege van bewust dat het bewustzijn onvermijdelijk een onderscheiding aanbrengt die de zelfidentiteit van het Ik openbreekt. Zodra het Ik zijn pure productiviteit als zodanig *stelt*, valt het uiteen in een activiteit enerzijds en een reflectie daarop anderzijds. Het blijkt derhalve meteen al in zichzelf gescheiden en in *strijd*[9] met zichzelf. De reflectie onderbreekt, begrenst een in principe oneindige productiviteit die als zodanig voor het bewustzijn ontoegankelijk blijft. Wat object van bewustzijn wordt is altijd een activiteit die reeds begrensd is. Als er dan toch een intellectuele aanschouwing bestaat waarbij de in principe oneindige productiviteit van het Ik zichzelf contempleert zonder haar eenheid met zichzelf te verliezen, dan kan zo'n contemplatie enkel onbewust zijn. De krachttoer van de kunst zal erin bestaan het onverzoenbare alsnog met elkaar te verzoenen, dat wil zeggen de onbewuste werkzaamheid van het Ik met zijn vermogen tot bewuste reflectie te verenigen.

HARMONIE IN TWEESPALT

Schellings problematiek blijft, net zoals die van Schiller, door en door Kantiaans. De dualiteit tussen natuur en vrijheid wordt bij hem een spanning tussen onbewuste[10] zelfproductie en bewuste reflectie. Schelling zou geen romanticus zijn als hij er niet van overtuigd was dat er in

8. Zie bijvoorbeeld de achtste brief van zijn *Filosofische brieven over dogmatisme en criticisme* (1795).
9. Vgl. F.W.J. Schelling, *System des transzendentalen Idealismus*, pp. 86-87.
10. In feite gebruikt Schelling enkel het woord 'bewusteloos'.

de natuur, die doelmatig gestructureerde organismen produceert, een subject aan het werk is. Net zoals voor Novalis en talloze dichters en kunstenaars na hem, is de natuur voor hem 'zichtbaar geworden geest'. Maar van buiten gezien is deze geest slechts op een blinde, onbewuste manier werkzaam. Het praktische, zedelijk handelende Ik van zijn kant is zich weliswaar van zichzelf bewust, maar dit bewustzijn is een innerlijk zelfbesef dat nergens objectief af te lezen is.

Het absolute is voor Schelling geen duistere natuurkracht, maar evenmin louter een bewust subject. Het is de eenheid tussen beide. Deze eenheid kan nooit object van een *begrippelijk* weten worden zonder verloren te gaan. Dit houdt in dat natuurfilosofie noch transcendentaalfilosofie ooit het principe kunnen achterhalen waarop het gebouw van hun kennis berust. Anders gezegd: de filosofie is niet in staat op eigen kracht de oereenheid tussen onbewuste activiteit en bewustzijn, tussen natuur en vrijheid te begrijpen. Daarvoor heeft zij de kunst nodig, die deze eenheid op een indirecte, 'symbolische' manier voorstelt. Het is het privilege van de kunst om een strikt genomen onobjectiveerbare eenheid alsnog in een eindig object te laten verschijnen.

Hoe kan dit? Schelling ziet zelf dat zo'n eenheid een 'schijnbaar onophefbare tegenspraak' inhoudt. Is het Ik zich van zijn werkzaamheid bewust, dan is er geen eenheid maar scheiding. Is er werkelijk eenheid, dan is er geen Ik meer om zich daarvan bewust te zijn. Schelling brengt een 'oplossing' aan zonder de paradox echt op te heffen.[11] De kunstenaar is uiteraard geen pure natuur. Zoals iedereen produceert hij als een vrij en bewust individu. Toch moet bij hem 'de productie in het onbewuste eindigen'.[12] In het voltooide kunstobject verschijnt de artistieke productie immers als gedreven door een noodzaak die de bewuste wil van de kunstenaar te boven gaat. Dat het artistieke scheppen in vrijheid gebeurt (de kunstenaar wordt in principe door niets of niemand tot iets gedwongen), neemt niet weg dat het uiteindelijke product wordt ervaren als iets dat onmogelijk opzettelijk gemaakt kan zijn. Het verschijnt als de 'gunst van een hogere natuur'.

De vrijheid van de kunstenaar wordt dus vreemd genoeg gedragen door een vreemde macht die onafhankelijk van hem is of zelfs tegen zijn vrijheid ingaat. (In dit laatste geval is het kunstwerk eerder subliem dan schoon, en Schelling laat niet na te zeggen dat niets schoon is zonder ook subliem te zijn.) Deze vreemde macht, die uiteraard niets anders is dan

11. Zie de eerste paragraaf van het laatste, helemaal aan de kunst gewijde hoofdstuk van *System des transzendentalen Idealismus*, vertaald als *Filosofie van de kunst*. Alle citaten in mijn Schelling-paragraaf zijn afkomstig uit dit hoofdstuk.
12. F.W.J. Schelling, *Filosofie van de kunst*, p. 69.

het absolute als eenheid tussen bewustzijn en 'bewusteloosheid', bedient zich van de vrijheid van het subject om er uiteindelijk mee samen te vallen. Dit verrassend samenvallen in een eindig object van wat in het gewone leven onverzoenlijk lijkt, deze 'rust in de hoogste spanning', schenkt een 'oneindige bevrediging'.

Het kunstwerk is de enig denkbare verschijning van de eenheid die mijn ik grondt. Enkel het esthetische maakt het mij mogelijk op een bewuste manier een eenheid te beleven die normaal juist door het ontwaken van het bewustzijn ongedaan werd gemaakt. Schelling zegt het zo: 'Het kunstwerk reflecteert mij wat verder door niets wordt gereflecteerd, namelijk dat absoluut identieke dat zelfs in het ik al is gescheiden; wat de filosoof dus in de eerste act van het bewustzijn al uiteen laat gaan, en vervolgens ontoegankelijk voor elke aanschouwing is, wordt door het wonder van de kunst uit haar producten teruggekaatst.'[13]

Met andere woorden: het 'absoluut identieke' is weliswaar door een *intellectuele* aanschouwing toegankelijk, maar deze aanschouwing blijft innerlijk, onbewust en dus vervlietend: een kortstondige, 'bliksemende' ervaring die aan de dood grenst.[14] Pas door het kunstwerk wordt de intellectuele aanschouwing objectief en daarmee universeel communiceerbaar.

Het kunstenaarsgenie is niet in de eerste plaats een autonoom subject, maar een medium van het absolute. En het kunstwerk is geen imitatie van de natuur, ook niet de expressie van de kunstenaarspsyche, maar de meest heldere en bewust mogelijke uiting van een subjectief-objectief, bewust-bewusteloos scheppingsprincipe dat niet alleen elk eindig ik schraagt in zijn denken en handelen, maar tevens het universum in zijn geheel. De wereld zelf is een zichzelf producerend kunstwerk dat evenwel pas in het kunstwerk als zodanig wordt geopenbaard. Vandaar Schellings idee dat er eigenlijk maar één kunstwerk is, waarvan alle bestaande kunstwerken onvolmaakte openbaringen zijn.

DE KUNST ALS MOTOR VAN HET DENKEN

Kunst is wezenlijk 'geniaal' omdat zij onmiddellijk bereikt wat voor het begrippelijke denken en het menselijke handelen een 'oneindige opgave' blijft. Zo kan de filosofie niet op eigen houtje naar dit absolute doorstoten. Ze blijft gevangen binnen een bewustzijn dat de eenheid van elke aanschouwing telkens weer met een nieuwe reflectie doorbreekt. Om zijn eigen oorsprong te vatten is het reflexieve bewustzijn aangewezen op een 'openbaring' die het zelf niet kan realiseren. Het wonder van de

13. F.W.J. Schelling, *Filosofie van de kunst*, p. 79.
14. Vgl. de achtste brief van de *Filosofische brieven over dogmatisme en criticisme*.

kunst bestaat er in die zin in dat zij de eindeloze beweging van de reflectie stilzet en het absolute tegenwoordig stelt in een uiterlijk beeld. Een dergelijk beeld is dan niet meer het maakwerk van een bewust subject, maar stijgt als het ware op vanuit een eenheidsgrond waar bewustzijn en onbewuste, vrijheid en natuur met elkaar verenigd zijn. In die zin kan men stellen 'dat de kunst voor de wetenschap het voorbeeld is, en dat waar de kunst is, de wetenschap nog maar moet zien te komen'.[15]

De bekende passage uit het *System* luidt als volgt: 'Wanneer de esthetische aanschouwing slechts de objectief geworden intellectuele is, dan spreekt het vanzelf dat de kunst zowel het enige ware en eeuwige organon alsook het document van de filosofie is, dat altijd en steeds opnieuw openbaart wat de filosofie uiterlijk niet kan beschrijven, namelijk het bewusteloze in het handelen en produceren en zijn oorspronkelijke identiteit met het bewuste.'[16] Het kunstwerk 'documenteert' op symbolische wijze het absolute dat voor de filosofie noodzakelijk een blinde vlek moet blijven. Maar hiermee is het kunstwerk meteen ook het intieme 'organon' dat het denken voortdrijft: door zijn symboolfunctie daagt het de filosofie uit de grond te denken waarop zij zelf berust. Op deze uitdaging kan de filosofie evenwel slechts serieus ingaan wanneer zij ophoudt louter *bewustzijns*filosofie te zijn. Met een retoriek die helemaal de lijn volgt van het 'oudste systeemprogramma', roept Schelling dan ook op tot een 'nieuwe mythologie' waarmee de wetenschappen 'zouden terugstromen in de algemene oceaan van de poëzie waaruit ze voortgekomen waren'.[17] De filosofie, wil zij trouw blijven aan haar oorsprong, moet niet alleen esthetica zijn. Zij moet zelf kunst worden.

BESLUIT

Evenals de filosofie van Schiller is die van Schelling een denken dat tegengestelden wil verenigen. Beide stellen daarbij de almacht van de menselijke rede ter discussie. Maar bij Schelling wordt de rede grondiger geproblematiseerd dan bij Schiller. Voor de laatste is het esthetische spel een toestand waarbij de rede in harmonie is met de zintuiglijkheid

15. *Filosofie van de kunst*, p. 77.
16. Ibidem, p. 81. In Schellings latere identiteitsfilosofie wordt deze exclusieve plaats van de kunst opgeheven. De kunst wordt tot uitdrukking van een waarheid die door het denken zelf te bevatten is. De filosoof contempleert op bewuste wijze ideeën, 'oerbeelden' die de kunstenaar een concrete gestalte geeft in mythologisch geïnspireerde 'tegenbeelden'. Vgl. Manfred Frank, *Einführung in die frühromantische Ästhetik. Vorlesungen*; zie lezing 11 en 12. Voor een korte, heldere uiteenzetting, zie: Antoon Braeckman, 'Autonomie-esthetiek en absoluut idealisme. De rol van de kunst in Schellings filosofie'.
17. Ibidem, p. 82.

die zij dan toch maar in de hand heeft. De kunst die van deze harmonie getuigt is een 'spiegel van de mens'. Bij Schelling daarentegen gaat het niet in de eerste plaats om de eenheid van de mens, maar om de eenheid van het absolute. Dit absolute als bewust-bewusteloze werkzaamheid is wat de mens 'in de grond' is, maar deze grond wordt hem enkel teruggespiegeld door een symbolisch object waar zijn bewustzijn niet bij kan.

Schelling onderscheidt zich van Schiller doordat bij hem de verhouding tussen vrije productie en onbewuste noodzaak een 'oneindige tegenspraak' blijft die niet in het ik van kunstenaar of beschouwer maar in het kunstwerk wordt verzoend. Daarom spreekt Schelling over het kunstwerk in termen van 'noodlot' (*Schicksal*) en 'donker, onbekend geweld'. De romantiek is dus niet zo harmoniedronken als ze vaak wordt voorgesteld. 'Romantisch' is juist dat het absolute waarin het menselijke bestaan is gegrond, voor de mens een 'onzichtbare wortel' blijft die slechts aan hem kan verschijnen als een vreemde andersheid. De vrijheid die zich in het kunstwerk toont blijft er nog zodanig met de natuur verstrengeld, dat ze voor het bewuste ik een mysterie blijft.

Het afgrondelijke karakter van zo'n vrijheidservaring kwam reeds naar voren in de theorie van de tragedie die Schelling enkele jaren voor het *System* had opgesteld.[18] De tragische held strijdt als een vrij mens tegen een noodlot waarbij hij onvermijdelijk het onderspit delft. Oedipus pleegt een misdaad die hij onmogelijk gewild kan hebben. Door de schuld aan die noodlottige misdaad toch op zich te nemen erkent hij deze misdaad die hij onmogelijk kan hebben gewild, als iets wat hij toch gewild heeft. Zo assumeert de held het noodlot waarin zijn vrijheid ten onder ging als een manifestatie van zijn vrijheid. Een onbewust geweld neemt hij achteraf op zich als was het een vrijwillige daad. Een dergelijke paradoxale bevestiging, die erg dicht ligt bij wat Nietzsche later 'amor fati' zal noemen, beschouwt Schelling als de meest eminente uiting van de menselijke vrijheid...

De romantische ironie

Ook Friedrich Schlegel en Novalis (pseudoniem van Georg Philipp Friedrich von Hardenberg), evenzeer geïnspireerd door Schillers esthetica als Schelling, beschouwen de kunst als het medium bij uitstek waarin het absolute zich openbaart. Novalis formuleert zelfs de eis de sluier van de godin van Sais, voor Kant het paradigma van een sublieme ondoorgrondelijkheid, zonder meer af te rukken. Beide denkers-literatoren belasten de kunstenaar onomwonden met een messianistische taak.

18. Vgl. de tiende brief van de *Filosofische brieven over dogmatisme en criticisme*.

De kunst – niet de bestaande, maar een Kunst die nog in wording is – moet de religie van de moderne tijd worden. Vandaar de droom van het grote Boek, een soort nieuwe bijbel, waarin de 'organische' scheppingskracht van de Antieken en het analytische verstand van de moderne mens, de spontaneïteit van het genie en de kritische geest van de moderne intellectueel, in een reusachtige synthese met elkaar zouden worden verzoend.

De grootse verwachtingen die de romantici ten aanzien van de kunst koesteren lopen zeker vooruit op de Wagneriaanse idee van het 'Gesamtkunstwerk' en op de overspannen heilsboodschappen die in menig twintigste-eeuws artistiek manifest doorklinken. Maar wat Schlegel en Novalis vooral modern maakt is dat hun grote Boek nooit tot stand is gekomen. Dit kan worden geweten aan de omstandigheid dat de taak die ze zich stelden voor hen te groot was en enkel in de toekomst door een collectief van kunstenaars-filosofen kon worden gerealiseerd. Maar eigenlijk werd hun poëtische utopie door henzelf grondig geproblematiseerd op een manier die menigeen tegenwoordig 'postmodern' zou noemen, terwijl die gewoon zeer modern is. Veelbetekenend is dat de passie voor het Systeem, die zij met Schelling en Hegel deelden, zich bij hen uitte in een zeer onsystematische, fragmentarische schrijfstijl. In talloze fragmenten wordt over de aard en de functie van de nieuwe poëzie, over het grote Oeuvre gereflecteerd. Uiteindelijk blijkt dit Oeuvre niets anders te zijn dan deze telkens weer hernieuwde reflectie zelf: een 'kroon van fragmenten' (Schlegel) die de contouren trekt rond een Oeuvre dat ophanden blijft.

Het romantische, dat wil zeggen 'waarachtige' kunstwerk heeft voor Schlegel wezenlijk het karakter van een fragment. De status van het kunstwerk wordt hierdoor zeer ambigu. Enerzijds vormt het als organische, in zichzelf besloten vorm 'een fragment van de toekomst'. Het is een onmiddellijke projectie, een voorafspiegeling van het Werk dat nog moet komen. Maar anderzijds suggereert deze vormelijke voltooidheid al te zeer dat het absolute zich in een eindig product zou laten incarneren, wat niet kan omdat het absolute net als bij Schelling geen object is maar een oneindige productiviteit die zichzelf aanschouwt. Vandaar dat het kunstwerk onmogelijk het absolute kan bevatten als het niet zijn eigen vormelijke begrensdheid reflecteert. Door deze reflectie, die de vorm voortdurend herinnert aan zijn ontoereikendheid, wordt de organische eenheid van de vorm opengebroken. De voortdurende accentuering van de begrenzing werkt ontgrenzend. De vorm wordt als het ware van binnenuit ontbonden en daarmee geopend naar andere mogelijke vormen. Door het 'medium van de reflectie', die zich 'als in een eindeloze rij spiegels verveelvoudigt',[19] kan elke vorm, nog voor hij tot stand komt, in voortdurend andere vormen overgaan of 'chemische' verbindingen met andere vormen aangaan.

Voor de classicus Schiller was het kunstwerk nog een plaats van evenwicht waar de rivaliteit tussen geest en materie, tussen oneindigheid en eindigheid tot rust kwam in een eindige vorm. Voor de romanticus Schlegel kan het kunstwerk slechts trouw aan het absolute zijn door een reflectie die de vorm verhindert zich in zichzelf te sluiten, en hem dus noodzaakt een fragment te blijven dat om een 'dialoog' vraagt met andere fragmenten. 'Brokstuk', 'schets', 'ruïne' zijn woorden waarmee Schlegel de aard van de romantische poëzie aanduidt. Het fragmentarische kunstwerk stolt niet in een afgewerkt product, maar blijft zichzelf 'ontvormen' en 'hervormen'. Maar juist in zo'n cultus van het onaffe en gebrekkige onthult het absolute zich in zijn pure operativiteit: niet als werk-object, maar als onobjectiveerbare werkzaamheid. Niet in de poging het oneindige rechtstreeks in een eindig object voor te stellen, maar in de eindeloze, 'chaotische' wisseling van het eindige, in een 'eeuwige beweeglijkheid' van vormen die elkaar opheffen, openbaart zich *ex negativo* het absolute als een oneindige productiviteit. Doordat de romantische poëzie een soort poëzie is die niet zozeer een product wil creëren, als wel aan het principe zelf wil raken dat ten grondslag ligt aan de creativiteit, kan zij niet aan een bepaald genre gebonden zijn, maar is zij een 'transcendentaalpoëzie' of een 'poëzie van de poëzie' die als in een smeltkroes alle genres in elkaar 'omsmelt'.

Voor de romantici was hun poëtica die van een 'tussentijd', van een in wezen onpoëtisch, onesthetisch tijdperk, een tijd eerder van reflectie, kritische afstandelijkheid dan van spontane en grootse artistieke prestaties. Maar anderzijds waren Schlegel en Novalis ervan overtuigd dat het gevoel van leegte, van verlies, waardoor de reflectie werd gedragen, de kiem in zich droeg van iets totaal nieuws. De romantische kunst moest dan ook de krachteloze nostalgie naar een onherroepelijk voorbije 'naieve kunst' (Schiller) omzetten in een kracht die het grote Oeuvre zou realiseren. Maar naast deze utopisch-eschatologische hoop is er tevens het besef dat dit Oeuvre zich slechts als brokstuk kan realiseren, dat de universaliteit van de *Universalpoesie* wezenlijk een 'fragmentarische universaliteit' (Novalis) moet blijven. Zo begrepen is het Oeuvre niet iets wat in de toekomst zal en moet worden verwezenlijkt, maar iets dat wezenlijk op komst is en blijft. De romantische poëzie is niet alleen nog in wording: ze is wezenlijk niets anders dan die wording zelf.[20]

19. Friedrich Schlegel, Athenaeumfragment 116.

20. Ibidem: 'Die romantische Poesie ist eine progressive Universalpoesie. [...] Andre Dichtarten sind fertig, und können nun vollständig zergliedert werden. Die roman-

De romantische esthetica ziet in de kunst het absolute 'aan het werk', maar dan enkel in een kunstwerk dat niet zichzelf verabsoluteert, doch de eindigheid van de eigen vorm reflecteert. Voor Friedrich Schlegel is een wezenlijk element van elk 'ernstig' kunstwerk dan ook de *ironie*. De ironie is namelijk die houding die de onwezenlijkheid, de nietigheid van de eindige vormen aan het licht brengt door ze voortdurend aan het absolute te meten. Deze ironie kan zich uiten in de allegorische stijl van het kunstwerk. De allegorie is een symbool dat niet harmonieert met datgene wat het symboliseert, maar het eigen onvermogen reflecteert het absolute voor te stellen. Als een teken dat als het ware zichzelf opheft is het de motor van de eindeloze wisseling van vormen, door Schlegel als een 'vernietigingssysteem' (*Annihilationssystem*) getypeerd, die eigen is aan de romantische *Universalpoesie*.

Maar ook door een hoge waardering van de *Witz* duidt de romantische esthetica op het wezenlijk ironische karakter van de kunst. In tegenstelling tot de allegorie, die de voorstellingen eindeloos doet verglijden, gaat het in de *Witz* om een punctuele stremming en contractie. Qua context of betekenis ver uit elkaar liggende of zelfs contradictorische voorstellingen klitten onverwacht samen in een 'chemische' synthese. Het ongerijmde van de synthese, maar ook het voor de 'auteur' zelf onverwachte en dus onvrijwillige karakter ervan, maken van de *Witz* een paradoxale voorafspiegeling van de synthese van alle tegenstellingen in het absolute. Deze voorafspiegeling is paradoxaal, omdat ze de eenheid die in het absolute heerst, voorstelt in de vorm van een onharmonisch samentreffen van de meest heterogene voorstellingen.[21] Terwijl de allegorie het kunstwerk als het ware eeuwig 'onvoltooit', en zo het absolute op een negatieve wijze voorstelt, is de *Witz* eerder een positieve, hoewel zeer momentane ('blitzige') quasivoltooiing, onvermijdelijk parodisch, midden in de sfeer van het onvoltooide.[22]

Het bevreemdende aan de *Witz* is dat juist op het moment dat het menselijk bewustzijn aan het absolute lijkt te raken, het zichzelf het meest als een verweesd 'brokstuk' ervaart, als iets dat van zijn oorspron-

tische Dichtart ist noch im Werden; ja das ist ihr eigentliches Wesen, dass sie ewig nur werden, nie vollendet sein kann.'

21. Friedrich Schlegel zegt: 'Wie zin voor het oneindige heeft, [...] zegt, wanneer hij zich beslist uitdrukt, louter tegenstrijdigheden.' (eigen vert.) Geciteerd door Manfred Frank (zie bibliografie), p. 300.

22. Schlegels theoretische schetsen over de allegorie en de *Witz* lijken vooruit te lopen op het onderscheid dat Jacques Lacan maakt, in de lijn van Freud, tussen de metonymische verglijding en de metaforische verdichting als de twee fundamentele manieren waarmee het onbewuste zich in de taal manifesteert.

kelijke band met het absolute is losgerukt. Voor zo'n bewustzijn kan het absolute enkel een grensbegrip zijn, een regulatief Idee in de Kantiaanse zin. In zijn zuiverheid is het onvoorstelbaar en zelfs onervaarbaar. Zo'n zuiverheid, zegt Schlegel, is 'een illusie van de verbeelding – een *noodzakelijke* fictie'.[23] Het absolute laat zich hoogstens voorstellen als iets onvoorstelbaars. Het flitst slechts op in de gebrekkige samenhang van het onsamenhangende, of, zoals in de allegorie, in de opeenvolging van elkaar opheffende voorstellingen.

De allegorische verbeelding, die de voorstellingen eindeloos doet uitdijen, en de 'witzige' verbeelding, die ze in plotse constellaties laat samentrekken, kunnen worden beschouwd als de twee romantische versies van Kants 'esthetische idee': een voorstelling of een aantal voorstellingen waarvan de betekenis onuitputtelijk is. De allegorie en de *Witz* zijn beide *ironische* strategieën: het spel met de eindige vormen wordt gespeeld vanuit een gevoel van vervreemding tegenover alles wat eindig-bepaald is. Maar anderzijds weet het subject dat dit ironische spel speelt zich niet verzekerd van een plaats buiten de eindigheid. De ironie zou zelfgenoegzaam en vrijblijvend zijn indien ze de strategie was van een subject dat over een kennis of een intuïtie van het oneindige zou beschikken, van waaruit het dan al het eindige zou kunnen relativeren. Ze wordt pas afgrondelijk wanneer dit subject, zoals de romantische schrijver Ludwig Tieck zegt, zelf 'niets dan inconsequentie en tegenspraak is', wanneer het geen andere grond heeft dan deze schommeling zelf, deze 'wisseling' (een elementair begrip bij Schlegel[24]) tussen het eindige en oneindige.

Friedrich Hölderlin: *het sacrale als tussenruimte*

DE OER-DELING

In de persoon van Hölderlin bereikt het Duitse romantische denken een punt van extreme luciditeit. Zijn hang naar het absolute is niet minder sterk dan die van zijn romantische geestesgenoten, maar geen van hen heeft zo scherp gesteld hoe juist de beweging die hem naar het oneindige voert, de mens zijn radicale eindigheid openbaart. Hölderlins kleine theoretische oeuvre is zeer moeilijk leesbaar, niet alleen vanwege zijn elliptische schriftuur, maar ook omdat het, terwijl het ontegenzeggelijk door een ideaal van harmonie wordt gedreven, vaak de aanblik biedt van een opeenstapeling van tegenspraken die zich opheffen in telkens weer

23. Geciteerd door Manfred Frank, p. 301.
24. Vgl. 'In mijn systeem is de laatste grond werkelijk een *Wechselerweis*.' Geciteerd door Manfred Frank, p. 289.

nieuwe tegenspraken. Oxymorons als 'harmonische verscheurdheid' en 'ontbindende band' zijn bij Hölderlin schering en inslag.

Hoewel zijn denken sterk verwant is met dat van Schelling, heeft het absolute voor Hölderlin niet het karakter van een ik. In een vroege, heel korte meditatie, *Urtheil und Seyn* (1795), bepaalt hij het absolute als een louter 'Zijn zonder meer'. Een ik veronderstelt immers reeds een zelfbewustzijn en dus een scheiding. Ook al ervaart dit ik zich als een identiteit, het is de identiteit van een instantie die zich tot zichzelf verhoudt en derhalve van zichzelf gescheiden is. Zoals elk oordeel veronderstelt ook het meest primaire oordeel, namelijk 'ik = ik', een verschil tussen twee termen. Het identiteitsoordeel (*Urteil*) berust op een formele deling (*Urteilung*) van wat inhoudelijk als één wordt beoordeeld. Deze 'oer-deling' is, in tegenstelling tot het subjectivistisch idealisme van Fichte, geen prestatie van een oorspronkelijk ik dat zichzelf poneert en reflecteert, maar gaat uit van het Zijn zelf. Het ik kan zichzelf enkel aantreffen als een altijd reeds verdeeld subject-object, als het effect van een voorafgaandelijke splitsing in het Zijn.

De paradox die het hele denken én dichten van Hölderlin drijft – maar eigenlijk het hele Duitse idealisme – is dat de deling van het Zijn gelijkoorspronkelijk is met zijn eenheid. Het Zijn, door Hölderlin gewoonlijk natuur genoemd, *is* wezenlijk een proces van opsplitsing, waarbij zijn eenheid zich verbergt door zich te openbaren. Het Zijn is een proces van *zelfdifferentiatie*, dat tevens alles wat zich differentieert in een totaalverband samenhoudt. Het menselijke bewustzijn kan nooit de oorsprong van dit delingsproces achterhalen omdat het pas door die deling tot zichzelf én de natuur ontwaakt is. De mens staat midden in een natuur die hij zelf niet meer is, maar het is door dit 'niet', deze grens, dat die natuur zich aan hem openbaart. De natuur is voor de mens ervaarbaar, denkbaar en beschrijfbaar, omdat zij de mens niet té nabij is, omdat de mens uit haar levend geheel is losgebroken en 'individu' is geworden.

DE TRAGISCHE CESUUR

Het absolute verdeelt zichzelf en het kan zich slechts op zichzelf betrekken, het kan slechts zichzelf 'voelen' in zijn delen. Wanneer in de kunst het absolute zich 'toont' kan dat dan ook niet betekenen dat de kunst de oorspronkelijke eenheid herstelt, maar dat zij de act waarbij het absolute uiteenvalt herhaalt. Dat is wat volgens Hölderlin bij uitstek in de tragedie gebeurt: 'harmonie' wordt daar bereikt doordat de *Vereinzelung* ten top wordt gedreven. In het conflict, de vijandschap, de afkeer, de dissidentie, de verlatenheid, enzovoort, van de delen wordt het geheel als geheel ervaren. Empedocles, over wie Hölderlin tot twee keer toe heeft gepoogd een tragedie te schrijven, heeft in die zin een tijd als model voor hem gegolden. Empedocles drijft af van de menselijke gemeenschap, belichaamt als individu de onstabiliteit ervan. Maar de illusie van Empedocles is dat hij in de extremiteit van zijn isolement het verloren contact met de levende natuur zou kunnen herstellen door een dodelijk offer: hij gooit zichzelf in een brandende krater.

Het zal blijken dat het Empedoclische pathos uiteindelijk voorbijschiet aan de essentie van de tragedie. Hölderlins reflectie over de tragedie bereikt haar hoogtepunt in zijn commentaar op de twee grote Griekse tragedies *Oedipus* en *Antigone*.[25] De verhouding van de tragische held tot het absolute wordt in deze twee meditaties vertaald in de religieuze problematiek van de oude Grieken: hoe zich te verhouden tot de goden?

Hölderlin stelt dat elke tragedie uit twee delen bestaat die met elkaar zijn verbonden door een overgang die hij een 'Transport' noemt. Dit *Transport* is een moment van 'leegte' en 'ongebondenheid', omdat het geen betekenis heeft en los lijkt te staan van het verloop van de dramatische handeling. Hölderlin vergelijkt dit plotse betekenisvacuüm met de stijlfiguur van de *cesuur*, een rustpunt in een versregel of in een muzikale zin die hij als een 'tegenritmische onderbreking' aanduidt. Zowel in de Oedipus- als in de Antigone-tragedie valt deze cesuur samen met het optreden van de blinde ziener Tiresias. Dit optreden brengt in het leven van de held een totale omslag teweeg. Daarvóór was hij de gevierde redder van de stad en koning, daarna een man die, geslagen door het lot, 'onder het ondenkbare dwaalt'.

De tragische breuk of cesuur is volgens Hölderlin het moment waarop de held de grens tussen de menselijke sfeer en die van de goddelijke 'natuurmachten' negeert en zich te buiten gaat aan het verlangen zijn eindige, begrensde bestaan te doorbreken. Dit verlangen is destructief omdat het van de mens eist 'meer te weten dan hij dragen of vatten kan'. Het rukt de mens 'uit het middelpunt van zijn innerlijke leven weg in een andere wereld, in de excentrische sfeer van de dood'.

Vanwege dit excessieve verlangen wordt de mens in het Antigonedrama door het koor bezongen als 'deinos', door Hölderlin sterk vertaald als 'ungeheuer': enorm, monsterlijk. De mens is monsterlijk om dat zijn essentie bestaat in deze 'excentrische' ontrukking en dus in de negatie van de grenzen die zijn bestaan als mens mogelijk maken. En de mens wil deze uiterste mogelijkheid die hij is *weten*. Hij wil zich deze dodelijke beweging eigen maken. Maar op het moment dat hij dit zou realiseren, zegt Hölderlin, 'keert de god zich categorisch om'. Het god-

25. Het betreft *Anmerkungen zum Oedipus* en *Anmerkungen zur Antigonä*. Tenzij anders vermeld, komen alle citaten die volgen uit deze beide teksten.

delijk 'ongebondene' waar de 'oneindige begeestering' in op wil gaan, kan slechts worden bevat door 'een bewustzijn dat het bewustzijn opheft', wat inhoudt dat het niet kan worden bevat, tenzij door een scheiding met deze dodelijke sfeer.

De cesuur die de tragedie in tweeën snijdt, is het onvoorstelbare ogenblik van een 'paring' tussen mens en god, waarbij de vereniging samenvalt met de ervaring van een scheiding: 'het grenzeloze eenworden wordt door het grenzeloze scheiden gereinigd.' Dit scheiden wordt door Hölderlin beschreven als een 'dubbele ontrouw': op het cruciale moment keert de godheid zich af, en de mens moet voor zichzelf deze 'afkeer' bevestigen. Hij heeft geen andere keuze dan zich trouw te betonen aan de 'ontrouw' van de godheid. Deze medewerking aan de terugtrekking van het absolute is voor Hölderlin het sacrale gebaar bij uitstek.[26]

De cesuur, als moment van verscheurende eenheid, van een scheur midden in de eenheid, verschijnt in de tragedie in wat Hölderlin 'het zuivere woord' ('das reine Wort') noemt. Dit is geenszins een woord dat zijn referent perfect voorstelt; het stelt integendeel niets voor: *niets dan zichzelf*. Het is het punt waarop de wisseling van de dramatische voorstellingen op haar hoogtepunt stokt en de 'voorstelling zelf' verschijnt: een 'op zichzelf onbetekenend teken zonder werking'. Juist door die betekenisloosheid kan het de onmogelijke vereniging van de mens met het absolute 'betekenen', kan het als het ware die onmogelijkheid zelf betekenen. Het 'zuivere woord' legt dus niet de verschijning van het absolute in zijn levende onmiddellijkheid vast, maar is daarentegen een teken dat zich op zichzelf betrekt. Het belichaamt de wet van de bemiddeling en dus de onmogelijkheid van een directe verhouding met het absolute.

Zoals voor Schelling is voor Hölderlin de tragedie, als hoogste kunstvorm, 'de metafoor van een intellectuele aanschouwing'.[27] Maar wat wordt 'aanschouwd' is niet de volheid van een aanwezigheid, maar een leegte, een 'cesuur' die deze aanwezigheid in haar kern markeert. Op het moment dat de tragische held in zijn sfeer doordringt keert de godheid hem de rug toe. De gooi naar de oneindigheid blijkt de ervaring bij uit-

26. Het is opvallend hoe deze idealistische speculaties overeenstemmen met de erudiete, historisch-antropologische studies van Jean-Pierre Vernant over de mythes die ten grondslag liggen aan de praktijk van het Griekse dierenoffer, waarin juist de scheiding tussen mensen en goden wordt geritualiseerd. Vgl. Jean-Pierre Vernant, 'A la table des hommes. Mythe de fondation du sacrifice chez Hésiode', in: M. Détienne & J.P. Vernant (ed.), *La cuisine du sacrifice en pays grec*. Parijs 1979. Zie ook: 'Mythes sacrificiels', in: J.P. Vernant & P. Vidal-Naquet (ed.), *La Grèce ancienne*. Deel 1, *Du mythe à la raison*. Parijs 1990.

27. Vgl. Friedrich Hölderlin, *Über den Unterschied der Dichtarten*.

stek van de eindigheid. Wanneer de mens zijn *Vereinzelung*, zijn 'afgescheidenheid' wil opheffen om terug te keren naar zijn bestaansgrond, dan zal hij in die 'overmaat aan innigheid' waaraan hij zich overgeeft de pure scheiding ervaren.

Zoals voor alle romantici is de kunst voor Hölderlin een 'sacrale' ervaring. De kunst legt meer bepaald de *essentie* van het sacrale bloot, namelijk de afwezigheid waarop de mens stuit wanneer hij zich overgeeft aan zijn verlangen naar het absolute. Deze afwezigheid behoedt voor de al te verschroeiende nabijheid van het absolute en opent de ruimte van het eindige bestaan. De kunst memoreert deze afwezigheid vooral daar waar de dynamiek van haar voorstellingen even verstomt in een 'zuiver' teken: een teken dat niets meer communiceert. De kunstenaar offert zich dan ook niet, zoals Empedocles, aan het vuur, maar verdwijnt slechts in dit teken waarin hij zichzelf volledig wegcijfert. Dit sprakeloze teken van een verboden oneindigheid verhindert dat de ruimte van de eindigheid zich afsluit. Daarmee houdt de kunst zich op in een wankel 'midden', een 'heilignuchtere' tussenruimte die de tegendelen (goden en mensen, oneindigheid en eindigheid) samenhoudt door ze uit elkaar te houden.

Besluit: romantiek en moderniteit

Het moet duidelijk zijn geworden dat de romantiek niet zomaar een 'geestesstroming', een bepaalde theorie of een 'wereldbeeld' is waar men zich al dan niet bij kan aansluiten, maar eerder een probleemveld waarbinnen verschillende posities mogelijk zijn. En hoe meer we er de complexiteit van beginnen te vermoeden, hoe meer we moeten erkennen dat dit probleemveld nog steeds het onze is. Met de romantiek is de toon van de moderne kunstfilosofie gezet. Niet alleen wijst zij aan de kunst een eigen sfeer toe op het moment dat de kunst zich definitief uit haar traditionele, aristocratische en religieuze kader aan het losmaken is, ze geeft de kunst ook een grote metafysische waarde. Kunst is voor de filosofie niet slechts een onderwerp, maar wordt zelfs haar belangrijkste inspiratiebron. In de kunst openbaart zich een waarheid waar de filosofie nog naar zoekt.

Wat in de kunst gebeurt is ongetwijfeld nooit zomaar vertrouwenwekkend of vanzelfsprekend geweest. Ook toen zij zogezegd nog een bescheiden medium was voor geloofswaarheden, tastte de kunst de grenzen af, legde zij vaak de interne spanningen bloot van het religieuze kader waaraan zij haar diensten verleende. Nieuw aan het romantische denken is nu dat het zich enerzijds vervreemd voelt van het bestaande religieuze kader, maar dat het anderzijds, in tegenstelling tot de Verlichting, niet gelooft dat de menselijke rede alleen de fakkel van de religie kan overnemen. Niet dat de romantiek de rede als zodanig verdacht maakt – dat doet van de besproken denkers op een gegeven moment alleen Novalis –, maar deze rede wordt door de romantici gedacht als een productief, creatief principe. Wil de rede meer zijn dan een steriel verstand dat de zichtbare wereld in kaart brengt, dan moet zij zich haar creatieve, 'artistieke' wezen in herinnering brengen. Hierbij moet zij zich laten leiden door de kunst die de manifestatie bij uitstek is van die creativiteit. De kunst openbaart aan de rede wat ze eigenlijk is: een pure activiteit die aan haar moderne versplintering in verschillende functies voorafgaat. Maar opdat kunst in de kunstvijandige tijd deze fundamentele taak op zich zou kunnen nemen, moet zij daar door het filosofische denken toe worden aangezet.

Het kan niet genoeg worden benadrukt dat een dergelijke verabsolutering van de kunst samengaat met haar groeiende maatschappelijke dakloosheid. Het is pas wanneer zij haar traditionele plaats en functie verliest dat de kunst niet alleen een autonoom gebied krijgt toegewezen, maar dat zij ook gedacht kan worden als de meest authentieke uiting van een volstrekt ongebonden, *vrije* scheppingskracht. Enkel omdat zij niet meer geworteld is in de religie of in een maatschappelijke cultus, enkel omdat zij dus niet meer bij voorbaat gelegitimeerd is, komt men ertoe haar te beschouwen als 'autonoom', namelijk als de activiteit bij uitstek die zichzelf legitimeert en zich dus niet door een uitwendig doel moet verantwoorden. 'Uit deze onafhankelijkheid van uiterlijke doelen komt de heiligheid en zuiverheid van de kunst voort', zegt Schelling. De kunst wijst alle verwantschap af met wat louter de zinnen streelt, maar ook met het nuttige en morele.[28] Zij is in die zin pure, belangeloze creativiteit, een creativiteit die niet door een bepaald doel is begrensd.

De pre-romanticus Schiller vult deze radicale autonomie zeer humanistisch in: de kunst getuigt van het vermogen van de menselijke rede om vorm te geven aan de zintuiglijke materie waarvoor zij tegelijk onbevangen openstaat. Verdwijnt de component van passieve ontvankelijkheid naar de achtergrond, dan komt de nadruk helemaal te liggen op het vermogen tot 'plastische vormgeving', op de '*Bildende Kraft*' van de mens. Het ideeëngoed achter modernistische bewegingen als het constructivisme en Bauhaus tekent zich hier al af. De kunst is hier de getuigenis bij uitstek van de menselijke wil de wereld te 'herscheppen' tot *zijn* universum of, om met Marx te spreken, 'de natuur te humaniseren'. De kunstenaars vormen hier de voorhoede van de nieuwe mens, die bevrijd van alle traditionele symbolen en dogma's zou leven in een

28. F.W.J. Schelling, *Filosofie van de kunst*, p. 76.

door hem zelf ontworpen wereld. De naïviteit van vele modernismen, of zij nu functionalistisch zijn of formalistisch, heeft te maken met dit geloof in de maakbaarheid van de wereld.[29]

Het post-Schilleriaanse, romantische autonomieconcept, dat de autonomie niet in de kunstenaar zelf legt, maar in het absolute als een pre-individuele of onpersoonlijke kracht, heeft op zijn beurt de deur geopend voor allerlei soorten mysticisme: de kunstenaar als medium van bovennatuurlijke krachten of van een hoger bewustzijn dat de hele natuur bezielt. Niet alleen het hele symbolisme, het expressionisme en de abstracte kunst waren van een dergelijk spiritualisme doordrongen, maar talloze kunstenaars uit de meest diverse stromingen voelen er zich tot op de dag van vandaag toe aangetrokken. De kunst neemt in zo'n perspectief gewoon de functie van de religie over: ze ziet zich als openbaring van de oneindige werkzaamheid van God in de schepping. Vaak vertoont de romantisch geïnspireerde esthetica de structuur van de 'negatieve theologie'. Zoals God voor deze gnostisch-neoplatonisch geïnspireerde theologie onbenoembaar is en zich derhalve slechts in geheimzinnige, onontcijferbare tekens kenbaar maakt, zo wordt in de kunst het absolute bewaard als een onzegbaar mysterie dat voor beschouwer én kunstenaar versluierd moet blijven.[30]

Beide soorten jargon, dat van het humanistische modernisme en dat van het romantische mysticisme, glijden trouwens voortdurend in elkaar over en vormen samen tot in onze tijd toe de ongereflecteerde grond van het vertoog over creativiteit. Creëren is hier niet enkel iets maken, maar uit de bron van alle creativiteit scheppen. In zoverre men

29. De opera van de Russische constructivist El Lissitsky, *De overwinning op de zon*, verraadt als het ware het fantasma dat het modernistische elan drijft. Reeds de titel verraadt de prometheïsche eis beslag te leggen op de bron van alle kosmische energieën zodat de mens ze optimaal kan aanwenden om de wereld naar zijn hand te zetten.
30. Wanneer filosofische esthetica's zoals die van Schiller en Schelling in het artistieke milieu doordringen, gebeurt dit vaak via simplificerende interpretaties, zoals bijvoorbeeld van de antroposoof Rudolf Steiner (1861-1925). Deze laatste, stichter van de antroposofische beweging en enthousiast lezer van Schiller en Schelling, was van grote invloed op vele kunstenaars in de vorige eeuw, tot en met Joseph Beuys. (Vgl. Rudolf Steiner, *De spirituele bronnen van de kunst*. Zeist 1993.) Overigens waren kunstenaars aan het einde van de negentiende eeuw en het begin van de twintigste eeuw minder geïnspireerd door de Duitse romantische filosofie dan door het ideeëngoed van mystieke denkers als Jacob Böhme (begin zeventiende eeuw) en Emmanuel Swedenborg (achttiende eeuw), om maar te zwijgen van het pas echt obscurantistische denken van Madame Blavatsky, Ouspensky e.a. Maar de concrete invloed van het romantische denken op de moderne kunst van de nieuwste tijd is hier niet ons interessepunt. Het gaat erom aannemelijk te maken dat de romantische esthetica een complex probleemveld opent dat de ondergrond is van de moderne en hedendaagse kunstproblematiek.

denkt dat de kunstenaar zich werkelijk deze bron die alle wezens met elkaar verbindt, kan toe-eigenen om hem soeverein aan te wenden, krijgt hij de rol toebedeeld van een profeet of cultuurheld: de eerste werkelijk vrije mens in een nog onvrije wereld. De Duitse romantiek ligt dan ook aan de oorsprong van de moderne tendens de kunst zelf, als object of praktijk, niet alleen te verabsoluteren, maar ook aan dit esthetische absolute een messianistische belofte te verbinden. Het absolute wordt sociaal-politiek in stelling gebracht. De ambitie aan de bron van de creativiteit *zelf* te raken mondt dan uit in de droom van het 'totaalkunstwerk' waarin alle kunsten met elkaar versmelten. In extremis kan ook de gemeenschap als een 'plastische' creatie worden gedacht.

Men mag dus zeker stellen dat het romantische denken vooruitloopt op de etherische natuurmystiek van de kunstenaarskolonies in de late negentiende eeuw en het spiritualisme van modernistische kunstbewegingen in de twintigste eeuw. Maar anderzijds legt dit denken meteen ook bloot wat er problematisch aan is. Dat het absolute een zaak van de kunst is, hoeft niet noodzakelijk een verabsolutering van de kunst in te houden. Het wordt pas spannend als men ziet hoe het absolute zich voor de romantici aandient. Zo manifesteert de kunst voor Schelling een eenheid die voor de denkende en handelende mens eeuwig toekomstig moet blijven; maar die manifestatie is voor de mens een gebeuren dat hij niet zomaar zélf kan bewerkstelligen. Het is een gunst waarvan de oorsprong hem in hoge mate ontgaat. In die zin kan de kunstenaar, evenmin als trouwens de kunstbeschouwer, zich er ooit op laten voorstaan in contact te staan met het absolute. Dit absolute duikt altijd op in een beeld dat de kunstenaar slechts achteraf kan erkennen als *zijn* creatie. Het kunstwerk is immers de uiting van een onbewuste werkzaamheid die achteraf de bewuste activiteit van de kunstenaar blijkt te zijn geweest. Het probleem, zoals het zich later bij de surrealisten zal stellen, is dan of er een *politiek* van dit onbewuste mogelijk is.

Ook romantische begrippen als ironie, fragment, allegorie en *Witz* lijken reeds op voorhand de ambiguïteit van de moderne kunst te reflecteren. Enerzijds was het fragment voor Schlegel en Novalis een splinter van het absolute Oeuvre dat ooit zou komen. Maar anderzijds poneert het fragment het Oeuvre als wat zich alleen maar kan blijven aankondigen. Van de allegorie als wisseling van voorstellingen die elkaar opheffen, zou gezegd kunnen worden dat ze vooruitloopt op het moderne *work in progress*-idee: slechts een vormingsproces dat zichzelf voortdurend herneemt en dus onderbreekt, laat iets oplichten van een creativiteitsproces dat in geen enkele vorm te vangen is. De *Witz* als onverwachte samenklitting van voorstellingen zou dan van zijn kant vooruitlopen op typisch moderne procédés als collage en assemblage. Een absurde synthese van heterogene elementen laat in een flits vermoeden wat de grote, doch onmogelijke Synthese zou zijn.

Modern aan de vroegromantici is hun fundamentele argwaan tegen de schone vorm die een in wezen ongebonden creativiteit als het ware bevriest. Deze argwaan, waarmee de eigenlijke romantici zich van Schiller onderscheiden, vergroot het aandeel van de reflectie in het creatieve proces. Eigen aan de groep rond *Athenaeum* is dat er niet alleen theoretisch wordt gereflecteerd over poëzie, maar dat deze reflectie binnendringt in de poëzie, haar onderbreekt en haar verplicht zich te bezinnen op haar eigen wezen. De reflectie verhindert een onmiddellijk, 'esthetisch' behagen in de zintuiglijke vorm, ironiseert en fragmentariseert die vorm. De romantische esthetica is reeds een vorm van *anti-esthetica*.

Omgekeerd is alle 'theorie', alle literaire kritiek die naam waardig volgens Schlegel onvermijdelijk zelf poëtisch: de filosofie van de nieuwe kunst kan enkel op een poëtische-aforistische wijze worden omschreven. Het denken kan en moet weliswaar binnendringen in de kunst, maar kan haar nooit vóór zijn. De filosofie vindt haar oorsprong in een 'poëtische', scheppende activiteit. Zoals Novalis zegt: 'Overal waar de filosofie komt, was de kunst al.' De theorie van het fragment is onvermijdelijk zelf fragmentarisch, kan alleen in puntige, 'witzige' uitspraken geformuleerd worden.

Het denken, dat de poëzie in haar absoluutheidsstreven doet verbrokkelen, deelt zelf in die verbrokkeling. De denkende en de dichtende mens die zich naar het absolute toewendt, blijkt van niets meer verzekerd te zijn. Dit is een van de lessen die de moderniteit uit Hölderlins reflectie over de tragedie kan trekken: juist de mens die de eenheid met het absolute opzoekt, ervaart de afgescheidenheid. Hij die zich met de grond van zijn bestaan wil verzoenen, ervaart de scheiding en het eindeloze dwalen. Later zal Nietzsche de moderne mens willen bevrijden van elke nostalgie naar het absolute en hem uitdagen zichzelf te zien als 'raadsel, fragment, gruwelijk toeval'. Maar eerst zal Hegel nog een indrukwekkende poging doen het fragmentarische, toevallige, afgescheidene te denken als momenten in de zelfontwikkeling van het absolute.

Bibliografie

OVER DE DUITSE ROMANTIEK

Walter Benjamin, *Der Begriff der Kunstkritik in der deutschen Romantik*. Frankfurt a.M. 1991

Maurice Blanchot, 'L'Athenaeum', in: *L'Entretien Infini*, Parijs 1969

Antoon Braeckman, 'Het oudste systeemprogramma van het Duitse idealisme: een romantisch manifest over kunst en het einde van de politiek – vertaald en van toelichting voorzien', in: *De uil van Minerva*, 5/2 (1988-1989)

Manfred Frank, *Einführung in die frühromantische Ästhetik. Vorlesungen*. Frankfurt a.M. 1989

Philippe Lacoue-Labarthe & Jean-Luc Nancy, *L'absolu littéraire. Théorie de la littérature du romantisme allemand*. Parijs 1978

Jacques Taminiaux, 'Heimwee naar Griekenland aan de dageraad van het klassieke Duitsland', in: *De uil van Minerva*, 6/2 (1989-1990)

Jacques Taminiaux, *La nostalgie de la Grèce à l'aube de l'idéalisme allemand. Kant et les Grecs dans l'itinéraire de Schiller, de Hölderlin et de Hegel*. Den Haag 1967

Tzvetan Todorov, *Théories du symbole*. Parijs 1977, zie het hoofdstuk 'La crise romantique'

SCHILLER

Brieven over de esthetische opvoeding van de mens. Kampen (Kok Agora) 1994.

Werke. Ed. J. Petersen, delen 20-22: *Philosophische Schriften*, Weimar 1963; zie vooral: 'Über Anmut und Würde'; 'Über die ästhetische Erziehung des Menschen'; 'Über naive und sentimentalische Dichtung'; 'Über das Erhabene'

SCHELLING

Historisch-Kritische Ausgabe, Stuttgart 1976

Texte zur Philosophie der Kunst. Stuttgart 1982. Selectief vertaald als *Filosofie van de kunst*. Amsterdam (Boom) 1996

Filosofische brieven over dogmatisme en criticisme. Kampen (Kok Agora) 1992

System des transzendentalen Idealismus. Hamburg (Meiner) 1992

OVER SCHELLING

Antoon Braeckman, 'Autonomie-esthetiek en absoluut idealisme. De rol van de kunst in Schellings filosofie', in: *Tijdschrift voor Filosofie*, 53/2 (1988-1989)

Jean-François Courtine, *Extase de la Raison. Essais sur Schelling*. Parijs 1990

DE ROMANTISCHE IRONIE

Peter Szondi, 'Friedrich Schlegel und die romantische Ironie', in: *Satz und Gegensatz*. Frankfurt a.M. 1964

Paul de Man, 'The Rhetoric of Temporality', in: *Blindness and Insight*. New York 1985

HÖLDERLIN

Sämtliche Werke und Briefe. München (Hansen) 2000; zie vooral: 'Der Tod des Empedocles'; 'Urteil und Sein'; 'Über die verschiednen Arten, zu dichten'; 'Über die Verfahrungweise des poetischen Geistes'; 'Uber den Unterschied der Dichtarten'; 'Anmerkungen zum Oedipus'; 'Anmerkungen zur Antigonä'

OVER HÖLDERLIN

Maurice Blanchot, 'La parole sacrée de Hölderlin', in: *La Part du feu.* Parijs 1949

Maurice Blanchot, 'L'itinéraire de Hölderlin', in: *L'Espace littéraire*, Parijs 1955

Jean-François Courtine, 'La situation de Hölderlin au seuil de l'idéalisme allemand' en 'De la métaphore tragique', in: *Extase de la Raison. Essais sur Schelling.* Parijs 1990

Philippe Lacoue-Labarthe, 'Hölderlin', in: *L'imitation des modernes, Typographies 2*, Parijs 1986

Jacques Taminiaux, 'L'itinéraire de Hölderlin: Le dépassement de la "limite kantienne" et de la nostalgie de la Grèce sur la voie du "retournement natal"', in: *La nostalgie de la Grèce à l'aube de l'idéalisme allemand.* Den Haag 1967

HOOFDSTUK 3

Georg Friedrich Wilhelm Hegel – *Het schijnen van de waarheid en het einde van de kunst*

Vielleicht dass niemals früher die Kunst so tief und seelenvoll erfasst wurde wie jetzt, wo die Magie des Todes dieselbe zum umspielen scheint.
FRIEDRICH NIETZSCHE

Inleiding

Georg Friedrich Wilhelm Hegel (1770-1830) wordt algemeen beschouwd als de belangrijkste vertegenwoordiger van het Duitse idealisme, een filosofische stroming die aan het einde van de achttiende eeuw in Duitsland is ontstaan. Zoals de Duitse romantiek, waarmee het de ontstaansgeschiedenis deelt, kan het idealisme worden beschouwd als een poging om de filosofie van Kant te verwerken én te overstijgen. Met de romantiek deelt het een ongenoegen met de kritische filosofie van Kant, bij wie de nadruk lag op de begrensdheid, de eindigheid van het denken. Ook het Duitse idealisme, door Fichte en Schelling in gang gezet, heeft de vrijheid en het oneindige tot uitgangspunt. De gemeenschappelijke basisintuïtie van idealisme en romantiek is dat de grenzen van de geest door de geest zelf zijn gesteld en dan ook door deze zelf kunnen worden overwonnen.

Net zoals voor de romantici was het Hegels eerste zorg de twee termen van Kants dualisme (subject en object, vrijheid en wetmatigheid, rede en verstand, zintuiglijke ervaring en idee...) met elkaar te verzoenen en dus het absolute te bereiken. Kants esthetica had deze kloof immers slechts op het vlak van het subjectieve gevoel overwonnen. Hegel daarentegen wil, in het spoor van Schiller en zijn vriend Schelling, tot een werkelijke verzoening komen, een eenheid op het vlak van de *realiteit*. Op de weg naar deze eenheid zal ook voor Hegel de kunst een cruciale rol spelen. Toch breekt hij met de romantici waar hij meent dat het uiteindelijk niet voor de kunst is weggelegd het absolute te bereiken. Daartoe is alleen het filosofische denken in staat. Op haar hoogste punt gekomen zal de kunst van het absolute wel een voorafschaduwing zijn, die evenwel, om met Schiller te spreken, nog te 'naïef' blijft.

Vernieuwend aan Hegels esthetica is dat de kunst daarin als een radicaal historisch fenomeen verschijnt. Kant onderzocht de fundamentele mogelijkheidsvoorwaarden van de esthetische ervaring, die hij als tijdloos beschouwde. Ook in zijn kleine theorie van de kunsten[1] weidde hij niet uit over hun historische ontwikkeling. Hegel daarentegen, een onvergelijkbaar groter kunstkenner dan Kant, was op de hoogte van de beginnende wetenschappelijke kunstgeschiedenis van onder meer de classicistische Winckelmann, en stond daarnaast samen met zijn jeugdvrienden Hölderlin en Schelling aan de wieg van de romantische beweging. Hij beschouwde de kunst wezenlijk als iets dat zich ontwikkelt en vernieuwt. Perioden van geleidelijke ontwikkeling worden afgewisseld door radicale omwentelingen. Niet alleen de uiterlijke verschijningsvormen van de kunst veranderen, maar ook haar 'begrip': dat wat zij wezenlijk is. Zo was de kunst van de Grieken niet alleen anders dan de onze, maar was 'kunst' in het algemeen voor hen iets fundamenteel anders dan voor ons.

De geschiedenis van de kunst staat voor Hegel niet op zichzelf. Zij maakt een integrerend onderdeel uit van de geschiedenis van het hele universum, door Hegel gedacht als een dynamisch proces waarin de 'geest' zichzelf ontvouwt. Een korte schets van wat dit proces inhoudt is dan ook noodzakelijk om Hegels esthetica te begrijpen.

Hegels filosofie: de odyssee van de geest

Men beweert vaak dat elke grote filosofie 'haar tijd in gedachten vervat' is. Niet alleen geldt dit zeker voor Hegels denken, deze uitspraak is ook van hem afkomstig. Zijn filosofie is namelijk een poging om zich bewust te worden van datgene wat in zijn tijd gebeurt. Van zijn eigen tijd bewust worden impliceert dat men datgene begrijpt waaruit die tijd is voortgekomen, dat men de eigen situatie verstaat als het resultaat van een totaalproces, niet alleen van de menselijke beschaving, maar ook van de natuur. Hegel zal derhalve proberen het gehele natuurlijke en historische proces dat geleid heeft tot de situatie van zijn tijd, tot bewustzijn proberen te brengen. Daarbij is zijn fundamentele vooronderstelling dat dit gehele proces zélf niets anders is dan een langzame, gestadige bewustwording.

Voor Hegel kan filosofie niet slechts wijs*begeerte* zijn, maar moet zij de ultieme, absolute wetenschap zijn: de wetenschap van het bestaande in zijn totaliteit, begrepen als een *geestelijke* ontwikkeling. De wereld, het gehele 'zijnde', is niet zomaar een substantie die daar voor ons ligt, maar het proces van een geest die zich steeds meer van zichzelf bewust

1. Wegens haar beperkte belang werd deze theorie in het hoofdstuk over Kant niet behandeld.

wordt. De grote vondst van Hegel was dus om de substantie, de werkelijkheid niet als een dood object te denken, maar als een *subject*. Denken en werkelijkheid, subject en object zijn in wezen één, en deze eenheid is de waarheid, zij het dan dat deze ware eenheid geen gegevenheid is, maar iets dat moet worden gerealiseerd. De werkelijkheid is niets anders dan een subject dat oorspronkelijk nog in een bewusteloze natuurlijkheid verzonken is en zich steeds meer van zichzelf bewust wordt. Het denkende subject, en dus ook de filosoof, staat dus niet *tegenover* de werkelijkheid, maar maakt deel uit van haar dynamisch proces. In die zin beschrijft Hegel niet zomaar, maar realiseert en voltooit tegelijk wat hij beschrijft.

Met deze objectivering van het weten, die volgt uit een subjectivering van de werkelijkheid, verruimt Hegel het begrip 'wetenschap'. Wetenschap is niet, zoals in Kants kennisleer, louter een zaak van het verstand dat de verschijnende wereld onder begrippen brengt. Het weten is in de werkelijkheid zelf aan het werk. Het sluimert reeds in de natuur, en is op een hoger vlak in de gehele menselijke cultuur werkzaam. In die zin is het begrip niet iets abstracts dat enkel voor een subject bestaat, maar het begrip bestaat ook 'op zich': concreet-objectief. Het begrip is *werkelijk*. Het is niet alleen latent aanwezig in de natuur, het is ook gesedimenteerd in de menselijke cultuur. Beschavingen, staatssystemen, maatschappelijke instellingen, kunsten, religies, enzovoort zijn allemaal vormen van weten, 'gestaltes' van een zich ontwikkelend bewustzijn.

Zo bekeken is het verwerven van de waarheid geen zaak van louter verstandelijke kennisverwerving, maar een levend gebeuren, een odyssee van de geest die zich aan de werkelijkheid waagt én verrijkt, zich erin verliest én zichzelf daardoor 'substantie' verschaft. Het kennisproces is een proces van *ervaring*. De Griekse stadstaten, de Griekse kunst, de *Antigone* van Sophocles, de kruistochten, de val van het Romeinse rijk, de Reformatie, de opkomst van de moderne wetenschappen, de Franse Revolutie en de Terreur, de Verlichting en de romantische beweging die erop volgden, maar ook alle reeds verworven wetenschap en bestaande filosofische systemen, zijn evenzovele ervaringen waarmee de geest steeds meer tot bewustzijn van zichzelf komt. Hegel herhaalt dus denkend de gehele geschiedenis, uiteraard niet alles wat feitelijk gebeurd is, maar al haar wezenlijke momenten. Deze momenten volgen elkaar op noodzakelijke wijze op om uiteindelijk uit te monden in het absolute weten, waarbij de geest, volledig bewust van zichzelf, met zichzelf samenvalt.

Hegel had inderdaad de 'pretentie' het hele gebeuren van de realiteit in zijn totaliteit te beschrijven en zo tot voltooiing te brengen, en dit niet enkel in zijn abstracte algemeenheid, maar in al zijn bijzondere facetten. Dat hij dit aandurfde kwam volgens hem niet doordat hij toevallig zo geniaal was, maar omdat de geest in zijn tijd volgens hem op het punt was gekomen om zichzelf ten volle te realiseren, omdat met andere woorden de geschiedenis rijp is om te worden afgesloten... De eerste en wellicht boeiendste poging die Hegel heeft ondernomen om de odyssee van de geest in zijn totaliteit te beschrijven, was de *Phänomenologie des Geistes* (1807). Nadien heeft Hegel zijn gehele systeem nog willen onderbrengen in zijn *Enzyklopädie der philosophischen Wissenschaften* (1817).

DIALECTIEK, *Aufhebung*

Het ware, concrete begrip is dus in de werkelijkheid zelf werkzaam en niet slechts een zaak van de mens als subject. Hegel zegt dat het begrip zich veruiterlijkt, objectiveert. Anders gezegd: het behoort tot het wezen van het begrijpen en dus van de waarheid dat het eerst en vooral verschijnt als iets dat tegenover het subject staat, als een ding. Dit houdt een vervreemding in, maar pas via de ervaring van die vervreemding kan het subject tot het ware begrip van zichzelf komen, dat wil zeggen kan het zich de waarheid, die daar als iets vreemds tegenover hem staat, als *zijn* waarheid toe-eigenen. Het is deze beweging van vervreemding en toe-eigening van het vervreemde die Hegel 'dialectisch' noemt.

Hegel verschilt hierin fundamenteel van Kant. Voor Hegel heeft het weinig zin dat het subject eerst over zijn eigen mogelijkheden en beperktheden reflecteert alvorens daadwerkelijk zijn object te onderzoeken. Als het niet reeds bij voorbaat op het waarheidsgehalte van zijn denken vertrouwde zou ook die zelfreflectie ijdel zijn. Daarom moet het zich niet blijven afvragen hoe waarheid mogelijk is, maar moet het van meet af aan in een wereld stappen waarin de waarheid reeds objectief, 'op zich' aan het werk is. Deze werkzaamheid moet de geest 'voor zich' tot een gearticuleerd begrip brengen. Dit houdt in dat de filosofie de zelfgenoegzaamheid van het loutere verstand overstijgt en zich in de werkelijkheid stort om zich de waarheid die zich daarin ontvouwt eigen te maken.

Dit geldt ook op het gebied van de ethiek. De Kantiaanse imperatief waarmee het subject zichzelf verplicht louter uit respect voor de zedenwet te handelen en niet vanuit bepaalde neigingen, is voor Hegel substantieloos in haar abstractie. Het subject dat aan die wet gehoor geeft kan slechts een krachteloze 'schone ziel' zijn. Hegels moraalfilosofie gaat daarentegen uit van een zedelijkheid die reeds objectief bestaat: in de familie, het volk, de religie, de maatschappelijke organisaties. De zedelijkheid ontwikkelt zich reeds in de werkelijkheid, ze heeft haar geschiedenis. Het denken moet deze zich ontplooiende, voor een deel nog onbewuste en door particuliere belangen getekende zedelijkheid tot haar begrip brengen. In deze ontwikkeling zijn bijvoorbeeld de familie, het gewoonterecht, het Romeins recht, maar ook de formele plichtsmoraal van Kant beslissende momenten. Pas in het verlaten van de zuivere, maar inhoudsloze idee van een universele moraal en in het denkend doorlopen van de bijzondere verschijningsvormen van het zedelijke kan de geest tot een *concrete* universele ethiek komen. Dialectisch is de beweging van de geest die het bijzondere assumeert als wezenlijk om tot het algemene te komen, die uit de gebondenheid aan het objectieve zijn autonomie wint.

Voor Hegel is de geest in wezen absolute vrijheid in de zin dat hij elk object transcendeert. De geest is absolute onrust, een pure activiteit die zich door geen enkel object kan laten bepalen. De geest kan alles denken, zich met alles identificeren, maar dit denken vooronderstelt ook altijd een verschil. Een ding denken betekent dat ding *niet* zijn, betekent het *negeren*. De geest is voor Hegel de *kracht van de negatie*. Maar anderzijds behoudt het denken ook steeds een verhouding met datgene wat het negeert. Daarom is er in de geest een wezenlijke tweespalt. De geest is vrijheid, onbeperkt vermogen tot negatie, maar hij heeft iets anders dan zichzelf nodig om die vrijheid te kunnen uitoefenen. Alleen aan een object dat hem begrenst, kan hij zijn oneindigheid ervaren.

De geest moet zijn objectgebondenheid reflecteren om zichzelf te kunnen vinden. De geest vindt zijn vrijheid niet door zich van elke eindige bepaaldheid af te wenden in een zuivere intuïtie van zichzelf. Zo'n intuïtie blijft abstract en leeg. Dit is wat Hegel de romantiek verwijt, meer bepaald Schellings idee van een onmiddellijke zelfervaring van de geest in de 'intellectuele aanschouwing'. Een dergelijke mystieke Ik-ervaring openbaart voor Hegel slechts een 'nacht waarin alle koeien zwart zijn'. Voor Hegel kan de geest zijn vrijheid en eenheid met zichzelf slechts moeizaam verwerkelijken door de bemiddeling van het object. Dit is de *concrete* negatie of de *Aufhebung*: de geest negeert het object, maar het genegeerde blijft in zijn wezenlijke waarheid bewaard, ontdaan van onwezenlijke bijzonderheden. Hegel noemt dit de 'list van de rede': wat genegeerd wordt, wordt 'verheven', opgetild tot zijn universele waarheid.

In de *Aufhebung* wordt de realiteit, die voor Hegel wezenlijk op het begrijpen van zichzelf gericht is, in haar begrippelijkheid *gearticuleerd*. De werkelijkheid lijkt aanvankelijk iets vreemds, het *andere* van het subject. De dialectiek bestaat erin dat het subject op die vreemde werkelijkheid ingaat om daarin zichzelf te vinden, om te ontdekken dat datgene wat daar als iets uitwendigs voor hem stond, eigenlijk altijd het subject zelf is geweest. Maar voordat de geest zo bij zichzelf thuiskomt, moet hij een lange tocht afleggen, waarbij hij zich herhaaldelijk moet verliezen, risico's nemen, de strijd aangaan met wat hem ontkent. De geest is niets anders dan deze confrontatie, deze beweging van veruiterlijking en verbijzondering. Hij is zijn eigen negatie, een negatie die hij, door haar te denken, op zijn beurt negeert en zodoende zichzelf vindt.

Esthetica

'*Das Wahre ist das Ganze.*' Het is een beroemde uitspraak van Hegel. De waarheid is het geheel, de totale beweging. Elk afzonderlijk element kan slechts worden begrepen als een moment van het hele systeem. Een geisoleerd iets blijft 'abstract'. Het moet worden geïnterpreteerd vanuit alles wat eraan voorafgaat en, retrospectief, vanuit datgene waartoe het uiteindelijk leidt. Het is dus strikt genomen on-Hegeliaans om het onderwerp 'kunst' uit het gehele systeem te lichten. De kunst kan enkel vanuit de gehele filosofie van de geest worden begrepen, en dus vooruitlopend op de momenten die erop volgen, in casu de religie en de filosofie, die het sluitstuk van Hegels systeem vormen en de kunst tot haar laatste waarheid voeren. De kunst *denken* betekent voor Hegel uiteindelijk dat men haar te boven komt.

In elk geval begrijpt men niets wezenlijks van kunst als men er gewoon van uitgaat – zoals de doorsnee-kunsthistoricus doet – dat er nu eenmaal de facto zoiets als kunst bestaat, een terrein van objecten dat volgens bepaalde criteria kan worden ingedeeld. De kunst moet eerst en vooral in haar *noodzakelijkheid* begrepen worden, dat wil zeggen als een noodzakelijke schakel in het totale proces van zelf(bewust)wording van de geest. Begrepen moet worden waarom er zoiets als kunst *moet* bestaan, waarom de geest noodzakelijk in een bepaalde fase in de vorm van kunstwerken verschijnt. Dit heeft Hegel vooral proberen te doen in zijn *Vorlesungen über die Ästhetik*. Maar reeds in de *Phänomenologie des Geistes* komt de kunst aan bod, zij het dan nog niet als een op zichzelf staand thema. Ze wordt daar beschreven als verschijningsvorm van de religie.

De kunst in de Phänomenologie des Geistes

Het is niet overdreven te stellen dat voor Hegel de religie alle waarheid in zich bevat, maar dat het aan de filosofie is om die waarheid eruit te halen. In de *Phänomenologie des Geistes* is met de religie de geest reeds tot een werkelijk zelfbewustzijn gekomen, dat wil zeggen niet enkel tot een abstract bewustzijn van zichzelf, maar tot een bewustzijn van zijn objectiviteit, zijn werkzaamheid in de wereld. Toch is het religieuze zelfbewustzijn nog net niet de absolute, volledig met zichzelf verzoende geest, en wel omdat in de religie dit zelfbewustzijn voor zichzelf nog steeds 'gekleed' gaat in *voorstellingen* van een object (natuurkrachten, goden, één God). De waarheid van het zelfbewustzijn verschijnt dus nog als een aan het subject uitwendige, en dus vreemde inhoud. Door deze vreemdheid, doordat het religieuze bewustzijn zich nog in het element van de uitwendige voorstelling beweegt, moet het zich nog verder ontwikkelen om tot een voldragen zelfbewustzijn te komen. Het is in deze ontwikkeling dat de kunst, bij uitstek de sfeer van de voorstelling, een essentiële taak vervult. De religie zal dit artistieke voorstellingskarakter verder moeten uitwerken en uiteindelijk van zich moeten afwerpen om tot haar waarheid te komen.

De kunst speelt in de *Phänomenologie des Geistes* de rol van een overgang van de nog primitieve 'natuurlijke religie' naar de 'geopenbaarde religie'. In de natuurlijke religie verschijnt de geest voor zichzelf als een vreemde uitwendigheid: een zintuiglijke substantie die nog geen subjectiviteit bezit. Aanvankelijk is deze substantie een vormloos, alomtegenwoordig licht dat wordt aanbeden. Maar al onmiddellijk negeert dit 'lichtwezen' zijn abstracte oneindigheid om zich te differentiëren in een meervoud van natuurgeesten, aanvankelijk planten, daarna met elkaar strijdende diergeesten. Hegel denkt hierbij vooral aan oosterse, pantheïstische religies. Het is pas met de Egyptische piramiden dat de geest zichzelf niet langer onmiddellijk in de natuur aantreft, maar zichzelf *produceert* in een constructie waarin hij evenwel nog voor zichzelf verborgen blijft. Met de tempels en hun beelden winnen deze constructies weliswaar aan levendigheid, maar deze creaties blijven toch nog te grof en schematisch om beschouwd te kunnen worden als de uitdrukking van een zelfbewuste subjectiviteit. Daarvoor is het nodig dat de geest niet enkel een ambachtelijk 'werkmeester' is, maar 'kunstenaar' wordt.

Het paradigma van het kunstwerk is voor Hegel de Griekse polis, waarin, zoals voor Schiller en de romantici, de staat en de maatschappelijke organisaties voor het eerst niet meer als een abstracte machinerie tegenover de subjecten staan, maar hun zelfbewuste individualiteit weerspiegelen. De natuurlijke religie is dan in een 'kunstreligie' omgeslagen. Het goddelijke verschijnt niet meer als een louter uitwendige kracht, maar steeds meer als één met het concrete, zelfbewuste individu. De dialectiek van de kunstreligie is veel complexer dan hier uit de doeken kan worden gedaan. De Griekse godenbeelden stralen een serene verzoendheid uit, maar Hegel noemt ze '*abstracte* kunstwerken' omdat de rustige eenheid met zichzelf die van een levenloos ding blijft. De lyrische hymnen getuigen daarentegen van een levendige subjectiviteit die het dan weer aan objectiviteit ontbreekt. De (offer)cultus, die de particuliere begeerten van de individuen in het spel brengt, heft deze tegenstelling tussen menselijke subjectiviteit en goddelijke substantie op in een 'levend kunstwerk'. Toch blijft deze feestelijke eenheid een *uiterlijke* aangelegenheid. Vandaar een verinnerlijking van de eenheid in het mysterie en de mystiek. Maar deze innerlijkheid blijft dan weer al te ongereflecteerd, al te onbewust. Daarom ziet de geest zich genoodzaakt deze eenheid verder te ontwikkelen om haar tot een zelfbewust werk te maken.

Dit laatste gebeurt in wat Hegel het 'geestelijke', dat wil zeggen talige kunstwerk noemt, waarin het epos, de tragedie en de komedie elkaar opvolgen. Het lot, dat in het epos nog een abstracte onmenselijke macht is die de mens overvalt, wordt in de tragedie iets dat de mens zelfbewust op zich moet nemen, hoewel hij tegelijk moet ervaren – en dat is het tragische – dat het een negatieve, raadselachtige kracht blijft. Het is de komedie die aan die tragische verscheurdheid een einde maakt doordat zij de hele speling van het lot, alle menselijke en goddelijke aangelegenheden, ten tonele voert als een ijdel spel. De komische geest is zich bewust van zichzelf als een zelfstandig Ik, en tegenover dit zelfbewustzijn zijn alle uiterlijke wederwaardigheden slechts eindige, uiteindelijk onwezenlijke momenten.

Dit vermogen om alles buiten zichzelf te relativeren betekent niet alleen het einde van het tragische bewustzijn, maar ook van de kunstreligie in het algemeen. Eigen aan de kunstreligie, van de godenbeelden tot en met de tragedie, is dat de geest reeds van zichzelf bewust is, maar dat dit bewustzijn van zichzelf zich nog weerspiegeld ziet in een uitwendige gestalte of een uitwendig doen (sculptuur, zang, cultus, theater...), net zoals in het algemeen de burger van de polis zijn individualiteit onmiddellijk ziet weerspiegeld in een op zichzelf bestaande 'zedelijke substantie'. De komedie blijft weliswaar nog aan een uitwendige scène gebonden, maar dan enkel om alles wat op die scène gebeurt te ironiseren als iets dat het zelfbewustzijn niet wezenlijk raakt. Het ironisch subject vindt in het algemeen zichzelf niet meer terug in de artistieke voorstellingen en de cultische praktijken van de kunstreligie. Godenbeelden en feesten lijken hem niet langer door de geest bezield, en zijn daarom niet langer moreel bindend. Ze schrompelen voor het ironische, dat wil zeggen *moderne* subject ineen tot *louter* voorstellingen, waarvan hij nu weet dat het zijn eigen creaties zijn. Het zijn 'werken van de muze' die tot niets verplichten: 'kunstwerken'.

Hoewel artistieke uitingen voor Hegel een essentiële rol spelen in de ontwikkeling van de kunstreligie, is er van zoiets als kunst in de moderne zin van het woord pas sprake wanneer er – juist door die ironisering die alles treft – van de kunstreligie nog slechts ontzielde, 'substantieloze' voorstellingen overblijven. Het moderne subject heeft de bonte voorstellingswereld van de (kunst)religie niet meer nodig om zich van zichzelf bewust te zijn. Ook zijn morele identiteit staat er niet langer mee op het spel. Het artistieke als iets 'autonooms' – namelijk losgemaakt van zijn religieus-ethische kaders – is voor Hegel dus 'vrijblijvend'. Hij glijdt er dan ook vlug, zij het met een prachtig beeld,[2] overheen om het zelfbewuste subject het negatieve aspect van zijn veroverde vrijheid te laten ontdekken. Wanneer het einde van de kunstreligie immers inhoudt dat het zelfbewustzijn in de buitenwereld niets meer van zichzelf herkent, moet het uiteindelijk inzien dat het zelf abstract en leeg is geworden. Deze geesteloosheid van de wereld, en de leegte die het subject daardoor in zichzelf voelt, is voor Hegel de eigenlijke betekenis van de 'dood van God'. Deze dood van God is voor hem evenwel niet het einde van de religie, maar daarentegen de grondintuïtie van het christendom als 'geopenbaarde religie'.

Het christendom – maar dit valt buiten het bestek van deze uiteenzetting – zal het abstracte, op zichzelf teruggevallen zelfbewustzijn ertoe nopen zich te identificeren met een concrete, mensgeworden Godzoon, wiens concrete lichaam evenwel pas werkelijk de geest incarneert in de mate waarin het afsterft om plaats te maken voor een nu niet langer materiële, maar spirituele gemeenschap, gevormd rond een 'heilige Geest'. Maar al met al speelt deze dialectische verzoening van de vader en de zoon in de Geest zich nog steeds af in de uitwendige sfeer van de voorstelling, en wordt deze nog niet begrepen als een werk van het zelfbewustzijn dat daarin zichzelf voorstelt. Dit voltooide zelfbewustzijn zal een zaak van het zuivere denken zijn, namelijk van de filosofie, die alle religieuze voorstellingen 'ontkleedt' om daarin slechts de eigen vrijheid aan het werk te zien.

De kunst in de Vorlesungen über die Ästhetik

De *Vorlesungen*, collegenotities die door studenten zijn opgetekend, kunnen als een los onderdeel worden beschouwd van de *Enzyclopädie der philosophischen Wissenschaften*. Zoals gezegd kan kunst slechts begrepen worden vanuit haar plaats in het gehele wetenschappelijke systeem. In de *Vorlesungen* geeft Hegel toe dat hij wat dat betreft tekortschiet,

2. Hegel spreekt over een meisje dat ons de artistieke producten van de kunstreligie als 'van de bomen afgerukte vruchten' aanbiedt. Zie: *Phänomenologie des Geistes*, pp. 547-548. Zie hierover: Jean-Luc Nancy, 'Portrait de l'art en jeune fille' en 'La jeune fille qui succède aux Muses'. Zie ook: Frank Vande Veire, 'De nacht straalt in een meisjesoog. Iets over Hegels einde van de kunst', in: *De Witte Raaf*, nr. 57, september/oktober 1995.

hoewel hij de kunst hier duidelijk, zoals in de *Enzyclopädie* zelf, een zeer hoge plaats toekent in het proces van zelfbewustwording van de geest. De kunst vormt het eerste moment in de ontwikkeling van de ultieme fase: de absolute geest, die wordt voorafgegaan door de subjectieve geest en de objectieve geest. Grof gesteld: in de subjectieve geest gaat het erom hoe in de subjectiviteit vrijheid en natuurlijke bepaaldheid in elkaar grijpen. Maar deze beperkte vrijheid blijft abstract als ze zich niet verwerkelijkt. Vandaar de noodzaak van de objectieve geest: de geest zoals die werkzaam is in het recht, het concrete zedelijke leven, de maatschappelijke instellingen en de staat. Hoe meer de beschaving zich ontwikkelt, hoe minder de individuen tegen deze objectieve machten aankijken als tegen een vreemde uitwendigheid, hoe meer ze daarin een uitdrukking van zichzelf zien. Toch is dit objectieve bestel, omdat het gebonden blijft aan eindige doelen en belangen, als zodanig niet in staat de geest werkelijk met zichzelf te verzoenen. Dit gebeurt slechts op het niveau van de absolute geest die het objectieve zal onthullen als iets dat door de geest zelf is geponeerd en dat hij daarom in zichzelf kan 'terugnemen'. Deze absolute geest wordt ingeluid door de kunst, die vervolgens nog zal worden overstegen door de religie en de filosofie.

Ook in de *Enzyclopädie* zelf duidt Hegel de plaats aan die de kunst in zijn gehele systeem inneemt, maar het is pas in zijn *Vorlesungen* dat hij zeer uitvoerig en concreet over kunst spreekt. Men kan immers veel filosoferen over de essentiële en noodzakelijke plaats van de kunst in de ontwikkeling van de geest, maar het begrip daarvan kan niet a priori vóór elke concrete ervaring met kunst gevonden worden. Dit begrip moet zich ontwikkelen vanuit een contact met historische kunstuitingen, evenals met de historisch gegroeide begripsvorming over kunst. De ware, wetenschappelijke esthetica moet zich dus afspelen in een dialectiek tussen het algemene, abstracte begrip kunst enerzijds en de confrontatie met de kunstgeschiedenis anderzijds. Dit betekent dat het begrip kunst steeds bemiddeld zal zijn door de ervaring, ook door de receptie van een reeds bestaande theorievorming over kunst, en dat omgekeerd de ervaring van kunst steeds door begrippen zal zijn bemiddeld.

ALGEMEEN BEGRIP VAN HET SCHONE

Hegel vertrekt niet vanuit Kants abstracte, transcendentale vraagstelling: 'Wat zijn de fundamentele voorwaarden voor een esthetisch oordeel?', maar vanuit een reeds bestaand denken over kunst. De alledaagse opvattingen over kunst die her en der de ronde doen zijn voor hem dan ook belangrijk, bijvoorbeeld dat kunst het product is van een bewuste menselijke activiteit, of van een uitzonderlijk begaafde geest, dat kunst er primair is voor de zintuigen, dat het haar doel is de natuur na te bootsen, of het gemoed te prikkelen, of de mens een hoger ideaal aan te wijzen... Hegel neemt deze *meningen* over kunst niet zomaar voor waar aan, noch verwerpt hij ze; hij wil ze alleen dóórdenken, zoals hij dat ook wil doen met de esthetica van Kant, Schiller en de romantici.

'Het kunstwerk is een product van een menselijke activiteit.' Het is niet een onbewust, gecreëerd natuurding, maar het product van een denkend bewustzijn, waarmee de mens zich van de dingen onderscheidt. De dingen van de natuur zijn enkel onmiddellijk en eenmalig: ze *zijn* er alleen maar. De mens daarentegen heeft het vermogen zichzelf te verdubbelen. Hij is er niet enkel 'op zich', zoals de dingen van de natuur, maar hij is er ook 'voor zichzelf'. Hij beschouwt zichzelf, kan zich een *voorstelling* van zichzelf vormen, en dit niet enkel theoretisch maar ook praktisch: de mens vormt de natuur om, drukt er zijn stempel op, ontdoet op die manier de natuur van haar vreemdheid. De kunst heeft haar grond en noodzakelijkheid in deze mogelijkheid van de mens zichzelf te produceren én te herkennen in iets buiten zichzelf.

Het kunstwerk is een stukje door de mens omgevormde wereld, maar deze omvorming staat niet in dienst van de begeerte die zich dingen wil toe-eigenen en ze dus in hun zelfstandigheid negeert. Hegel nuanceert, hierin verregaand solidair met Kants idee van de 'belangeloosheid' van het esthetische genieten, dan ook de populaire gedachte dat de kunst zich op de zintuigen richt. De zintuiglijkheid is in de kunst immers ontdaan van de tastbare materialiteit van het object. De kunstbeschouwer behoeft die materialiteit niet; hij laat het object in zichzelf bestaan om het enkel te *beschouwen*. Dit betekent dat in de kunst de zintuiglijke realiteit enkel verschijnt als *oppervlakte* en *schijn*: als de tegenwoordigheid van iets zintuiglijks ontdaan van zijn reële aanwezigheid.[3]

Het kunstwerk bevindt zich dus tussen het zintuiglijke en de pure gedachte. In tegenstelling tot de theoretische beschouwer die van particuliere objecten slechts algemene begrippen overhoudt, blijft de kunstbeschouwer gericht op een particulier object. Maar hierbij richt hij zich, niet langer bepaald door eindige interesses, enkel op het loutere 'aanzien', de 'gestalte' of de 'klank' van het object. Daarom zijn voor Hegel, net zoals voor Kant, enkel het gezicht en het gehoor esthetische zintuigen, niet de tastzin, de reuk en de smaak die een materieel contact of zelfs consumptie impliceren. De kunst is er niet om de zintuigen te prikkelen; zij brengt de dingen, niet alleen die uit de buitenwereld, maar

3. Men kan hierbij denken aan Sartres theorie van de negativiteit die eigen is aan het beeld. In het beeld poneer ik iets als afwezig, als iets dat niet tot de concrete wereld behoort. Zie Jean-Paul Sartre, *L'Imaginaire*. Parijs 1940.

ook subjectieve gevoelens, in de sfeer van de loutere voorstelling. In die zin vergeestelijkt de kunst de zintuiglijkheid binnen de zintuiglijkheid zelf.

Als vergeestelijking van het zintuiglijke vormt de kunst een essentieel moment in de zelfwording van de geest. De geest moet noodzakelijk door het medium van de esthetische aanschouwing gaan om zichzelf te vinden. In de kunst blijft de geest onlosmakelijk vervlochten met een zintuiglijke verschijningsvorm. Vandaar dat men niet kan zeggen dat kunst enerzijds aangenaam prikkelt en vermaakt, en *bovendien* ook nog onderrichtend en moreel stichtend is. Zo beschouwd zou de aantrekkelijke vorm slechts het vehikel zijn van een inhoud die buiten die vorm bestaat. Kunst zou dan overbodige franje zijn. Een kunstwerk is evenwel geen nabootsing, geen afbeelding van een idee die op zichzelf gekend zou kunnen worden. In de kunst gaat het om een *concrete* idee: een idee die pas in haar veraanschouwelijking gegeven is en los daarvan niet gedacht kan worden. In die zin is kunst 'autonoom'; zij staat niet in dienst van een idee die buiten de kunst geëxpliciteerd zou kunnen worden en die zij dan zou moeten 'bekleden' met een zintuiglijke vorm. Zij heeft haar doel in zichzelf. Dit bedoelt Hegel wanneer hij, overigens net zoals Schiller, zegt dat de kunst de tegenstelling overwint tussen het geestelijke en het zintuiglijke, maar dat deze verzoening zich nog helemaal afspeelt op het vlak van het zintuiglijke. De kunst bereikt een onmiddellijke, ongereflecteerde eenheid tussen idee en aanschouwing: een eenheid die nog niet begrippelijk is doordacht.

Hegel erkent dat reeds Kant in zijn esthetica deze eenheid tussen het zintuiglijke en het geestelijke, tussen particulier object en algemeen begrip gedacht heeft. Het schone is bij Kant een bijzonder object dat als verschijning van een algemeen begrip wordt beoordeeld, zonder dat dit begrip verstandelijk kan worden bepaald. Onbevredigend aan Kants visie is voor Hegel dat deze verzoening een louter subjectieve aangelegenheid blijft, iets wat wordt gevoeld zonder zich te verwerkelijken. Voor Hegel daarentegen is deze concrete veraanschouwelijking van het algemene de reële beweging van de werkelijkheid zelf. Tevens is voor hem dit proces uiteindelijk, over de kunst heen, begrippelijk expliciteerbaar. Zoals voor Kant is schoonheid voor Hegel dus een a-cognitieve ervaring, maar voor Hegel legt deze ervaring wel de grondslag voor intellectuele kennis. Er is voor Hegel een *wetenschap* van het schone mogelijk, waarvan zijn esthetica het eminente voorbeeld wil zijn. Uit die esthetica moet blijken dat de kennis van het schone niets anders is dan de kennis van het subject van zichzelf, dat in religie en filosofie zijn laatste voltooiing vindt.

In het licht van wat voorafging moet Hegels bekende frase: 'Kunst ist das sinnliche Erscheinen der Idee' duidelijk zijn geworden. 'De kunst is de zintuiglijke verschijning van de idee.' In de kunst bestaat de idee niet los van haar zintuiglijke uitdrukking, maar is de idee in zichzelf concreet, bevat zij in zichzelf het principe van haar verschijningsvorm. Deze eenheid tussen idee en aanschouwing, tussen inhoud en vorm, noemt Hegel het ideaal van het schone. In de ideale schoonheid is de idee geconcretiseerd zonder dat deze idee eerst abstract, los van de aanschouwing, werd gedacht. Van schoonheid is sprake wanneer het lijkt alsof de idee vanuit zichzelf verschijnt, vrij, ongedwongen, zonder tussenkomst van een bewuste intentie. Deze indruk is geen illusie. Hoewel de kunstenaar voor een groot deel bewust bepaalde regels in acht neemt met het oog op een bepaald resultaat, is zijn creëren tevens een bewustloze activiteit, die Hegel, in het spoor van Kant en de romantici, aan het *genie* toeschrijft. Alleen het genie, dat van de natuur de gave daartoe heeft meegekregen, kan zonder dat het van het algemene een bewust begrip heeft, een particuliere voorstelling creëren die het algemene incarneert.

DE KUNST IN DE GESCHIEDENIS

Het filosoferen over het schone als eenheid tussen geestelijke inhoud en zintuiglijke vorm blijft abstract en leeg, wanneer dit ideaal los van de reële ontwikkelingen in de kunst wordt gedefinieerd. Het is weliswaar duidelijk dat voor Hegel dit ideaal het model is van waaruit de verschillende kunstvormen en concrete kunstwerken in hun historische ontwikkeling worden benaderd, maar aan de andere kant krijgt dit model pas betekenis voorzover wordt getoond hoe het zich in die ontwikkeling realiseert. De schoonheid als eenheid van idee en aanschouwing is voor Hegel noch een tijdloos gegeven, noch iets dat in één keer is verwezenlijkt. Door de geschiedenis heen zijn er lange perioden geweest waarin de relatie tussen idee en vorm fundamenteel anders lag. Hegel onderscheidt de symbolische, de klassieke en de romantische kunstvorm, die telkens overeenkomen met een historisch tijdperk. Deze kunstvormen hebben zich steeds geconcretiseerd in de afzonderlijke kunsten, die zich onderscheiden door de materie van de voorstelling. Tegenwoordig noemt men ze ook vaak 'media': architectuur, sculptuur, schilderkunst, muziek, poëzie.

Hoewel Hegel in zijn beschrijving van de historische ontwikkeling van de kunst begrijpelijkerwijs geen recht doet aan alle kunstuitingen die hij beschrijft, en ook veel belangrijke kunst onbesproken laat, is zijn historische schets, die een duizendtal bladzijden bedraagt, van een verbazende subtiliteit en fijnmazigheid waaraan een samenvatting bij lange na geen recht kan doen. Wel is het mogelijk kort – in zijn 'abstracte algemeenheid', zou Hegel zeggen – te schetsen hoe de kunstvormen elkaar opvolgen, zonder acht te slaan op de dialectische ontwikkeling die zich ook *binnen* die kunstvormen afspeelt, en slechts oppervlakkig verwijzend naar de kunsten waarin die vormen hun neerslag vinden.

Elke kunstvorm staat voor een specifieke manier waarop de idee zich tot haar zintuiglijke vorm verhoudt.

In de *symbolische kunstvorm* heeft de idee haar vorm nog niet gevonden. In haar meest primitieve fase is er nog geen sprake van kunst, maar eerder van een natuurreligie. Het geestelijke is overal in de natuur aanwezig, valt onmiddellijk samen met talloze natuurfenomenen. Omdat er nog geen scheiding is tussen geest en natuur, blijft de idee iets onbepaalds dat nog geen specifieke vorm heeft aangenomen. Zij is als het ware overal en nergens. De enige scheiding, de enige negativiteit die men kent is de natuurlijke dood; rond de overledene ontstaat een cultus waarin een vaag vermoeden is van iets wat het natuurlijke overstijgt.

De kunst begint pas wanneer de mens het voorwerp dat iets geestelijks incarneert zélf voortbrengt. Het goddelijke begint zich dan terug te trekken uit de natuur en neemt de vorm aan van door de mens gefabriceerde objecten en beelden. De eenheid tussen het goddelijke en menselijke, tussen een hogere betekenis en haar aardse uitdrukking blijft hier heel intiem. Hegel denkt hierbij vooral aan het hindoeïsme, waarvan hij de symboliek beschrijft als 'fantastisch, verwarrend, omslachtig'... Allerlei menselijke en dierlijke figuren, ook de meest groteske, kunnen het goddelijke incarneren.

De symbolische kunstvorm wordt pas echt zijn naam waardig wanneer het goddelijke zich uit de natuurlijk-zintuiglijke vormen terugtrekt. De onmiddellijke band tussen de verschijnende wereld en de idee gaat verloren. Daarom ziet Hegel het hoogtepunt van de symbolische kunst in de Egyptische piramiden. De piramiden zijn voor hem de abstracte negatie, het loutere tegendeel van het natuurlijke leven. Door hun massiviteit en hun abstract-mathematische, levensvreemde vorm suggereren de piramiden dat er meer is dan het louter aardse leven. Maar dit 'meer' wordt niet ingevuld, het blijft onder die massieve vorm, die op zichzelf niets zegt, verborgen. In haar geheimzinnige geslotenheid suggereert de piramide slechts vaag een geestelijke inhoud die onbepaald en abstract blijft.

Essentieel voor het symbolische is een scheiding tussen een geestelijke innerlijkheid die niet meer direct voorhanden is in de natuur, en een vorm die op zichzelf niet sprekend is, maar slechts vaag – 'symbolisch' – boven zichzelf uitwijst. Met haar massieve, zwijgende vorm omhult de piramide de geest als een graf en stelt zij de geest op negatieve wijze, namelijk in zijn afwezigheid, zijn dood, aanwezig. Hegel verwijst hier dan ook naar Kants idee van het sublieme. De idee verschijnt in de piramide immers als iets stars, inerts, doods, waardoor de mens wordt overweldigd zonder er zich in te kunnen herkennen. De mens ervaart hier zijn eigen geestelijke wezen als een raadselachtig ding buiten zichzelf. Hij zal voor dit raadsel als voor zijn eigen negatie, zijn eigen dood moeten blijven stilstaan om er uiteindelijk zichzelf in te ontdekken. Dit gebeurt met de sfinx. De sfinx is *expliciet* raadselachtig. Hij is 'het symbool van het symbool', zegt Hegel. Hierdoor kan het raadsel een *probleem* worden dat, zoals in Sophocles' *Oedipus rex*, een oplossing vindt: de mens als vrije subjectiviteit. De sfinx markeert hiermee de overgang van de symbolische kunstvorm naar de klassieke kunstvorm.

De kunst die het meest met de symbolische kunstvorm overeenkomt is de architectuur die, vanwege haar rechthoekige vormen, haar massiviteit, haar gebondenheid aan de wetten van de zwaarte, niet geëigend is om de geest in zijn vrijheid en levendigheid uit te drukken. Daar is de sculptuur wel toe in staat, de kunstsoort die overeenkomt met de *klassieke kunstvorm*, die zijn hoogtepunt bereikt in Griekenland.

Terwijl de symbolische kunstvorm met zijn negatie van het natuurlijk-zintuiglijke een geestelijke innerlijkheid suggereerde die nog vreemd en gezichtsloos bleef, wordt in de klassieke kunstvorm het natuurlijke leven niet boudweg genegeerd, maar vergeestelijkt. Het natuurlijke en het geestelijke vormen een eenheid. De vorm is niet iets dat de geestelijke idee bedekt en slechts vaag indiceert, maar is van de idee doordrongen. Het geestelijke wordt *concreet*, verbindt zich op harmonische wijze met een bijzondere vorm. Vandaar dat de sculptuur hier centraal staat, en wel de menselijke figuur, bij wie, idealiter, het lichaam de geest perfect incarneert. De geest is hier dus geen objectieve macht meer, een onpersoonlijke algemeenheid, maar een vrije, zichzelf bepalende individualiteit, een subjectiviteit die het principe van haar veruiterlijking in zichzelf heeft, en zichzelf dan ook in die veruiterlijking vindt.

In de klassieke kunstvorm staat de geest niet langer *tegenover* de natuur, maar drukt er zich in uit, en deze uitdrukking vindt volgens Hegel op het hoogtepunt van de Griekse beeldhouwkunst restloos plaats: het lichaam is er volledig, restloos van geest doordrongen. De materie heeft al haar weerbarstige vreemdheid afgelegd en uit het gehele lichaam spreekt de vrije geest. Alle spanning tussen diepe betekenis en zintuiglijke aanschouwing is opgeheven. De klassieke sculptuur kent geen onrust meer, geen duizeling voor iets raadselachtigs, enkel helderheid en sereniteit. De mens zoals die in de Griekse sculptuur verschijnt is de vrije, zelfbewuste persoon, die niet onderworpen is aan lagere begeerten en neigingen.

De klassieke kunst heeft het ideaal van de kunst bereikt: de eenheid tussen inhoud en vorm, tussen idee en aanschouwing. Zij realiseert de idee onmiddellijk in een zintuiglijke gestalte, zonder dat die de indruk geeft enkel een afbeelding te zijn van een idee die op zichzelf zou kunnen worden gedacht. Hoger kan de kunst niet klimmen, zegt Hegel. 'Schoner' dan de Griekse kunst kan niet. Toch houdt de dialectiek van de kunst hiermee niet op, en wel omdat deze zich afspeelt binnen een bredere dialectiek waarin de kunst uiteindelijk niet het laatste woord heeft.

Wanneer de *romantische kunstvorm* de ideale eenheid tussen idee en zintuiglijkheid weer opheft, is dit niet omdat die eenheid nog niet ideaal genoeg is. Dat er aan de klassieke kunst iets ontbreekt, ligt niet aan haar esthetische onvolmaaktheid. Als kunst was de Griekse kunst immers volmaakt. Haar gebrek ligt aan *de kunst zelf*. De idee als 'concrete oneindigheid', namelijk als eenheid tussen de absolute vrijheid van de geest en de bepaaldheid van het zintuiglijke leven, wordt in de kunst uiteindelijk niet bereikt. De dingmatigheid van het kunstwerk, het gebouw of de sculptuur vormt nog een obstakel. De vrije, zichzelf bepalende geest verschijnt nog steeds als een object, dat wil zeggen als iets dat *tegenover* de beschouwer staat en dus als iets anders dan de geest zelf. Het absolute, als verzoening tussen idee en zintuiglijke aanschouwing, blijft in de kunst een verzoening in de sfeer van de zintuiglijke schijn. Onbevredigd met deze uiterlijkheid verzaakt de romantische kunstvorm dan ook aan de harmonie tussen inhoud en vorm, en wel omdat hij een inhoud heeft ontdekt die niet meer adequaat in een zintuiglijke vorm is voor te stellen: de christelijke God.

Het Griekse polytheïsme was voor Hegel een door en door esthetische religie, een religie waarin de kunstenaars de ware priesters waren. Buiten de menselijke gedaanten waarin de goden werden voorgesteld, hadden de Grieken geen idee van het goddelijke. Hun goden bevonden zich niet in een abstract *Jenseits*, maar verschenen *onmiddellijk* als lichamelijke gestalten. De Grieken kenden dus een onmiddellijke, zintuiglijke eenheid tussen het goddelijke en het menselijke, tussen het oneindige en het eindige. Zij ervoeren de eenheid van de geest met zichzelf in een uitwendig iets waarvan zij onmiddellijk genoten. In dit geluk lag dan ook hun beperktheid. De eenheid bleef een *aanschouwde* eenheid die dus nog niet werkelijk *hun* eenheid was, een eenheid in henzelf waarvan ze een zelfbewust begrip hadden. Om tot een werkelijke eenheid te komen moet het subject zich eerst bewust worden van de scheiding die er nog steeds is wanneer de eenheid aan een voorwerp wordt ervaren. Dit bewustzijn is het christelijke moment waarin het goddelijke en het menselijke uit elkaar gaan.

Omdat er sprake is van een scheiding, een gevoel van afgescheurd zijn, spreekt Hegel van een 'ongelukkig bewustzijn': de mens, aan het aardse, particuliere, wisselvallige gebonden, voelt zich afgescheurd van God die hij als eeuwig en onveranderlijk ziet. In het moderne religieuze bewustzijn, met name in het protestantisme, wordt dit bewustzijn van verscheurdheid verinnerlijkt. Het gaat dan niet meer om een scheiding tussen de mens en een op zichzelf bestaande God, maar om een scheiding binnen de mens tussen zijn vrije innerlijkheid en zijn eindige lichamelijke bestaan. Om tot een werkelijke eenheid met zichzelf te komen moet de geest deze innerlijke tweespalt eerst ten volle ervaren en er zich bewust van worden.

In de Griekse kunstreligie waren geest en lichaam als het ware 'prematuur' met elkaar verzoend, dat wil zeggen voordat de geest zich werkelijk bewust was geworden van zijn vrije innerlijkheid, en zonder dat hij anderzijds reeds het lichamelijke, sterfelijke leven in zijn zelfstandigheid had ervaren. Dit gebeurt wanneer het christendom de gelukkige harmonie van de Griekse religie openbreekt: de oneindige God 'incarneert' zich, veruiterlijkt zich in een bijzonder individu dat blootstaat aan alle wisselvalligheden van het leven. Met Jezus getuigt de geest van zijn oneindige vrijheid door radicaal, tot in de bewuste offerdood, zijn eindige bestaan te assumeren.

Het is duidelijk dat de term 'romantisch' voor Hegel niet in de eerste plaats slaat op de algemeen-culturele en artistieke beweging die aan het einde van de achttiende eeuw is ontstaan. De term omvat alle post-klassieke kunst. Wel is het zo dat de spanning tussen vorm en inhoud die kenmerkend is voor de romantische kunstvorm, voor Hegel haar hoogtepunt bereikt in de romantische poëzie van zijn tijd. De christelijke spanning tussen een transcendente God en de wereld wordt in de eigenlijke romantische tijd ervaren als de onverzoendheid tussen het Ik dat zichzelf als onbegrensd en vrij ervaart, en de buitenwereld die beperkend is. Vandaar dat de scheiding die er in de symbolische kunstvorm was tussen de geestelijke inhoud en een onaangepaste zintuiglijke vorm, zich op een hoger vlak herhaalt. De geest is nu geen onbepaalde, hermetisch in zichzelf besloten substantie meer die door een vreemde vorm wordt afgedekt, maar hij is nu de vrije, zichzelf bewuste geest, die het eigen gemoed als te vrij, te diep ervaart om nog in een uiterlijke aanschouwing te kunnen worden uitgedrukt.

Dit subjectivisme leidt tot het gevoel dat de kunst ontoereikend is en tot de wil de esthetische voorstelling te overstijgen. Hegel spreekt over 'de zelftranscendentie van de kunst, maar dan wel binnen haar eigen gebied en in de vorm van de kunst zelf'.[4] De uiterlijke verschijningsvorm is niet meer, zoals bij de Grieken, intiem met de uit te drukken idee vervlochten. Hij is niet meer de noodzakelijke uitdrukking van het geestelijke, alsof de idee enkel in bepaalde gestalten, met name die van serene goddelijke en menselijke figuren, kan verschijnen. De zintuiglijke vorm moet nu – dit is de paradox van het romantische – de uitdrukking zijn van de triomf van het innerlijke gemoed over alle zintuiglijke uitwendigheid. Omdat de romantische subjectiviteit zich *in zichzelf* reeds van haar vrijheid bewust is, krijgt voor haar de uiterlijke vorm iets toevalligs, willekeurigs. Geen enkele vorm of concreet religieus of mythologisch onderwerp heeft op zichzelf nog een algemeen-geestelijke waarde. Tegenover de bezielende subjectiviteit is elke vorm in principe onaangepast, en hij wordt daarom voorgesteld als 'onwezenlijk en voorbijgaand'. Naarmate de romantische kunstvorm zich ontwikkelt, kunnen dan ook steeds meer zaken onderwerp van kunst worden, tot het meest banale, volkse, alledaagse, groteske en zelfs lelijke toe. De geest heeft namelijk zo'n staat van zelfbewustzijn bereikt dat hij zich niet alleen kan veroorloven haast lukraak uit de bonte veelvuldigheid van de dingen te putten, ook de hele voorraad van de kunstgeschiedenis heeft hij tot zijn beschikking.[5] Hij kan van eender wat de spiegel van zijn vrijheid maken.

Hoe meer in de kunst de nadruk komt te liggen op de innerlijke subjectiviteit, hoe meer de voorstelling haar objectieve algemeenheid verliest. Het onderwerp hoeft niet meer op zichzelf een universele geestelijke waarde te hebben. Het gaat erom hoe de vrije geest met de voorstelling van het onderwerp speelt. Vandaar dat de kunst zich losmaakt uit het element dat haar het meest eigen is: de zintuiglijke verschijning. Deze boet meer en meer aan materialiteit in. Het romantisch subjectivisme leidt tot een groeiende dematerialisering, een spiritualisering van de kunst. Het massieve en volumineuze van de architectuur en de sculptuur maken dan ook plaats voor de 'lichtheid' van de schilderkunst, de muziek en de poëzie.

De *schilderkunst* houdt, met haar verf die zij op een plat vlak aanbrengt, van de verschijnende wereld nog slechts een tweedimensionaal beeld over. Dit beeld bezit op zichzelf haast geen substantie meer; het is er nog slechts voor de beschouwer. Het veld van de werkelijkheid is

4. *Over de esthetiek*, p. 139.
5. Deze vrijheid houdt voor Hegel ook een gevaar in, namelijk dat van de romantische *ironie*. Wanneer de moderne, romantische kunstenaar zich overal in terug kan vinden, wordt alle materiële, concrete inhoud voor hem onwezenlijk. Alles wat hij creëert kan hij altijd weer opnieuw negeren, want het bestaat slechts als weerschijn van zijn Ik. De kunstenaar kan met alle verschijningen spelen en deze tegelijk uitvegen. De ijdelheid en nietigheid van het uiterlijke ontslaan hem van elke verantwoordelijkheid. Maar hierdoor wordt ook zijn Ik zelf leeg, verliest het alle substantie. De almacht van de kunstenaar wordt dan de almacht van een 'onwerkelijke schim', zegt Hegel.

gereduceerd tot zijn pure zichtbaarheid, een loutere schijn die de weerschijn is van een vrije subjectiviteit die zich in alles kan verplaatsen. Door de dunheid en flexibiliteit van haar materiaal is het bereik van de schilderkunst qua concrete onderwerpen onbeperkt. Overigens gaat het hierbij steeds minder om die onderwerpen zelf, maar om de 'innigheid' waarmee de levendige subjectiviteit zich daarin voorstelt, daarin haar vrijheid viert. Vandaar het belang voor Hegel van de zeventiende-eeuwse Hollandse schilderkunst, die juist door het meest alledaagse en futiele tot onderwerp te maken, van een hoogontwikkeld zelfbewustzijn getuigt.

De 'romantische' schilderkunst is op een andere manier dan de Griekse kunst een hoogtepunt. Er wordt hier immers een genot beleefd aan heel bijzondere voorwerpen, een genot dat evenwel niets meer te maken heeft met de vitale behoeften en neigingen die het subject aan die voorwerpen zou kunnen binden. Het onderwerp wordt steeds meer indifferent. Het verschijnen zelf wordt een doel in zichzelf.

De *muziek* gaat nog een stap verder in dit proces van idealisering binnen de romantische kunstvorm. Alle ruimtelijke objectiviteit lost op in een opeenvolging in de tijd van klanken die voor het innerlijke oor zijn bestemd. Het muzikale kunstwerk is geen op zichzelf staand object van aanschouwing meer; het dringt daarentegen onmiddellijk door tot het innerlijke gemoed in al zijn schakeringen en gaat daarin op. De inhoud van de muziek is niet meer, zoals in de schilderkunst, een subjectiviteit die zich innig met particuliere dingen verbonden voelt, maar een innigheid waarin haast alle objectiviteit is vervluchtigd. De toonreeksen verwijzen helemaal niet naar bijzondere vormen die in de wereld voorhanden zijn; ze zijn volledig artistiek geconstrueerd. Alle wetmatigheid ligt in de tonen zelf, die het subject slechts op zijn pure innerlijke gemoed aanspreken zonder dat het zich nog iets concreets hoeft voor te stellen. Hierdoor blijft de 'innigheid' van de muziek evenwel die van een 'onbepaald sympathiseren'.

Vanuit de innerlijkheid die door de muziek werd veroverd, geeft de kunst zich in de *poëzie* weer objectieve bepaaldheid. Maar deze bepaaldheid verschijnt nu niet meer als voorwerp zoals in de sculptuur of op het schilderij. Zij wordt helemaal door de vrije subjectiviteit geconstrueerd. In de poëzie is het zintuiglijke materiaal nog meer aan de vrije geest onderworpen dan in de muziek.

In de muziek heeft de toon als zintuiglijk element nog een objectieve kracht. Hij is nog intiem verweven met het innerlijke bewustzijn. Wordt de klank evenwel een woord, dan verliest hij zijn onmiddellijke zintuiglijke effect op het bewustzijn en heeft hij nog slechts waarde als *teken* waarmee dat bewustzijn zichzelf voorstelt. Het zintuiglijke materiaal spreekt in de poëzie niet meer voor zichzelf; het is herleid tot een op zichzelf betekenisloos uitdrukkingsmiddel waarmee de geest de ruimte van zijn innerlijke voorstellingen veruiterlijkt. De poëzie is dus de kunst van een subject dat zich alles al in zijn verbeelding heeft voorgesteld alvorens het zich uitdrukt.

De materialiteit van het woord is zo dun dat de geest in de poëzie haast op een volledig transparante manier zichzelf aanschouwt. De kunst wordt tot een klare spiegel van het subject, maar verliest daarmee ook haar zintuiglijke kwaliteit en haar objectieve kracht. Zij heeft nog slechts waarde voor een geest die in zichzelf reeds vrij is en verzoend, en daarom nog nauwelijks een zintuiglijke aanschouwing behoeft. De geest heeft op den duur de kunst niet meer nodig om zich van zichzelf bewust te worden en zijn vrijheid te realiseren. De romantische poëzie luidt dan ook het einde van de kunst in. 'De kunst', zegt Hegel, 'gaat over van de poëzie van de voorstelling in het proza van het denken.'[6]

Hegels 'einde van de kunst'

De grote verdienste van de kunst is dat zij het absolute als eenheid tussen idee en zintuiglijke aanschouwing realiseert; haar beperktheid en vergankelijkheid bestaan erin dat die eenheid *esthetisch* blijft in de zin van zintuiglijk. Het zelfbewustzijn is in de kunst wezenlijk geïncarneerd in een uitwendige verschijning. Bij de Grieken, het artistieke volk bij uitstek, was deze verschijning de hoogste vorm waarin de idee zich concretiseerde. Dit klassieke moment was noodzakelijk; het was noodzakelijk dat de geest op een bepaald moment in zijn geschiedenis voor zichzelf als uiterlijke *schijn* verscheen, en dat de contemplatie van deze schijn het hoogste was.

Maar deze 'schone dagen' (Hegel) zijn onherroepelijk voorbij. In het ware zelfbewustzijn, dat een zaak is van de religie en de filosofie, wordt deze uiterlijkheid opgeheven. Hegels bekende, controversiële these over het 'einde van de kunst' houdt in dat de kunst in het proces van langzame zelfwording van de geest een weliswaar essentiële maar voorbijgaande fase is. Als de geest de hoogste vorm van zelfbewustzijn bereikt, heeft hij het stadium van de kunst achter zich gelaten.

De christelijke religie levert het grondmodel voor de zelfopheffing van de kunst. De volgelingen van Jezus troffen diens graf leeg aan. De extreme verlatenheid die ze daarbij voelden, konden ze slechts overwinnen in het besef dat het niet om Jezus' lichaam ging, dat de ware eenheid met de geest niet zintuiglijk-concreet is, maar enkel op geestelijk vlak

6. *Over de esthetiek*, p. 149.

mogelijk is, in een innigheid waarin alle uiterlijke voorstelling is opgeheven. Uiteraard moest het christendom, en de kunst die in haar schoot ontstond, nog een ontwikkeling van eeuwen doormaken om het geestelijke los te maken van geijkte godsdienstige voorstellingen, en om voorts in te zien dat die geest die zich aan elke veraanschouwelijking onttrekt niets anders is dan de mens als vrije subjectiviteit.

Wanneer de subjectiviteit zich in de moderne tijd eenmaal van haar vrijheid bewust wordt, is zij aan de kunst ontgroeid. Dan kan niet langer worden verheeld dat 'de kunst onze hoogste geestelijke behoefte niet meer bevredigt; het ligt ver achter ons om kunstwerken als goddelijk te vereren en ze te kunnen aanbidden; de indruk die zij op ons maken is bezonnener van aard, en wat zij in ons teweegbrengen vereist nog een hogere toetssteen en een andersoortige erkenning. De gedachte en de reflexie hebben de schone kunsten overvleugeld.'[7] De kunstenaar, die onvermijdelijk deelheeft aan de voortgang van de geest, kan hier niet blind voor zijn. Hij kan zich niet onttrekken aan een cultuur waarin kunst het medium is geworden van een waarheid die haar te boven gaat, en als zodanig onderwerp is geworden van een intellectuele reflectie.

Hegels kunstfilosofische systeem denkt de kunst als een zintuiglijke aanschouwing waarin de vrije geest zichzelf voorstelt. De geschiedenis van de kunst schetst hij als een proces waarin de mens zich van die vrijheid steeds meer als van *zijn* vrijheid bewust wordt. Het subject wordt er zich dus steeds meer van bewust dat het kunstwerk inderdaad *zijn* voorstelling is, namelijk iets dat het *zelf* voorgesteld heeft, en iets waarin het *zichzelf* heeft voorgesteld. Het medium van de voorstelling wordt in die zin voor het subject een alsmaar transparantere spiegel waarin het zichzelf contempleert. In de ontwikkeling die loopt van de symbolische architectuur naar de romantische poëzie, lost de zintuiglijke uitwendigheid van de voorstelling langzamerhand op. Het enige medium dat de poëzie nog kent, zegt Hegel, is de voorstelling zelf die totaal ter beschikking staat van de vrije subjectiviteit. Alleen omdat metrum, ritme en klank de poëtische taal nog een zekere materialiteit[8] verlenen, gaat zij niet in de pure innerlijkheid van het denken op en is zij nog kunst.

De kunst stevent dus af op haar einde omdat ze zich in en door haar historische ontwikkeling bewust wordt van wat ze wezenlijk is, en door de kunsttheoretische reflectie die haar op dit zelfbewustzijn aanspreekt, ook zo wordt begrepen: een zintuiglijke voorstelling van en door een vrij

7. *Over de esthetiek*, pp. 54-55.
8. Hegel beschouwt deze materialiteit, tegen elke romantische en post-romantische poëtica in, als een '*accidentele* uiterlijkheid', dat wil zeggen als iets dat niet wezenlijk tot de poëzie behoort. Cf. *Vorlesungen über die Ästhetik III*, p. 229.

subject. Wanneer de kunst tot dit bewuste begrip van zichzelf is gekomen, is haar uiterlijke vorm nog slechts een nodeloos surplus waaraan het subject geen wezenlijke behoefte meer heeft: een 'zaak van het verleden'. De kunst sticht niet meer, zoals bij de Grieken, vanuit zichzelf betekenis. Ze stelt een betekenis voor die niet van haar afkomstig is. In die zin overleeft ze nog slechts als een frivool en lucratief society-gebeuren dat zich niet langer beweegt op het hoogste niveau van de tijdgeest.

Besluit: voorbij de voorstelling

Hegels these van het einde van de kunst lijkt op zijn minst kras. In Hegels tijd en nadien zijn immers nog heel veel kunstwerken geproduceerd en heeft de kunst, door zich in een steeds hoger tempo te vernieuwen, bewezen allesbehalve aan het einde van haar Latijn te zijn. Toch is het interessant om zo ver mogelijk met Hegel mee te gaan, en om zijn radicale these te interpreteren als een poging de belangrijke mutatie te thematiseren die de kunst in zijn tijd doormaakte.

Zo is het waar dat, zoals Hegel zei, in het begin van de negentiende eeuw 'de algemene toestand van de tijd niet gunstig is voor de kunst'.[9] De kunst vormt niet meer een centraal onderdeel van het sociale en geestelijke leven zoals dit nog bij de adel het geval was. De burgerlijke klasse is niet wezenlijk met kunst begaan. Zij bouwt aan de nieuwe wereld, concentreert zich op constructieve, doelgerichte activiteiten. De burgerij vindt haar identiteit in de arbeid als daadwerkelijke omvorming van de wereld, niet in het spel van de schijn dat een doel in zichzelf is. Dit laatste wordt ervaren als lichtzinnig, als iets wat men zich hoogstens na een dag van serieuze arbeid mag veroorloven.

Uiteraard wordt er in de postrevolutionaire periode heel veel kunst geproduceerd die, vaak geïnspireerd door de antieke mythologie en geschiedenis, het ideeëngoed van de revolutie uitdraagt en de lof zwaait van de burgerlijke deugden. In het algemeen is veel kunst in de negentiende eeuw moraliserend van toon. Dergelijk soort moraliserende kunst, die de burgermoraal een sacraal aureool verschaft, ondersteunt natuurlijk alleen maar Hegels these dat de kunst is uitgeblust. Deze kunst is er immers alleen om de voorstellingen die de burgerij van zichzelf heeft – voorstellingen die volledig buiten de sfeer van het artistieke zijn geconcipieerd – esthetisch in te kleden. In die zin is zij ideologische propaganda.

Anderzijds komt er in de loop van de negentiende eeuw een soort kunst op die helemaal niet het zelfbeeld van de heersende burgerlijke

9. *Over de esthetiek*, p. 55.

klasse bevestigt. Zij is dan ook niet maatschappelijk bindend. Voor deze kunst, die er in het begin van de twintigste eeuw zelfs een punt van zal maken *niets* meer voor te stellen, zit er niets anders op dan zich op de vrije markt te gooien in de hoop gading te vinden bij een anoniem publiek.

Kunst wordt in de moderne tijd dus ofwel een ideologisch instrument, ofwel een marginaal fenomeen. Ze lijkt in die zin inderdaad haar beste tijd te hebben gehad. Men kan opwerpen dat ze meer dan ooit zorgvuldig wordt geconsacreerd, maar dat gebeurt dan wel in abstracte ruimtes, die totaal van het leven van de gemeenschap zijn afgesneden. Het museum is er het duidelijkste symptoom van dat de kunst 'haar noodzakelijkheid van voorheen' (Hegel) heeft verloren. Het presenteert enerzijds kunstwerken als relicten uit grootse, 'schonere' tijden, waarin de kunst nog een wezenlijke rol te vervullen had. Anderzijds komen in het museum moderne kunstwerken terecht die, tenzij misschien de huiskamer van een of andere particulier, nooit een andere ruimte hebben gekend. Dat er sinds geruime tijd kunst wordt gemaakt om in musea te worden tentoongesteld, lijkt erop te wijzen dat zij zich volledig bij haar 'einde' heeft neergelegd.

De kunst heeft voor Hegel haar levendigheid van weleer verloren omdat ze nog slechts in onze *voorstelling* leeft.[10] Voor de moderne, museale kunstgenieter opent het kunstwerk geen wereld die zijn identiteit schraagt. Hij heeft daarentegen elke levendige band met de concrete inhoud van het voorgestelde (mythologisch, religieus, aristocratisch, volks...) verloren, en is er nog slechts in geïnteresseerd in zoverre hij daarin een voorstelling van en door *zichzelf* ziet. Gebeurt dit, dan heeft die voorstelling *op zichzelf* geen zin en geen noodzaak meer. De objectiviteit van het kunstwerk wordt dan opgeheven in de innerlijkheid van het begrip.

Deze Hegeliaanse denkbeweging is veel meer in onze verhouding tot kunst ingebakken dan we soms durven toegeven. Zo belichaamt voor de vermaarde kunsthistoricus Erwin Panofsky[11] elk kunstwerk een wezenlijke geestelijke inhoud. De taak van de wetenschappelijke kunstgeschiedenis bestaat er dan in deze fundamentele inhoud, die een universeel-menselijke betekenis heeft, te articuleren. Daarom is de kunstgeschiedenis voor hem een 'humanistische discipline'; zij toont aan dat artistieke uitingen niet zomaar toevallige oprispingen zijn, maar getuigenissen van de 'mensheid' opgevat als een collectief Subject. De kunst-

10. *Over de esthetiek*, p. 56.
11. Zie de inleiding van *Studies in Iconology* (1939), en 'L'histoire de l'art est une discipline humaniste', in: *L'oeuvre d'art et ses significations. Essais sur les arts visuels* (1940). Zie ook: Georges Didi-Huberman, *Devant l'image*. Parijs 1990.

historicus nodigt elk redelijk denkend individu uit de kunstscheppingen uit de geschiedenis te begrijpen als voorstellingen van *zichzelf*. Het intellectueel begrip van kunst dat de kunstgeschiedenis wil uitdragen, is in die zin een poging om het verlies van de kunst aan onmiddellijke maatschappelijke impact te compenseren. De breuk tussen het publiek en de kunst moet op het vlak van de reflectie worden hersteld. Panofsky beschouwt die reflectie op een bepaald moment zelfs als een ultieme 'realisatie' of 'herschepping' van het kunstwerk.

Hegel kan het einde van de kunst denken omdat hij de kunst eerst heeft bepaald als voorstelling, dat wil zeggen als een scène waarin de geest zichzelf aanschouwt en langzamerhand voor zichzelf transparant wordt. In die zin kunnen we Hegel alleen maar gelijk geven: in zoverre kunst *voorstelling* is, een verschijning waarin de mens zichzelf als in een spiegel herkent, is zij inderdaad een afgedane zaak. Tegen Hegel in moet wel worden gesteld dat dit niet komt doordat de kunst door het denken is ingehaald, maar omdat de kunst – dit is de ervaring van grofweg de laatste twee eeuwen – zich aan de voorstelling is beginnen te onttrekken. Meer en meer is zij de identificatie en herkenning eerder gaan verhinderen dan cultiveren. De kunst doet dit wanneer zij niets of nog nauwelijks iets voorstelt. Ook doet ze dit wanneer ze zich voortdurend concentreert op het materiaal of de strategie zelf van de voorstelling, of wanneer zij de ruimte van de voorstelling als het ware verontreinigt met zaken waaraan het subject niet meteen betekenis kan hechten: onbenullige, extreem banale of afstotelijke zaken.

Het is vanuit deze problematisering van de voorstelling dat we het 'vervreemdende', 'dissonante', 'desoriënterende', 'unheimliche' kunnen begrijpen, dat sinds minstens een eeuw aan de moderne kunst wordt toegeschreven. Hierin speelt niet meer het genot van de herkenning, maar eerder het ambigue, van afkeer doordrongen en dus 'sublieme' genot van wat ons vermogen tot herkenning saboteert. Het kunstwerk is dan niet langer een 'vergeestelijking van het zintuiglijke'. Het zuivert de zintuiglijke ervaring niet zomaar van haar brute onmiddellijkheid door er een geestelijke betekenis in te blazen, maar het is een voorstelling waarvan de betekenis wordt ontregeld door een betekenisloze materialiteit die de geest nooit helemaal kan thuisbrengen. De kunst vertegenwoordigt dan een heterogeniteit die aan de dialectische *Aufhebung* ontsnapt, die weerstand biedt aan het proces waarin het subject zich al het andere, al het vreemde in een voorstelling *eigen* maakt.[12]

12. Dit wordt de grondproblematiek van de twintigste-eeuwse esthetica. Zie verder in dit boek de hoofdstukken over Bataille, Adorno, Blanchot, de psychoanalyse en Derrida.

Wanneer de kunst de sfeer is waarin het heterogene binnenbreekt, plaatst zij zich buiten de sfeer van de maatschappelijke consensus. Het produceren van beelden waarmee een collectiviteit zich kan identificeren, is een functie die is overgenomen door de massamedia, waarvan de televisie als model kan dienen. De televisie rukt alles binnen de sfeer van de voorstelling. Elke belangrijk geachte gebeurtenis waar ook ter wereld, hoe vreemd of gruwelijk die ook is, wordt door de televisie vastgelegd en zodanig verpakt dat ze voor de universele mensenmassa herkenbaar, verteerbaar, consumeerbaar wordt. De televisie is het medium waarmee de weldenkende leden van de wereldgemeenschap alles (het andere, het vreemde, het verre, het dode...) kunnen ervaren en daarbij tegelijk bij zichzelf kunnen blijven. In die zin is de televisie een soort karikatuur van de absolute geest die de rijkdom van het universum verwerkt en tot begrip brengt. Het is een karikatuur omdat de verslaving aan de illusie overal bij te zijn het wint van de geduldige traagheid van het begrip dat zichzelf telkens moet negeren om zichzelf te vinden.

Hoewel het voor de moderne kunst wezenlijk is dat zij de voorstelling problematiseert, haar gulzigheid en pretenties een halt toeroept, zijn er in de moderne geschiedenis steeds weer nostalgisch-romantische pogingen geweest om de kunst opnieuw een centrale plaats in de gemeenschap te geven, zoals ze die volgens Hegel en de romantici nog innam in het oude Griekenland. Het is de droom van de kunst als *voorstelling* van een idee waarin iedereen zichzelf terugvindt en zich met de anderen verbonden weet: de droom van Wagner, van het communistische sociaal realisme, maar vooral van het nationaal-socialisme dat heel bewust een heresthetisering van de politiek en van het gehele sociale leven nastreefde: de kunst als feest van de gemeenschap, en omgekeerd: de gemeenschap als esthetische constructie, een idee die trouwens ook in vele avant-gardistische stromingen tot en met Joseph Beuys leeft.

Hegel nodigt ons ondanks zichzelf uit de kunst te denken als een praktijk die *onvoorstelbare voorstellingen* produceert, voorstellingen die het subject zich niet als de *zijne* kan toe-eigenen, waarin het zich niet als in een spiegel herkent, voorstellingen die hem niet bewuster maken van zichzelf en op weg helpen naar zijn bestemming. De kunst verder dan Hegel denken betekent dan dat men haar niet meer zozeer denkt als iets waarin de mens zichzelf voorstelt, maar eerder als iets waarin hij zich op het spel zet. Nietzsche is de eerste filosoof die zo is begonnen te denken en daarmee meteen ook het denken zelf op het spel heeft gezet.

Bibliografie

WERKEN VAN HEGEL

Esthetica

Enzyklopädie der philosophischen Wissenschaften III, Werke 10. Frankfurt a.M. (Suhrkamp) 1970

Phänomenologie des Geistes. Frankfurt a.M. (Suhrkamp) 1973

Vorlesungen über die Ästhetik I, II, III, Werke 13, 14 & 15. Frankfurt a.M. (Suhrkamp) 1986

Over de esthetiek. Amsterdam (Boom) 1989; Ned. vert. van de inleiding tot de *Vorlesungen*

Selectie uit overige werken

Het wetenschappelijke kennen. Amsterdam (Boom) 1978; vert. van de inleiding van *Phänomenologie des Geistes*

Fenomenologie van de geest (fragmenten). Amsterdam (Boom) 1981

OVER HEGELS ESTHETICA

Jan Patocka, *L'art et le temps*. Parijs (POL) 1990

Jean-Luc Nancy, 'Portrait de l'art en jeune fille', in: Idem, *Le poids d'une pensée*. Québec (Griffon d'argile Sainte-Foy) 1991

Jean-Luc Nancy, 'La jeune fille qui succède aux Muses', in: Idem, *Les Muses*. Parijs (Galilée) 1994

ALGEMEEN OVER HEGEL

Jean Hyppolite, *Genèse et structure de la phénoménologie de l'esprit de Hegel*. Parijs (Aubier) 1948

Jean-Luc Nancy, *Hegel, L'inquiétude du négatif*. Parijs (Hachette) 1997

HOOFDSTUK 4

Friedrich Nietzsche – *De bodemloosheid van de schijn*

Elke kunstenaar begrijpt mij.
FRIEDRICH NIETZSCHE

Inleiding

Nietzsche (1844-1900) is ongetwijfeld de meest verwarrende figuur uit de geschiedenis van de filosofie. Zijn invloed op de literatuur, de kunst en uiteraard ook op de filosofie van de twintigste eeuw is onmetelijk. Net als Marx en Freud getypeerd als een van de 'filosofen van de argwaan', is hij wellicht de meest radicale van het drietal. Hij ondermijnde immers niet enkel de meest basale zekerheden waarop de westerse cultuur berust, maar bleef tegelijk het standpunt ondergraven van waaruit men die zekerheden onder vuur neemt.

Zoals bekend is Nietzsche geen systematisch denker zoals Kant of Hegel. De strengheid van zijn denken zit eerder in de hardnekkigheid waarmee hij aan de filosofie vragen stelt die vóór hem nooit werden gesteld: bijvoorbeeld over de waarde van de waarheid, of over de oorsprong van ons eigenaardig verlangen naar waarheid.

Als kunstfilosofie niet slechts getheoretiseer is over kunst, maar een denken dat zich tot in zijn kern door de ervaring van 'kunst' laat aantasten, dan staat Nietzsches naam voor een cruciale wending in de filosofie. Niet alleen is Nietzsches denken van meet af aan van kunst doordrongen; het benadert de dingen ook *vanuit* de kunst, of beter: vanuit 'artistiek' oogpunt. Nietzsche beoordeelt filosofie, religie, moraal, wetenschap en politiek in de eerste plaats volgens 'esthetische' en niet volgens cognitieve of morele maatstaven. Zelfs het natuurlijke leven wordt naar zijn artistiek, scheppend vermogen gewaardeerd. Wanneer Nietzsche voortdurend in de bres springt voor het concrete, aardse, lichamelijke, driftmatige leven, dan heeft hij reeds bij voorbaat aan dit leven een artistiek karakter toegeschreven. Het leven geldt slechts als maatstaf voorzover het *schept*, dat wil zeggen zijn kracht naar buiten toe ontplooit en aan die krachtsuiting tegelijk een vorm oplegt.

Uiteraard heeft Nietzsche ook veel geschreven over kunst zelf, zij het lang niet altijd in lovende zin. Maar het zijn de artistieke houding en beschouwingswijze als zodanig die bij hem centraal staan. Uiteindelijk mondt dit uit in de idee, door Nietzsche in de praktijk gebracht, van de 'kunstenaar-filosoof', de 'musicerende Socrates'. De filosofie erkent dan niet alleen, zoals Schelling op een bepaald moment deed, de kunst als het hoogste, maar wordt zelf een nieuw soort kunst.

De consequenties hiervan zijn enorm. De 'waarheid' die de filosofie over kunst wil denken wordt zelf kunst. Om welk soort kennis gaat het nog, als ze opgenomen is in de dynamiek van datgene wat ze beschrijft, als de distantie die de mogelijkheid schept tot theoretische objectivering ontbreekt? Wat is de status van een spreken dat niet alleen voor zijn object, maar ook voor zichzelf enkel het 'artistieke' als maatstaf erkent?

Nietzsche beseft dat hij de prioriteit van het artistieke verdedigt binnen een cultuur waarin, zoals Hegel en de romantici reeds beseften, kunst niet langer als iets noodzakelijks geldt. De ijverige, mercantiele burgerij beschouwt kunst eerder als een ontspanning, een aangename, maar al met al lichtzinnige verpozing die de ernst van de arbeid compenseert. Maar fundamenteler nog dan deze marginalisering van de kunst is voor Nietzsche de omstandigheid dat de metafysische, morele en religieuze waarden waarmee de maatschappelijke orde zich altijd legitimeerde, steeds minder aanslaan omdat ze hun 'esthetische' uitstraling kwijt zijn. Omdat zij sinds de Verlichting onderwerp zijn geworden van rationeel gefundeerde kritiek en democratische debatten, kunnen zij de mensen niet meer op een vanzelfsprekende manier in naam van hogere idealen tot een gemeenschap binden.

Toch is Nietzsche geen conservatief. Hij vindt dat de oude waarden hun 'uitdoving' hebben *verdiend*, en niet omdat ze niet rationeel gefundeerd waren – *niets* is uiteindelijk voor Nietzsche gefundeerd –, maar omdat ze altijd 'tegennatuurlijk' zijn geweest, omdat ze het leven van de mens op aarde ondergeschikt hebben gemaakt aan abstracte, hersenschimmige idealen. Vooral het christendom heeft, als een soort vulgarisering van het platonische idealisme, de mens steeds tot slaaf gemaakt van leugenachtige hemelse doelen en beloften. Met het fantasma van het eeuwige leven heeft het de ontplooiing van *dit* leven de pas afgesneden.

Toch is er een grondig verschil tussen Nietzsches godsdienst- en cultuurkritiek en die van neo-Hegelianen als Feuerbach en Marx. Net zoals deze laatsten wil Nietzsche het aardse leven in ere herstellen, maar het verschil is dat voor Nietzsche dit aardse bestaan, wanneer het ten volle wordt geleefd, niet anders kan dan aan zichzelf ontstijgen in de richting van iets boven- of zelfs onmenselijks. Het menselijke leven bereikt slechts zijn hoogste waarde voorzover het zichzelf op het spel zet. Korte metten maken met de oude idealen – waarover Nietzsche trouwens zeker niet altijd laatdunkend spreekt – is dan ook een veel hachelijker onderneming dan eender welk humanisme uit Nietzsches tijd en uit ons heden zich durft voor te stellen.

Nietzsche ziet in democratie, liberalisme en socialisme geen oplossing voor de crisis van de westerse cultuur. Doordat deze ideologieën voor hem niet méér tot doel hebben dan een veilig en comfortabel bestaan voor een zo groot mogelijke massa, zijn ze zelfs het symptoom bij uitstek van de 'ontwaarding van alle waarden'. De 'genezing' moet niet gezocht worden in een of andere moderne geluksmoraal, maar daarentegen in de herwaardering van een tragisch-artistiek bewustzijn. Vanuit deze overtuiging schreef Nietzsche op 27-jarige leeftijd *Die Geburt der Tragödie*. En hoewel er een periode was waarin hij deze overtuiging niet langer toegedaan scheen, is hij haar, zij het steeds meer bewust van het oneindig problematische ervan, trouw gebleven tot de waanzin hem overviel. Zo luidt het in een nagelaten notitie uit 1888 kort: 'Onze godsdienst, moraal en filosofie zijn décadencevormen van de mens. – De *tegenbeweging*: de *kunst*.'

Het dionysische pessimisme

Die Geburt der Tragödie, aangekondigd als een filologische studie over de Griekse tragedie, groeide uit tot een filosofie van de Griekse cultuur en kunst, waarvan nu eens niet de evenwichtigheid en de harmonie werden beklemtoond, maar juist de tragische verscheurdheid en het pessimisme. Daarenboven stelt Nietzsche vanuit een gepassioneerde waardering van deze tragische cultuur een diagnose van de hele westerse beschaving. Niet alleen laat hij vanuit de geest van de tragedie een licht vallen op de Griekse filosofie en het christendom, maar ook neemt hij het artistieke en wetenschappelijke klimaat van zijn eigen tijd onder de loep. Zijn vraag daarbij is allesbehalve die van een filoloog-historicus: kan onze christelijk-humanistische cultuur de toets van de Griekse tragedie doorstaan, of is ze iets decadents?

DE GRIEKSE GEZONDHEID

Nietzsche is ervan overtuigd dat de Grieken, zeker in de tijd vóór Socrates en Plato, een 'gezond' volk waren. In tegenstelling tot de christenen richtten de Grieken zich niet op bleke, ongrijpbare ideeën over God en hiernamaals, maar waren zij trouw aan het aardse leven: zij bevestigden dit leven in al zijn vreugdevolle én pijnlijke aspecten. Fascinerend is dan ook dat er in het brandpunt van deze cultuur zoiets als de tragedie verschijnt, die eigenlijk van een sombere gestemdheid getuigt. Immers: telkens weer wordt het verhaal van een held opgevoerd die reddeloos ten onder gaat, begeleid door geween en geweeklaag. Waarom, vraagt Nietzsche zich af, had het tot nog toe 'mooiste', 'voornaamste' volk dit afstotelijke schouwspel nodig? Welnu, volgens hem gaat het hier niet om een pessimisme uit zwakte, uit een gevoel van mislukking – zoals het christendom, dat het aardse bestaan als iets vernederends beschouwt –, maar om een pessimisme uit rijkdom.

Ook de Griek lijdt, maar hij lijdt aan een overvloed, aan een vitaliteit die overstroomt en zichzelf steeds hogere eisen stelt, zichzelf steeds weer wil overstijgen. Het spel rond de afgrond dat de tragedie is wordt niet gespeeld vanuit een soort afkeer van het leven, maar vanuit een surplus aan kracht waarmee het leven zich aan de eigen ondergang meet. De Griekse geest is de geest die niet zomaar zichzelf zeker wil stellen. Hij wil vooral alles beamen, alles omarmen, tot en met de eigen afgrond.

Dit is meteen ook Nietzsches antropologie: de mens is voor hem wezenlijk deze bevestiging, dit onverzadigbare ja-zeggen. De mens is een verlangen dat zijn tekort niet wil opvullen maar steeds méér wil verlangen. Hij is niet wezenlijk behoefte, gebrek, maar eerder een teveel, een exces. Zo is volgens Nietzsche de religieuze cultus, met de tragedie in zijn kielzog, niet ontstaan uit een gevoel van onvermogen, maar uit een ondraaglijk gevoel van levensvolheid, waarvan men zich enkel kon 'verlossen' door het te beamen en vorm te geven in godengestalten. Hiermee raken we aan de overbekende dualiteit die heel Nietzsches jeugdwerk beheerst: de excessieve levenwil wordt het 'dionysische', de gestalten waarin deze zich manifesteert het 'apollinische'.

DIONYSOS EN APOLLO

Nietzsche geeft aan Dionysos en Apollo, twee figuren uit de Griekse godenwereld, een filosofische draagwijdte. Hij is daarin sterk beïnvloed door Schopenhauers Kant-interpretatie. Apollo, door de Grieken de 'schijnende' genoemd, is de god van het licht en de wijsheid. In Kantiaanse termen staat hij voor de wereld van de tijdruimtelijke verschijnselen die zich door verbeelding en verstand laten structureren tot duidelijke, onderscheiden gestalten. Dionysos is de god van de roes, de wijn en de feesten, kortom: het genot en de vreugde van het aardse leven, maar ook van het lijden. Hij wordt in stukken gesneden door de Titanen, maar opnieuw 'verzameld' door Rhea, de oermoeder. Dionysos belichaamt de pure, onuitroeibare wil tot leven die elke ondergang te boven komt in een nieuwe gedaante. Hij is de kracht van het leven zelf dat niet gehecht is aan een bepaalde vorm, gestalte of beeld. In Kantiaanse optiek belichaamt hij de wereld 'achter' de verschijnselen. Deze metafysische wereld bleef in Kants kenleer een onbekende x, maar werd door Schopenhauer beschreven als het domein van de *wil*: een blinde, doelloze wil die juist door die doelloosheid onverzadigbaar is en daarom oorzaak van alle lijden.

Een van de grote verschillen tussen Schopenhauer en Nietzsche is dat voor de eerste de kunst de sfeer bij uitstek is waarmee men zich van deze doelloze 'oerwil' kan bevrijden, terwijl Nietzsche in de Griekse tragedie juist de bevestiging van deze wil waardeert. Dit betekent evenwel niet – Nietzsches meeslepende stijl kan die indruk wekken – dat *Die Geburt der Tragödie* een romantisch-vitalistisch pleidooi is voor het dionysische in de zin van het 'irrationele', en een frontale aanval op het rationele en geordende: het apollinische. Dit zou een zware vertekening zijn. Er is geen oppositie tussen de twee, net zo min als er een harmonische eenheid mogelijk is. Nietzsche beschrijft hun verhouding als een gewelddadige paring: een verstrengeling die tevens een gevecht is.

In dit gevecht is het Apollo die het mateloze van Dionysos maat oplegt. Hij dwingt de uitzinnige levenslust van Dionysos een beeld aan te nemen, een *Gestalt*. De diepste oorsprong van de beelden ziet Nietzsche in de droom, een spontane, onbewuste vorm van beeldvorming die als het ware in de natuur zelf werkzaam is. Droombeelden zijn beelden die het leven zichzelf schept, en het leven ervaart deze 'artistieke' activiteit met lust en noodzaak. Er is een vaag bewustzijn van schijn, van bedrog, maar desondanks wordt die schijn bevestigd. De schijn wordt dus niet voor werkelijk genomen, maar er is wel het bewustzijn dat de 'werkelijkheid' zich slechts in de schijn, in een verdichtsel kan tonen.

In tegenstelling tot voor romantici als Schelling is er voor Nietzsche geen onmiddellijke intuïtie, geen 'intellectuele aanschouwing' van de 'oergrond van het zijn'. Wat achter de verschijnselen ligt, kan zich enkel in de bedrieglijke sfeer van de verschijnselen tonen. De aanblik ervan is immers onverdraaglijk. Aan de dionysische werkelijkheid geeft Nietzsche metafysische namen als 'wereldgrond', 'Ene', 'oereenheid', 'Ding an sich'. Maar hij doelt op de tragische kern van het leven: het leven als een onblusbare begeerte die tot onverzoenbare conflicten en zelfvernietiging leidt. De Grieken waren volgens Nietzsche 'pessimistisch' omdat ze weet hadden van deze tragische levenskern die aan de wijze Silenus, Dionysos' begeleider, de verzuchting ontlokte: 'Het beste is niet geboren te zijn, niet te zijn, niets te zijn. Het op een na beste is: spoedig te sterven.' Maar groots aan de Grieken is voor Nietzsche dat deze bittere wetenschap hen het leven niet deed afwijzen maar hen er daarentegen toe aanzette het vreugdevol te beamen. Zij wisten de doelloze oerwil van Dionysos te vangen in Apollo's feestelijke vormenspel. Zo schonken ze aan de duistere natuur een spiegel waarin ze haar verheerlijkten, vergoddelijkten.

De volledige titel van Nietzsches jeugdwerk luidt eigenlijk: *Die Geburt der Tragödie aus dem Geiste der Musik*. Zoals bij Schopenhauer luidt het hier dat de muziek het dichtst bij de dionysische grond van het bestaan staat, en dan vooral het geweld van de toon die als het ware direct opborrelt uit de oernatuur. Ritme en harmonie zijn reeds apollinisch. De tragedie is dan ook ontstaan uit de muziek, en dit via het saterkoor: een koor van fictieve natuurwezens, half-mens-half-dier. Het saterkoor was een theatrale, zinnebeeldige ode aan de natuur. De ver-beelding van het dionysische zet zich voort in de tragedie die tussen het publiek en de muziek een mythisch verhaal plaatst. Al sinds Aristoteles heeft dit de misvatting doen ontstaan dat de muziek in de tragedie in dienst staat van het verhaal. Het tegendeel is waar, zegt Nietzsche, de heldere structuur van het verhaal is er opdat we door het dionysisch geweld van de muziek betoverd zouden kunnen worden zonder erin te verdrinken. Juist doordat de samenhangende plot die de tragedie vertelt als een sluier de duistere, onverbeeldbare oergrond van het zijn bedekt, kan deze grond verschijnen op een wijze die draaglijk is.

De klaarte die het dramatische verhaal verschaft is dus slechts een voorwendsel, een afleidingsmanoeuvre om iets te laten verschijnen dat elke voorstelling te buiten gaat: de razende Dionysos. Apollo kan Dionysos slechts doen verschijnen door hem te *verbergen*, door deze woeste god een masker op te zetten. De manifestatie van het dionysische impliceert dus noodzakelijk een verlies, een vergeten. Eigen aan het Griekse drama is dan ook dat de apollinische voorstellingsvorm niet wordt verabsoluteerd, niet als een laatste waarheid wordt gepresenteerd. Integendeel: de helderheid van de verschijningen toont er zich als iets oppervlakkigs, als een sluier geweven rond iets donkers: *de klaarheid toont zich als verduistering van datgene wat ze verheldert*. Dit gebeurt voor Nietzsche altijd in de kunst. De sluier van de illusie toont zich *als* sluier – en scheurt daardoor, maar deze dionysische scheuring wordt voltrokken met de *apollinische* middelen van de illusie. Met andere woorden: de schijn wordt ontmaskerd, maar *deze ontmaskering is een maskerade*. Dionysos is nooit naakt, maar steeds verkleed als Apollo, die diens dodelijke mateloosheid in de levensbevestigende maat doet dansen.

De bandeloze levenslust van het dionysische is de krachtbron van elk individueel leven, maar gaat de grenzen ervan te buiten. Daarom is reeds het geloof van het individu in zijn afzonderlijk bestaan, in zijn stabiele identiteit, een apollinische illusie. De tragedie doorbreekt deze illusie, laat in de persoon van een held het individu te gronde gaan. Het publiek huivert bij deze ondergang. Toch zijn niet de vrees en het medelijden waarover Aristoteles spreekt de ultieme tragische gevoelens. Wezenlijker is de bovenindividuele lust waaraan de toeschouwer, zoals de dichter, even deelheeft: de lust die de natuur, het Leven zelf put uit de ondergang van het geïndividualiseerde leven. Deze participatie aan de verzengende oerlust is slechts mogelijk doordat het gaat om een *gespeelde*, apollinische identificatie met een held die men niet is, maar die men zich voorstelt.[1] De tragedie verheerlijkt de Dionysos in onszelf dus slechts in zoverre ze ons tezelfdertijd tegen hem beschermt.

Nietzsche gebruikt hier een mooie metafoor. Wanneer men in de zon kijkt, krijgt men donkere vlekken voor de ogen, die eigenlijk het oog beschermen als een geneesmiddel. Welnu: Dionysos is degene die in het barre duister kijkt en lichtvlekken voor de ogen krijgt ter genezing. Deze lichtvlekken liggen aan de oorsprong van de lichtende verschijning van de held. Ze vormen de oorsprong van zijn schittering. De serene helderheid die sinds Winckelmann aan de Grieken wordt toegeschreven, is niet, zoals Schiller nog dacht, een 'naïeve' harmonie tussen geest en passies, maar is bevochten op het duister. Ze komt voort, zegt Nietzsche, uit een zich afwenden na een misdaad. De held is immers degene die de oergrond van de dingen te dicht is genaderd.[2]

Maar de tragedie brengt geen morele waarschuwing tegen excessen. Het doel van de tragedie kan voor Nietzsche niet, zoals het voor Schopenhauer was, resignatie zijn. Noch de dichter noch het publiek willen de levenswil neutraliseren door een passieloze contemplatie van de loutere vorm. Maar evenmin gaat het om de zuivere roes van het dionysische. Nietzsche spreekt immers van een 'troost' en van een 'verlossing' in de schijn, de leugen. De kunst is een waan, maar, zegt Nietzsche, ze is ''s mensens waarste waan'. Ze vormt immers een waanbeeld dat zich niet als een definitieve triomf op de chaos presenteert, maar dat een verheerlijking, idealisering is van een levensintensiteit die elk beeld overstraalt. Daarom is de verlossing geen *catharsis* (zuivering of loutering), maar een viering van de onverwoestbaarheid van het Leven.

DE WETENSCHAPPELIJKE CULTUUR

Voor Nietzsche staat de Griekse tragedie model voor het hoogste dat een cultuur kan bereiken. Vanuit dit model wil hij het ontstaan van de filosofie begrijpen en een licht werpen op de moderne cultuur. Zijn vraag luidt: hoe is uit deze Griekse tragisch-esthetische cultuur zoiets als filosofie ontstaan? Hoe belanden we van de tragedies van Aeschylos en Sophocles bij Socrates en Plato? Met andere woorden: hoe komt het dat de Grieken, meesters in de bevestiging van het Leven en zijn schijnvertoningen, plots de theoretische kennis en de moraal als het meest belangrijk gingen beschouwen?

1. Nietzsches kritiek op Euripides en het moderne theater is dat zij dit schijnkarakter van de tragedie willen overwinnen door 'waarachtige' gevoelens te vertolken. Hierdoor wordt het onpersoonlijke, dionysische genot tot een subjectief, 'naturalistisch affect' gereduceerd.
2. Vgl. hoofdstuk 2 in dit boek over Hölderlins tragedie-opvatting.

Het antwoord van de jonge Nietzsche is duidelijk: doordat de apollinische schijnwereld haar dionysische ondergrond vergat, verhief zij haar voorstellingen tot absolute waarheden. Zo zijn volgens Nietzsche de 'ideeën', door Plato opgevat als de wezenlijke realiteit van de dingen, eigenlijk esthetische, apollinische creaties. Het zijn fabels, verdichtsels, zij het dat ze niet als zodanig worden erkend. Het zijn imaginaire creaties die tot stabiele, eeuwige waarheden werden uitgeroepen. Deze idee zal Nietzsche tot op het einde in talloze versies herhalen: de filosofie, en de wetenschap in haar kielzog, zijn in wezen artistieke producten; wat men 'kennis' noemt is eigenlijk een soort kunst die het van zichzelf niet weet, niet wil, niet durft te weten.[3] In die zin kan hij de dialogen van Plato als een 'bastaardvorm' van de tragedie beschouwen. Met zijn optimistische geloof om met behulp van logische argumentatie tot het werkelijke zijn der dingen door te dringen, miskent de hoofdprotagonist Socrates dat hij slechts een 'diepzinnige waanvoorstelling' in het leven roept.

Niet alleen met zijn vertrouwen in de reikwijdte van de theoretische kennis, maar ook met zijn idee dat de kennis omtrent de wereld en vooral het eigen zelf rust en evenwicht verschaft, loopt Socrates volgens Nietzsche vooruit op het moderne optimisme dat gelooft dat de wetenschap langzamerhand alle problemen van de mensheid zal oplossen. Dit overspannen optimisme verdringt het intuïtieve weten van de oergrond en daarmee tevens de schijnwereld waarin dit tragische weten is belichaamd: de mythe. Nietzsche beschouwt, overigens zoals Schelling, de mythe als de natuurlijke bodem van de kunst. Als deze verdwijnt, heeft de kunst 'geen eigen plek meer'. Dan is zij niet langer het centrum, de hoogst geachte uiting van een cultuur, maar leeft zij met de cultuur in oorlog. Dit is de situatie van de moderne tijd. Hieraan kan slechts iets worden gedaan door een heropleving van de tragedie, die opnieuw geboren moet worden uit de dionysische geest van de muziek. De jonge Nietzsche ziet hier een taak weggelegd voor de Duitse muziek en in het bijzonder voor Wagner. Niet veel later zal Nietzsche echter met zijn Wagner-geloof de spot drijven.

Scepsis en 'grote stijl'

In de jaren na *Die Geburt der Tragödie* zet Nietzsche zijn cultuurkritiek voort. Daarbij verandert hij voortdurend van toon en perspectief. Schematisch kan men stellen dat hij de cultuur van zijn tijd afwisselend aan-

3. Dit is een van de grondgedachten van een vroeg essay van Nietzsche: *Over waarheid en leugen in buiten-morele zin* (1873).

valt vanuit een Grieks cultuurideaal, vanuit de psychologische en historische analyse en vanuit een streng classicistisch model. Niet alleen deze positiewisselingen maken het lastig om tot Nietzsches opvattingen over kunst door te dringen, maar ook zijn stijl die vanaf *Menschliches, Allzumenschliches* fragmentarisch wordt, draagt daartoe bij. Wat deze geschriften wel gemeen hebben is dat het enthousiasme voor het dionysische op de achtergrond is geraakt, om pas jaren later in volle hevigheid opnieuw op te duiken.

CULTUUR ALS ARTISTIEKE CREATIE

Tussen 1873 en 1876 verschijnen er van Nietzsche vier polemische essays, gebundeld als *Unzeitgemässe Betrachtungen*. Wat ze met elkaar verbindt is dat ze alle een frontale aanval op de moderne, in het bijzonder de Duitse cultuur doen, en dat op de achtergrond van die kritiek de Griekse cultuur als model functioneert. Nietzsche schetst de cultuur van zijn tijd als een ordeloze, stijlloze mengelmoes die verraadt dat ze elk idee van een 'waartoe' is verloren. Deze stijlloosheid, symptoom van het onvermogen zichzelf vorm te geven, probeert zich te verbergen door het krampachtig aannemen van holle conventies. De moderne mens is 'beschaafd', maar dit betekent slechts dat hij heel geleerd is, uitstekend 'geïnformeerd'. Zijn intellectuele bagage en 'ruimdenkendheid' blijven abstract, zijn niet naar buiten toe werkzaam. Er is dus een wanverhouding tussen de enorme hoeveelheid kennis waarover men beschikt en het gebrek aan vitale 'plastische kracht', tussen wetenschap en 'cultuur'.

Het is duidelijk dat Nietzsche de cultuur hier beschouwt als een *kunstwerk*. Van dit kunstwerk verwacht hij, tegen het 'kakelbonte' van de moderne tolerantiecultuur in, een eenheid van stijl. Zo'n stijl kan zich slechts voortzetten wanneer de moderne mens zich bevrijdt van de steriele vracht kennis en de wirwar van historische en geïmporteerde cultuurvormen waar hij geen vitale band mee heeft. Daarvoor moet hij in staat zijn veel te *vergeten* en opnieuw durven te creëren vanuit de kracht van de natuur zelf. Voor zo'n vitale, authentieke creatie staan de Grieken model. De moderne gespletenheid en verbrokkeling waren hun vreemd. Volgens Nietzsche hadden de Grieken een levendige eenheid bereikt tussen innerlijke levenswil en uiterlijke vorm, zoals ook tussen intellectueel inzicht en natuurlijke scheppingsdrang.

De *Unzeitgemässe Betrachtungen* staan ver af van het dionysische pessimisme dat Nietzsche in *Die Geburt* huldigt. Het vitalisme is gebleven, maar de waarde van het leven wordt nu niet zozeer gemeten aan de moed waarmee het in de eigen afgrond durft te blikken, maar aan het vermogen het verscheidene binnen een coherente vorm te dwingen. Dit apollinisme lijkt een soort vitalistische versie van Schillers 'esthetische toestand', die ook geïnspireerd was door een Grieks cultuurideaal.

VAN SCEPSIS NAAR CLASSICISTISCHE BEHEERSING

Menschliches, Allzumenschliches, ein Buch für freie Geister uit 1878 is Nietzsches meest 'nuchtere' boek. Nietzsche neemt hier de houding aan van de wetenschapper die cultuurfenomenen als religie, metafysica en kunst 'objectief' ontleedt, dat wil zeggen alsof hij er zelf geen affiniteit mee heeft. Maar deze analyse houdt meteen ook een kritiek in. Nietzsche reduceert religieuze, metafysische en esthetische ideeën en gevoelens tot fysiologische oprispingen en psychologische strategieën. Zo vergelijkt hij de kunstenaar met een dromer die bepaalde fysiologische prikkels onbewust vertaalt in droombeelden waarin hij dan achteraf de oorzaak van zijn droom leest. Dat wil zeggen: de kunstenaar schrijft fysiologisch veroorzaakte creatieve impulsen toe aan imaginaire oorzaken (I, 13).[4] Hij heeft de neiging, en zijn publiek zeker, om zijn stemmingen te *substantiveren*, dat wil zeggen ze toe te schrijven aan bepaalde realiteiten waarvan het bestaan evenwel dubieus is. Zo kan hij denken dat hij met bepaalde sterke gevoelens 'tot dicht bij het hart van de natuur doordringt' (I, 15). Met zijn verklaringen vlucht hij graag in 'het fantastische, mythische, onzekere, extreme' (I, 146). En wanneer kunstminnaars over het 'genie' spreken denken ze aan iemand die met visionaire blik als 'door een gat in de mantel der verschijning' het waarlijke 'Ding an sich' kan bekijken (I, 164).[5]

De kunstenaar en zijn publiek interpreteren het ontstaan en de werking van kunst dus gemakkelijk in overeenstemming met metafysische behoeften en getuigen zo van de 'natuurlijke *onwetendheid* van de mens omtrent zijn innerlijk' (I, 160). Vandaar dat Nietzsche de kunst beschouwt als een voortzetting van de religie en de metafysica met andere middelen (I, 150, vgl. 153). Nietzsche bedoelt dit niet louter negatief. Doordat de kunst houdingen en voorstellingen cultiveert die voor het moderne, kritische verstand achterhaald zijn, functioneert zij als behoeder van het verleden. Daarmee maakt zij de overgang lichter tussen een naïef-godsdienstige en een strenge, wetenschappelijke attitude. Kunst verlicht hoe dan ook het leven, maar ontmoedigt hiermee anderzijds wel pogingen tot reële verbetering (I, 148; vgl. 220).

Nietzsche maakt in *Menschliches, Allzumenschliches* dus vooral de droge observatie dat kunst niet waarheidsgetrouw is. Esthetische affec-

4. Er wordt in deze paragraaf telkens verwezen naar de nummers van de fragmenten van *Menschliches, Allzumenschliches*.
5. Vgl. *Genealogie der Moral*, hoofdstuk III, nr. 5.

ten blijken steeds weer de metafysische verbeelding aan te zwengelen. De kunstenaar ziet zichzelf of wordt gezien als buikspreker van een hogere of diepere werkelijkheid, terwijl het eigenlijk slechts gaat om fysiologische en psychologische, 'menselijke al te menselijke' processen. Het is duidelijk dat Nietzsche hier de Duitse romantiek en Schopenhauer op het oog heeft. Niet zo duidelijk is of hij zich hier ook distantieert van *Die Geburt der Tragödie*, waar hij de kunst toch beschreef als 'de eigenlijke metafysische activiteit'. Wellicht niet: de dionysische wereld werd, ondanks alle metafysische jargon, niet gesubstantiveerd, maar beschreven als een toestand van lust *in* de onlust (een soort fysiologische roestoestand dus!) die zo intens is dat hij zich enkel op een verdraaide manier laat voorstellen.

Het gaat Nietzsche vooral om eerlijkheid, intellectuele rechtschapenheid. Deze eis zal in het latere werk een constante zijn. Maar even constant is het motief van de noodzaak van de omfloersing, dat in *Menschliches, Allzumenschliches* trouwens tegelijk met de eis tot nuchtere wetenschappelijkheid opduikt. Weer aansluitend bij *Die Geburt* zegt Nietzsche dat 'de Grieken zichzelf niet bedriegen, maar het leven opzettelijk met leugens omspoelen' omdat niemand scherper dan zij inzien 'hoe hard en wreed het leven is'. Hun ongebreidelde lust tot fantaseren komt juist voort uit hun tragische levenswijsheid (I, 154).

Reeds in *Vermischte Meinungen und Sprüche* (1879) en *Der Wanderer und sein Schatten* (1880), die slechts kort na *Menschliches, Allzumenschliches* werden geschreven en later aan dit boek werden toegevoegd, is Nietzsches toon duidelijk anders. De wetenschap kan inzicht verschaffen, maar kan geen betekenis stichten. De kunst van haar kant zou een 'gids voor de toekomst' kunnen zijn, zij het dan dat Nietzsche hierbij vooral denkt aan omvorming van de levensstijl, de omgangsvormen en de omgeving. Nietzsche staat voor de rest wantrouwig tegenover de kunst van zijn tijd. Hij waarschuwt vooral tegen de neiging tot decadente romantiek, waarbij hij denkt aan het cultiveren van het monsterlijke (II, I, 118), aan de grootstadspoëzie waarin bloemengeur zich steeds vermengt met 'iets dat walging en verrotting verraadt' (Nietzsche denkt hier ongetwijfeld aan Baudelaire) (II, I, 111), aan kunstenaars die de aanblik bieden van 'de schuwe, bekoorlijke puinhoop van een tempel, en tegelijk een grot van begeerten, ruïneachtig overgroeid' (II, I, 172), aan 'het barbaarse, zij het nog zo verrukkelijke gespetter van driftige, bonte dingen', kortom: aan de 'kunst van de fascinerende wanorde' (II, I, 173).

Nietzsche verdenkt dit soort kunst ervan slechts een compenserende functie te vervullen. Zij voelt zich blijkbaar verplicht de moderne mens, die door geestloze arbeid vermoeid en afgestompt is, met sterke emoties wakker te schudden. Daarvoor heeft zij evenwel steeds krachtiger stimulantia nodig, 'waarvan zelfs halve doden moeten schrikken'. Het publiek verwacht van de kunst geen serene helderheid meer, maar eist dat het in een narcotische toestand wordt gebracht, dat het even uit zijn kleine, alledaagse beslommeringen wordt weggevoerd in de sfeer van de 'grote gevoelens' (II, 2, 170, vgl. 166).[6] Meer gevoelens willen tonen dan men werkelijk heeft leidt evenwel tot 'stijlbederf' (II, 2, 136).

Tegenover de overspannen cultus van het uitzonderlijke en bedwelmende komt Nietzsche op voor de waarde van de artistieke conventie. Alleen een reeds bestaande, gemeenschappelijke taal kan het verlangen van de moderne kunstenaar en zijn publiek naar het oorspronkelijke en het bizarre temperen, en tevens het communicatieve karakter van de kunst redden (II, 2, 122). De kunstenaar moet leren vrij en gracieus 'in ketenen te dansen' (II, 2, 140, vgl. 159). Alleen dan bereikt hij de 'grote stijl', waarin het schone het monsterachtige overwint (II, 2, 96).

In *Menschliches, Allzumenschliches* lijkt Nietzsche, net zoals in *Unzeitgemässe Betrachtungen*, te getuigen van een conservatisme dat van de wanordelijke en bevreemdende effecten die de moderne cultuur en kunst voortbrengen enkel de vulgaire kant wil zien en deze dan ook afwijst ten gunste van een 'nieuwe orde'. Maar zo simpel is het niet. Ten eerste laat hij hier en daar ook onverholen zijn sympathie blijken voor 'de kunst van de fascinerende wanorde', en ziet hij het als onvermijdelijk dat in een verstarde cultuur de functie van de kunst een tijdlang eerder bestaat uit 'stukmaken', dan uit 'beschaven, hervormen en vervolmaken' (II, 1, 172). Ten tweede is het duidelijk dat Nietzsche hier waarschuwt tegen *zichzelf* – dat wil zeggen tegen een verkeerde, dweperig-romantische interpretatie van zijn Dionysos-concept uit *Die Geburt der Tragödie* in termen van 'oerdriften' die moeten worden 'losgeketend'. Nietzsche wil immers ten koste van alles vermijden dat zijn tragische levensfilosofie geassocieerd wordt met een romantiek waarvan hij vanaf *Die fröhliche Wissenschaft* steeds meer de christelijk-nihilistische oorsprong zal beklemtonen. Vanaf dit boek zal Nietzsches denken over kunst er dan ook voor een groot deel in bestaan het krachtige, levensbevestigende pessimisme in stelling te brengen tegen het zwakke, romantische pessimisme.

6. Het mag duidelijk zijn dat Nietzsche hier reeds uitvoerig ingaat op het fenomeen van het 'schok-effect', dat Paul Valéry en Walter Benjamin een halve eeuw later als wezenlijk voor de moderne leefwereld én kunst zullen beschrijven.

De 'heilige tweespalt': kunst en waarheid

In de drie grote, in fragmenten geschreven werken *Morgenröte*, *Die fröhliche Wissenschaft* en *Jenseits von Gut und Böse*, tot en met radicale strijdschriften als *Die Antichrist* en *Götzendämmerung*, voert Nietzsche radicale aanvallen uit op de westerse cultuur. Haar metafysica en moraal, volgens hem door en door christelijk van signatuur, verwijt hij niet alleen onwaarachtigheid, hij acht ze tevens verantwoordelijk voor het 'nihilisme', dat wil zeggen de ontwaarding van alle vitale waarden waar de moderne cultuur volgens hem onder lijdt. Deze kritiek wordt gevoerd vanuit de theorie van de wil tot macht en het bijhorende 'perspectivisme'. Nietzsche heeft deze theorie systematisch willen uitwerken in *Der Wille zur Macht*, maar verder dan een enorm aantal fragmenten is het nooit gekomen. Vanuit deze 'wil tot macht', die eigenlijk een uitwerking is van de 'fysiologische' benadering in *Menschliches, Allzumenschliches*, zal Nietzsche zijn Dionysos-begrip nieuw leven inblazen. Het zal blijken dat alleen de kunst of een filosofie die zichzelf als artistiek affirmeert, die theorie tot in haar uiterste consequenties kan bevatten.

WIL TOT MACHT EN DEGENERATIE

Vanaf *Morgenröte* groeit in Nietzsche de overtuiging dat alles in het universum, zelfs op het niveau van het anorganische, gedreven wordt door een wil tot macht, dat wil zeggen een onverzadigbaar verlangen macht uit te oefenen en blijk te geven van macht. Het gaat hier niet om één wil die alle wezens doordringt, maar om een chaotische veelvuldigheid van 'wilspunten' die elkaar bestrijden, en die zich tijdelijk kunnen verenigen om dan weer uit elkaar te gaan. Het doel van de wil tot macht is niet in de eerste plaats zelfbehoud, maar het gevoel van krachtstoename. Elk organisme, zij het biologisch of sociaal, kan worden beschouwd als een krachtencentrum: een min of meer duurzaam geconsolideerde bundeling van krachten en bijbehorende affecten.

Organismen beoordelen prikkels naar de mate waarin ze het machtsgevoel bevorderen. Met die maatstaf schatten zij wat in hun omgeving voorvalt naar waarde. Driften zijn dan waardeschattingen die tot een automatisme zijn uitgegroeid. Voorafgaand aan elke prikkel interpreteert de drift de buitenwereld volgens een vast patroon in functie van assimilatie of afstoting. Een drift is een manier om de werkelijkheid te beschouwen. Ze is een gezichtspunt met een eigen *perspectief*. Elk levend wezen is een samenspel van driften die elkaar bestrijden om hun perspectief, hun 'kijk' op de wereld door te drijven.

Dit geldt uiteraard ook voor de mens. Eigenlijk zijn het driften in hem die willen en 'denken', die bepalen hoe de wereld er voor hem uitziet en hem tot handelen drijven. Het Ik als een autonome instantie die over een 'vrije wil' beschikt, is voor Nietzsche dan ook een fictie. Het 'doel' dat het individu zichzelf bewust stelt of de 'wilsdaad' die het aan zichzelf toeschrijft, is het resultaat van een complex samenspel van driften. Het Ik keurt een onbewuste intentie goed, of beaamt een beslissing die reeds op het niveau van het lichaam is genomen. In het algemeen is voor Nietzsche alles wat zich afspeelt op het niveau van de geest een oppervlaktefenomeen. Gedachten en gevoelens van lust en onlust zijn 'bijverschijnselen', 'symptomen' van voorstellingen en affecten die diep in het lichaam werkzaam zijn. Het lichaam gebruikt het bewustzijn als een 'orgaan', een 'werktuig' om zijn machtsgevoel op te voeren.

De wil tot macht is uiteraard niets aan 'waarheid', aan 'werkelijkheidsgetrouwheid' gelegen. De driften, door wil tot macht gemotiveerd, *stichten* eerder werkelijkheid. Zij gaan 'artistiek' te werk, zegt Nietzsche; ze selecteren, vereenvoudigen, schematiseren de werkelijkheid met het oog op machtsontplooiing. Zo is er de fundamentele behoefte van het organisme om zo veel mogelijk gelijkheid en regelmaat in de omgeving te ontdekken. Op die manier wordt deze omgevormd tot iets bekends en stabiels waarover macht kan worden uitgeoefend. In het verlengde hiervan is er het geloof dat er substanties bestaan: aan zichzelf gelijkblijvende en daardoor identificeerbare dingen. Met dit geloof, dat Nietzsche een 'oerdwaling' noemt, projecteert het leven zijn wil om zichzelf te bestendigen op de dingen. In werkelijkheid echter zijn er geen substanties. De idee 'substantie' is een perspectivisch gezichtspunt waarmee het leven de chaos van krachten die overal heerst wil bedwingen.[7]

Het leven ziet zijn wereld zoals dat voor zijn instandhouding en expansie het meest passend is. Buiten een dergelijke door wil tot macht gemotiveerde 'leugen' is er geen leven mogelijk, en dus ook geen ervaring, waarneming of kennis. Er is dan ook geen 'objectieve' of 'universele' waarheid, geen goddelijk of 'transcendentaal' gezichtspunt dat niet perspectivisch zou zijn. Er is slechts een chaos van perspectivische krachtspunten die elk de wereld tot hun fantasieproduct omvormen. Hierdoor wordt het onderscheid tussen waarheid en leugen, wezen en schijn zeer problematisch. Als 'de dwaling de vader van het levende is', als er niets is buiten de schijnbeelden waarmee veelvuldige krachtspun-

7. Zoals voor Kant is er dus voor Nietzsche een verbeelding die op spontane wijze de buitenwereld ordent. Het wezenlijke verschil is dat voor Nietzsche deze ordening niet in functie staat van objectieve kennis, maar van de wil tot macht. Zo is bijvoorbeeld 'substantie' geen universele categorie, maar een categorie die het leven voor zijn voortbestaan gebruikt, en eventueel ook kan *ver*bruiken. De dionysische mens of de 'Übermensch' heeft deze categorie niet langer nodig.

ten hun macht manifesteren, dan verliest de idee van de 'werkelijkheid' of de 'ware wereld' haar zin. Maar ook het begrip 'schijn', slechts zinvol als tegendeel van 'werkelijkheid', komt op de helling te staan.[8]

Toch zal Nietzsche het problematische begrip 'schijn' blijven gebruiken. Hij zal de schijn zelfs bestempelen als superieur aan de fictie van de 'waarheid'. Het hoogste dat de cultuur voortbrengt – Nietzsche denkt hierbij vooral aan religie en kunst – heeft zij de danken aan 'de goede wil tot de schijn', dat wil zeggen aan een wil tot macht die zichzelf met goed geweten een imaginaire wereld creëert. Het christendom is dan voor Nietzsche een ziekte van de artistieke machtswil waarbij deze zich als het ware tegen zichzelf keert. De kracht en de creativiteit van de wil worden grondig verdacht gemaakt ten gunste van een op zichzelf staande, goddelijke wereld. Deze 'ware wereld' wordt voorgesteld als ongeworden, eeuwig, niet onderhevig aan de wisselvalligheden van het leven en zijn schijnvertoningen.

Omdat het de essentie van het leven – de wil tot macht – als kwaadaardig heeft bestempeld, is het christendom *nihilistisch*. De sterke, dynamische wil tot voortdurend scheppen en vernietigen wordt ertoe gedwongen al zijn krachten te investeren in de verering van een hersenschim. De zwakke die knielt voor een levensvreemd ideaal wordt gezien als de meerdere van de sterke die zelf creëert. Het vreesachtige kuddedier dat zich aan een bleke 'waarheid' vastklampt, verstikt de moedige enkeling die slechts 'waarheden' gebruikt om daarin het leven te bevestigen.

Pas in de moderne tijd wordt het nihilistische wezen van het christendom manifest. De 'ware wereld' blijkt een levensvijandig, hol ideaal te zijn. En aangezien tot nog toe de waarde van het leven aan dit ideaal werd afgemeten, wordt het gehele leven na 'de dood van God' als waardeloos ervaren. De moderne idealen van democratie, vooruitgang en mensenrechten zetten volgens Nietzsche de geest van het christendom voort. Ook zij willen slechts de wil tot macht beteugelen, deze keer niet in functie van een hemelse zaligheid, maar in functie van het hoogst mogelijke geluk voor de grootst mogelijke massa. De matheid van dit 'geluk' is volledig tegengesteld aan de gevoelsintensifiëring die wezenlijk is voor de wil tot macht, en die desnoods ten koste gaat van het individu.

8. Nietzsche schrijft in *Götzendämmerung* (zie 'Hoe de "ware wereld" ten slotte een fabel werd'): 'De ware wereld hebben wij afgeschaft: welke wereld bleef over? De schijnbare misschien?... Maar nee! *Met de ware wereld hebben wij ook de schijnbare afgeschaft!*'

Nietzsche heeft op zich niets tegen religie. Het Griekse polytheïsme beschouwt hij als een gezonde manier voor een volk om zijn rusteloze wil tot macht te manifesteren. In dezelfde zin waardeert Nietzsche soms zelfs het christendom. Maar doordat het zijn scheppingen verabsoluteerde tot metafysische realiteiten ontaardde het in een ressentiment tegen de scheppende wil. De christen geeft zich over aan iets waar hij zelf niet meer de kracht toe heeft, iets onbereikbaars dat zijn creatieve vermogen vernedert.

De ontwaarding van de christelijke waarden in de moderne tijd heeft natuurlijk alles te maken met de kritische, wetenschappelijke geest van de Verlichting. De verhouding van Nietzsche tot de wetenschap is zeer ambigu. Enerzijds vindt hij het absoluut noodzakelijk dat de wetenschap de religie onverbiddelijk psychologisch en historisch ontleedt. Zoals in *Menschliches, Allzumenschliches* eist hij van de religie 'intellectuele rechtschapenheid', meer bepaald eerlijkheid omtrent haar driftmatige ondergrond, goed wetend dat zij deze eerlijkheid niet overleeft. Maar anderzijds wordt volgens hem ook de koele blik van de wetenschap geleid door een gronddwaling: het geloof in 'de waarheid omwille van de waarheid', in de belangeloosheid van de kennis. Ook de wetenschap is een gestalte van het leven dat voor zichzelf waanbeelden construeert. Zij *gelooft* in vaste dingen en in de objectieve realiteit van de causale wetten en regelmatigheden die zij aan de natuur toeschrijft, alsook in de identiteit van het kennende subject.

Nietzsche beschouwt de wetenschappelijke wil tot waarheid als een – heel apart – geval van de wil tot schijn die elk leven eigen is. De wetenschap wil namelijk van de schijn die zij produceert niets weten. Haar waan is dat zij een einde zou kunnen maken aan alle waan. Ook zij zet de wereld naar haar hand, maar ze heeft een slecht geweten over het geweld dat zij daarmee uitoefent. In die zin is zij, net als het christendom, een 'onnatuurlijke' gestalte van de wil tot macht. De wetenschappelijke eis tot neutraliteit is een nieuwe versie van de christelijke verloochening van het leven. Voorwaarde voor de 'objectieve' kennis is immers dat men verzaakt aan elke eigengereide toe-eigening, verovering, afkorting, verminking, idealisering, enzovoort – kortom: aan elke creatieve leugen waarmee de mens de wereld tot de *zijne* maakt. De wetenschap is dan ook niet in staat waarden te creëren, doelen te stellen of hoe dan ook iets te *willen*. (Het enige ideaal dat de wetenschap met zich meebrengt is dat van de 'vooruitgang' in dienst van iedereen.)

Door haar 'eredienst aan het feitelijke' die elke persoonlijke, 'arbitraire' interpretatie afkeurt, is de wetenschap de 'democratische' activiteit bij uitstek. Haar waarheden zijn die van het intelligente kuddedier:

algemeen geldige, universeel communiceerbare waarheden, waaruit elke individuele ervaring is verdampt. De wetenschapper mag immers, om 'neutraal' te kunnen zijn, niet vitaal betrokken zijn op zijn object. Alleen wat niemand persoonlijk raakt kan aanspraak maken op 'waarheid'.

Tegen de waarheidsobsessie van de wetenschap speelt Nietzsche vaak de kunst uit als 'heiliging van de leugen', als 'goddelijke blindheid'. Maar op evenzovele plaatsen eist hij van de wetenschap dat zij doorgaat op haar weg, onverschillig voor de nadelige effecten die zij op het leven heeft. Nietzsche eist dan 'de waarheid tot elke prijs': de mens moet de ontluisterende waarheden over de religieuze, metafysische en morele waarden die tot dan toe zijn geloof in het leven schraagden, *incorporeren*. Hij moet met andere woorden niet slechts 'weten' dat God dood is, maar deze dood ook in de praktijk brengen. De moderne mens, zegt Nietzsche, is een kennisexperiment.

Dit experiment wordt pas echt een waagstuk als de wetenschap ook zichzelf niet ontziet. Zij bevraagt dan de vooronderstellingen waarop zij zelf berust – zoals het op zichzelf bestaan van dingen en van het kennende subject zelf – en ontdekt het ongegronde ervan. Zij ontdekt dat het ficties zijn waarmee het leven zich aan de chaos onttrekt, waarmee het de eeuwige, onbeslisbare strijd tussen perspectivische gezichtspunten even een halt toeroept ten gunste van een willekeurige orde. De dingen en het subject van de kennis blijken in extremis slechts bedrieglijke effecten van een vloeiing van krachten.

Wanneer de kennis zo haar eigen fundament afbreekt, is zij niet langer door het leven te slikken. De 'laatste waarheid' van de eeuwige chaos 'duldt geen incorporatie', zegt Nietzsche. Ze is onleefbaar. In de buurt van die waarheid dringt het tot de moderne 'mens van de kennis' door dat de leugen de grondvoorwaarde van het leven is en als zodanig ook 'de moederschoot van de kennis'. Met dit besef openbaart zich de noodzaak van de kunst. De kunst als spel met de schijn komt de mens te hulp op het moment dat hij aan een teveel aan (zelf)kennis ten onder zou kunnen gaan. Vandaar Nietzsches bekende uitspraak: 'Wij hebben de *kunst* opdat wij *niet aan de waarheid te gronde gaan*.'[9]

De vele, vaak impulsieve uitlatingen van Nietzsche over de verhouding tussen waarheid en kunst zijn onderling tegenstrijdig. Maar in elk geval volstaat het niet te stellen dat de kunst voor Nietzsche 'meer waard is dan de waarheid'. Nietzsche stelt de levensbedreigende, 'nihilistische' tendens van de wetenschappelijke wil tot waarheid zeker niet altijd negatief voor. De wil tot waarheid behelst tevens een moedig risico, de grote krachtproef waar de moderne mens doorheen moet. De 'kennis tot

9. Zie: *Herwaardering van alle waarden*, boek 2, nr. 447; vgl. boek 3, nr. 583.

elke prijs' is een gevaarlijke luxe waaraan de moderne mens zich nu eenmaal waagt. Wel heeft de mens op het beslissende moment steeds de leugen van de kunst nodig om die waarheid te verdragen – 'als beschutting en als medicijn', luidde het reeds in *Die Geburt der Tragödie*.

DE MODERNE DIONYSOS

De kennis op zich kan zichzelf geen maat opleggen, in de breedte (het veld van onderzoek is oneindig) noch in de diepte (de kennis kan blijven doorvragen naar haar 'laatste gronden'). Dit is volgens Nietzsche de taak van de kunstenaar of de 'kunstenaar-filosoof'. Het vermogen een maat, een wet op te leggen is het wezen van elk scheppen. Maar het probleem van de moderniteit is dat de strenge, bescheiden, 'ascetische' waarheidsgetrouwheid van de wetenschap de moderne mens van zijn 'natuurlijk' scheppingselan, zijn 'goede wil tot de schijn', heeft beroofd. De moderne mens kan niet meer op dezelfde 'onschuldige' manier een waan (een 'ware wereld') construeren en koesteren als de religieuze mens uit het verleden. Hij is nu eenmaal door de hartstocht voor de kennis aangestoken. Wel moet hij, aan de grenzen van zijn kennis gekomen, de levensnoodzakelijkheid van de illusie inzien. Dit is voor Nietzsche de tragiek van de moderne mens: het besef dat hij de leugen, de schijn moet *willen* om te leven. Hij moet de schijn *als* schijn willen. Hij moet het perspectivische 'bedrog' waarvan hij hoe dan ook leeft, bevestigen als zijn hoogste waarde.[10]

De noodzaak van de schijn openbaart zich voor de moderne mens wanneer hij tot het inzicht komt dat alle waarheden uiteindelijk ongegrond zijn – dat wil zeggen: ze blijken slechts gegrond in de wil tot macht. De moderne mens staat derhalve voor de uitdaging orde te scheppen op het moment dat alle morele en religieuze waarden en doelen die altijd het leven ordenden, evenals alle artistieke conventies, in ontbinding zijn. Maar omdat de wil tot macht door de christelijke traditie grondig verdacht is gemaakt, ligt het nihilisme op de loer. Niet meer bij machte nog een 'waarheid' (dat wil zeggen: een leugen) te poneren, vervalt de mens in een krachteloos scepticisme, relativisme of pluralisme. Of hij kiest voor de logica van het kuddedier: hij houdt zich angstvallig aan de leugen die hem de meeste rust en veiligheid schenkt. Een typisch moderne strategie is ook dat men, zich bewust van het problematische karakter van alle kennis, vlucht in een goddelijke hyper-waarheid waarvan de onkenbaarheid als argument geldt voor haar onwrikbaarheid.

Een belangrijk symptoom van de moderne crisis is dat men zijn metafysische behoefte bevredigt in de *roes*; in de plaats van zichzelf een

10. *Herwaardering van alle waarden*, boek 3, nrs. 561 en 628.

orde op te leggen, zoekt men zich van zichzelf te verlossen in een toestand van bedwelming of van overprikkeling.[11] Veel moderne kunstuitingen (bijvoorbeeld Wagner, Delacroix en Zola) komen volgens Nietzsche voort uit deze roesbehoefte. Ze zijn er op een heel directe manier op uit 'de geeuwhonger naar excessieve gevoelens'[12] te bevredigen. In dit soort kunst is elke vorm geoorloofd als het effect maar 'expressief' is.

Nietzsche beschouwt de cultus van het buitensporige – die hij ziet in allerlei vormen van exotisme, nationalisme, naturalisme, decadentisme – meestal als een symptoom van afnemende kracht, van vermoeidheid. Dit is ook de kern van zijn visie op het 'romantische pessimisme', waarin hij de grootste verleiding ziet voor de moderne kunstenaar en intellectueel, en ongetwijfeld ook voor zichzelf. Hij bekritiseert het, zij het als de meest verfijnde en volgroeide vorm van het moderne nihilisme: 'het laatste *grote* gebeuren in de noodlotsgeschiedenis van onze cultuur'.[13] De romantisch-pessimistische kunstenaar wil zich door middel van zijn kunst van een gevoel van levensverarming verlossen. Het onvermogen tot een vorm te komen die standhoudt, kan zich uiten in een verlangen naar destructie uit ressentiment tegen alles wat wel een volgroeide vorm bezit. Maar het gevoel van gebrek en mislukking kan net zo goed een verlangen opwekken naar vereeuwiging. Het gaat dan om een tirannieke poging de eigen machteloosheid tot absolute norm te verheffen.

De artistieke hang naar vernietiging of vereeuwiging kan evenwel ook opwellen uit een gevoel van overvloed en kracht. In dat geval wordt er vereeuwigd uit dankbaarheid en liefde: kunst is dan 'bevestiging, zegening, vergoddelijking van het bestaan'.[14] Maar ook het destructieve kan uit kracht voortkomen, kan zelfs de meest eminente manifestatie ervan zijn. In zijn bekende fragment 'Wat is romantiek?' zegt Nietzsche het zo: 'Wie het rijkst is aan levensvolheid, de dionysische god en mens, kan zich niet alleen de aanblik vergunnen van het vreeswekkende en twijfelachtige, maar zelfs de vreselijke daad en alle mogelijke luxe van vernietiging, ontwrichting, ontkenning; bij hem schijnt het boze, onzinnige en lelijke als het ware geoorloofd, ten gevolge van een overschot aan verwekkende, bevruchtende krachten, dat zelfs nog in staat is iedere woestenij in een weelderig vruchtbaar land te herscheppen.'[15]

11. Zie: *Die fröhliche Wissenschaft*, nr. 86.
12. Zie: *Herwaardering van alle waarden*, boek 3, nr. 207.
13. Zie: *Die fröhliche Wissenschaft*, nr. 370 (vgl. *Herwaardering van alle waarden*, boek 4, nr. 458).
14. *Herwaardering van alle waarden*, boek 4, nr. 466.
15. Zie: *Die fröhliche Wissenschaft*, nr. 370.

Het 'dionysische' duikt hier op als alternatief voor het romantische pessimisme. De romantische pessimist cultiveert de problematische kanten van het bestaan omdat hij er machteloos aan vastzit en ze als het ware wil uitboeten. Voor de dionysische pessimist is het problematische een luxe die hij zich kan permitteren. De 'voorliefde voor dubieuze en verschrikkelijke dingen' is bij hem 'een symptoom van kracht'.[16] Hij zoekt daarin geen verlossing van zichzelf maar bevestiging.

Nietzsche introduceert opnieuw de dronken god Dionysos zonder daarom de eis van een 'grote stijl' te laten vallen. Zoals in *Menschliches, Allzumenschliches* eist Nietzsche van de kunstenaar strenge stilering, zelfbeheersing, afstandelijkheid tegenover de eigen opwellingen, en daarom ook de moed tot een heerszuchtige vereenvoudiging, tot een schaamteloze verenging van zijn perspectief. Maar deze koele, 'classicistische' vormstrengheid is vrijblijvend als ze zich niet waagt aan haar tegendeel: het toeval, het ongewisse en het plotselinge. De koestering van de vorm puur omwille van zichzelf, de pure 'liefde voor het schone' zoals die zich bijvoorbeeld uitdrukt in het *l'art pour l'art*-ideaal, is een vlucht voor het conflictueuze, pijnlijke dat eigen is aan elk scheppen. De dionysische pessimist komt pas tot de helderheid van de vorm vanuit een lustvol ja-zeggen tegen het zinloze en chaotische.[17] Kortom: van al het decadente en ziekelijke dat hij de romantische kunstenaar verwijt, eist Nietzsche van de dionysische kunstenaar dat hij het op zich zou nemen om het te overwinnen. Wat voor de eerste vergif is, moet bij de tweede leiden tot een nieuwe, 'grote gezondheid'.[18]

Vanuit zijn pleidooi voor het dionysisme komt Nietzsche vanzelf tot een positieve waardering van de roes (waarbij hij vooral aan de seksuele opwinding denkt).[19] De roes als 'dionysische intoxicatie' is de toestand bij uitstek van de scheppende, die het teveel aan kracht waaraan hij lijdt op een gewelddadige manier aan de dingen afstaat om ze te idealiseren. Vanuit een verhoogd machtsgevoel wordt het leven in al zijn aspecten geheiligd en vervolmaakt. De pijn is hierbij een stimulans te meer. De roes betekent niet dat men zich aan één affect overgeeft; het betreft een toestand van voortdurende metamorfose. Degene die zich in een diony-

16. Cf. *Herwaardering van alle waarden*, boek 4, nr. 767.
17. Ibidem, boek 4, nr. 97; vgl. boek 4, nr. 547.
18. Ibidem, boek 4, nr. 516; vgl. boek 3, nr. 227: 'Het is uiteindelijk een kwestie van kracht: deze gehele romantische kunst zou door een overrijke en wilssterke kunstenaar geheel in het antiromantische of – om mijn formule te gebruiken – in het *dionysische* omgebogen kunnen worden: net zoals alle soorten pessimisme en nihilisme in de hand van de sterkste slechts een hamer en werktuig méér worden waarmee een nieuwe trap naar het geluk wordt gebouwd.' Vgl. boek 3, nrs. 272, 276, 277, 279, 308.
19. Zie: *Götzendämmerung*, hoofdstuk 9, nr. 8, 9 en 10; hoofdstuk 10, nr. 4 en 5.

sische toestand bevindt, beschikt over een uiterst flexibel mimetisch instinct. Hij kan zich in alle affecten inleven en deze mimeren. De dionysische roes kan dan ook altijd verglijden in een vorm van *histrionisme*: van toneelspelerij, 'komediantendom'.[20]

Nietzsches waardering voor het histrionisme is op zijn minst dubbelzinnig. Het is voor hem in de eerste plaats een wezenlijk kenmerk van het moderne nihilisme. Doordat de grote religieuze en metafysische verhalen steeds meer aan geloofwaardigheid inboeten, is de identiteit van de moderne mens onzeker. Niet in staat voor zichzelf een nieuwe grote lijn te trekken, beschikt hij over een nooit gezien aanpassingsvermogen. Hij is enorm handig in het aannemen van allerlei rollen waarin hij met zichzelf experimenteert en improviseert. En zodra dit rollenspel niet meer direct van nut is, en er genoegen wordt beleefd aan de maskerade, de *schijn* als zodanig, dan gaat het echt om toneelkunst. De moderne mens is een geboren toneelspeler.

Nietzsche beschrijft de moderne acteerzucht vaak als een 'hysterische' zwakte. Deze heeft te maken met het onvermogen zich af te sluiten, *niet* op een prikkel te reageren. De Wagneriaanse opera, met zijn opgefokte dramatiek, speelt daar gretig op in. Omdat de moderne mens in het algemeen druk in de weer is van alles en nog wat in zich op te nemen, komt hij niet toe aan de consequente vereenvoudiging die de grote stijl vereist. Uit verveling en ongenoegen over zichzelf glijdt hij van de ene identiteit in de andere. Hij wordt tot zoiets als een 'rendez-vous van personen' of 'een kosmopolitische chaos van affecten en intelligenties'.[21]

Maar zoals elke nihilistische, 'ziekelijke' tendens kan voor Nietzsche ook het histrionisme tot een uiting van levensvolheid worden omgebogen. De 'virtuositeit van de mimiek' wordt dionysisch wanneer ze niet langer een krampachtige poging is zich een identiteit aan te meten, maar een spel van een wil tot macht die elke identiteit verbruikt in functie van haar intensiteit. Elk individu is immers in wezen slechts een onstabiel evenwicht van driften die elk hun perspectief willen opdringen. Wat iemand bewust wil, voelt en denkt, is slechts een soort compromis of gewapende vrede tussen talloze begeerten, affecten en gedachten die naar hegemonie streven. De driften zijn niet puur 'natuurlijk', maar vormen historisch gegroeide constellaties, het resultaat van millennia van strijd, disciplinering en gewenning. Elk individu draagt onder het oppervlak van zijn bewustzijn zo'n historisch strijdtoneel in zich en is in die zin de erfgenaam van de wereldgeschiedenis.[22]

20. Zie: *Die fröhliche Wissenschaft*, nr. 356 en 361; zie ook: *Jenseits von Gut und Böse*, nr. 223, *Herwaardering van alle waarden*, boek 3, nr. 200.
21. Ibidem, boek 4, nr. 83.
22. *Herwaardering van alle waarden*, boek 4, nr. 623, 624.

De christen, met de moderne 'democraat' in zijn kielzog, wil dit potje koste wat kost gedekt houden. Hij kan dit doen door het zo voor te stellen alsof dit chaotisch proces een 'zin' of een 'doel' heeft. De dionysische mens daarentegen is zo vermetel dit complex en gelaagd strijdtoneel in al zijn chaotische doelloosheid in zichzelf op te delven. Hij durft te erkennen dat hij deze chaos *is* en deze dus onvermijdelijk zal blijven herhalen. Hij erkent dit zonder spijt of ressentiment. Dit noemt Nietzsche 'amor fati': de liefde voor het onvermijdelijke, noodlottige. De dionysische mens is degene die van niets zegt dat het er niet had mogen zijn. Hij verhoudt zich tot het verleden als iets wat hij heeft *gewild*, zodanig zelfs dat hij zou willen dat het nog een oneindig aantal malen terugkeert.

De idee van het dionysisch histrionisme kan worden geïnterpreteerd als een versie van Nietzsches bekende gedachte van de 'eeuwige wederkeer'. De dionysische kunstenaar is degene die van alle personen, alle 'drift-types' (en hun 'perspectieven') die het lot in hem heeft gelegd, wenst dat ze altijd weer opnieuw hun strijd in hem zouden herhalen. Hij wil het schone slechts ontdekken in de *noodzaak*[23] van deze strijd, die hij dan ook telkens opnieuw opvoert, 'acteert'. Lijdend aan een opeenhoping van vormende krachten, van 'personen' die in hem met elkaar botsen, moet hij ze naar buiten toe gestalte geven. Hij moet daarbij door honderd ogen tegelijk kijken,[24] beseffend dat geen enkel perspectief, hoe 'heilig, goed, onaanraakbaar, goddelijk' ook, van grotere waarde is dan het spel dat de wil tot macht, scheppend en vernietigend, ermee speelt.[25]

'Ik beproef op mijn manier een rechtvaardiging van de geschiedenis', zegt Nietzsche ergens.[26] Maar deze rechtvaardiging is niet, zoals voor Hegel, gelegen in een geest die de geschiedenis in al haar gestalten doordenkt, noch in de teelt van een sterker volk of ras. De 'zin' van de geschiedenis is voor Nietzsche te zoeken in de zeldzame 'hoogste types' die zij voortbrengt. Eigen aan zo'n type is dat hij zijn machtsbereik wil uitbreiden en slechts zijdelings acht slaat op zelfbehoud. Het gevoel van macht is bij hem juist op zijn hevigst in uitzonderingstoestanden waarin hij zijn individualiteit op het spel zet: de roes, de chaos, het histrionisme. De hogere mens durft zich bloot te stellen aan het 'ziekelijke' en bereikt strikt genomen zijn hoogtepunt als hij ten onder gaat. Het doel van een cultuur ligt niet in het geluk van de meerderheid, maar in het

23. Zie: *Die fröhliche Wissenschaft*, nr. 276.
24. Zie: *Herwaardering van alle waarden*, boek 4, nr. 498.
25. Zie: *Die fröhliche Wissenschaft*, nr. 382.

offer van zijn hoogste types. Hiermee knoopt Nietzsche weer aan bij *Die Geburt*: de tragedie is de luxueuze, lustvolle verkwisting van het schoonste en edelste dat een cultuur bezit, of een lichtzinnig, ironisch spel dat ermee wordt gespeeld.[27]

Pas tot de uitzonderlijke enkeling breekt de 'dionysische wijsheid' door dat het individu een fictie is. De lust die hij uit die wijsheid put is een lust die onverschillig is voor het genot of het geluk dat hij voor zichzelf zoekt. Het is de boven- of 'onder'-individuele lust die de wil tot macht beleeft aan de ondergang van de bedrieglijke gestalten die hij niettemin wezenlijk nodig heeft om zich te laten gelden. De dionysische mens, de 'filosoof-kunstenaar' die Nietzsche zich droomt, maakt zichzelf tot een toneel waarop de wil tot macht zijn leugenachtige spel speelt. Hij identificeert zich met dit spel als met het principe van het leven zelf. Hij neemt elke leugen, elke gewelddaad op zich, ze tegelijk bevrijdend van de fictie enige grond van waarheid te hebben. Daarom is het slechts als *parodist* dat hij erfgenaam van de geschiedenis kan zijn.

De wereld is voor Nietzsche een 'zichzelf barend kunstwerk': een schijnvertoning die zich eindeloos in zichzelf spiegelt. In geen 'waarheid' of 'zin' geworteld is het bestaan enkel '*esthetisch* te rechtvaardigen'. Zijn enige rechter is Dionysos.

Besluit: Nietzsche en de twintigste eeuw

Omdat Nietzsche een filosoof is die niet enkel door filosofen, maar ook door literatoren, kunstenaars en 'gewone lezers' wordt gelezen, heeft zijn oeuvre op de gehele cultuur van de twintigste eeuw doorgewerkt. Voor schrijvers als Thomas Mann, Robert Musil, André Gide, Ernst Jünger, Gottfried Benn en Franz Kafka was hij van groot belang, alsook voor het Duitse expressionisme. Wat de filosofie betreft had hij grote invloed op Heidegger, de psychoanalyse, het existentialisme en het Franse 'post-structuralisme'. Geen enkele filosoof is op zo uiteenlopende wijze geïnterpreteerd, gebruikt én misbruikt. Zowel nationaal-socialisten als anarchisten, oorlogszuchtige staatsmannen als dolende kunstenaars hebben zich op Nietzsche beroepen. En de verschillen tussen de Nietzsche-interpretaties van mensen als Martin Heidegger, Karl Jaspers, Gilles Deleuze en Jacques Derrida zijn enorm.

Maar het gaat er hier niet om de invloed van Nietzsche te beschrijven, maar om na te gaan wat hij ons nu te vertellen heeft. Geen enkele

26. Zie: *Herwaardering van alle waarden*, boek 3, nr. 281.
27. Ibidem, boek 4, nr. 555 en 568.

filosoof heeft op een zo radicale manier geprobeerd de kunst vanuit de kunst *zelf* te denken, namelijk als iets dat niet gegrond is in iets anders dan zichzelf. De kunst gaat niet terug op een waarheid, een idee of een realiteit die niet esthetisch zou zijn. De kunst is geworteld in het leven dat als een scheppende wil tot macht zelf radicaal artistiek wordt gedacht. Daarom tracht Nietzsche zelfs het begrip 'waarheid' te schrappen: de enige werkelijkheid is het leven dat zijn perspectieven schept.

Er is, in het bijzonder door Heidegger, gewezen op het gevaar van een verabsolutering van de machtswil die alles naar zijn hand zet. Alles, ook de filosofie zelf, wordt een constructie die aan niets buiten zichzelf verantwoording heeft af te leggen. Bij dit bezwaar moet worden aangemerkt dat het scheppen niet van een subject uitgaat, maar van een complexe constellatie van krachten. De mens is voor Nietzsche niet de maat der dingen. De filosoof of de kunstenaar kan slechts scheppen indien hij zonder ressentiment deze pre-subjectieve constellatie als een fataliteit erkent, zich naar de noodzaak ervan voegt en aldus 'wordt wat hij is'.[28] Hij moet weten dat hij is opgenomen in de droom die de werkelijkheid zichzelf droomt, zonder dat dit weten hem daarom uit die droom bevrijdt.

Daarom wil Nietzsches filosofie niet zomaar een theorie van de tragedie of de kunst zijn. Zij wil zelf een tragisch-scheppende, dionysische praktijk zijn. Nietzsche eist van de filosofie dat ze in de diepte van het leven blikt om daarin het steeds terugkerend spel van de schijn bloot te leggen. Het denken moet zich wagen aan de nuchtere roes van de metamorfose. Nietzsches geschriften vormen inderdaad een *bühne* waarop talloze personages, talloze historische machtstypes die onze cultuur hebben gevormd, ronddansen: Herakleitos, Sophocles, Plato, Socrates, Boeddha, Epicurus, Christus, Paulus, Shakespeare, Luther, Pascal, Kant, Rousseau, Leibniz, Hegel, Napoleon, Goethe, Schopenhauer, Stendhal, Beethoven, Wagner, Dionysos... Deze laatste is een metapersonage. Hij personifieert de tragische onrust én de lichtheid van de dans, de metamorfose zelf.

Zo volgen ook de kunstenaarstypes elkaar in Nietzsches werk op: de strenge wetgever, de lijder, de nihilistische onheilsprofeet, de nar of hansworst, de overgevoelige hystericus, de koele observator, de extatische dweper, de theatrale poseur, de lichtvoetige danser... De dionysische kunstenaar die Nietzsche voor zich ziet, is niet met één figuur te identificeren. Hij is juist deze eindeloze wisseling. In die zin is hij de mens *par excellence*, namelijk een wezen dat zichzelf overstijgt, elke machts*positie*, elk perspectief weer overwint, niet met het oog op een

28. De ondertitel van Nietzsches *Ecce Homo* luidt: 'Hoe iemand wordt, wat hij is'.

ideaal dat hij 'in essentie' is, maar omdat hij niets anders is dan dit niet-samenvallen-met-zichzelf, deze onvermoeibare zelfoverstijging. Het menselijk bestaan kan dan ook niet worden gerechtvaardigd in een ideële, goddelijke wereld, noch door een of andere humanistische droom van vrede en verzoening, maar het is gerechtvaardigd op elk ogenblik dat zijn eeuwige wording geaffirmeerd wordt. Het hoogste dat de mens kan bereiken is 'op het worden het karakter van het zijn *te stempelen* – dat is de *hoogste wil tot macht*'.[29]

Nietzsches 'dionysisme' ligt heel dicht bij Kants beschrijving van de sublieme ervaring. Kant beschrijft hoe het subject lust put uit zijn onvermogen zich van een natuurgebeuren een beeld te vormen. De onlustvolle stremming van zijn verbeelding wordt gevolgd door een lustvolle uitstorting van het gevoel. Op dezelfde manier beleeft de dionysische kunstenaar lust wanneer zijn plastisch vermogen op een grens stuit. Zijn wil tot macht voelt zichzelf het meest intens wanneer zijn vermogen tot maatgeving wordt belemmerd.[30] Het grote verschil met Kant is wel dat de overweldigende natuurervaring bij Nietzsche geen geestelijk vermogen openbaart dat onafhankelijk van de natuur is: de vrijheid als fundament van de zedelijkheid. Integendeel: het is de natuur zelf die in ons van haar onmenselijke '*Überschwenglichkeit*' geniet en als zodanig door de kunstenaar wordt vergoddelijkt.[31]

Nietzsches dionysische pessimisme is vaak op een verhitte, dweperig-romantische manier geïnterpreteerd. Men komt dan terecht in het soort geëxalteerde tragiek waar hij juist voor waarschuwde en die in de twintigste-eeuwse esthetica en kunst talloze vormen aanneemt. Zo zijn de verscheurdheid en de verbrokkeling in allerlei expressionismen en neo-expressionismen tot en met de perfomance-kunst, tot een ingeburgerde vormentaal uitgegroeid. Telkens weer verschijnt het beeld van de vernederde en vertrapte, 'gekruisigde' mens. Naast deze christelijke variant is er ook nu nog een kunst die graag koketteert met allerlei vormen van immoralisme, of met alles wat maar enigszins bizar, excentriek, exotisch of pervers is. Men herkent de gemiddelde moderne kunstenaar haast aan zijn nihilistische *pose*.

Nietzsche zou ongetwijfeld een flink deel van de moderne kunst als 'romantisch-pessimistisch' hebben bestempeld. Het is het soort kunst

29. Zie: *Herwaardering van alle waarden*, boek 2, nr. 164 (vgl. boek 4, nr. 59 en *Die Geburt der Tragödie*, hoofdstuk 23).
30. Ibidem, boek 4, nr. 552: 'In de vernietiging van ook de schoonste schijn bereikt het dionysische geluk zijn hoogtepunt.'
31. Vgl. ibidem, boek 4, nr. 583.

dat zich ondersteund weet door een anti-intellectualistisch discours over kunst als een bevrijdende eruptie van het irrationele in een 'overgerationaliseerde' maatschappij. Zo'n standpunt plaatst de kunst in een reservaat waar de burger even vrijaf neemt van zijn enge 'doelrationaliteit' en morele comfort zonder deze werkelijk te bevragen. De ultieme maatstaf voor het esthetische oordeel is hier de *emotie*. Nietzsche heeft vaak voor dit soort esthetica gewaarschuwd, voornamelijk in verband met Wagner. De Wagneriaanse opera laat het publiek dobberen op een oceaan van gevoelens, waarbij het er vooral om gaat even van zichzelf verlost te zijn.

Het Wagnerianisme is voor Nietzsche 'christendom zonder de tekst'. De cultus van het grote, meeslepende gevoel wordt, zeker als het zich met nationalisme en antisemitisme vermengt, een *Ersatz*-religie. Zij maakt de mens wijs dat hij, wanneer hij het Grote Gevoel niet heeft, eigenlijk maar een schaduw van zichzelf is. In die zin is Wagners 'klankbad' een voorafschaduwing van de massamedia en de hele amusementsindustrie die de massa socialiseren door prikkeling en bedwelming, door het niet aflatend produceren van 'kicks'. De kick is het volledig genivelleerde dionysisme. Er is geen afgrond meer, noch een wil die zich eraan meet.

Nietzsche schetst de moderniteit vaak als een toestand van chaotische, opdringerige overprikkeling die de mens verdooft en op zijn best opvoedt tot snuggerheid, tot het handige aanpassingsvermogen van het 'kuddedier'. Hij klaagt over de vorm- en gedachteloosheid waar de 'brede interesse' en hoge tolerantiegrens van de moderne mens toe leiden, maar zou wellicht huiveren bij de informatieroes, de doffe zucht naar 'actualiteit' die de hedendaagse mens in haar greep heeft. Ook de kunstenaar voelt zich verplicht 'op de hoogte' te zijn. Hij verslindt kranten en tijdschriften, is 'interdisciplinair', 'interactief', 'multicultureel'. Kortom: hij lijdt aan het onvermogen zijn deuren te sluiten en grijpt, uit angst 'elitair' te zijn, naar thema's, media, beelden die direct aanspreken. Dusdoende produceert hij slechts verstrooiing tussen de andere vormen van amusement.

Veel moderne kunst functioneert ook als een soort verkapte godsdienst in haar hang naar het vage, onbepaalde, 'onnoembare'. Zo was het discours dat de symbolistische en abstracte kunst begeleidt voor het overgrote deel een impliciet of expliciet pleidooi voor een universalistische religie, een religie die 'gezuiverd' is van alle concrete iconografische en rituele connotaties. Dit weke spiritualisme bevindt zich steeds in de buurt van een *negatieve theologie*; het vergoddelijkt alles waar het verstand niet bij kan, alles waarin een 'andere wereld' wordt gesuggereerd.

Tegen de gevoelsesthetica en de metafysisch-religieuze *Schwärmerei* die rond de moderne kunst hangt, heeft Nietzsche soms een remedie gezocht in een vormvast classicisme. Maar de 'grote stijl' is alleen groot als hij, zoals bij de Grieken, slag levert met een duistere, 'Aziatische' passie.[32] Doordat de democratische moraal en de wetenschappelijke ernst de wil tot macht tam hebben gemaakt, zijn de moderne pogingen tot dionysisme al gauw theatraal, 'opera-achtig'. Onttrokken aan de wil tot macht kan geen enkele vorm of wet zich nog als noodzakelijk opwerpen. Het lijkt allemaal al gauw grotesk.

Maar het gebrek aan tragische diepgang dat Nietzsche aan de moderniteit verwijt kan ook haar sterkte zijn.[33] Het opgefokte, 'onechte' van haar gevoel, de oppervlakkigheid van haar kouwe drukte stellen de moderne mens immers in staat zich de dingen te verbeelden, met ze te spelen en ze te leren kennen zonder er zich met al te veel ernst of morele pathos aan te hechten. Daarom kan uit hem een nieuw soort kunstenaar groeien: degene die 'de held en de dwaas' kan 'ontdekken die in onze hartstocht en in onze kennis schuilgaat', degene die ons leert 'blij te zijn over onze dwaasheid om blij te kunnen blijven met onze wijsheid'.[34] De steriele 'alzijdige ontwikkeling' van de moderne tijd, zijn zogenaamd 'neutrale' wetenschap, de krampachtige wijze waarop hij grote en diepe gevoelens orkestreert, ontpopt zich in deze kunstenaar als een 'goede wil tot de schijn', een 'lust aan het maskerachtige'.

Het is vanuit dit ironische bewustzijn van de eigen lichtzinnigheid dat de moderne mens zichzelf veel meer 'onzin en toeval mag toestaan'[35] dan voorheen ooit mogelijk was. Hij kan met andere woorden meer met zichzelf experimenteren zonder te gronde te gaan. Zo bekeken beschikt ook de moderne mens over een tragische kennis, zij het dan dat die kennis slechts een parodie van zichzelf kan zijn. Immers: de moderne mens weet dat juist deze 'kennis' een list is, een illusie die hem van het tragische afhoudt. Maar juist in dit moedig volgehouden weten van de schijn raakt hij aan de essentie van het tragische.[36] Dit 'weten' plaatst hem

32. De Grieken zijn hierin de antipoden van de modernen. Nietzsche denkt in het bijzonder aan de Duitsers die, om zich af en toe van hun nuchterheid te bevrijden, door middel van de kunst grote passies willen opwekken. Nietzsches idee van de Duitsers en het tragische komt erg overeen met de manier waarop Hölderlin deze verhouding schetst in zijn bekende brief aan Böhlendorf. Volgens Hölderlin zoeken de Grieken vanuit hun vurige natuur naar de helderheid van de voorstelling. De 'verstandige' Duitsers zoeken naar passie. Vgl. *Herwaardering van alle waarden*, boek 4, nr. 427.

33. Zie noot 18.

34. *Die fröhliche Wissenschaft*, nr. 107.

35. Zie: *Herwaardering van alle waarden*, boek 3, nr. 284.

36. Zie: ibidem, boek 3, nr. 628.

geenszins buiten het spel van de schijn, maar vormt een plooi in de schijn zelf. Het oppervlak van de schijn is oneindig diep. Daarom kan het bestaan voor Nietzsche nooit anders dan *esthetisch* gerechtvaardigd worden.

Bibliografie

WERKEN VAN NIETZSCHE

Zie voor het verzameld werk:

Nietzsche. Sämtliche Werke. Kritische Studienausgabe in 15 Bänden. Eds. Giorgio Colli en Mazzino Montinari, München/Berlijn/New York (DTV en Walter de Gruyter) 1980

Die fröhliche Wissenschaft, vertaald door Pé Hawinkels als *De vrolijke wetenschap.* Amsterdam (De Arbeiderspers) 1976

Morgenröte, vertaald door Pé Hawinkels als *Morgenrood. Gedachten over de morele vooroordelen.* Amsterdam (De Arbeiderspers) 1977 (de vertalingen door Hawinkels, die nogal dubieus zijn, zijn onlangs, herzien door Hans Driessen e.a., heruitgegeven door De Arbeiderspers)

Jenseits von Gut und Böse, vertaald door Thomas Graftdijk als *Voorbij goed en kwaad. Voorspel van een filosofie van de toekomst.* Amsterdam (De Arbeiderspers) 1979

Menschliches, Allzumenschliches, vertaald door Thomas Graftdijk als *Menselijk, al te menselijk.* Amsterdam (De Arbeiderspers) 1980

Zur Genealogie der Moral, vertaald door Thomas Graftdijk als *Over de genealogie van de moraal. Een polemisch geschrift.* Amsterdam (De Arbeiderspers) 1980

Götzendämmerung, vertaald, ingeleid en geannoteerd door Maurice Weyembergh als: *Afgodenschemering, of Hoe je met de hamer filosofeert.* Bussum (Het Wereldvenster) 1983

Über Wahrheit und Lüge in aussermoralischen Sinn. Vertaling door Tine Ausma in: *Waarheid en cultuur. Een keuze uit het vroege werk.* Inleiding en aantekeningen van Pieter Mostert, Amsterdam (Boom) 1983

Unzeitgemässe Betrachtungen, vertaald door Thomas Graftdijk als *Oneigentijdse beschouwingen.* Amsterdam (De Arbeiderspers) 1983

Die Geburt der Tragödie aus dem Geiste der Musik; Ned. vert., ingeleid door Kees Vuyk: *De geboorte van de tragedie of Griekse cultuur en pessimisme.* Den Haag (International Theatre Bookshop) 1987

Umwertung aller Werte. Aus dem Nachlass zusammengestellt und herausgegeben von Friedrich Würzbach, München (DTV) 1969, vertaald door Thomas Graftdijk als *Herwaardering van alle waarden.* Amsterdam (Boom) 1992

Nagelaten fragmenten. Deel 6: herfst 1885 – herfst 1887. Ed. Giorgio Colli en Mazzino Montinari. Vertaald door Mark Wildschut. Nijmegen (SUN) 2001

Nagelaten fragmenten. Deel 7: november 1887 – begin 1889. Ed. Giorgio Colli en Mazzino Montinari. Vertaald door Michel J. van Nieuwstadt. Nijmegen (SUN) 2001

WERKEN OVER NIETZSCHE

Martin Heidegger, *Nietzsche*. 2 delen, Pfullingen (Neske) 1961

Gilles Deleuze, *Nietzsche et la philosophie*. Parijs (PUF) 1962

Pierre Klossowski, 'Sur quelques thèmes fondamentaux de la *Gaya Scienza* de Nietzsche' en 'Nietzsche, le polythéisme et la parodie', in: *Un si funeste désir*. Parijs (Gallimard) 1963

Pierre Klossowski, *Nietzsche et le cercle vicieux*. Parijs (Gallimard) 1969

Michel Foucault en Gilles Deleuze, *Nietzsche als genealoog en nomade*. Nijmegen (SUN) 1981

Michel Haar, *Nietzsche et la métaphysique*. Parijs (Gallimard) 1993

John Sallis, *Nietzsche and the Space of Tragedy*. Chicago/Londen (University of Chicago Press) 1991

HOOFDSTUK 5

Martin Heidegger – *De kunst op zoek naar haar vergeten wezen*

Mais ce qui n'a aucune place dans le monde, c'est la venue même du monde, son événement.
JEAN-LUC NANCY

Inleiding

De invloed van Martin Heidegger (1889-1967) op de filosofie van de twintigste eeuw is moeilijk te overschatten. Deze invloed strekt zich uit over alle niet-marxistische en niet-positivistische stromingen: de 'existentiële fenomenologie' (Sartre, Merleau-Ponty), de hermeneutiek van Gadamer, de vernieuwende psychoanalyse van Lacan en het zogenaamde 'poststructuralisme' (Foucault, Derrida).

Zoals bij Nietzsche is het moeilijk om met betrekking tot Heidegger van een *filosofie* van de kunst te spreken. Het gaat er Heidegger niet om het fenomeen 'kunst' met begrippen te bepalen. Hij wil eerst en vooral het 'begrip' en het 'begrijpen' zelf in vraag stellen. Heidegger typeert wat hij doet dan ook liever als 'denken' dan als filosofie. Hoewel dit denken zich nooit helemaal kan onttrekken aan de door de filosofie overgeleverde begrippen, wil het iets ter sprake brengen dat wezenlijk aan de filosofische begripsvorming ontsnapt. Het gaat om het gebeuren van het Zijn[1] dat zich in allerlei gestalten kan onthullen, zij het niet zonder zich altijd ook te verhullen.

Er zullen altijd mensen zijn die de indruk hebben dat het denken van Heidegger over niets gaat. Het Zijn is voor Heidegger inderdaad niet 'iets' in de zin van een object, een voorwerp, een 'substantie'. *Het Zijn is geen zijnde*. Het is zelfs niet het hoogste zijnde of de totaliteit van al het zijnde. Het is eerder zoiets als de klaarte, de openheid waarin de zijnden verschijnen. Het Zijn is de *aanwezigheid* zelf van de zijnden, die Heidegger steeds dynamisch omschrijft als een *anwesen*, een in-de-aanwezigheid-komen.

Dit in-de-aanwezigheid-komen is een wezenlijk onopvallend gebeu-

1. Ik schrijf 'Zijn', telkens als het als substantief gebruikt wordt, met een hoofdletter, niet om filosofische redenen, maar omwille van de leesbaarheid.

ren omdat het onvermijdelijk steeds naar de achtergrond wordt gedrongen door datgene *wat* in de aanwezigheid komt. Onvermijdelijk wordt het Zijn steeds weer over het hoofd gezien ten gunste van de zijnden. Volgens Heidegger is de metafysische traditie, op zijn minst sinds Plato, het slachtoffer van deze fatale achteloosheid. Zij is het gebeuren van het Zijn zelf vergeten en heeft zich ertoe beperkt een leer van het zijnde te zijn, een filosofie die het zijnde in zijn totaliteit wil bevatten: zijn essentie, zijn structuur, zijn wetmatigheden, zijn hiërarchie, enzovoort. De theologie en de wetenschap hebben deze 'zijnsvergetelheid' van de filosofie geërfd. Het Zijn is vergeten als iets dat van het zijnde radicaal verschillend is.

Dit verschil tussen het Zijn en het zijnde noemt Heidegger de ontologische differentie. Het Zijn is niet tot de zijnden te herleiden; zijn gebeuren heeft in geen enkel zijnde een oorzaak of grond. Omgekeerd kunnen de zijnden niet uit het Zijn worden afgeleid. Heidegger noemt het Zijn dan ook 'pure transcendentie', waarmee hij bedoelt dat het radicaal de zijnden te buiten gaat, hoewel het anderzijds zonder de zijnden niets zou zijn.

Heideggers omschrijvingen zijn nooit definities. Het Zijn is ondefinieerbaar, omdat het begrip van het Zijn in elke definitie reeds is vóórondersteld. 'Het Zijn *is*...': vóór men nog maar begint het Zijn begrippelijk te bepalen, verraadt men dat men het Zijn blijkbaar reeds verstaat, dat men, hoe onbepaald ook, reeds een 'voorverstaan' van het Zijn heeft.[2] Men kan in het algemeen niet spreken zonder altijd al het Zijn mede ter sprake te brengen. Men heeft het onvermijdelijk altijd over dat of wat of hoe iets of iemand *is*, zonder dat men stilstaat bij wat dit dan wel betekent, dat iets 'is'.

Het denken van het Zijn wil het klassieke begrip ondermijnen van de waarheid als *adaequatio*: als overeenkomst tussen een uitspraak en de dingen zelf. Een uitspraak spreekt iets uit over een 'objectieve' stand van zaken en is in die zin 'juist' of 'onjuist'. Voor Heidegger is waarheid niet te herleiden tot zo'n *adaequatio*. Vóór men eender wat over de dingen kan zeggen, vóór men tot enige thematische kennis ervan kan komen, moeten de dingen eerst op een of andere manier aan ons *verschenen* zijn. Op dit voorconceptuele, voorthematische verschijnen van de dingen zou het Griekse woord voor waarheid – *aletheia* – hebben geduid, een woord dat Heidegger vertaalt als 'onverborgenheid'. Het uit-de-verborgenheid-treden van de zijnden, het gebeuren waarin ze zich in de klaarte

2. Ik volg hier de vertaling van het Duitse *Verstehen* en de afleidingen ervan, die in de Nederlandse Heidegger-vertalingen gangbaar is, namelijk 'verstaan', en niet 'begrijpen'.

verzamelen, is voor Heidegger het ware wezen van de waarheid. De waarheid als *aletheia* is oorspronkelijker, 'aanvankelijker' dan de waarheid als adaequatio of juistheid van een uitspraak.

Aangezien de waarheid als onverborgenheid een gebeuren is dat niet alleen aan het begrippelijke denken voorafgaat, maar er ook nooit door gevat kan worden, is het geen wonder dat een van de geprivilegieerde wijzen waarop voor Heidegger dit gebeuren zich kan voltrekken de *kunst* is. Naast het meer oorspronkelijke, 'gedenkende' denken, is de kunst een domein waarin het Zijn op eminente wijze tot verschijnen komt.

Het onopvallend gebeuren van de wereld

Het is goed eerst heel in het kort iets over Heideggers grote werk *Sein und Zeit* (1927) te zeggen. In zijn latere geschriften over kunst komen vele cruciale thema's uit dit werk immers terug, zij het dat het accent dan verschuift. De nadruk ligt dan niet meer, zoals in *Sein und Zeit*, op de mens als '*Dasein*' ('er zijn'), maar op het Zijn en hoe het zich naar de mens toewendt.

Met betrekking tot de volgens hem vergeten vraag naar het Zijn maakt Heidegger in *Sein und Zeit* een grote omweg. De vraag wordt meteen opgeschort ten voordele van een doorlichting van dat unieke zijnde bij wie deze vraag alleen kan opkomen: de mens als *Dasein*. Heidegger was zich terdege bewust van de cirkel waarin hij hiermee terechtkwam. Men kan de *zijns*wijze van het *Dasein* niet ophelderen zonder niet reeds ergens besef te hebben van het Zijn als zodanig. Het *Dasein*, dat ieder van ons trouwens zelf is en dat dus nooit van buitenaf kan worden onderzocht, houdt zich altijd al op in een soort impliciet zijnsverstaan, zowel van de wereld als van zichzelf. Wat men dan moet doen is dit ongethematiseerde verstaan thematiseren.

In *Sein und Zeit* wil Heidegger de wezenskenmerken van de mens als *Dasein* ('existentialen') thematiseren. In de eerste plaats blijkt de mens niet een ding tussen de dingen te zijn. Hij is *ek-sistentie* in de zin dat hij 'buiten zichzelf' is. Hij is op zijn bestaan steeds betrokken als op een mogelijkheid. Hij valt nooit samen met zichzelf, maar is juist dat zijnde voor wie het, zoals Heidegger kernachtig zegt, 'in zijn Zijn *om* zijn Zijn gaat'. Zijn bestaan is voor hem iets dat hij *kan* zijn en *te* zijn heeft. Hij moet zijn bestaan *ontwerpen* en is in die zin steeds *zichzelf vooruit*.

Nu is de wijze waarop de mens zich in de toekomst vooruitwerpt, steeds getekend door het feit dat hij, voorafgaand aan elke keuze, altijd al in de wereld is *geworpen*. Door deze *geworpenheid* is hij in zijn ontwerpmogelijkheden beperkt.

Als geworpen ontwerp is de mens tevens wezenlijk gekenmerkt door 'vervallenheid' (*Verfallenheit*). Heidegger bezweert ons dit existentiaal niet negatief te interpreteren: het betekent gewoon dat de mens steeds met de dingen in de wereld begaan is. Wel houdt de vervallenheid in dat de mens de fundamentele neiging heeft zichzelf aan de dingen te verliezen. De mens begrijpt zichzelf altijd al vanuit zijn omgang met de dingen, en hierdoor neigt hij ertoe zichzelf als een ding te beschouwen, als een zijnde tussen de zijnden. Ook wanneer hij zich superieur acht omdat hij als zijnde ook nog over een 'bewustzijn' of een 'rede' beschikt, vergeet hij dat hij wezenlijk *mogelijkheid* is, een kunnen-zijn.

De neiging van de mens tot een 'oneigenlijke', dingmatige voorstelling van zichzelf te vervallen, bemoeilijkt uiteraard de analyse van het *Dasein*. De mens heeft zeker geen 'spontaan', 'intuïtief' inzicht in hoe hij zelf in elkaar zit, in hoe hij zich bijvoorbeeld verhoudt tot de wereld waarin hij zich bevindt. Hij stelt zich al gauw de wereld voor als een geheel van dingen die 'voorhanden' zijn. Volgens Heidegger verschijnt de wereld voor de mens evenwel eerst en vooral als een samenhangend geheel van 'tuigen' waarmee hij op een 'bezorgende' wijze omgaat. Tuigen zijn geen 'voorhanden' objecten die men aanstaart en eventueel bestudeert. Ze zijn 'terhanden' (*zuhanden*): zonder ze daarom binnen handbereik te hebben heeft de mens er steeds iets mee voor. Tuigen verschijnen ook nooit geïsoleerd, maar altijd binnen een geheel van tuigen die naar elkaar verwijzen.

Deze 'tuigsamenhang' moet men niet utilitaristisch begrijpen. De wereld van het tuig is een vertrouwelijke omgeving waarin alles op elkaar betrokken is, hoewel deze betrekkingen in eerste instantie niet gethematiseerd zijn. De wereld verschijnt als een 'omstreek' (*Gegend*) waarin alles *nabij* is omdat het ons *aangaat*, en niet als de abstracte ruimte van de mathematische fysica. Dat het 'in-de-wereld-zijn' een existentiaal van de mens is betekent dat de wereld zich nooit tegenover hem bevindt als een onverschillig object waarover hij al dan niet kan besluiten het te willen begrijpen of niet. Als tuigsamenhang is de wereld altijd al voor ons 'ontsloten'. Wij 'verstaan' onze wereld, ook al blijft dat verstaan ongethematiseerd, 'ondoordacht' in de zin van ingegeven door wat 'men' in het alledaagse 'gepraat' allemaal vertelt.

Het tuig en zijn hele context verschijnen altijd op een onopvallende manier. Het tuig is er immers nooit voor zichzelf, maar altijd 'om te…' Daarom kijkt men er overheen of omheen. Enkel wanneer een tuig, zegt Heidegger, bijvoorbeeld beschadigd is of ontbreekt, en er dus een breuk ontstaat in de keten van naar elkaar verwijzende tuigen, gaat het tuig als zodanig opvallen. Met de deficiënte 'terhandenheid' van dit ene tuig komt meteen ook de hele tuigsamenhang voor het eerst expliciet onder de aandacht, hoewel de ongestoord bezorgende mens er reeds impliciet mee bekend was. De mens moet als het ware uit zijn wereld vallen om in te zien dat hij erin zit, zij het dat op het moment van dit inzicht dit 'in-zijn' juist zijn alledaagse vertrouwdheid verliest.

Hoewel de vertrouwdheid van de wereld voor de mens een wezenlijk element is, is ze uiteindelijk bedrieglijk. De mens die zich vlot in de wereld van het tuig beweegt, dreigt te vergeten dat hij er uiteindelijk omwille van *zichzelf* is, omwille van zijn 'geworpen existentie'. In de alledaagse omgang blijft zijn *eigenlijke* bestemming voor hem versluierd. De wereld van het tuig is immers een wereld waarin de mens meent reeds alles te begrijpen en te weten wat hem te doen staat. Hiermee verbergt hij voor zichzelf dat hij omtrent zichzelf eigenlijk helemaal niets weet en dat de wereld hem daarbij niet kan helpen. Dit dringt tot hem door in de stemming van de angst, maar ook in de 'vale onbestemdheid'. In deze stemmingen valt alle samenhang uit de wereld weg. Geen enkel zijnde lijkt dan nog van belang of betekenis. Hierdoor wordt de mens geconfronteerd met zijn in-de-wereld-zijn *als zodanig*. De angst transformeert de wereld van een thuis waarin men bezorgend opgaat, tot een vreemd, '*unheimlich*' element waarin men geworpen is. In de angst heeft de mens niets meer omhanden zodat hij voor het eerst ervaart *dat* hij er is, dat hij een 'er'-zijn (*Dasein*) is. Hij ervaart dus dat hij nog niets is, dat hij loutere mogelijkheid is, louter *kunnen*-zijn, terwijl ondertussen elk *waartoe* hem duister blijft.

Dat de mens mogelijkheid is toont zich het scherpst in zijn betrekking tot de dood. Het alledaagse bewustzijn herleidt de mogelijkheid die de dood altijd is tot een feitelijkheid die er nu nog niet is en er ooit zal zijn, alsof de mens een terhanden of voorhanden ding is dat daarbij ook nog weet dat het ooit helemaal stuk zal zijn. Voor de mens die zijn existentie ernstig neemt, is de dood geen feit dat hij langzamerhand nadert en eventueel kan anticiperen, maar een pure mogelijkheid die hij ten einde toe als mogelijkheid moet uithouden. Als zijn uiterste mogelijkheid is de dood iets waarover hij radicaal niet beschikt, iets dat toe-komstig blijft en dat hij dus altijd nog *te zijn* heeft. In het zijn-tot-de-dood kan de mens op de meest radicale wijze zijn ek-sistentie als oninhaalbare mogelijkheid en dus *on*mogelijkheid assumeren, maar hij kan ook, zoals iedereen doorgaans doet, de dood vreesachtig opzijzetten en hem neutraliseren tot de abstracte vaststelling 'iedereen sterft ooit, dus ik ook'.

Door het beschadigde of ontbrekende tuig heen verschijnt de 'wereldlijkheid' van de wereld. In de angst gebeurt er nog iets radicalers: de wereldlijkheid wordt als het ware leeggezogen zodat de mens op het naakte 'dat' van zijn in-de-wereld-zijn wordt teruggeworpen. Wanneer

Heidegger twaalf jaar na *Sein und Zeit* over de kunst schrijft, staan het 'tuig' en zijn 'wereld' opnieuw centraal. Alleen gaat het nu niet meer om beschadigde of ontbrekende tuigen, noch om angst. Het kunstwerk lijkt een meer 'positieve' ervaring mogelijk te maken van de wereld en het Zijn, hoewel die ervaring toch bevreemdend en onthutsend blijft.

De waarheid aan het werk: het kunstwerk

EEN PAAR SCHOENEN

Heideggers *Der Ursprung des Kunstwerkes* (1936) stevent niet ongeduldig af op een definitie van kunst of van een kunstwerk. Dit essay tast naar het specifieke van de ervaring die het kunstwerk ons geeft. Als fenomenoloog benadert Heidegger het kunstwerk als *fenomeen*, namelijk als iets dat verschijnt, en hij vraagt zich af: om welk soort verschijning gaat het, wat gebeurt er hier? Iets gelijkaardigs deed Kant toen hij zich afvroeg wat de eigen aard van de esthetische ervaring is. Het grote verschil met Kant is dat het bij Heidegger uiteindelijk niet om een 'esthetische' ervaring gaat.

In zijn zoektocht naar wat het kunstwerk onderscheidt van andere dingen, bijvoorbeeld natuurlijke dingen of gebruiksvoorwerpen, maakt Heidegger een misleidende omweg. Hij gaat eerst na wat een 'ding' is om zich nadien af te vragen wat voor soort ding het kunstwerk dan wel is. Hierbij ervaart hij meteen het gewicht van de klassieke metafysische opvattingen van het ding. Diepgeworteld in de westerse filosofische traditie is de Aristotelische idee van een ding als gevormde stof. Een ding bestaat uit een onbewerkte grondstof die een bepaalde vorm heeft ontvangen.

Nu heeft men volgens Heidegger, wanneer men het ding zo definieert, eigenlijk heimelijk steeds het *tuig* voor ogen: het tuig als een product dat werd vervaardigd met een bepaald doel. En in de traditie is ook het kunstwerk altijd vanuit het tuig afgeleid, namelijk als een tuig dat bovendien ook nog 'esthetische' kwaliteiten had. Maar ook het loutere natuurding werd eigenlijk gedacht als tuig: iets dat met een bepaald doel voor ogen door een opperwezen geschapen is.

Door altijd, bewust of onbewust, het ding vanuit het tuig te begrijpen, heeft men het ding in zijn ware aard geweld aangedaan. Niettemin blijft Heidegger bij zijn reeds in *Sein und Zeit* naar voren gebrachte grondintuïtie dat de dingen zich inderdaad primair als tuig aandienen. Alleen heeft hij het sterke vermoeden dat de functionalistische visie op het tuig als een dienstbare, doelmatige vorm-stof-combinatie, aan het eigenlijke Zijn van het tuig voorbijschiet.

Heidegger van zijn kant wil het Zijn van het tuig vatten, wat niet betekent dat hij het wil vangen in een bepaald begrip. Het gaat eigenlijk om het meest eenvoudige: *het tuig zichzelf laten zijn*, het te denken zoals het vanuit zichzelf verschijnt. Om dit te bereiken maakt Heidegger een beweging die in de geschiedenis van de filosofie zonder precedent is. Hij zegt: laat ons, zonder filosofische veronderstellingen, naar het paar boerenschoenen op een schilderij van Van Gogh kijken. Laat ons kijken hoe deze 'schoentuigen' zich daar tonen.

Men kan de zaak altijd afhandelen door te zeggen: schoenen zijn tuigen in de zin dat ze professioneel met het oog op een duidelijk doel zijn geproduceerd. Ze moeten het iemand mogelijk maken pijnloos te lopen. Maar voor Heidegger tonen Van Goghs schoenen veel meer. En dan gaat het niet om een tot nog toe onvermoede 'esthetische meerwaarde' die even het functionele aspect naar de achtergrond drukt. Deze schoenen, hoewel ze los van hun context verschijnen, laten een hele *wereld* oplichten. In deze schoenen, die Heidegger aan een boerin toeschrijft, zijn samengebracht 'de last van de moeizame boerenarbeid', 'de trage gang van de boerin door de eentonige voren in de akkergrond, waarover de gure wind waait', 'de onzekerheid omtrent het dagelijks brood'...

Men kan Heideggers 'poëtische' evocatie twijfelachtig en 'subjectief gekleurd' vinden. Wezenlijk is dat Van Goghs kunstwerk ons de schoenen niet presenteert als 'voorhanden' objecten die men in hun isolement kan aanstaren – ook de boerin zit haar schoenen nooit aan te staren –, maar als dingen die met een samenhangende, vertrouwde wereld verweven zijn. Het kunstwerk 'schenkt het tuig aan zijn wereld terug'. Opgenomen in zijn wereld verschijnt het tuig niet als een louter gebruiksding, maar als iets betrouwbaars, iets waarop men zich kan *verlaten*. De *Verlässlichkeit* is voor Heidegger het wezenlijke van het tuig.

De dienstbaarheid van het tuig in functionalistische zin is slechts vanuit deze *Verlässlichkeit* denkbaar en niet omgekeerd. Degene die bijvoorbeeld een paar schoenen draagt omdat dit voor het lopen 'nu eenmaal handig is', doet dit tegen de achtergrond van een vertrouwelijke omgang met die schoenen die meteen ook de vertrouwdheid van een hele wereld impliceert. In de dagelijkse handel en wandel blijft deze vertrouwdheid, juist doordat ze zo nabij is, doorgaans gemaskeerd als louter dienstbaarheid. Pas het kunstwerk laat deze vertrouwelijkheid als zodanig verschijnen.

Heidegger voltrekt in *Der Ursprung des Kunstwerkes* een slinkse omkering. Eerst doet hij alsof hij tot een begrip van het kunstwerk wil komen vanuit een bezinning op het ding. Dit leidt hem evenwel meteen naar een misleidend begrip van het tuig. Pas door elke poging tot begrijpen zogenaamd op te schorten en 'gewoon' te kijken hoe het tuig in het kunstwerk verschijnt, openbaart zich het Zijn van het tuig. Eerst het kunstwerk 'plaatst de waarheid [van het tuig] in het werk'. Want daar wil Heidegger toe komen: 'das Kunstwerk ist das in Werk setzen der Wahrheit'.

Dat voor Heidegger in het kunstwerk de waarheid verschijnt, betekent niet dat hij zonder meer in een neoplatoonse traditie staat waarbij de kunst het medium is van een hogere Waarheid, of, zoals bij Hegel, de verschijning van de Idee. Het tuig zoals het in het kunstwerk verschijnt wijst weliswaar boven zichzelf uit, maar niet naar een ander zijnde – dat essentiëler, hoogstaander of ideëler zou zijn –, maar naar zijn *Zijn*, dat wil zeggen naar het gebeuren waarbij het, verweven met zijn wereld, in de aanwezigheid komt. Dit 'aanwezen', dit 'in de onverborgenheid treden' van het tuig toont zich in die aspecten van het schilderij die objectief niets voorstellen, bijvoorbeeld in de donkere opening in Van Goghs schoenen. Juist doordat deze gaping niets voorstelt, afbeeldt, illustreert, kan daarin de vertrouwde wereld van het tuig, op noodzakelijk verborgen wijze, verschijnen.

DE WAARHEID ALS STRIJD

Als tweede voorbeeld van een kunstwerk kiest Heidegger iets heel anders, namelijk een Griekse tempel. Een tempel, zoals bijna alle architectuur, stelt niets voor, verwijst niet naar iets buiten zichzelf. Een tempel dient eigenlijk helemaal niet om naar te kijken, maar brengt de hele omgeving waarin hij is ingeplant, tot aanschijn. Deze keer gaat het om meer dan om de vertrouwde wereld van het tuig. In de mate waarin de tempel bijvoorbeeld standhoudt tegenover de storm dringt het geweld van die storm pas echt tot de mens door. De glans van de stenen van de tempel brengt voor het eerst het licht van de dag, de weidsheid van de hemel, de duisternis van de nacht te voorschijn. Maar de tempel, en het godsbeeld dat hij bevat, brengt daarenboven de lotgevallen van een volk tot de eenheid van een *Gestalt* die dat volk uitnodigt over zijn bestemming te beslissen.

Het waarheidsgebeuren dat voor de mens de wereld en hemzelf ontsluit, behoudt bij Heidegger iets raadselachtigs. Dat de wereld zich altijd al voor de mens openlegt als een gestructureerd geheel dat een beroep op hem doet, is niet op het conto van de mens te schrijven. Het gebeuren van de waarheid als onverborgenheid is wat hem het meest nabij is, maar het is ook datgene wat hem het gemakkelijkst ontgaat. De klaarte, de *Lichtung* waarin alles zich verzamelt wijkt telkens weer terug om plaats te maken voor de zijnden die worden belicht. Steeds zijn het de zijnden die onze aandacht en zorg opeisen, en die wij dan ook tot voorwerp van onderzoek maken. Maar het *Zijn* van de zijnden, de ruimte van onverborgenheid waarin ze zich samenvoegen, dát ontglipt ons.

De klaarte zelf blijft in het duister. Waarheid veronderstelt wezenlijk, niet als iets bijkomstigs, verborgenheid.

Het kunstwerk brengt niet een bepaalde waarheid over, maar doet het wezen van de waarheid zelf als *aletheia* geschieden. Het opent de ogen voor een klaarte, een ruimte van onverborgenheid die de mens niet zelf heeft ingericht, maar waarin hij buiten zichzelf is 'losgelaten'. Het kunstwerk doet hierbij meer bepaald recht aan de verborgenheid die in elke onverborgenheid meespeelt. Deze dimensie van verborgenheid noemt Heidegger *aarde*, zonder lidwoord, omdat het om een gebeuren gaat, niet om een ding. Aarde is dus niet de 'aarde' als een ruwe, chaotische materie die 'achter' de altijd gevormde, geordende wereld schuilgaat. Aarde is eigenlijk niets anders dan de wereld zelf, maar dan als een element waarin de mens altijd reeds *geworpen* is. In haar 'aardse' dimensie is de wereld een waarheidsgebeuren dat de mens structureel voorafgaat, en daarom *in* zijn vertrouwdheid iets onheuglijks en vreemds blijft behouden. In aarde blijft wereld 'geborgen', behoudt ze het karakter van een ondoordringbaar 'ding' dat in zichzelf rust. Maar de berging van wereld in aarde is nooit totaal. Wereld is aarde altijd ook aan het 'openbreken'. De strijd blijft onbeslisbaar.

Heidegger geeft toe dat hij zelf de metafysische neiging heeft aarde als een soort onbewerkte stof of 'onderbouw' op te vatten en dus opnieuw in de metafysische stof-vorm-tegenstelling te vervallen. Het verschil tussen een tuig en een kunstwerk zou dan zijn dat in het tuig de gebruikte stof in zijn gebruik opgaat, terwijl in het kunstwerk de *stof als zodanig* verschijnt: de tempel doet ons pas de massieve zwaarte van de steen ervaren, het schilderij het oplichten en verduisteren van de verf, enzovoort. Maar Heideggers stof-begrip doelt uiteindelijk niet op die ruwe, 'eerlijke' materialiteit waar men in de context van 'concrete' of 'informele' kunst een lans voor breekt. De 'stof' waar Heidegger het over heeft is altijd al 'zijnshistorisch' geladen. Vanuit die stof heeft het Zijn de mens altijd al toegesproken en zijn historische herkomst en bestemming uitgetekend, zij het dat deze 'tekening' zich aan elke begrippelijke explicitering onttrekt.

Doordat aarde een puur oprijzen van het Zijn is vóór elke articulatie, heeft aarde iets mateloos. Juist door zijn mateloosheid vraagt het zijnsgebeuren om 'in het *werk* geplaatst' te worden. Het gebeuren van het Zijn, dat alle zijnden te buiten gaat, heeft een zijnde nodig, namelijk het kunstwerk, om – letterlijk – tot 'stand' te komen. Het kunstwerk concentreert als het ware de onbepaalde openheid die de waarheid anders zou blijven, op een bepaalde plek door er een werk op te stellen. Het kunstwerk 'richt' het zijnsgebeuren 'in' door met een *Riss* (trek, scheur, schets, plan, ruk...) aan zijn mateloosheid de maat van een vorm op te leggen. Maar anderzijds verabsoluteert het kunstwerk zijn eigen vorm niet. In dezelfde beweging vertrouwt het kunstwerk zijn vorm weer aan aarde toe. De vorm overwint het mateloze van aarde niet, maar blijft een *Riss* die getuigt van de strijd tussen aarde en wereld, tussen het mateloze van het zijnsgebeuren en de opgelegde maat.

Het kunstwerk markeert de grens, de boord van een mateloze aanwezigheid die nooit in haar zuiverheid kan verschijnen. Het markeert het verschil tussen het *zijnde* dat het onvermijdelijk is en een *Zijn* dat elk zijnde te buiten gaat, en het voegt ze in hun verschil samen. In die zin is het kunstwerk de manifestatie van de 'ontologische differentie'.

Reeds in *Einführung in die Metaphysik* (1935), in een commentaar op Sophocles' *Antigone*, zag Heidegger het kunstwerk als het resultaat van een strijd tussen het mateloze geweld van het Zijnsgebeuren en de mens die dit geweld eveneens gewelddadig tracht te beheersen maar in die poging onvermijdelijk wordt gebroken. In die heroïsche mislukking verschijnt het Zijn meer dan ooit als het 'heersende'.

In *Der Ursprung des Kunstwerkes* tracht Heidegger dit proces van zijn 'Nietzscheaanse' heroïek te ontdoen. Hij doet er alles aan om het subjectivistische en voluntaristische beeld te vermijden van de kunstenaar die aan chaotische krachten een vorm probeert op te leggen. De kunstenaar is hoegenaamd niet te begrijpen als de 'creatievere' versie van een ambachtsman die een onbewerkte stof naar zijn hand zet. Heidegger leest het Duitse *hervorbringen* ('voortbrengen') liever letterlijk als *naar voren brengen*. Het artistieke produceren is eigenlijk een 'vernemen'. De kunstenaar voegt zich naar een waarheidsgebeuren dat reeds, zij het nog onopgemerkt, aan de gang was. In die zin komt het kunstwerk niet tot stand door de wilsact van de kunstenaar, maar door wat Heidegger reeds in *Sein und Zeit* een *Entschlossenheit* noemt: het vastberaden openstaan van de kunstenaar voor een zijnsgebeuren waarin hij eerst en vooral geworpen is en dat hij derhalve tot zijn eigen ontwerp moet maken.

Zo'n ontwerp is niet eenvoudig een toe-eigening. Het zijnsgebeuren is niet iets dat men bewust binnen de cirkel van zijn aandacht kan plaatsen of zich tot doel kan stellen. Het kan de mens binnen de context van al zijn intenties en plannen altijd slechts als iets onverwachts overvallen: als een 'stoot' die hem in het 'ongehoorde' duwt. Ongehoord is niet een of ander buitengewoon zijnde, maar *dat* er hoe dan ook zijnde is. Ongehoord is het *dat* van het Zijn. Het kunstwerk confronteert ons met dit *dat* doordat het met alles *wat* het eventueel te voorschijn kan brengen, ook altijd zichzelf terugtrekt in het *dat* van zijn verschijning, en daarmee op het 'banale' feit dat er in het algemeen zijnde is. Hierin verschilt het van een gebruiksvoorwerp.

Reeds in *Sein und Zeit* werd het Dasein dat in de wereld plots niets meer 'terhanden' had, overvallen door de angst voor een leeg, onbepaald *dat*. Ook in *Der Ursprung des Kunstwerkes* komt dit *dat* als iets bevreemdends, *unheimliches* aan de orde. Maar van angst is er nu vreemd genoeg helemaal geen sprake meer. Deze is als het ware opgelost in een ervaring van *schoonheid*. Dit komt wellicht doordat het *dat* nu zijn beangstigende onbepaaldheid heeft verloren. Waar de wereld haar vertrouwde samenhang verliest, stoot de mens niet zomaar op de leegte, maar op een diepere dimensie van de wereld die Heidegger *aarde* noemt.

Geborgen in aarde blijft de waarheid over zijn herkomst en zijn bestemming, de 'grond' van waaruit de mens denkt en handelt voor hem gesloten. Maar deze geslotenheid is niet iets puur negatiefs. Het is een 'berging' waarin de waarheid bewaard blijft en als het ware klaar ligt om door de mens naar boven te worden gehaald en opgericht in een *werk*. *Scheppen* is voor Heidegger dan ook geen creëren, maar 'opscheppen' van wat zich schenkt. De kunstenaar *put* uit een waarheidsgebeuren waarin hij reeds geworpen is. Pas in zijn door een 'wenk' van het Zijn uitgelokte besluit tot het werk maakt de mens het Zijnsgebeuren, dat de grond is van zijn bestaan, tot een grond die hij 'zelf' *sticht*.

Omdat de grond die de mens draagt voor hemzelf doorgaans verborgen blijft, heeft het 'in het werk plaatsen' van die grond altijd iets van een radicaal nieuwe *aanvang*, alsof de geschiedenis pas echt begint, alsof de mens voor het eerst zicht krijgt op zijn historische bestemming. De *Ursprung* van het kunstwerk is dan ook een 'oer-sprong', een sprong uit een reeds lang latent gebleven 'wezensherkomst'. De 'schok van het nieuwe', waarmee men vaak de artistieke avant-garde kenmerkt, is eigenlijk steeds een lang voorbereide sprong vanuit het oeroude.

Voor Heidegger deelt de kunstenaar de grond waarin zijn bestemming rust met zijn 'volk'. Als de kunstenaar vastberaden de hem reeds toegeworpen waarheid ontwerpt, is dit een beslissende wending in de geschiedenis van zijn volk. Hij 'bevrijdt' zijn volk tot zijn tot dan toe verborgen grond. Maar omdat hij het ongehoorde, gewelddadige van elk gronden incarneert, wordt hij al gauw beschouwd als 'levensvreemde zonderling' die zich op de grens van de gemeenschap beweegt.

Zowel in *Einführung in die Metaphysik* als in *Der Ursprung des Kunstwerkes* wordt de kunstenaar, zij het heel terloops, als 'stichter' geplaatst naast degene die een staat vestigt en degene die het 'wezenlijke offer' verricht. De artistieke daad waagt zich net zoals de (wezenlijke) politieke en religieuze daad aan 'het ontzettende van de aanvang', en is dan ook niet denkbaar zonder lijden.

Heidegger geeft geen uitsluitsel omtrent het verschil tussen het artistieke en het politieke. Vaststaat dat hij in 1933, na zijn kortstondig engagement met het nationaal-socialisme, colleges gaat geven over Hölderlin en over de kunst bij Nietzsche. Hij schrijft ook *Der Ursprung des Kunstwerkes*. Het 'gronden' en 'stichten' worden vooral een artistieke zaak. In de essays over Hölderlin en andere dichters wordt deze zaak zelfs heel problematisch.

'WAT BLIJFT STICHTEN DE DICHTERS'

Zoals reeds aan het einde van *Der Ursprung des Kunstwerkes* plaatst Heidegger in zijn studies over poëzie de *Dichtung* boven alle andere kunstvormen. Dit valt in de context van zijn denken enigszins te begrijpen. Wat men tegenwoordig het 'medium' van de kunstenaar noemt, is voor Heidegger geen middel tot representatie of expressie. In het medium ligt datgene wat in het kunstwerk moet verschijnen reeds opgeborgen. Vandaar het privilege van de taal. Veel minder dan bijvoorbeeld het klanken-, kleuren- of materialenspectrum kan de taal worden beschouwd als indifferent, op zichzelf betekenisloos 'arbeidsmateriaal' dat de kunstenaar dan tot iets betekenisvols zou omvormen. 'Die Sprache spricht', zegt Heidegger. De taal spreekt reeds vanuit zichzelf vóór elke subjectieve intentie of wilsact. De taal heeft altijd al de wereld voor de mens opengelegd, aan al het verschijnende een onderkomen geschonken.

Heidegger noemt de taal 'het huis van het Zijn' omdat het Zijn altijd al *ter sprake* is gebracht. Het is derhalve onmogelijk om de taal te gronden in een werkelijkheids- of zelfervaring die aan de taal vooraf zou gaan. De taal zelf is een grond die geen verdere grond heeft en dus 'grondeloos' is.

De taal is niet primair een instrument om ervaringen te 'communiceren'. De taal benoemt of beschrijft niet reeds verschenen dingen, maar laat ze voor het eerst verschijnen. Ze is intiem met de zijnservaring vervlochten, zij het dat dit meestal voor de mens versluierd blijft. De mens vervalt al gauw tot een instrumentele visie op de taal. De poëzie is er om de taal in haar wezen te onthullen. Net zoals Van Goghs schoenen doen ervaren wat een tuig is, ervaren we door het gedicht wat een woord is. Het gedicht doet ons ervaren dat de dingen ons pas nabij zijn doordat ze 'in het woord worden geroepen'. Maar juist die nabijheid is voor de mens het meest verre. Het poëtische woord benoemt deze verte, de afwezigheid waarin de dingen eerst 'aanwezen'.

De dichter, die steeds dicht in de taal van zijn volk, tast naar de heel eigen wijze waarop de verre nabijheid van het Zijn zijn volk is toebedeeld. Hij houdt vooral vast aan de verte van waaruit dat Zijn *blijft* toekomen, van waaruit zijn volk bij zichzelf *blijft* thuiskomen. Uiteindelijk moet het 'eigene' dat een volk tot een 'oer-sprong' in zijn geschiedenis noopt, voor dat volk een ontoegankelijk, 'heilig' geheim blijven. Zo wijkt 'het Duitse' in de poëzie van Hölderlin terug. Niet dat het slechts een hersenschim is, maar het wordt in zijn eeuwige toe-komstigheid uitgehouden. De *Entschlossenheit* van de dichter toont zich dus niet zozeer in een sprong waarmee hij het 'eigene' van zijn volk openbaart, maar vooral in een behoeden van wat met elke sprong als een geheim moet achterblijven. Het eigene verschijnt in het gedicht als het vreemde, het 'Heimliche' als het '*Unheimliche*'.[3]

Heidegger verlegt na 1933 zijn aandacht van de politiek naar de kunst. Maar het artistieke is voor hem geen 'sector' van de cultuur naast de politiek. Kunst, politiek, zoals overigens ook religie, wetenschap, techniek en uiteraard filosofie zijn voor hem allemaal wijzen waarop de mens al dan niet ingaat op het Zijn dat hem aanspreekt en hem uitnodigt deze aanspraak op zich te nemen. Omdat deze aanspraak het wezen van de mens is, staat met het al dan niet ingaan op die aanspraak de mens zelf op het spel. In wezen beslist de kunst dus mee over wie de mens is en waar het met hem heen moet. Waar het zijnsgebeuren openlijk gegrond wil worden, zegt Heidegger, 'komt de kunst aan haar historische wezen toe'.

Alleen twijfelt Heidegger eraan of de kunst in de moderne tijd nog wel een wezenlijke manier is waarop de mens over zijn toekomst beslist. Wat kan het historische belang zijn van een activiteit die het geheim waarin de wezenlijke beslissing gegrond is *als* geheim bewaart? Zijn er nog plaats en tijd voor zo'n eerbiedige terughoudendheid, voor zo'n *schroom*? Voor Heidegger blijft de kunst in elk geval een vrijblijvende bezigheid in de marge van de cultuur zolang ze niet de confrontatie aandurft met het massieve gegeven dat de moderne cultuur inderdaad de zin voor zo'n schroom heeft verloren. Dit is de teneur van *Die Frage nach der Technik* (1953).

Oog in oog met het gevaar

Heideggers *Die Frage nach der Technik* gaat niet zomaar over de techniek. Dit essay kwam tot stand binnen de context van een symposium over 'Die Künste im technischen Zeitalter' en wordt geleid door de vraag die aan het einde van *Der Ursprung des Kunstwerkes* werd opgeworpen: 'Is de kunst nog een wezenlijke en noodzakelijke wijze waarop de voor ons historische bestaan beslissende waarheid geschiedt?' Op het eerste gezicht is Heideggers antwoord ronduit negatief. Niet de kunst, maar de techniek bepaalt het bestaan van de moderne mens.

Maar wat is techniek eigenlijk? Van Dale antwoordt bijvoorbeeld: 'de

3. Zie bijvoorbeeld Heidegger, 'Heimkunft / An die Verwandten', in: *Erläuterungen zu Hölderlins Dichtung*.

zinvolle toepassing van de mogelijkheden die de natuur biedt tot verwezenlijking van door de mens beoogde doelen'. Heidegger zou zo'n definitie bestempelen als een typische uiting van de 'antropologisch-instrumentele' opvatting van techniek: de techniek gezien als een instrument, een middel dat de mens aanwendt ter verwerkelijking van door hem vooropgestelde doelen. Deze opvatting, zegt Heidegger, is 'juist', maar dit betekent niet dat men hiermee doordringt tot het wezenlijke van de techniek. Wezenlijk is dat de techniek iets *te voorschijn brengt*. Wat de Grieken *technè* noemden was geen produceren in de zin van bewerken of veroorzaken, maar een wijze van 'ontbergen' en dus een *waarheids*gebeuren. Deze ontberging wordt niet zomaar bewerkstelligd door de technicus. *Technè* is een 'doen' (*poiesis*) dat zich voegt naar een ontberging die zich reeds aan het voltrekken is. De techniek is dus wezenlijk een te-voorschijn-*laten*-komen.

Heidegger neemt hier het ongetwijfeld al te duidelijke voorbeeld van de offerschaal. De schaal doet een hele wereld tot aanschijn komen zonder dat men kan zeggen dat dit door de maker bewerkstelligd is. Men kan deze schaal vergelijken met de kruik waar Heidegger het over heeft in *Das Ding* (1950). De schaal bevat voedsel dat geofferd wordt aan de goden, opdat ze zich over de mensen zouden ontfermen, zodat deze laatsten zich thuis zouden voelen op aarde, en toch verbonden met de hemel. Net zoals bij de kruik is datgene wat met de offerschaal in de aanwezigheid komt niet zonder meer het resultaat van een doelgerichte handeling. Beide 'technisch' vervaardigde dingen bergen een hele wereld in zich waarin goden, stervelingen, hemel en aarde met elkaar in betrekking staan. Het *Geviert* licht op vanuit de leegte die door de kruik wordt omvat, zoals de wereld van de boerin oplicht vanuit de donkere opening in haar schoenen.

Terwijl Heidegger in *Der Ursprung des Kunstwerkes* vanuit een klassieke visie op het tuig als een functioneel ding, doorstoot naar de *Verlässlichkeit* als wezen van het tuig, zo laat hij in zijn essay over de techniek de instrumentalistische, functionalistische visie op de techniek achter zich om het wezen van de techniek te bepalen als te-voorschijn-brengen. De onvermijdelijke vraag die in *Die Frage* wordt opgeworpen is dan of ook de moderne machinetechniek een dergelijk te-voorschijn-brengen is.

Alles wijst erop dat dit niet het geval is. Het gaat niet meer om een te voorschijn *laten* komen, om een openstaan voor wat zich vanuit zichzelf ontbergt, maar om een te voorschijn *vorderen* van wat dan vervolgens wordt *opgeslagen*. Heidegger heeft het erover dat de oude windmolen geen energie opslaat omdat hij rechtstreeks afhankelijk blijft van de wind. De waterkrachtcentrale van haar kant maakt van de rivier een permanente energiebron, zodat de energie permanent beschikbaar, stuurbaar en bestelbaar is. In het algemeen wordt in de moderne machinetechniek de natuur 'gesteld': afgesteld, opgesteld als iets waarvan de voorhandenheid te allen tijde verzekerd is. Daarom kan Heidegger zeggen dat de moderne mens de natuur tot 'bestand' maakt ('staat', 'voorraad', 'inventaris'...), namelijk tot een overzichtelijk, permanent beschikbaar en stuurbaar geheel van grondstoffen en energieën.

Het is niet dat de mens zelf ervoor heeft gekozen het zijnde als een bestand zeker te stellen. Dit is een lot dat hem is toebedeeld. Het is het Zijn zelf dat erover heeft beschikt om de mens ertoe uit te dagen het zijnde zo tegemoet te treden. Deze specifieke lotsbeschikking van het Zijn noemt Heidegger het *Gestell*.

Het *Gestell* is voor Heidegger de laatste consequentie van een 'vervoorwerpelijking' van het zijnde die sinds lang is ingezet. Sinds de zeventiende eeuw wordt de werkelijkheid gedacht als *Gegen-stand*, namelijk als een object dat tegenover een subject staat. Deze 'voorwerpelijkheid', als moderne verschijningswijze van de werkelijkheid, is de voorwaarde voor theorie en wetenschap in de moderne zin van het woord. 'Theorie' staat dus niet zomaar voor een 'neutraal' onderzoek van de werkelijkheid, dat dan in de techniek kan worden toegepast, maar is in zichzelf reeds 'praxis' omdat ze de werkelijkheid altijd reeds bij voorbaat 'tot staan' heeft gebracht, dat wil zeggen heeft omgevormd tot iets dat wordt opgesteld als object tegenover een subject dat zich dit object dan kan voor-stellen.

In het tijdperk van de techniek bereikt deze ontbergingswijze die het zijnde nog enkel als voorwerp van de voor-stelling laat verschijnen haar nihilistisch hoogtepunt. Nihilistisch, omdat met het *Gestell* het wezen van de waarheid als onverborgenheid (*aletheia*) op de meest extreme wijze verborgen blijft. Doordat het *Gestell* de mens uitdaagt het geheel van het zijnde binnen het bestand te rukken, en dus alles slechts te benaderen in zoverre het beschikbaar, stuurbaar, bestelbaar, berekenbaar is, krijgt het zijnde niet meer de kans om zich *vanuit zichzelf* te ontbergen en zich dus in zijn Zijn te tonen. De moderne mens staart zich blind op de zijnden, op de kennis, de inrichting, het beheer en de aanmaak van de zijnden, waardoor het gebeuren van het in de aanwezigheid treden dat elk aanwezig zijnde te buiten gaat en tevens samenbrengt in een nabijheid, meer dan ooit vergeten wordt.

Het is Heideggers overtuiging dat deze reductie van het zijnde tot bestand niet slechts een zaak is van de techniek in enge zin, maar in het algemeen de verhouding van de moderne mens tot het zijnde kenmerkt. Het *Gestell* heerst op alle niveaus: in de politiek, de media, de kunst. Heidegger verwijst bijvoorbeeld naar de televisie, die alles voor-stelbaar maakt, alles zodanig binnen het 'vormloos afstandsloze' van de voorstelling binnenrukt dat niets nog de kans krijgt om te verschijnen.

De excessen van de techniek zijn volgens Heidegger niet toevallig. De wil om alles binnen het bestand te rukken en uiteindelijk te '*vernutzen*' kent geen grenzen omdat hij heimelijk wordt gedreven door een leegte die het zich verbergende Zijn achterlaat. Deze verborgenheid zelf verbergt zich, wordt gemaskeerd door de steeds nieuwe grote opdrachten en doelen die de mens zichzelf stelt. Om de zijnsverlatenheid niet te hoeven ervaren stelt men telkens een nieuw 'idee', 'waarde' of 'zin' voorop. Uiteindelijk wil de wil slechts zichzelf. Hij onderwerpt slechts het zijnde om zich van zijn vermogen tot willen te verzekeren. Omdat deze wil aldus op niets is gericht, mondt hij uit in de 'razende bedrijvigheid' die eigen is aan onze tijd.

Wat Heidegger het 'gevaar' van de techniek noemt slaat niet op het gevaar voor bijvoorbeeld vernietigingsoorlogen en ecologische rampen, maar op de mogelijkheid dat de zijnsverlatenheid helemaal niet meer wordt ervaren. Daarom doet Heidegger de techniek niet vanuit een romantisch-nostalgische reflex als duivelswerk af. Hij wil slechts het wezen van de techniek denken. Zoals gezegd gaat elk technisch bezigzijn terug op de *technè* als te-voorschijn-brengen, zij het dat dit onder de heerschappij van het *Gestell* verborgen blijft. Deze verberging is geen vergissing van de mens die het Zijn over het hoofd heeft gezien, maar een lotsbeschikking van het Zijn zelf die de mens derhalve moet assumeren. Slechts uit zo'n assumptie kan blijken dat de verberging van het Zijn niet iets louter negatiefs is maar een manier waarop het Zijn zich aan de mens toebedeelt.

Daarom citeert Heidegger Hölderlin: 'Wo aber Gefahr ist, wächst das Rettende auch.' Het Zijn wenkt de mens, kondigt zich aan *in* de totale vergetelheid waaraan het zich in het *Gestell* overlevert. Of de mens zich openstelt voor het wezen van de techniek hangt derhalve niet zomaar af van een subjectieve beslissing. Juist de idee dat de wil van een subject hier beslissend is sluit af van de *wezenlijke* beslissing. Het gaat erom dat de mens zich in de extreme nood van de zijnsverlatenheid door het Zijn laat 'wenken' of zelfs 'aanstoten'. Het gaat om een bereidheid tot ontvangen, niet om een ongeduldig tegemoet gaan.

Het Zijn is geen object waarop men, zij het cognitief of praktisch, beslag kan leggen, maar een gebeuren dat de mens toe-valt. Het wezen van de mens is dat hij voor dit gebeuren openstaat. Daarom staat met het *Gestell* het wezen van de mens op het spel: ziet hij zichzelf als een soort 'rationeel dier' of 'autonoom subject' dat de wereld naar zijn hand zet, of erkent hij zichzelf als *ek-sistentie*, als een wezen dat altijd al aan zichzelf is ontrukt in een waarheidsgebeuren waarover het uiteindelijk zelf niet beschikt? Anders gezegd: laat de mens zich blind in het *Gestell* inschakelen of leest hij dat *Gestell* als een diep verborgen modus van de *poiesis* of *technè* als tot-aanwezigheid-brengen?

Heidegger suggereert voorzichtig dat in deze keuze waarvoor de mens gesteld wordt, de kunst misschien een cruciale rol zou kunnen spelen. Zij blijft, omdat zij ook steeds een *maken* is, verwant met de moderne techniek, maar ook grondig verschillend daarvan. De kunst zou misschien het in onze moderne tijd verborgen gemeenschappelijke wezen van techniek en kunst naar boven kunnen halen.

Volgens Heidegger stonden bij de Grieken het productieve van de techniek en de schoonheid van de kunst nog niet tegenover elkaar zoals in de moderne tijd het geval is. Techniek was bij de Grieken niet iets louter 'technisch', de kunst van haar kant was nog niet 'artistiek' of 'esthetisch'. Beide voegden zich naar het gebeuren van de *aletheia*. Ze brachten *te voorschijn*.

In de moderne tijd is de kunst evenwel weggeduwd naar de 'kunstsector' of 'culturele sector', waarin zaken worden ondergebracht die geen direct aanwijsbaar doel hebben. Deze zaken worden dan gereduceerd tot voorwerp van een 'esthetische', met andere woorden subjectief-zintuiglijke ervaring of gewaarwording. In het esthetische domein wordt de beleving (*Erlebnis*) gecultiveerd. De beleving is een prikkeling of emotie waarin de waarheid helemaal niet aan de orde is. Daarom is zij het element waarin de kunst sterft, zegt Heidegger.

Heidegger komt ervoor uit dat hij ver meegaat met Hegels idee over het einde van de kunst. In zoverre zij slechts een bron is van esthetische beleving doet de kunst eigenlijk niets anders dan de armoede compenseren van het technische, rekenende denken, waarin waarheid gereduceerd is tot accumulatie van kennis van het zijnde. De steriele beheersing van het bestand enerzijds en de exaltatie van het vitaal-zintuiglijke anderzijds, zijn voor Heidegger in wezen geen tegengestelde tendensen, maar de elkaar versterkende aspecten van dezelfde constellatie.

Dat men aan de kunst 'eeuwigheidswaarde' toekent, en haar daarom in het 'cultuurbestand' onderbrengt, bewijst des te meer dat de kunst de mens niet meer op een wezenlijk, 'zijnshistorisch' niveau aanspreekt.

Heidegger lijkt van de kunst te eisen dat zij opnieuw haar zijnshistorische taak op zich zou nemen, dat zij dus de waarheid die de mens historisch toegeworpen is daadwerkelijk in het 'opene' *installeert*. Zijn suggesties daaromtrent blijven evenwel vaag in hun voorzichtigheid. In elk geval eist hij van de kunst dat zij de moed opvat te erkennen dat alle *installeren* heden ten dage door het almachtige *Gestell* is gemonopoliseerd. De kunst moet zich niet romantisch tegen de techniek afzetten, maar durven ingaan op het *gevaar* dat ermee is gemoeid. Zij moet dus de extreme zijnsverlatenheid op zich nemen, en wellicht zelfs de quasi-onmogelijkheid om deze verlatenheid ook maar te ervaren. Uit de kunst moet dan blijken dat in deze verlatenheid het Zijn niet ontbreekt, maar zich slechts terugtrekt, en dat deze terugtrekking slechts de andere kant is van de allervroegste, onheuglijke aankomst van het Zijn. Deze terughoudendheid *in* de aankomst, dit onopvallende van het nabije, is het altijd weer vergeten wezen van het Zijn zelf.

Als het volgens *Der Ursprung des Kunstwerkes* tot de 'taak' van de kunst behoort de zijnsgrond van de mens als een zijnde te installeren en op die manier pas tot *zijn* grond te maken, dan moet daarbij worden gezegd dat die grond slechts kan verschijnen als iets wat zich aan de mens onttrekt. De kunst toont van het Zijn zijn verschijnen zelf, zijn *gave*, het onvoorziene van zijn niettemin lang verbeide aankomst. Het Zijn *is* deze gave. Het is niet 'iets', een zijnde, dat zich geeft, maar het gebeuren van de gave zelf. De kunst moet het geheim van deze gave bewaren en tonen hoe deze gave nog het meest versteende bestand bespookt, niet als een esthetisch surplus, maar als datgene wat de aanleg van het bestand pas mogelijk maakt.

Denken en dichten

Heideggers denken over kunst is sterk door Nietzsche beïnvloed. Zo is de 'oerstrijd' tussen aarde en wereld uit *Der Ursprung des Kunstwerkes* een nieuwe versie van de strijd tussen Dionysos en Apollo. Toch ondermijnt Heidegger de metafysica op een fundamenteel andere manier dan Nietzsche. Nietzsche heeft de neiging de idee van 'waarheid' af te doen als een metafysische waanidee die fnuikend is voor het leven; het leven heeft immers de schijn en de leugen nodig om zichzelf te blijven scheppen en uitbreiden. We weten dat Nietzsche hierdoor in allerlei paradoxen terechtkwam. Alleen al in de hartstochtelijke manier waarop hij de esthetische schijn aanraadde als tegengif voor de waarheid, verried hij hoe sterk hij nog aan de zogenaamde 'waan' van de waarheid verknocht was. Nietzsche kon zijn odes aan het esthetische spel met de schijn slechts brengen tegen de achtergrond van een *waarachtig* inzicht (tragisch en later 'wetenschappelijk') in het gewelddadige en chaotische karakter van het leven.

Voor Heidegger is Nietzsches aanval op het begrip 'waarheid' uiteindelijk tevergeefs omdat Nietzsche tekeergaat tegen een achterhaald waarheidsbegrip (de waarheid als *adaequatio*) dat hij vitalistisch-esthetisch reduceert zonder zich op het wezen van de waarheid te bezinnen. Het wezen van de waarheid is voor Heidegger een onverborgenheid waaruit zowel de kunst als het denken put. In het nawoord bij *Was ist*

Metaphysik heet het dat 'dichters en denkers in elkaars nabijheid wonen, op ten diepste gescheiden bergen'.

Voor Heidegger staan denken en 'dichten' (alle kunst is voor Heidegger wezenlijk *Dichtung*) niet tegenover elkaar zoals het rationele begrip tegenover de expressie van het gevoel. Waar ze de moed hebben tot het uiterste te gaan, ontmoeten ze elkaar. In elk serieus denken vibreert een dichten mee, terwijl anderzijds het meest hoogstaande dichten, zoals dat van Hölderlin, 'denkend' is.[4]

Heidegger reduceert de kunst niet tot de filosofie of omgekeerd. Zo heeft Nietzsche de neiging het denken te herleiden tot een artistieke creatie. Hegel laat daarentegen de kunst oplossen in het begrippelijke denken. Dit komt doordat hij de waarheid denkt als een *geest* die zijn eigen (zintuiglijke) uitwendigheid in zichzelf terugneemt. Bij Heidegger blijft de waarheid haar uitwendigheid behouden. De waarheid van het Zijn is en blijft wezenlijk iets dat *verschijnt*, en de mens is juist ek-sistentie omdat hij wezenlijk aan dit verschijnen van het Zijn is overgeleverd. Hij is in dit gebeuren steeds *buiten zichzelf*, en zowel in de filosofie als in de kunst probeert de mens dit 'buiten' op zich te nemen als wat hem het meest 'eigen' is.

Het verschil tussen denken en dichten *in* hun verwantschap suggereert Heidegger als hij zegt: 'De denker zegt het Zijn. De dichter noemt het heilige.'[5] Het heilige is niet iets anders dan het Zijn. Het heilige is het Zijn als een oorsprong die onaangetast, 'veraf' blijft. Doordat hij dit heilig noemt maakt de dichter de mens aan deze verte vast, maar het is de dichter niet gegund deze oorsprong ook vast te *houden*.[6]

Besluit: Heidegger en de avant-garde

Hoewel Heidegger betrekkingen onderhield met kunstenaars als Braque, Klee, Masson, Chillida en Char, kan men niet zeggen dat hij veel voeling had met de artistieke avant-garde. Zo zegt hij over de abstracte kunst niet meer dan dat ze een symptoom is van de almacht van het technische denken. Maar men kan het bewuste fragment uit *Der Satz vom Grund* ook interpreteren alsof voor Heidegger de abstracte kunst een poging van de moderne mens is om 'aan het *wezen* van de techniek tegemoet te komen', zodat zich daaruit 'meer oorspronkelijke mogelijkheden voor een vrij bestaan van de mens aankondigen'.[7] In elk geval is

4. *Unterwegs zur Sprache*, p. 173.
5. *Was ist Metaphysik*, p. 51.
6. *Erläuterungen zu Hölderlins Dichtung*, pp. 144-149.
7. *Der Satz vom Grund*, p. 41. Vgl. p. 6.

Heideggers denken verwant aan de abstracte kunst als hij zegt dat het in kunst niet zozeer gaat om *wat* er verschijnt als om het verschijnen als zodanig. Wel kan men met hem tegen een bepaalde abstracte kunst inbrengen dat ze, in haar verlangen de kunst van elke empirische toevalligheid te zuiveren, de *eindigheid* van het zijnsgebeuren dreigt te negeren, namelijk het feit dat het 'verschijnen als zodanig' strikt genomen niet bestaat omdat ieder verschijnen zich noodzakelijk verbergt in *wat* er verschijnt.

Heideggers vertoog over het 'grondende' en 'stichtende' karakter van het kunstwerk is in het algemeen niet vreemd aan de ideeën van de avant-garde. In zekere zin legt hij de grondstructuur én het problematische karakter van die ideeën bloot. De kunstenaar haalt de historische zijnsgrond van het menselijke bestaan naar boven en maakt deze eerst daardoor tot grond. Hiermee geeft hij zijn tijdgenoten een 'stoot': ze worden geconfronteerd met het voor henzelf verborgen wezen van hun tijdperk en de mogelijkheden die daarin sluimeren.

Een duidelijk voorbeeld: constructivisten en futuristen hadden het gevoel dat heel veel mogelijk was, dat de mens op de drempel stond van een nieuwe tijd waarin hij zich eindelijk in volle vrijheid zou kunnen ontplooien. Het kunstwerk was dan een medium om de mens de ogen te openen voor zijn potenties. Zoals bekend was het geloof van deze avant-garde in de toekomst verstrengeld met haar fascinatie voor de techniek. Heidegger zou constructivisten en futuristen deze fascinatie niet aanwrijven, wel dat ze over de techniek wellicht te *technisch* dachten: alsof de techniek slechts een middel is om het zijnde transparant en beheersbaar te maken (constructivisme) of alsof ze als 'esthetisch' roesmiddel kan worden aangewend (futurisme). Beide stromingen zien in de kunstenaar al te zeer een autonoom schepper die het technische naar zijn hand kan zetten en het nieuwe op eigen kracht bewerkstelligt.

Ook voor Heidegger brengt de kunst 'de schok van het nieuwe', maar dit nieuwe kan slechts ontspringen vanuit het oeroude dat zich daarin ophoudt en dat de kunstenaar moet laten rijpen. Het tijdperk van de techniek verbergt zijn eigen wezen. Slechts wanneer de kunstenaar deze verberging respecteert, kan hij hopen dat dit wezen zich in een 'werk' laat overzetten. Kunstenaars als Beckmann, Grosz en Chirico zijn elk op hun manier misschien trouwer aan het wezen van de techniek dan de toekomstdronken avant-garde, omdat ze gevoeliger zijn voor het gevaar dat eigen is aan de techniek: namelijk dat het zijnde, de mens incluis, tot een 'bestand' versteent en in een woestijn verandert.

Toch blijft het onduidelijk waar Heidegger op aanstuurt als hij van de kunst nog verwacht dat ze voor de mens zijn waarheid 'in het werk plaatst'. In elk geval denkt hij hierbij altijd aan de oude Grieken: aan een tempel, een kruik, een offerschaal, een mythisch gedicht... De Griekse kunst fungeert als het ideale tegendeel van de kunst die in het museum 'uit zijn wezensruimte is losgerukt'.[8] Terwijl het vandaag nog slechts het voorwerp is van esthetisch genoegen of van kunsthistorische interesse, schonk het kunstwerk in het oude Griekenland een heldere gestalte aan de waarheid omtrent de oorsprong en bestemming van het volk. In het kunstwerk kreeg de 'gewelddadige' mateloosheid van het Zijn een maat die voor de gemeenschap richtinggevend was. Het Zijn verscheen in het kunstwerk als het 'verzamelende' dat ordent en verordent.

Maar 'Griekenland' belichaamt voor Heidegger ook een ander aspect van het zijnsgebeuren: het Zijn als een onheuglijke gave die zich meteen ook altijd terugtrok. Anders gezegd: de onverborgenheid als een gebeuren dat te mateloos was om te worden ontvangen en daarom sindsdien slechts als *belofte* geschiedenis kon maken. Zo komt de taak van het kunstwerk om het historisch bestaan van de mens te gronden, in een ander daglicht te staan. Het Zijn verschijnt dan in het kunstwerk als een gebeuren dat te mateloos is, te 'aards' om nog een vertrouwde wereld te kunnen oproepen. Het laat van de wereld dan nog slechts het brute *dat* verschijnen. Dit *dat* is de wereld die zodanig in 'aarde' is opgeborgen dat ze niet meer de beslissingen van de mens kan oriënteren. Elk stichten en gronden is dan veroordeeld om blind in de leegte te tasten.

Als maatgevende gestalte van een Zijn dat de dingen in de klaarte verzamelt is het kunstwerk voor Heidegger 'schoon'. Als gebroken of quasi-gestalteloze gestalte van een Zijn dat ook altijd een excessieve en dus onontvangbare gave is, kan men het kunstwerk – hoewel Heidegger deze Kantiaanse term niet gebruikt – 'subliem' noemen. Het sublieme kunstwerk lijkt geen zijnshistorische werking te hebben. Het trekt, om een Heideggeriaans beeld te gebruiken, voor de moderne mens geen 'voren' waarin zijn beslissingen zich kunnen voegen, maar cultiveert slechts zijn perplexiteit omtrent het feit dat zijn wereld verschijnt zoals zij verschijnt.

Dat de wereld zich zo in haar naakte *dat* kan tonen, komt ongetwijfeld doordat ze opgevorderd is als bestand, doordat ze de mens met

8. Men kan zich de vraag stellen of een schilderij – bijvoorbeeld een Van Gogh! – dat gemaakt is om in een of ander burgerhuis of museum aan de wand te hangen, dan geen 'wezensruimte' opent. Heidegger zegt zelf dat 'het kunstwerk toebehoort aan het gebied dat het *zelf* opent'. De schoenen van Van Gogh openen dan weliswaar niet de wereld van de beschouwer, maar die van de 'boerin'. Ook gaat het niet om een wereld die zich 'letterlijk' rond het schilderij vormt – zoals bepaalde sculpturen of 'installaties' beogen –, maar een wereld die in de verbeelding van de beschouwer oprijst. Heidegger springt evenwel over deze problemen heen.

andere woorden niet meer uitnodigt om zich naar haar verschijnen te schikken, maar hem is voorgeworpen als een object dat hij ofwel kan onderzoeken, bewerken en beheren, ofwel esthetisch kan 'beleven'. Aangesteld tot beheerder en genieter van het zijnde, niet meer door het Zijn van het zijnde *aangesproken*, is de mens zonder lot: *schicksallos*. Terwijl het schone kunstwerk de mens uitnodigde zich naar zijn lot te voegen, zou het sublieme kunstwerk hem de ogen openen voor de 'lotloosheid' waartoe het *Gestell* hem heeft veroordeeld. En juist door serieus in te gaan op deze 'lotloosheid' zou deze zich tonen als een ultiem lot dat het Zijn, in zijn uiterste vergetelheid, de mens toebedeelt...

Bibliografie

WERKEN VAN HEIDEGGER

Rondom kunst

Nietzsche. 2 delen, Pfullingen (Neske) 1961

Der Ursprung des Kunstwerkes, in: *Holzwege*. Frankfurt a.M. (Vittorio Klostermann) 1972; Ned. vert. *De oorsprong van het kunstwerk*. Vertaling: Mark Wildschut en Chris Bremmers, Amsterdam/Meppel (Boom) 1996

'Wozu Dichter?', in: *Holzwege*. Frankfurt a.M. (Vittorio Klostermann) 1972

Die Technik und die Kehre. Pfullingen (Neske) 1978; Ned. vert *De techniek en de ommekeer*. Vertaling: H.M. Berghs, Tielt/Utrecht (Lannoo) 1973

Unterwegs zur Sprache. Pfullingen (Neske) 1979

Erläuterungen zu Hölderlins Dichtung. Frankfurt a.M. (Vittorio Klostermann) 1981

'Die Herkunft der Kunst und die Bestimmung des Denkens', in: P. Jaeger en R. Lüthe, *Reflexionen und Analysen zur Kunst der Gegenwart*. Würzburg 1983

Over denken, bouwen, wonen. Vier essays. Vertaling: H.M. Berghs, Nijmegen (SUN) 1999[2]. Oorspr. 'Was heisst Denken?', 'Bauen Wohnen Denken', 'Das Ding' en '...dichterisch wohnet der Mensch...', in: *Vorträge und Aufsätze*. Pfullingen (Neske) 1954, 1985[5]

Selectie uit overige werken

Sein und Zeit. Tübingen (Max Niemeyer) 1979[16]; Ned. vert. *Zijn en tijd*. Vertaling: Mark Wildschut, Nijmegen (SUN) 1998

Was ist Metaphysik? Frankfurt a.M. (Vittorio Klostermann) 1969[10]; Ned. vert. *Wat is metafysica*? Vertaling: Maarten van Nierop, Tielt/Utrecht (Lannoo) 1970

Der Satz vom Grund. Frankfurt a.M. (Vittorio Klostermann) 1955-1956

Die Zeit des Weltbildes, in: *Holzwege*. Frankfurt a.M. (Vittorio Klostermann) 1972; Ned. vert. *De tijd van het wereldbeeld*. Vertaling: H.M. Berghs, Tielt/Bussum (Lannoo) 1983

Einführung in die Metafysik. Tübingen (Max Niemeyer) 1976[4]; Ned. vert. *Inleiding in de metafysica*. Vertaling: H.M. Berghs, Nijmegen (SUN) 1997

Brief über den 'Humanismus', in: *Wegmarken*. Frankfurt a.M. (Vittorio Klostermann) 1978[2]; Ned. vert. *Brief over het 'humanisme'*. Vertaling: G.H. Buijssen, Tielt/Utrecht (Lannoo) 1973

OVER HEIDEGGER EN DE KUNST

Jacques Taminiaux, 'Le dépassement heideggerien de l'esthétique et l'héritage de Hegel', in: *Distanz und Nähe. Reflexionen und Analysen zur Kunst der Gegenwart*. Hrsg. von Petra Jaeger und Rufolf Lütke, Würzburg (Königshausen + Neumann) 1983

F.-W. von Hermann, *Heideggers Philosophie der Kunst*. Frankfurt a.M. (Vittorio Klostermann) 1980

Daniel Payot, *La statue de Heidegger. Art, vérité, souveraineté*. Belfort (Circé) 1998

OVER HEIDEGGER IN HET ALGEMEEN

A. Kockelmans, *Martin Heidegger. Een inleiding tot zijn denken*. Tielt/Den Haag (Lannoo) 1964

Michel Haar (ed.), *Martin Heidegger*. Cahiers de l'Herne, Parijs (L'Herne) 1983

Otto Pöggeler, *Der Denkweg Martin Heideggers*. Pfullingen (Neske) 1983; Ned. vert *Martin Heidegger. De weg van zijn denken*. Vertaling: M. Mok, Utrecht/Antwerpen (Het Spectrum) 1969

Michel Haar, *Le chant de la terre. Heidegger et les assises de l'histoire de l'être*. Parijs (L'Herne) 1985

HOOFDSTUK 6

Walter Benjamin – *Reddend nihilisme*

Er moeten perspectieven geschapen worden waarin de wereld zich verplaatst, vervreemdt, haar scheuren en spleten openbaart, zoals ze eenmaal behoeftig in het messiaanse licht zal openliggen.
THEODOR W. ADORNO, *Minima Moralia*, nr. 153

Inleiding

In tegenstelling tot Heidegger, die in een wijd uitgesponnen gesprek met de filosofische traditie telkens weer de dimensie van het Zijn uit de vergetelheid naar boven haalde, heeft Walter Benjamin (1892-1940) een oeuvre bij elkaar geschreven dat zowel qua stijl als qua thematiek een zeer heterogene aanblik biedt. Benjamin schreef filosofische essays, kunstkritiek, literatuurkritiek, aforismen, novellen, dagboeken en talloze brieven. Hij schreef loodzware epistemologische beschouwingen, maar ook meer lichtvoetige bespiegelingen over allerlei cultuurfenomenen. Zijn stijl fluctueert tussen bijna ergerlijk esoterisch en journalistiek. Het heterogene van Benjamins oeuvre weerspiegelt dat van zijn inspiratiebronnen: de kabbalistische mystiek en het historisch materialisme, de esthetica van de Duitse vroegromantiek en de kunst van de twintigste-eeuwse avant-garde, Kafka en Brecht...

Hoewel het verre van eenvoudig is een eenheid in Benjamins denken te ontwaren, kan men stellen dat zijn hele oeuvre doortrokken is van de *messianistische* idee van een *redding*. Dit messianisme, van joodse signatuur, was evenwel voornamelijk op een verhulde wijze werkzaam, 'als een dwerg in een schaakautomaat'. Benjamin wilde namelijk vermijden dat zijn messianistische 'leer' verward zou worden met canonieke religieuze voorstellingen of met een of andere versie van het moderne vooruitgangsgeloof. Elke thematisering van deze leer hield het gevaar in dat ze door een of andere politieke, religieuze of sociale beweging zou worden toegeëigend. Omdat de messiaanse hoop ons strikt genomen 'alleen terwille van de hopelozen gegeven is', niet terwille van de machtigen, moest deze hoop onder een esoterische sluier verborgen blijven.[1]

1. Benjamin expliciteerde zijn messianisme slechts kort in twee vroege teksten: 'Das Leben der Studenten' en 'Theologisch-politisches Fragment', en in zijn laatste tekst: 'Über den Begriff der Geschichte'.

Niet alleen omdat de filosofische conceptualisering ervan een gevaar inhield, moest Benjamins messianisme een 'verborgen leer' blijven, maar ook omdat die conceptualisering strikt genomen *onmogelijk* is. De messiaanse 'redding' is namelijk een gebeuren dat zich principieel onttrekt zowel aan elk kennissysteem als aan elke bewuste wil er deel aan te hebben. De redding kondigt zich structureel op een terughoudende, versleutelde manier aan: in tekens of fenomenen die ontcijferd moeten worden. En deze ontcijfering is niet slechts de moeizame activiteit van een intellect, het is ook altijd een plotselinge, onverhoopte ervaring die het karakter heeft van een *gave*.

Welnu, voor Benjamin is het vooral de kunst die de mens uitnodigt tot zo'n complexe ontcijfering. Elk goed kunstwerk bevat sporen in zich die naar een verlossende 'openbaring' verwijzen. De taak van de kunstkritiek is deze sporen te lezen, wat inhoudt dat ze de schone schijn die altijd aan het kunstwerk kleeft, doorbreekt. Dit kan evenwel niet zomaar van buitenaf gebeuren. De kunstkritiek moet de esthetische schijn *uit zichzelf* laten ontwaken. Dit ontwaken is geen pure ontsluiering die van het kunstwerk nog slechts een prozaïsche inhoud overlaat. Juist door de nuchterheid van de kunstkritiek, die het kunstwerk van alle mythische hocus-pocus ontdoet, laat ze het geheim van het kunstwerk recht wedervaren.

Omdat, overigens net als voor Heidegger, het kunstwerk de plaats bij uitstek is waar de waarheid verschijnt, is de kunstkritiek voor Benjamin niet een soort toegepaste filosofie of esthetica, maar het hoogste waagstuk van het denken. Slechts door in te gaan op het unieke kunstwerk kan de filosofie haar 'eigen' doel, de waarheid, bereiken. Dit betekent dat de waarheid niet wordt verkregen via een kenproces dat het ervaringsmateriaal schikt en organiseert. De waarheid is in het kunstwerk onmiddellijk, zij het op verborgen wijze, gegeven. In het domein van de kunst is de ervaring zelf meteen het inzicht. En trouwens niet alleen in de kunst. De kunst is voor Benjamin eerder het model voor elke ervaring waarbij een concreet fenomeen, hoe onbeduidend het ook kan lijken, de belofte van de redding in zich bergt.

De vergeten oorsprong van de taal

Benjamins kunstopvatting blijft tot het einde toe geïnspireerd door een mystiek-theologische taalfilosofie die hij reeds in 1916 in *Über Sprache überhaupt und über die Sprache des Menschen* formuleerde. In dit cryptische essay heet het dat de hele schepping van geest doordrongen is, en dat het 'geestelijke wezen' van de dingen *onmiddellijk* talig is. Dit betekent dat de dingen zich niet door middel van taal uitdrukken, maar dat ze slechts bestaan *als* taal. Het gaat dus om de taal die zichzelf meedeelt. Het heeft geen zin om van een realiteit 'achter' de taal te spreken.

De mens is het enige wezen dat de dingen benoemt. De namen waarmee de mens dat doet zijn hem ingefluisterd door de stomme taal van de dingen waarin God zich meedeelt. De taal is uiteindelijk een gave van God, niet als een instrument dat God de mens geeft om de dingen te benoemen, maar als een manier waarop Hij de dingen aan de mens schenkt als onmiddellijk leesbaar. De mens moet de sporen van Gods woord in de schepping lezen en in woorden vertalen. Deze vertaling is een puur geestelijke verklanking. Daarom is de taal voor de mens oorspronkelijk niet een medium waar*mee* hij boodschappen aan anderen overbrengt, maar een medium waar*in* zijn geestelijke wezen, dat talig is, zich aan God meedeelt.

Benjamins taalfilosofie is een eigenzinnige interpretatie van het bijbelse scheppingsverhaal. Doordat de menselijke taal primair lezend, en dus passief-ontvangend is, mist ze het scheppend karakter van de goddelijke taal. Reeds in het 'paradijs' verliest de taal van de mens haar scheppend elan om *kennis* te worden. Toch blijft in de namen die Adam aan de dingen geeft nog een vonk van Gods scheppende woord bewaard. Pas met de eigenlijke zondeval wordt de taal een abstracte tekentaal die de dingen van afstand benoemt. De taal is dan gedegradeerd tot een middel waarmee de mens buitentalige inhouden benoemt en meedeelt. De burgerlijke, instrumentele opvatting van de taal als een communicatiemiddel, met zijn 'zenders' en 'ontvangers', weerspiegelt slechts deze degradatie.

Maar het 'adamitische naamgeven' blijft in de instrumentele taal doorwerken, bijvoorbeeld in de eigennaam, die op zichzelf niets betekent maar waarmee de ouders hun kinderen aan God opdragen. De eigennaam behoudt als het ware nog iets van de scheppende kracht van het goddelijke woord. Maar niet alleen de eigennaam, ook de poëzie en de kunst houden de vlam van Gods woord levendig in een taal die tot een conventioneel tekensysteem is vervallen.

De niet minder cryptische tekst, *Die Aufgabe des Übersetzers*, kan als een complement bij de zondevaltheorie in *Über Sprache* worden gelezen. Daar schrijft Benjamin aan de vertaling van literaire werken een messianistisch potentieel toe. De vertaler moet de verwantschap naar boven halen die de eigen taal heeft met de vreemde taal en met uiteindelijk alle talen. Deze verwantschap speelt zich niet af op het niveau van wat concreet is bedoeld (*das Gemeinte*, het 'betekende' in de hedendaagse taaltheorie), maar op het niveau van de 'wijze van betekenen' (*die Art des Meinens*, de 'betekenaar').

Alle talen hebben hun gemeenschappelijke oorsprong in de adamitische, pre-Babylonische namentaal waarvan ze tevens onherroepelijk zijn afgedwaald. Omdat een geslaagde vertaling twee talen als scherven van een vaas in elkaar doet passen, kondigt zij de hereniging van alle talen aan. Zij verwijst vooruit naar iets wat in de betekenis die de talen produceren, noodzakelijk verborgen blijft, maar in de wijze van betekenen altijd zeer nabij is: de 'zuivere taal die niets meer bedoelt en niets meer uitdrukt, maar enkel als uitdrukkingsloos en scheppend woord het in alle talen bedoelde is'.

Ook in twee latere teksten, *Lehre vom Ähnlichen* en *Über das mimetische Vermögen* (1933), tracht Benjamin een laag van de taal aan te duiden die aan de taal als representatie en communicatie voorafgaat. Maar dit gebeurt nu eerder in een antropologisch dan in een mystiek-theologisch jargon. Benjamin heeft het nu over de mimetische laag van de taal.

Gelijkenissen worden reeds op het niveau van de natuur geproduceerd, zoals in allerlei vormen van mimicry bij planten en dieren. Maar ook het kind is een grondig mimetisch wezen. In zijn spel bootst het niet alleen personen, maar ook objecten na. En de primitieve mens ervaart de hele wereld als een weefsel van mimetische verbanden waarin hij noodgedwongen is ingeschakeld.

Door de geschiedenis heen heeft de drang van de mens om zich, in bijvoorbeeld dans en cultus, gelijk te maken aan de natuur, steeds meer plaatsgemaakt voor het vermogen om gelijkenissen *waar te nemen*. De waargenomen gelijkenissen worden ook steeds minder zintuiglijk. Van zo'n 'niet-zintuiglijke gelijkenis' is de astrologie misschien het duidelijkste voorbeeld dat Benjamin geeft. In de ogen van de gemeenschap gaat de pasgeborene een magische band aan met een kosmische constellatie, waarbij er uiteraard niet van enige *zintuiglijke* gelijkenis sprake is.

Bij de moderne mens is het vermogen om in de natuur gelijkenissen waar te nemen sterk verzwakt, maar niet verloren gegaan. De mimetische correspondenties zijn gesedimenteerd in de taal. De taal en het schrift vormen een soort geheim archief van onzintuiglijke gelijkenissen. Bekeken als zo'n archief is de taal niet slechts een 'semiotisch' geheel van tekens waarmee iedereen betekenisvolle samenhangen kan construeren, maar ook een soort netwerk van onbewuste correspondenties die ontsnappen aan de bewuste betekenisstichting. Binnen het 'normale', mededelende taalgebruik kunnen deze mimetische verbanden slechts opduiken als in een flits die de rechtlijnigheid van de mededeling verstoort. Dit is wat volgens Benjamin bij uitstek in de kunst gebeurt. Zo bekeken laat de kunst nog min of meer het verborgen wezen van de taal verschijnen. Op analoge manier werd in Benjamins theologische taaltheorie de taal van de namen of de 'zuivere taal' nooit helemaal door de 'vervallen', instrumenteel gebruikte taal uitgebannen. De zuivere taal kon altijd nog in de vervallen taal binnenslaan als iets 'uitdrukkingsloos'.

De 'versterving' van het kunstwerk

NUCHTERE ROMANTIEK

In zijn dissertatie *Der Begriff der Kunstkritik in der deutschen Romantik* (1919) betreedt Benjamin voor het eerst expliciet het domein van de filosofische esthetica. Dat er voor Benjamin van het vroegromantische denken een aantrekkingskracht uitgaat is begrijpelijk. De romantici zochten naar een niet-instrumenteel ervaringsbegrip. Ervaring was voor hen niet een opstap naar de kennis zoals voor Kant. Zij zochten naar een ervaring die op zichzelf reeds een hogere kennis was. Op die hogere kennis doelden zij met de term *intellektuelle Anschauung*. Deze betrof een onmiddellijk inzicht in het absolute als eenheid tussen subject en object. Dit metafysisch inzicht bleef in Kants kenleer iets puur hypothetisch, en in zijn esthetica een ervaring die getekend is door een 'alsof'-karakter. Maar zoals in het hoofdstuk over Schelling, Schlegel en Hölderlin bleek, werd de *intellektuelle Anschauung* ook door de romantici reeds serieus geproblematiseerd. Benjamin sympathiseert duidelijk met deze problematiserende, (zelf)kritische tendens in het romantische denken. Niet toevallig behandelt hij het wezenlijke belang dat reflectie en kritiek voor de romantische denkers hadden.

Voor romantici als Novalis en Friedrich Schlegel is de kunstkritiek niet zomaar een reflectie op een prereflexieve esthetische ervaring, of die nu zintuiglijk, emotioneel of spiritueel van aard is. Integendeel, de kritiek moet een reflectie uitdiepen die reeds in het kunstwerk zelf aan het werk is. In die zin is het kunstwerk niet zomaar een object. In het kunstwerk reflecteert, spiegelt de natuur zich in zichzelf, en voor de jonge, romantische Schlegel komt er aan deze zelf(be)spiegeling geen bewust Ik te pas. De beweging van de zelfreflectie is in principe oneindig, maar is anderzijds ook *productief*. Dit houdt in dat de reflectie zich niet in een lege oneindigheid verliest, maar telkens weer een product, een esthetische vorm voortbrengt die per definitie eindig is. De concrete vorm van het kunstwerk is het resultaat van een reflectie die zichzelf begrenst.

De manier waarop de beweging van de reflectie tot een esthetische vorm stolt is voor de romantici wezenlijk door *ironie* getekend. De ironie zet de vorm op losse schroeven zonder hem daarom te vernietigen, en zorgt er aldus voor dat het kunstwerk een 'open kunstwerk' blijft. Daarom moet de kunstkritiek geen *esthetische* oordelen vellen over de vorm van het kunstwerk, maar moet ze de vorm lezen als een altijd voorlopige, in wezen bedrieglijke zelfbegrenzing van de reflectie. Zo'n lezing heropent meteen het oneindige proces van de reflectie, die elke vorm telkens weer in een andere doet omslaan. Deze eindeloze wisseling van vormen speelt zich af in het 'reflectiemedium' van de Kunst als idee. Het gaat hier niet om de idee van een volmaakt, in zichzelf afgerond kunstwerk, maar om het hypothetische totaal van alle elkaar reflecterende vormen, een 'continuüm van alle vormen'.

De kritiek beoordeelt het kunstwerk niet maar 'voleindigt' het, zij het dat deze voleindiging niet, zoals bij Hegel, inhoudt dat de kunst oplost in een absoluut zelfbewustzijn. De 'nuchtere' kritiek offert het kunstwerk op aan de Kunst. Zij geeft de stabiele vorm prijs aan de rusteloze metamorfose. Op die manier is elke kunstkritiek een voorafschaduwing van een kunstwerk zonder precedent, een 'totaalkunstwerk' dat de romantici de naam *progressive Universalpoesie* of *Transzendentalpoesie* gaven. De schriftuur van deze poëzie zou er een zijn waarin alle vormen, genres en stijlen zich voortdurend door de reflectie laten verstoren en in elkaar overgaan. Vandaar dat de gedroomde poëzie dichter bij het nuchtere proza ligt dan bij wat men zich doorgaans bij 'poëzie' voorstelt.

Benjamin legt er de nadruk op dat de romantici helemaal niet zo 'romantisch' waren in de zin van meegesleept op de golven van het gemoed. In de ideale schriftuur laat de artistieke bevlogenheid zich graag onderbreken door de nuchterheid van de kritiek. Maar deze kritiek is geen academische, vormanalytische bezigheid. De kritiek is wezenlijk geïnspireerd door een ervaring van wat elke vorm te buiten gaat en juist daardoor de motor is van de eindeloze wisseling der vormen.

VERBLEKENDE SCHOONHEID

Benjamins complexe essay uit 1922 over Goethes roman *Die Wahlverwandtschaften* is zowel geïnspireerd door het romantische begrip van kritiek als door de zondeval- en verlossingsleer van zijn vroege taaltheorie. Na een studie van het 'zaakgehalte' (in dit geval de expliciete inhoud en motieven van de roman) dient de kritiek door te stoten naar het 'waarheidsgehalte' van het kunstwerk, dat meestal aan de tijdgenoten van de kunstenaar en zelfs aan de intentie van de kunstenaar zelf ontsnapt.

In Goethes roman is het zaakgehalte de mythische wereld waarin de personages verstrikt zitten. Mythisch is bijvoorbeeld de greep die het instituut van het huwelijk, hoe verburgerlijkt ook, op de personages heeft. Het mythische staat voor Benjamin voor de eeuwige wederkeer, voor de noodlottige cirkel van schuld en boete waaraan de mens is overgeleverd. In de ban van het mythische blijft de mens afhankelijk van natuurlijke tekens en orakels. Vanuit een commentaar op deze mythische laag probeert Benjamin het metafysische waarheidsgehalte van Goethes roman open te leggen.

De centrale figuur in *Die Wahlverwandtschaften* is volgens Benjamin de mooie Ottilie. Haar stille geslotenheid en gelatenheid getuigen van een 'natuurlijke' onschuld, maar ook van onbewustheid en het onvermogen om voor zichzelf te beslissen. Zelfs wanneer zij haar leven offert laat zij zich besluiteloos leiden door mythische krachten die haar zo'n zoenoffer influisteren. In die zin komt zij niet aan een werkelijk morele levenshouding toe.

De figuur van Ottilie geldt eigenlijk als metafoor voor Goethes roman zelf. Zoals haar schoonheid slechts fascineert doordat zij gegijzeld is door mythische krachten, is het kunstwerk schoon doordat er een mythische laag in doorwerkt. Het kunstwerk ontleent zijn schijn van waarachtigheid, van levendigheid, aan een magische bezwering die de chaos tot een harmonische vorm verstart. Het kunstwerk mag deze gewelddadige bezwering waaraan zijn harmonie schatplichtig is, evenwel niet verdonkeremanen. Dan vervalt het pas echt tot pure schijn, pure illusie.

De schone schijn moet worden doorbroken door het *uitdrukkingsloze*, een term die in Benjamins taaltheorie reeds opdook als kenmerk van de 'zuivere taal'. Het 'kritische geweld' van het uitdrukkingsloze moet de valse schijn van verzoening verstoren waar het kunstwerk vanwege zijn schone vorm altijd onvermijdelijk toe neigt. In plaats van een ontroering op te wekken, die altijd esthetisch-mythisch blijft, moet het een ontsteltenis (*Erschütterung*) teweegbrengen die moreel-religieus van aard is. Alleen het kunstwerk dat een bres in zijn schoonheid durft te slaan – en dus naar het 'sublieme' neigt –, houdt de belofte open van een waarachtige verzoening.[2] Benjamin leest een teken van deze belofte in de korte novelle binnen Goethes roman waarin de gelukzaligheid een jong koppel ten deel valt omdat het, geen acht slaand op de burgerlijke conventies waarin de mythische machten voortleven, alles voor de liefde in de waagschaal werpt .

In de figuur van Ottilie spiegelt de roman van Goethe zich als het ware in zichzelf. Ottilie belichaamt de manier waarop de roman wankelt tussen een mythische betovering die personages én lezers in haar greep houdt en het uitzicht op een bevrijding uit de toverkring. Deze wankeling is uiteindelijk onophefbaar. De bevrijding, die het 'waarheidsgehalte' van de roman is, blijft structureel ongrijpbaar. Het kunstwerk blijft immers wezenlijk aan de schone schijn gebonden. Schijn en wezen blijven in het kunstwerk onontwarbaar verstrengeld. De schoonheid is niet

2. Benjamin gaat hier helemaal mee met Hölderlins idee van de 'cesuur', het 'zuivere woord' en de 'voorstelling zelf'. Zie hoofdstuk 2 van dit boek.

een omhulsel dat iets verhult dat onthuld zou kunnen worden. Zij is een *noodzakelijk* omhulsel, dat wil zeggen een omhulsel dat, indien men het wegnam, de ononthulbaarheid van het omhulde zou doen ervaren: het geheim. Zo ook de schoonheid van Ottilie: deze verschijnt van meet af aan als een schoonheid die moet verbleken om plaats te maken voor de waarheid. Maar tot het einde toe blijft deze verbleking zelf schoon, en de kritiek kan niet anders dan trouw blijven aan die schoonheid. In *Ursprung des deutschen Trauerspiels* zal Benjamin het zo formuleren: 'De waarheid is geen onthulling die het geheim vernietigt, maar een openbaring die het recht doet.'

GODVERLATEN BAROK

In *Ursprung des deutschen Trauerspiels* (1925) behandelt Benjamin het Duitse barokke drama uit de zeventiende eeuw. Na een gedetailleerd onderzoek naar de motieven die in dit soort drama regelmatig opduiken (bijvoorbeeld de wrede maar machteloze tiran, de hoveling-intrigant), delft Benjamin naar het waarheidsgehalte van deze vergeten kunstvorm. Wezenlijk aan de schriftuur van het barokke drama is zijn allegorische karakter. Hierbij gaat het niet primair om de allegorie als een stijlfiguur, noch om de inhoud van de barokke allegorieën. De allegorie is voor Benjamin in de eerste plaats een taalvorm die een wijze van 'in de wereld zijn' uitdrukt.

De allegorie kan het best begrepen worden in contrast met het symbool. De romantische traditie beschouwde het symbool als een particuliere, zintuiglijke verschijning die een universele, bovenzintuiglijke inhoud incarneert. Het realiseert in die zin een directe eenheid tussen het eindige en het oneindige, tussen het immanente en het transcendente. Het symbool heeft een 'natuurlijke', 'organische' band met wat het symboliseert.

De allegorie daarentegen mist die levendige en transparante band met wat ze betekent. Ze stelt niet iets onmiddellijk aanwezig, maar is een teken dat moet worden gelezen en geïnterpreteerd. De romantici deden de allegorie daarom af als 'conventioneel', 'artificieel', 'gezocht', 'intellectualistisch'... Maar voor Benjamin is de allegorie nu juist een taalvorm die nauw aansluit bij de moderne, gesecülariseerde werkelijkheidservaring. Voor de mens van de zeventiende eeuw getuigt niets in de natuur nog van een bovennatuurlijke openbaring of eschatologie. De natuur is een ontzielde, 'ontwaarde dingwereld' die geen betekenissen meer ontvangt van iets wat haar te boven gaat. Vandaar dat het nu aan de mens is om de dingen met allerlei betekenissen op te laden. Dit is wat in de allegorie gebeurt: het arbitraire be-tekenen van wat op zichzelf geen betekenis heeft.

Deze subjectieve betekenisstichting geeft de moderne mens het gevoel soeverein te zijn, maar maakt hem tegelijkertijd melancholisch. Hij beseft dat geen enkele betekenis bindend is, dat elk teken in principe alles kan betekenen. Elke betekenis die hij aan de dingen oplegt is bij voorbaat – dit leerde Kant – van de dingen zelf, van de 'waarheid' losgeslagen. De moderne mens ontdekt zichzelf als 'een heerser over dode dingen'. En ook zijn handelen is ijdel, want het historische gebeuren heeft geen intrinsieke bestemming meer. De geschiedenis trappelt als het ware doelloos ter plaatse. Dit toont het barokke drama. Op zijn *Bühne* is de geschiedenis tot natuur vervallen, tot een 'verstard oerlandschap'. De personages, niet in staat tot historische daden, vluchten in de melancholische contemplatie van de ontwaarde dingen die hun resten.

Het barokke drama heeft een voorkeur voor zaken die het gebrek aan zin en betekenis aanduiden: de ruïne, het kadaver, het doodshoofd, het dodenmasker, de met bloed gevulde beker, kortom: alles wat slechts restant is, brokstuk, fragment. Deze zaken verschijnen niet als symbolen die op expressieve wijze een levendige aanwezigheid oproepen. Het zijn *allegorieën*: steriele, uitdrukkingsloze emblemen of rekwisieten die eerder tot een eindeloos getob over de vergankelijkheid aanzetten dan dat ze ontroeren.

In zijn 'contemplatieve staarkramp' blijft de allegoricus, als 'gevallen schepsel', trouw aan het ontwaarde. De allegorische blik verzamelt de dingen in de mate waarin ze, levenloos en verbrokkeld, afgescheurd zijn van elke transcendente waarheid. Maar juist door zo'n melancholische contemplatie van een heilloze wereld sluit deze wereld zich niet helemaal in zichzelf af. Hoe meer hun vervallenheid en ledigheid worden uitgediept, hoe meer de dingen uitgroeien tot duistere tekens van een transcendente orde. Het worden esoterische 'hiërogliefen' of 'signaturen' van een goddelijke waarheid. Maar beelden vervuld van betekenis worden ze in elk geval niet. De allegoricus 'duikt juist in de afgrond die beeld van betekenis scheidt'. Uit die afgrond delft hij zijn emblemen. Emblemen zijn tot schriftteken opgedroogde beelden. Het barokke embleem bij uitstek is het lijk dat, in de terminologie van de vroege taaltheorie, het 'zuivere woord' is, zuiver in zijn uitdrukkingsloosheid.

Benjamin verheelt de christelijke waarheidsgrond van de allegorische melancholie niet. Uiteindelijk allegoriseren alle macabere emblemen van de vergankelijkheid de verrijzenis. Waar alle betekenis uit de aardse dingen is weggepompt, waar in hen alle schone schijn is vernietigd en ze uitdrukkingsloos zijn geworden, liggen ze klaar voor de catastrofe – en dus voor de verlossing... De nihilistiche melancholie van de allegoricus is gericht op een messiaanse redding.

Als kritiek, zoals Benjamin zegt, 'versterving (*Mortifikation*) van het kunstwerk' is, dan is de verhouding van de criticus tot het barokke drama onvermijdelijk anders dan tot een roman van Goethe. Het barokke drama is immers een kunstwerk dat zichzelf reeds verregaand 'versterft'. In zijn voorliefde voor het vervallene is het barokke drama 'van meet af aan als overblijfsel, als brokstuk geconcipieerd'. Het verbrijzelt, 'kritiseert' reeds in zichzelf de illusie een organische totaliteit te zijn die een transcendente orde weerspiegelt.

Het allegorische kunstwerk onttovert de esthetische schijn *van binnenuit*, en is in die zin reeds modern. Maar deze onttovering betreft slechts de *mythisch-symbolische* schijn van een organische band met het bovennatuurlijke, niet de belofte van een *messiaanse* redding. Wel verbiedt het barokke drama zichzelf om die redding te verwoorden of te verbeelden. Het beperkt zich tot een melancholische trouw aan het reddeloze.

De ontkunsting van de kunst

Nadat zijn boek over het barokke treurspel vanwege de esoterische stijl als *Habilitationsschrift* werd geweigerd, hield Benjamin op met het schrijven van doorwrochte filosofische traktaten en werd hij noodgedwongen 'publicist'. Zijn onderwerpen werden meteen actueler: het surrealisme, Proust, Krauss, Russische cinema, fotografie, Brecht, Kafka... Naast de avant-garde ontdekte Benjamin ook Marx en het communisme. Het gevolg hiervan was dat de theologische-messianistische component in zijn denken, die altijd al heel impliciet was, nu helemaal uit zijn denken leek te zijn verdwenen.

DE KUNST IN DIENST VAN DE REVOLUTIE

Tot en met het *Trauerspielbuch* zag Benjamin het kunstwerk als iets dat een oponthoud, een 'cesuur' teweegbracht in het verloop van de normale, communicatieve taal. In extremis drukt de taal in het kunstwerk uiteindelijk niets anders uit dan zichzelf. Ze wordt tot een 'uitdrukkingsloos' ding. De cesuur is het moment waarop het kunstwerk de schoonheid van zijn vorm 'offert op het altaar van de waarheid'. Deze sublieme breuk, waarin het esthetische met zichzelf breekt, opent de ruimte voor de filosofische kritiek.

Met intellectualisme heeft dit weinig te maken. De waarheid die de kritiek in het kunstwerk opdelft, is geen kennis. Kennis ontstaat wanneer vanuit afzonderlijke ervaringsgegevens langzaam een theoretische constructie wordt opgebouwd. Tegenover de constructieve, accumulatieve operatie van de kennis is de waarheid die het kunstwerk bevat *discontinu*. De waarheid bevat een wezenlijk destructief, 'nihilistisch' moment. In de kentheoretische voorrede van het *Trauerspielbuch* formuleert Benjamin het extreem: 'de waarheid treedt niet in een verhouding'. Dat wil zeggen: de waarheid onttrekt zich aan elke intentie haar te *bezitten*. De waarheid is iets dat voorbijflitst en dan ook vervliegt als de sporen ervan niet door de kritiek worden samengeraapt.

In bepaalde teksten uit de jaren dertig slaat Benjamin plots een heel andere toon aan. De kunst is geen openbaring meer die de dagdagelijkse, communicatieve taal doorbreekt. De kunstenaar, zo luidt het in het door Brecht beïnvloede *Der Autor als Produzent*, moet strategieën ontwikkelen om het publiek zo effectief mogelijk te beïnvloeden. Hij moet het literaire productieapparaat 'omfunctioneren' ten gunste van de revolutie. Zogenaamd artistiek minderwaardige genres zoals het krantenartikel, het vlugschrift, de brochure, enzovoort, moet hij zich toe-eigenen om er sociale en politieke boodschappen mee over te brengen.

Een dergelijke revolutionaire esthetica verdedigt Benjamin ook in het overbekende *Das Kunstwerk im Zeitalter seiner technischen Reproduzierbarkeit*, hoewel dit essay tegelijk doordrongen blijft van een nostalgisch cultuurpessimisme dat herinnert aan de vroege zondevaltheologie. Wat nu onherroepelijk is teloorgegaan is niet meer de adamitische namentaal, maar de 'aura'. De aura van het kunstwerk wordt bepaald als 'een vreemd weefsel van ruimte en tijd', en ook als 'de eenmalige verschijning van een verte, hoe nabij die ook is'. Benjamin koppelt deze aura aan de uniekheid van een kunstwerk dat hier-en-nu voor een beschouwer verschijnt maar niettemin ongenaakbaar blijft. Het model van het auratische kunstwerk is voor Benjamin het cultusbeeld dat strikt genomen niet dient om te worden aangestaard en dan ook het grootste deel van het jaar voor de gelovigen verborgen kan zijn.

Maar wezenlijk aan het auratische kunstwerk is dat het ook in zijn zichtbaarheid een omhulsel blijft behouden. Het gaat erom dat het door zijn uniekheid moeilijk te benaderen is, en vooral uitstraling heeft doordat het in de samenhang van de traditie is ingeweven. Doordat het kunstwerk van hand tot hand of van mond tot mond wordt overgeleverd, wordt het omgeven door een 'aura'.

De kerngedachte van Benjamins beroemde essay is dat reproductietechnieken zoals fotografie, film en grammofoon het kunstwerk in de moderne tijd van zijn aura hebben beroofd. Doordat het op grote schaal wordt gereproduceerd en gedistribueerd wordt het immers van zijn uniekheid en van zijn verte ontdaan. De reproductietechnieken rukken het kunstwerk los uit de traag en geduldig geweven samenhang van de traditie. Er is geen overlevering meer, geen ervaring die wordt doorverteld. Door zijn technische reproductie wordt het kunstwerk aan een ogenblikkelijke en quasi-universele openbaarheid prijsgegeven. Ontdaan van zijn altijd mysterieuze uniekheid wordt het kunstwerk te allen tijde voor iedereen zichtbaar. Wat het aan 'cultuswaarde' verliest, wint het aan 'tentoonstellingswaarde'.

Kunstvormen als fotografie en film zijn bij voorbaat van aura ontdaan. Een foto of een film heeft immers geen origineel. Ze worden meteen gemaakt met het oog op hun reproductie en distributie op grote schaal. Vooral de film is het moderne medium bij uitstek. Door de vlugge opeenvolging van gemonteerde beelden en de ongewone gezichtshoeken heeft de film een vervreemdende visuele schokwerking die aan het tactiele grenst. Dit 'schokkend' karakter van de film sluit aan bij de jachtige en chaotische wereld uit de grootstad. Een film zet niet, zoals een schilderij, aan tot contemplatie, maar test de tegenwoordigheid van geest van de moderne stadsmens. Daarbij is de film, omdat hij voor een groot publiek kan worden vertoond, zeer geschikt voor de revolutionaire omvorming van de massa.

Het verval van de aura betekent niet alleen een onomkeerbare mutatie in de esthetische ervaring, maar in de structuur van de ervaring *tout court*. De massamedia komen in het algemeen tegemoet aan het verlangen van de massa om alles dichterbij te halen en '*live*' mee te maken. Hierdoor boet de traditie aan gezag in. Het weefsel van collectief overgeleverde verhalen waarin zij de dingen inweeft desintegreert. De dingen rijpen niet meer langzaam in een ervaring die in de traditie van het collectief is ingebed, maar worden op een momentane wijze 'beleefd'. Ook het bombardement van prikkels dat de mens in de stad ondergaat, draagt bij tot de desintegratie van de ervaring in de traditionele zin.

In *Der Erzähler*, een essay uit dezelfde tijd als *Das Kunstwerk*, beschrijft Benjamin niet zonder nostalgie het verval van het traditionele verhaal, dat nog in de 'ervaringsschat' van een volk was geworteld. Ook in het marxistisch geïnspireerde *Das Kunstwerk* is die nostalgie nog voelbaar. Niettemin juicht Benjamin hier de de-auratisering van het kunstwerk toe. Het gede-auratiseeerde kunstwerk is immers meer werkelijkheidsgetrouw in de zin dat het de desintegratie van traditie en ervaring, die zich op alle niveaus van het maatschappelijke voordoet, serieus neemt. Het kunstwerk moet schokken of informeren. Het is niet langer zijn taak te betoveren of te verleiden.

Zoals volgens het Goethe-essay de cultus van de schoonheid wijst op een mythische bevangenheid, zo kan volgens het *Kunstwerk*-essay in de moderne tijd de aura van het kunstwerk nog slechts valse schijn zijn, een krampachtig instandhouden van iets wat zijn tijd heeft gehad. Zo'n artificiële herauratisering verwijt Benjamin aan het symbolisme en *l'art pour l'art* die pleitten voor een spirituele kunst die boven het 'vulgaire' gewoel van het moderne leven verheven zou zijn. Hij bekritiseert ook de cultus rond de steracteur die de verloren aura van de kunst moet herstellen. Hij ziet hierin een verwantschap met het fascisme dat het leiderschap opnieuw een esthetisch-religieus aura wil geven. Deze 'esthetisering van de politiek' kan men slechts beantwoorden met een 'politisering van de esthetiek'.

In het *Kunstwerk*-essay wordt het pleidooi voor een doorbreken van de schone schijn niet meer gemotiveerd door een nauwelijks uitgesproken messianistische hoop, maar door een revolutionair pragmatisme. In confrontatie met het nationaal-socialisme heeft de kunst geen andere keuze dan de spreekbuis te worden van revolutionaire idealen. Hierbij geloofde Benjamin in het *intrinsiek* revolutionaire potentieel van het medium film, in tegenstelling tot het *intrinsiek* conservatieve karakter van klassieke media zoals schilderkunst. Maar tegelijk moest hij toezien hoe de film *feitelijk* op grote schaal esthetische schijn produceerde.

EEN DICHTER ZONDER AUREOOL

In zijn *Über einige Motive bei Baudelaire* (1939) neemt Benjamin een subtielere houding in tegenover de aura en haar verval. Baudelaire wordt hier opgevoerd als een historische scharnierfiguur. Hij is het voorbeeld van de dichter die, hoewel hij nog voeling heeft met de aura, de moed heeft om de moderne 'verbrijzeling van de aura' in zijn poëzie te verwelkomen.

Benjamin verbindt het begrip 'aura' nu vooral met de herinneringen die aan een bepaald voorwerp kunnen kleven. Die herinneringen kan men niet opzettelijk oproepen. Zij kunnen ons pas door geluk toe-vallen. Benjamin denkt hierbij uiteraard aan Proust. Maar deze laatste is reeds een overgangsfiguur. Zijn 'onvrijwillige herinnering' (*mémoire involontaire*) was reeds sterk geïndividualiseerd. In de traditionele samenlevingen waren de onvrijwillig opborrelende herinneringen steeds verbonden met elementen uit het collectieve verleden. Deze verbinding werd verzekerd door de cultus die op vastgestelde dagen werd gevierd.

In de moderne tijd ruimt de herdenkingscultus het veld voor de berichtgeving. De pers doet de actieradius van de vrijwillige, bewuste herinnering zodanig toenemen dat het vermogen ongewild door het verleden te worden bezocht, afsterft. Zich herinneren betekent nog slechts het naar zich toe halen van informatie en kan in die zin niet langer een *ervaring* worden genoemd. Het onderscheid dat in het barokboek werd gemaakt tussen kennis (als doelbewuste operatie) en waarheid (als 'dood van de intentie') komt hier dus terug in de vorm van een tegenstelling tussen twee herinneringsvormen: de moderne, 'vervallen' herinneringsvorm (het gestadig registreren van het verleden) en de 'auratische' herinneringsvorm (het plotseling door het verleden overvallen worden).

Het verval van de herinnering als *ervaring* wordt ook versterkt door de toename in het moderne leven van sterke prikkels die geen band meer aangaan met de herinneringsschat van de traditie. De prikkels, die men bijvoorbeeld krijgt toegediend door de massa en het verkeer in de grootstad, worden meteen door het alerte bewustzijn gepareerd zonder een herinneringsspoor achter te laten. Hierdoor neigt de tijdservaring ertoe te vervlakken tot een opeenvolging van momentane, punctuele *belevenissen* waarin niets meer rijpt. Vandaar het moderne *ennui*: het gevoel dat de tijd leeg is. En voor Benjamin is de moderne vooruitgangsidee slechts een krampachtige poging om aan de lege, ervaringsloze tijd die zich niet regelmatig in een cultisch feest 'voltooit', de schijn van een doel te geven.

Baudelaires 'spleen' is een soort pijnlijk lucide bewustzijn van deze lege tijd waarin de seconden wegtikken. Deze abstracte, louter kwantitatieve kloktijd is die van het kapitalisme, waaraan zowel de bandwerker als de roulettespeler, zowel de arme voddenraper als de decadente flaneur zijn overgeleverd. Baudelaire heeft er bittere gedichten aan gewijd.

Omdat Baudelaire de crisis van de ervaring in zijn poëzie aan de orde stelt, is hij als het ware de eerste moderne dichter. Terwijl hij dicht over de *correspondances*, over een natuur die zwanger is van gelijkenissen, beseft hij dat dit reeds een anachronisme is. Waar traditie en cultus ontbreken gaat het ervarene niet meer spontaan een verbinding aan met een herinneringslaag waarin het individuele en het collectieve zijn verstrengeld. Het ervarene wordt als een abstract 'aandenken' onthouden. Het wordt opgeslagen als 'souvenir' in de toeristische zin van het woord.

Wat het kadaver voor de barokke allegoricus was, zegt Benjamin, is het souvenir voor de moderne allegoricus. In het kadaver concentreerde zich voor het zeventiende-eeuwse 'gevallen schepsel' de heil- en betekenisloosheid van zijn wereld. Het souvenir van zijn kant getuigt, als een soort innerlijk kadaver, van de ervaringsloosheid van de moderne mens. Het is de allegorie voor een 'belevenis' die uit elke levenssamenhang is weggerukt, zoals het 'ontwaarde' ding in de barok losgeslagen is uit het goddelijke heilsplan.

De reductie van de herinnering tot informatie en sensatie in de pers, tot een *gearrangeerde* tover in het eclectische burgerlijke interieur, de reductie van het verleden tot 'cultureel erfgoed' in musea en op wereldtentoonstellingen, de reductie van het lichaam tot koopwaar in de prostitutie, al deze tendensen wijzen op een soort verstening van de leefwereld die Baudelaire doet zeggen: 'Tout pour moi devient allégorie.' De dichter legt eigenlijk de vinger op een allegorisering die zich objectief in de moderne leefwereld voltrekt.

In *Das Kunstwerk* schetste Benjamin hoe de aura van het kunstwerk *van buitenaf* vernietigd wordt door de ontwikkeling van technische reproductietechnieken. Tevens leek hij de kunst genadeloos aan deze techniciteit, waarin hij een revolutionair potentieel ontwaart, te willen prijsgeven. In het geval van Baudelaire gaat het om een verbrijzeling van de aura *van binnenuit*. Baudelaire beschrijft het moderne leven niet, maar hij incorporeert de zowel kille als betoverende 'fantasmagorie' ervan in zijn poëzie. Zo verschijnt in zijn gedicht *À une passante* de vormloze stadsmenigte als een bewegende sluier die een voorbijgangster in één beweging naderbij brengt en weer aan de blik van de flanerende dichter onttrekt. Deze ontmoeting, die samenvalt met een afscheid, is minder een auratische ervaring die de diepten van het erotische verlangen aanspreekt, dan een *shock* die een 'seksuele kramp' teweegbrengt. Wat er nog rest aan auratische betovering heeft een pijnlijk, zelfs 'catastrofaal' karakter. Vandaar ook Baudelaires 'decadente' fascinatie voor verschijningen waarbij de schoonheid aan het steriele, doodse grenst: de frigide vrouw, de lesbienne, de hoer, minder vrome versies van de bleke Ottilie in Goethes roman. Vandaar ook dat Baudelaire het artificiële van het diorama en van theatercoulissen verkoos boven de 'zuivere schoonheid' van de natuur.

Zoals het barokke treurspel de verscheurde ziel van de vroege moderniteit weerspiegelde, zo concentreert de figuur van Baudelaire in zich de crisis én het verlangen naar verlossing van een heel tijdsgewricht. Hoewel het telkens gaat om een specifiek literair genre of een uniek dichterstype, op het niveau van hun 'waarheidsgehalte' blijken ze 'monades' die de totaliteit van een tijdsgewricht weerspiegelen. Het is aan de kritiek om dit waarheidsgehalte, dat de kunstenaar zelf noodzakelijk ontgaat, naar boven te halen. Daarvoor moet de kritiek in het kunstwerk die momenten opsporen waarin het breekt met zijn schone schijn, zijn auratische tover. Alleen in die momenten is een kunstwerk niet enkel een 'kind van zijn tijd', maar wijst het ook boven zijn tijd uit.

Geschiedschrijving als artistieke montage

De Baudelaire-studie moest eigenlijk een onderdeel worden van een breed opgezette studie over het Parijs van de negentiende eeuw: het *Passagen-Werk*. Door Benjamins dood in 1940 bleef dit werk onafgewerkt achter in de vorm van een gigantische berg citaten en fragmentarische commentaren. Samen met het korte, expliciet messianistische *Über den Begriff der Geschichte* vormt dit werk het testament van Benjamin.

Met het *Passagen-Werk* wil Benjamin niet een zo samenhangend mogelijk historisch verhaal over het negentiende-eeuwse Parijs vertellen. Het gaat om de weergave van een 'fantasmagorie'. Dit laatste begrip verwijst naar Marx' theorie van de 'fantasmagorie van de waar'. Voor Marx wordt de waarde van waren bepaald door de erin geïnvesteerde, menselijke arbeidskracht. In de kapitalistische ruil worden waren evenwel tot hun abstracte geldwaarde herleid, zodat er van hun maatschappelijk-menselijke oorsprong niets meer is te merken. Voor de handelaar en uiteindelijk voor de consument die de waar uitgestald ziet lijkt de waar een verschijning die als het ware uit het niets opduikt. De waar krijgt een 'fetisjkarakter' of wordt 'fantasmagorisch'.

Volgens Benjamin neemt de hele leefwereld van de negentiende-eeuwse stadsmens het karakter van deze fantasmagorische 'warenvorm' aan. De industriële productiemiddelen en technische uitvindingen blijken de moderne mens niet bewust te maken van het sociale karakter van de productie, maar roepen oeroude wensbeelden van een mythische voorwereld in hem wakker. Vanuit de nostalgie naar een prehistorische ideaaltoestand vormt de negentiende eeuw zich zoals elk tijdperk een utopisch beeld van haar toekomst. Dit droombeeld 'laat in duizenden vormen van het leven, van het duurzaamste gebouw tot de vluchtigste modegril, zijn sporen na'. De dromen van het collectief nemen een concrete materiële vorm aan in architecturale constructies zoals de Parijse passages, de panorama's, de wintertuinen, de casino's, de wereldtentoonstellingen, de stations, de tentoonstellingshallen, maar ook in de verleidelijke feeërie van mode, publiciteit, prostitutie en burgerlijk interieur.

Het is alsof de moderniteit zich te buiten gaat in een algehele esthetisering, waarin de *Jugendstil* uiteraard een grote rol speelt. Met het industrieel kapitalisme, schrijft Benjamin, is 'een nieuwe droomslaap over Europa gekomen', en hij beschouwt zijn *Passagen-Werk* als een poging Europa uit zijn slaap te doen ontwaken. Deze poging is vooral nodig omdat volgens Benjamin zijn tijd nog steeds in die negentiende-eeuwse slaap is gedompeld. De bedoeling is dus dat het heden via een kritische terugblik op het verleden uit zijn *eigen* fantasmagorie zou ontwaken.

De techniek van dit 'ontwaken' is een dubbelzinnige zaak. Enerzijds is Benjamins opzet marxistisch. De moderne fantasmagorie wordt gezien als een ideologisch drogbeeld dat de harde realiteit van het kapitalisme verdoezelt. Zo maskeren de *magasins de nouveautés* het altijdgelijke van uitbuiting en meerwaardeproductie. Maar eigen aan het *Passagen-Werk* is dat de fantasmagorie niet slechts wordt voorgesteld als ideologische schijn, maar ook als een verschijning die de belofte van een mogelijke bevrijding uit die schijn in zich draagt. In die zin volstaat het niet om de dromer aan de realiteit te herinneren. De droom is altijd al zelf op ontwaken uit, en de historicus moet, als een soort psychoanalyticus, de droomelementen gebruiken bij het ontwaken. In zijn 'droomduiding van de negentiende eeuw' moet hij in de fantasmagorie die momenten aanstrepen waarin zij onbewust reeds op een bevrijding anticipeert. Een dergelijke duiding is niet boudweg ontmaskerend, maar ook 'reddend'.

De 'redding' voltrekt zich bij Benjamin steeds aan het reddeloze. Deze messianistische paradox vindt men niet alleen terug in het Goethe-essay en het barokboek, maar ook in een essay over het surrealisme. Door de vlugge opeenvolging van technische innovaties, modes en trends onder het kapitalisme verouderen de dingen steeds vlugger. De surrealisten waren gefascineerd door de vervallen en vergeten restanten van de vroege moderniteit: de eerste gietijzeren constructies, oude fabrieksgebouwen, de vroegste foto's. Uit de aanblik van het 'afval van de geschiedenis' putten zij 'revolutionaire energieën'.

Dit is ook het uitgangspunt van het *Passagen-Werk*: zodra cultuuruitingen, zoals bijvoorbeeld de Parijse winkelgalerijen, 'hun beste tijd hebben gehad', dat wil zeggen door de macht en de officiële cultuur zijn vergeten, begint hun fantasmagorische uitstraling te verbleken. Dan pas wordt het utopische verlangen naar bevrijding dat erin werd geïnvesteerd, leesbaar.

Maar hoewel het *Passagen-Werk* zeker een surrealistisch stempel draagt, is Benjamin toch kritisch tegenover het geloof van de surrealisten dat zij de mysterieuze aura die rond gedateerde dingen hangt revolutionair kunnen uitbuiten. Als alternatief voor het associatieve karakter van de surrealistische beeldvorming hanteert Benjamin zelf een meer constructief principe: de literaire montage.

In een kentheoretisch hoofdstuk van het *Passagen-Werk* alsook in zijn elliptisch geschreven geschiedfilosofische *Über den Begriff der Geschichte* heeft Benjamin de methode die hij in het *Passagen-Werk* hanteert proberen te omschrijven. In beide teksten herhaalt zich de tegenstelling tussen kennis en waarheid uit het barokboek. Het verleden kan niet zomaar een object zijn waarover de historicus systematisch kennis verzamelt. De tijd waarin de historicus schrijft moet dusdanig met het te bestuderen tijdperk verwant zijn dat dit laatste zich als het ware vanuit zichzelf als 'leesbaar' aandient, ongeacht de bewuste intentie of interesse van de historicus. Het ware beeld van het verleden kan slechts aankomen 'als in een bliksemflits waarin het voorbije zich met het heden tot een constellatie verbindt'.

Benjamin legt er de nadruk op dat deze constellatie een 'kritisch, gevaarlijk moment' bevat. Het verleden slaat altijd in het heden binnen op een moment waarop het sterk gevaar loopt helemaal te worden verloochend. Deze verloochening gebeurt door een soort geschiedschrijving die gegevens uit het verleden verzamelt om ze dan samen te brengen in de continuïteit van een verhaal. In zo'n verhaal komen dan nog vaak enkel de officiële politiek en cultuur aan bod, dus enkel de geschiedenis van de overwinnaars. Maar ook het soort geschiedschrijving dat meent zich in het voorbije tijdperk te kunnen 'inleven' staat niet open voor de wijze waarop het beeld van het verleden in het heden binnenslaat. Dit beeld *onderbreekt* de geschiedenis even. In dit beeld staat de geschiedenis, begrepen als een gestadige ontwikkeling of vooruitgang, even stil. Daarom noemt Benjamin het een beeld van 'de dialectiek in stilstand' of een 'dialectisch beeld'.

Het dialectische beeld is ambigu. Het belichaamt namelijk de ambiguïteit van het tijdperk waaruit het afkomstig is. Enerzijds is het een mythisch beeld waarin de moderne tijd, ondanks zijn cultus van het nieuwe, blind het oeroude herhaalt. Anderzijds bevat het een 'zwakke messiaanse kracht' die een einde zou kunnen maken aan de mythische terreur van het altijd-gelijke.

Mythische verstarring en authentieke geluksbelofte zijn in het *Passagen-Werk* soms moeilijk uit elkaar te houden. Dit kan overkomen als een ergerlijke dubbelzinnigheid, maar het past in Benjamins messianistische 'dialectiek': zoals de zeventiende eeuw de verlossing allegoriseerde in het kadaver, zo sluimert de belofte van verlossing in moderne beelden van extreme 'verdinglijking', bijvoorbeeld in dat van de hoer waarin het levende lichaam tot dode waar wordt. Ook de Parijse passages bezitten de ambiguïteit van het dialectische beeld. De feeërie waarin zij de koopwaar onderdompelen is enerzijds het toppunt van valse herauratisering. Ze zijn het mythische 'oerlandschap van de consumptie'. Maar tevens bergen ze in zich de utopie van een ware gemeenschap, waarin de tegenstelling tussen het private en het publieke zou zijn opgegeven.

'Het ware beeld van het verleden' is wezenlijk iets dat 'voorbijflitst', en daarom mag Prousts *mémoire involontaire* de historicus niet vreemd zijn. Maar tevens voert Benjamin als een correctie van de spontaneïteit van de herinnering een constructieprincipe in, namelijk de literaire montage. De montage laat het beeld, bijvoorbeeld van de passages, niet heel. Ze fragmentariseert én hermonteert het beeld van het voorbije tot een configuratie van citaten en korte commentaren. De montage bevat in die zin een destructief, 'nihilistisch' moment dat zowel de illusie van een directe inleving als die van een narratieve continuïteit breekt.

Adorno heeft terecht op het gevaar gewezen dat een pure configuratie van citaten, indien niet begeleid door een commentaar dat alles kritisch in het perspectief van het historische totaalproces plaatst, een magisch, fantasmagorisch effect kan hebben. Maar de montage is ook te begrijpen als een 'nuchter' procédé dat het dialectische beeld zodanig versplintert en uitzaait dat het zijn fantasmagorisch karakter verliest. De montage is geïnspireerd door de belofte van een totaliteit die niet gewelddadig en van buitenaf aan de rijkdom van het materiaal zou worden opgelegd, maar als vanzelf vanuit het materiaal in zijn meest onaanzienlijke particulariteit zou verschijnen. Zo anticipeert de montage, die de dingen uiteenhoudt in hun verzameling, op het Laatste Oordeel waarin aan alles wat ooit door de Geschiedenis werd weggeworpen of verraden, zal worden rechtgedaan. Ondanks haar nihilistisch voorkomen is de montage heimelijk *messiaans*.

Besluit: montage en messianisme

Elk kunstwerk bevat volgens Benjamin een waarheid die door zijn verleidelijke 'schijnkarakter' heen breekt. De kunst wordt pas modern wanneer ze dit schijnkarakter, haar 'aura', expliciet aflegt. Dat wil zeggen dat ze afstand neemt van alles wat haar nog aan mythe, magie en cultus bindt. De kunst die in de moderne tijd de aura nog cultiveert, verloochent de moderne crisis van de kunst, die trouwens teruggaat op een crisis van de ervaring zelf. Wil de kunst, zoals Rimbaud van haar eiste, 'absoluut modern' zijn, dan moet zij haar eigen crisis omarmen. Zo niet, dan vervalt zij onvermijdelijk in een vals estheticisme.

In zijn dissertatie sympathiseert Benjamin met de vroegromantische idee dat de reflectie die in de kunst sluimert, enkel door de kritiek kan worden voltooid. Maar vanaf het Goethe-essay problematiseert Benjamin de superioriteit van de kritiek. De 'cesuur', dat 'uitdrukkingsloos' moment dat het kunstwerk bevat, nodigt uit tot filosofische kritiek, maar snijdt die kritiek als het ware tegelijkertijd de pas af. In de manier waarop het kunstwerk zelf zijn magische aura doet 'versterven' incarneert het de fundamentele probleemstelling die voor de filosofie altijd slechts 'virtueel formuleerbaar' is.[3] Met andere woorden: de ultieme vraag van het denken naar de grond van zijn waarheidsaanspraken blijft voor het denken noodzakelijk verhuld in de vorm van een kunstwerk. Het kunstwerk stelt geen expliciete vraag, maar 'bevraagt', interpelleert het denken op een manier die het denken blijft ontgaan.

In tegenstelling tot wat Hegel denkt is de filosofie met het inzicht dat ze aan de kunst ontleent, nooit definitief aan de kunst voorbij. Het filosofische inzicht in het 'waarheidsgehalte' van het kunstwerk is iets dat als het ware door de unieke fenomenaliteit van het kunstwerk in pand

3. Ik interpreteer hier een fragment uit het Goethe-essay, *Gesammelte Schriften*, deel 1, pp. 172-173.

wordt gehouden. Toch is de waarheid voor de filosofie geen zaak van moeizame, uiteindelijk eindeloze voortgang. De waarheid is iets dat voorbijflitst en moet worden gevangen in een configuratie van begrippen die het kunstwerk als fenomeen noodzakelijk geweld aandoet.

Het filosofische inzicht deelt de uniekheid, het onherhaalbare van het kunstwerk. Benjamin is ervan overtuigd dat kunstwerken uit het verleden niet alleen een soort hiërogliefen zijn die de waarheid over hun eigen tijdsgewricht in zich bergen, ze bevatten volgens hem tevens 'profetieën' over het heden. De filosoof-criticus moet oog hebben voor de unieke bliksemflits waarmee soms vergeten vormen van kunst een licht op het heden werpen. Zo'n licht is altijd dreigend én beloftevol. Het is *messiaans*.

Het *Passagen-Werk* betekent een fundamentele verschuiving in Benjamins verhouding tot de kunst. Terwijl hij in dit werk slechts sporadisch de kunst behandelt, is zijn verhouding tot de kunst er intiemer dan in zijn eerdere werk. Het *Passagen-Werk* eigent zich namelijk de artistieke strategie van de montage toe. In het nuchtere soort surrealisme dat het praktiseert, is het dus zelf een kunstwerk. Het onderwerp ervan is de met technische middelen geconstrueerde fantasmagorie van de negentiende eeuw. Het laat zien hoe de kans op demythologisering, de mogelijkheid van een *authentieke* moderniteit, omgeslagen is in een grootscheeps georkestreerde herauratisering die tot op de dag van vandaag het leven van de mensen in haar greep heeft. Het *Passagen-Werk* is een kunstwerk omdat het voor de verleiding die onmiskenbaar van de 'valse' feeërie van de moderniteit uitgaat, niet puriteins (lees: orthodox-marxistisch) terugdeinst. De passages, de panorama's, de wereldtentoonstellingen, de mode, verhullen ongetwijfeld de harde realiteit van het kapitalisme. Maar ze kunnen ook 'gelezen' worden als aandoenlijke, mislukte, *meteen al achterhaalde* grepen naar het absolute, naar een wereld waarin alles voor iedereen transparant zou zijn als voor de blik van de Messias.

In de mate waarin de fantasmagorische constructies van de negentiende eeuw de indruk wekten dat zij de oeroude geluksdromen van de mens realiseerden, hielden zij hem gevangen in een mythische droomslaap, die door de machtigen in stand werd gehouden. Maar wanneer men er nadien, als ze eenmaal achterhaald en 'ouderwets' zijn, op terugblikt, blijken ze de mogelijkheid van verlossing te belichamen. Voor Benjamin heeft het verleden, zonder dat het dat zelf wist, zijn eigen constructies, uitvindingen, ideeën met een 'zwakke messiaanse kracht' opgeladen, die pas door latere generaties als zodanig kan worden ontvangen.

Het *Passagen-Werk* cultiveert een denken dat openstaat voor die stille, postuum werkzame kracht. Voor zo'n denken is wezenlijk dat het *stokt*. Het is even niet in staat het historische fenomeen vanuit een breder inzicht in het historische proces te begrijpen. Het laat zich omgekeerd zelf grijpen door een fenomeen dat 'kristalliseert' tot een 'monade' waarin de geschiedenis even in haar totaliteit oplicht. Zo'n monade slaat een soort gat in de tijd; even verschijnt de geschiedenis niet meer als een voortgang, laat staan een vooruitgang, maar als een permanente catastrofe. Daarachter ligt evenwel een geluksbelofte verborgen.

De literaire montage, die de dingen 'toont' zonder ze te willen verklaren, lijkt voor Benjamin de uitgelezen vorm waarmee het denken van zijn stilzetting, zijn nuchtere verbijstering getuigt. In het *Passagen-Werk* extraheert de filosofie de kennis van het historische niet meer uit het kunstwerk, maar uit de heterogene documenten van de cultuur. Deze documenten getuigen steevast van barbarij en verdwazing, maar in de mate waarin ze door het gangbare historische bewustzijn zijn vergeten, bevatten ze een 'vonk van hoop' die een bres kan slaan in de zelfgenoegzaamheid van het heden.

Het *Passagen-Werk* is geen pure montage. Het bevat talloze commentaren en kentheoretische bespiegelingen. Wel is het gemotiveerd door de idee van een toestand waarin het heterogene materiaal zich *vanuit zichzelf* tot een transparant geheel zou samenvoegen, zonder het geweld van het begrip. Deze idee is messiaans. 'Pas voor de verloste mensheid', schrijft Benjamin, 'is haar verleden in elk van zijn momenten citeerbaar geworden.' Zo'n verlossing blijft een limietbegrip. Alleen de Messias zou in staat zijn tot een pure montage. Voor de niet-verloste mens blijft de arbeid van het begrip noodzakelijk. Het boude 'tonen' of 'citeren' kan voor hem nooit volstaan. Daarom heeft Benjamin wel degelijk geprobeerd het materiaal binnen een breed historisch perspectief te begrijpen. Hierbij heeft hij wellicht nooit verwacht dat het ooit tot een 'organische' eenheid tussen het uitgestalde materiaal en de reflectie zou komen. Hoe het materiaal tot configuraties samenklontert en dus als het ware 'zichzelf monteert', moet voor het begrip ondoorzichtig blijven, hoewel het gebeuren van deze klontering onmogelijk niet tot begrip kan uitnodigen.

Bibliografie

WERKEN VAN BENJAMIN

Alle geciteerde teksten zijn afkomstig uit:

Walter Benjamin, *Gesammelte Schriften*. Ed. Rolf Tiedemann en Hermann Schweppenhäuser; met medewerking van Theodor W. Adorno en Gershom Scholem, delen I tot VII, Frankfurt a.M. (Suhrkamp) 1972-1989

'Die Bedeutung der Sprache in Trauerspiel und Tragödie' (1916)

'Über Sprache überhaupt und über die Sprache des Menschen' (1916); Ned. vert. 'Over de taal in het algemeen en over de taal van de mens', in: *Yang*, 1990, 2-3; ook in: Walter Benjamin, *Maar een storm waait uit het paradijs. Filosofische essays over taal en geschiedenis.* Ned vert. Ineke van der Burg en Mark Wildschut. Nijmegen (SUN) 1996

Das Begriff der Kunstkritik in der deutschen Romantik (1919)

'Die Aufgabe des Übersetzers' (1921); Ned. vert. 'De opdracht van de vertaler', in: *Yang*, 1994, 160-161

'Goethes Wahlverwandtschaften' (1922)

Ursprung des deutschen Trauerspiels (1925)

Einbahnstrasse (1926); Ned. vert. *Eenrichtingstraat*. Vertaling: Paul Koopman, Groningen (Historische Uitgeverij) 1994

'Der Surrealismus' (1929); Ned. vert. 'Het surrealisme', in: *Maar een storm…*

'Zum Bilde Prousts' (1929); Ned. vert. 'Het beeld van Proust', in: *Yang*, 1990, 26/2-3

'Kleine Geschichte der Photographie' (1931); Ned. vert. 'Kleine geschiedenis van de fotografie', in: *Het kunstwerk in het tijdperk van zijn technische reproduceerbaarheid*. Vertaling: Henk Hoeks, Nijmegen (SUN) 1985, 1996[2]

'Lehre vom Ähnlichen' (1933)

'Über das mimetische Vermögen' (1933); Ned. vert. 'Over het mimetisch vermogen', in: *Maar een storm …*

'Der Autor als Produzent' (1934); Ned. vert. 'De auteur als producent', in: *Kunst en kritiek*. Ed. J.F. Vogelaar, Amsterdam (Van Gennep) 1972

'Franz Kafka' (1934); Ned. vert. 'Franz Kafka. Bij zijn tiende sterfdag', in: *Proces-verbaal van Franz Kafka. Essays van Walter Benjamin, Theodor W. Adorno, Maurice Blanchot, Marthe Robert, Jean Starobinski.* Vertaling: Nicolette Smabers en Michel J. van Nieuwstadt, Nijmegen (SUN) 1987

'Das Kunstwerk im Zeitalter seiner technischen Reproduzierbarkeit' (1935); Ned. vert. in: *Het kunstwerk …*

'Der Erzähler' (1936)

'Das Paris des Second Empire bei Baudelaire' (1938); Ned. vert. 'Het Parijs van het Second Empire bij Baudelaire', in: *Baudelaire*. Vertaling: Wim Notenboom, Amsterdam (De Arbeiderspers) 1979

'Über einige Motive bei Baudelaire' (1939); Ned. vert. 'Enige motieven bij Baudelaire', in: *Baudelaire …*

'Zentralpark' (1939)

'Über den Begriff der Geschichte' (1940); Ned. vert. 'Over het begrip van de geschiedenis', in: *Maar een storm …*

Passagen-Werk (1940); vertaalde fragmenten in: *Kleine filosofie van het flaneren. Passages, Parijs, Baudelaire*. Amsterdam (SUA) 1992

OVERIGE VERTALINGEN

Over kinderen, jeugd en opvoeding. Amsterdam (De Arbeiderspers) 1969

Over hasjiesj. Klein proza, reportages, rapporten. Vertaald door Hans Hom, Amsterdam (De Arbeiderspers) 1974

'*Benjaminjournaal*' (vertalingen en commentaren), 5 delen bij de Historische Uitgeverij Groningen

WERKEN OVER BENJAMIN

Rainer Rochlitz, *Le désenchantement de l'art. La philosophie de Walter Benjamin*. Parijs (Gallimard) 1992

Richard Wolin, *Walter Benjamin. An Aesthetic of Redemption*. Berkeley/Los Angeles (University of California Press) 1994

Lieven De Cauter, *De dwerg in de schaakautomaat. Benjamins verborgen leer*. Nijmegen (SUN) 1999

HOOFDSTUK 7

Georges Bataille – *De stille soevereiniteit van de kunst*

In den Gebieten, mit denen wir es zu tun haben, gibt es Erkenntnis nur blitzhaft. Der Text is der langnachrollende Donner.
WALTER BENJAMIN

Inleiding

Het oeuvre van Georges Bataille (1897-1962) vertoont een enorme verscheidenheid: sociologische en historische studies, filosofische essays, literaire kritieken, kunstkritieken, 'mystieke' getuigenissen, romans, novellen, conferenties, brieven en talloze teksten die niet bij een bepaald genre zijn onder te brengen. Maar achter dit heterogene oeuvre zit niet, zoals bij Benjamin, een 'verborgen leer' verborgen. De fundamentele uitgangspunten van Batailles denken zijn van meet af aan duidelijk. Pas als men dieper in zijn denken doordringt gaat men inzien hoe paradoxaal de consequenties ervan zijn.

Alle begrippen die in Batailles oeuvre voortdurend opduiken (transgressie, exces, soevereiniteit...) verwijzen naar een beweging die juist het subject ondermijnt dat die begrippen hanteert. Louter door te zeggen wat hij zegt spreekt Bataille zichzelf tegen. Hij weet dit, maar dat is voor hem geen reden om te zwijgen. De mens *is* immers die tegenspraak. Hij spreekt waar hij met verstomming is geslagen. Juist over die toestanden waarin hij niet meer tot weten in staat is wil hij alles weten. Bataille tast telkens weer de grens af waar het weten in het niet-weten uitmondt, zonder ooit van die grens een domein te willen maken waarin hij thuis is. Dit leidt tot een 'polyfonisch' oeuvre waarin de auteur vele gestalten aanneemt: de bezadigde historicus of antropoloog, de gekwelde eroticus, de lachende mysticus, de gepassioneerde conferencier...

Zoals voor Schiller bereikt de mens voor Bataille de hoogste vorm van menszijn als hij zich met kunst inlaat. Maar Bataille onderscheidt zich van de humanist Schiller doordat voor hem dit hoogtepunt samenvalt met een *val*, een regressie, een zich overgeven aan het 'lage'. Zo'n riskante overgave behoort voor hem tot het wezen van de mens. Het is voor de mens wezenlijk dat hij zich te buiten gaat, zich prijsgeeft aan iets anders dan zichzelf. Religie en kunst zijn voor Bataille de geprivilegieerde vormen van deze prijsgave. In de moderne, 'gedesacraliseerde' wereld is de kunst strikt genomen de enige vorm die de mens nog rest.

Om Batailles kunstopvatting te begrijpen is inzicht in zijn antropologie vereist. Deze heeft hij het meest systematisch uitgewerkt in *Théorie de la religion* (1948) en *L'érotisme* (1957). Zijn uitgangspunt is bepaald klassiek. De mens onderscheidt zich van het dier door de arbeid. De arbeid maakt de mens tot een 'redelijk' wezen. In de mate waarin de mens arbeidt schort hij het genot van het moment op ten gunste van een doel dat in de toekomst ligt. De arbeidende mens is vooruitziend en berekenend. Zijn leven heeft het karakter van een *project*.

In de arbeid bewerkt de mens de natuur, hetgeen veronderstelt dat hij zijn intieme band met die natuur heeft doorgesneden. Wie werkt geeft zich niet aan de natuur over of laat zich er niet van doordringen; hij maakt de natuur tot een *object* dat relatief beheersbaar en overzichtelijk is. Deze afstandelijke, objectiverende houding die de arbeidende mens tegenover de natuur inneemt, is meteen ook de voorwaarde voor de kennis en haar onderscheidingen. De mens heeft dus kennis van de natuur – ook over de natuur in zichzelf – in de mate waarin de natuur voor hem een vreemd, gesloten ding is geworden. Datgene wat we een 'individu' noemen, namelijk een wezen dat op zichzelf staat en zich daarvan bewust is, is eigenlijk een effect van de arbeid.

Aangezien het begrip 'mens' met de idee van arbeid is verbonden, is de maatschappelijke orde een systeem om het goede verloop van de arbeid te verzekeren. De normen en wetten die het maatschappelijk verkeer regelen, zijn er om het arbeidende individu te beschermen en te handhaven.

Toch is er iets dat de orde van de arbeid bedreigt. Dit 'iets' heeft voor Bataille steeds met de dood te maken. Het vooruitzicht van de dood die ieder moment kan toeslaan, stelt immers op een radicale manier elk doel ter discussie dat de arbeidende mens zich kan stellen. De discipline, het uitstel van genot, het verbod op te gaan in het nu-moment waar de mens zich aan houdt, verliezen in het licht van de radicale, onvoorzienbare breuk die de dood is hun zin. Er is geen project, hoe hooggestemd ook, dat in het licht van de dood niet iets tevergeefs, nutteloos, ijdels en zelfs lachwekkends krijgt.

De dood stelt een grens aan het vermogen van de mens om zijn leven te zien als een project waarin elk doel weer het middel kan worden voor een ander doel. Het leven, in zoverre het naar de dood toe leeft, de kiem van de dood in zich draagt, levert de mens over aan een fatale beweging waar tegenover hij fundamenteel machteloos en passief is. In deze beweging glijdt de mens willens nillens weg naar een punt waarin zijn meesterschap en kennis over de dingen ophouden. De dood is een nacht waarin de mens wegzinkt en zijn intimiteit met de natuur wordt hersteld, zij het dat er op het moment dat die intimiteit wordt gerealiseerd niemand meer is om die te ervaren.

Voor de arbeidende mens kan de dood, als onvermijdelijke en radicale destructie, slechts een schandaal zijn waarmee niets valt aan te vangen. Zelfbehoud en -ontwikkeling zijn voor hem absolute waarden waar tegenover de dood slechts een absurd niets te stellen heeft. Vandaar dat een maatschappelijke orde die op de arbeid is gefundeerd, alles wat op de dood wijst verbant. Bataille wijst op de universaliteit van het taboe op het lijk. Het lijk is 'onrein', 'onaanraakbaar', want het belichaamt een onherstelbare vernietiging die een vraagteken zet achter alle plannen die de arbeidende en kennende mens kan hebben.

Maar het taboe op het lijk is dubbelzinnig. Enerzijds gaat het om een radicale uitstoting. De ontbinding van het lijk mag de orde niet aantasten, mag zich in geen geval over het sociale veld uitbreiden. Maar in zijn onreinheid is het lijk tegelijkertijd *sacraal*. Het suggereert een toestand waarin de intimiteit, de 'continuïteit' tussen mens en natuur, die verloren is gegaan door de arbeid, zou zijn hersteld. Het suggereert in die zin een bevrijding uit de troosteloze wereld van de arbeid.

Terwijl het taboe dus gemotiveerd is door een angstig terugdeinzen voor de dode, wekt het tevens een fascinatie ervoor op. De angst voor het lijk, dat vooruitwijst naar de eigen dood, blijft heimelijk gekleurd door een verlangen zich aan de dood prijs te geven.

Niet alleen het taboe op het lijk, maar elk maatschappelijk verbod (het verbod op moord, incest, verspilling of destructie van objecten) is volgens Bataille uiteindelijk gebaseerd op een angstige afkeer van iets wat ondertussen blijft aantrekken. Vandaar dat elk verbod de mogelijkheid van een overtreding, een 'transgressie' vooronderstelt. Het roept zelfs onvermijdelijk die transgressie op. Elke cultuur, hoe gedisciplineerd of puriteins ook, kent haar vormen van transgressie. Bataille heeft ze herhaaldelijk geanalyseerd én geëvoceerd: dronkenschap, extase, dans, offer, orgie, rituele koningsmoord, feest, potlatch, muziek, strijd, erotiek, misdaad, tragedie, komedie, geween, gelach… De transgressie betekent de doorbreking van de grenzen die de arbeid de mens oplegt, van de zelfbeheersing, van het uitstel van genot waartoe elk doelgericht, planmatig handelen de mens veroordeelt.

Maar die transgressie is even dubbelzinnig als het verbod. Omdat de fascinatie een effect is van het verbod, blijft ook *in* de transgressie het verbod van kracht. Indien het verbod zonder meer zou worden opgeheven, zou de handeling het ongehoorde, afstotelijke missen waaraan zij haar intensiteit ontleent. Er is voor Bataille geen genot dat niet getekend is door afschuw en schuld, hoe onbewust ook. De transgressie is de overschrijding van een grens die men niet zomaar uitwist maar absoluut ernstig blijft nemen. Deze dubbelzinnigheid is eigen aan zowel de religieuze als de seksuele 'huiver', waarin het sacrale object (de aanbeden godheid of de beminde persoon) een profanatie oproept, en de profanatie er pas een is wanneer het geprofaneerde zijn sacraliteit, zijn 'heiligheid' behoudt.

Het goddelijke dier

Reeds bij zijn ontstaan was de mens niet slechts bekommerd om zijn zelfbehoud, maar had hij ook de moed zich over te geven aan een fascinatie voor datgene wat dit zelfbehoud op het spel zette. Hiervan getuigen volgens Bataille de kleurrijke en dynamische wandschilderingen in de grotten van Lascaux. Deze twintigduizend jaar oude kunst wordt toegeschreven aan de 'homo sapiens'. 'Sapiens' wijst op het verstand dat deze mens had om door middel van werktuigen en wapens te overleven en zijn omgeving min of meer te beheersen.

Archeologen, antropologen en kunsthistorici hebben de kunst van Lascaux vaak geïnterpreteerd als een magische praktijk waarmee men vat probeerde te krijgen op gevaarlijke, onberekenbare dieren die men moest vangen en doden om te overleven. Door het dier voor te stellen, en het dus in zijn afbeelding te 'vangen', anticipeerde men op de werkelijke vangst of dacht die zelfs te veroorzaken. Het zou dus gaan om een primitief fetisjisme dat nog geen onderscheid kent tussen het beeld en de realiteit.

Deze interpretatie is duidelijk *functionalistisch*: de artistieke activiteit staat in functie van de jacht, en dus van het overleven. Een subtielere versie van dit functionalisme is altijd mogelijk. Dan geeft men toe dat de primitieve mens wel wist dat hij zich met de afbeelding van het dier niet werkelijk van een succesvolle jacht verzekerde. Essentieel is dat zo'n afbeelding geruststellend is: de grilligheid, de onberekenbaarheid van het dier wordt ingedijkt. In deze interpretatie blijft de grotkunst het resultaat van een bezweringsritueel waarmee de jager zichzelf moed inblaast.

Bataille sluit deze functionalistische interpretatie niet uit. Natuurlijk moest de mens van Lascaux de dieren doden om te overleven. In die zin moest hij ze tot op zekere hoogte reduceren tot objecten waarmee hij zijn biologische behoefte kon bevredigen. De grotkunst kan dan ook altijd worden begrepen in het verlengde van de jacht als een arbeid die in dienst staat van het zelfbehoud. Maar Bataille wil alleen zeggen dat de exuberante schoonheid van de grotkunst daar niet toe te herleiden is. De feestelijke en gracieuze manier waarop de dieren zijn voorgesteld, wijzen op een aanbidding, een verheerlijking. In Lascaux zijn immers geen gedomesticeerde, gevangen of dode dieren te zien. Integendeel: de geschilderde dieren lijken bezeten door een tomeloze levenslust waaraan ze zich roekeloos overgeven.

Het dier heeft voor de mens van Lascaux iets goddelijks omdat het *niet* arbeidt, *geen* projecten heeft. Het berekent niet, wikt en weegt niet met het oog op de toekomst. Het spaart zijn krachten niet, maar leeft zich uit in de volheid van het heden. De primitieve mens verheerlijkt in het dier iets wat hijzelf heeft verloren: de intimiteit met zijn natuurlijke omgeving en dus ook met zichzelf, met de intensiteit van zijn levenslust. In de verbeelding van de mens is de levenslust van het dier zodanig dat het zich niet bekommert om het behoud van het leven maar zich slechts zo intens mogelijk wil uitleven, desnoods tot in de dood. In die zin verschijnt het dier hier als het *erotische* wezen bij uitstek. Bataille heeft een ruim begrip van erotiek. Hij definieert haar als 'de bevestiging van het leven tot in de dood'.

De grotkunst van Lascaux is de uiting van een jaloerse verliefdheid van de mens op de niets ontziende vitaliteit van het dier. Deze verliefdheid gaat de wil om het dier te vangen en op te peuzelen te buiten. Het gaat eigenlijk om een 'gesublimeerde' vorm van transgressie. In zijn kunst verheerlijkt de mens een dierlijke transgressie waar hij zelf voor terugschrikt. Deze verheerlijking is volgens Bataille verbonden met een schuldgevoel dat de mens tegenover het dier heeft omdat hij het nu eenmaal in functie van zijn zelfbehoud doodt. In zijn grotschilderingen richt de mens voor het gedode dier een monument op waarin het getuigt van een 'erotische' vitaliteit die elke kleinzielige bezorgdheid om het loutere overleven beschaamt.

Lascaux wijst erop dat voor de primitieve jager zelfs de jacht niet louter een strijd is om zijn voortbestaan. In zijn bewustzijn, of misschien beter: in zijn onbewuste is de jacht ook een binnendringen in een wereld waarin de orde van de arbeid buiten spel is gezet. In de mythologie van de jagersvolkeren verhoudt de jager zich niet tegenover het wild als een behoeftig mens tot zijn potentieel voedsel. Het gaat om een liefdesverhouding tussen verleider en verleide. De jacht is een 'erotisch' domein waarin succes niet zozeer afhangt van de juiste techniek en berekening, maar van *la chance*. Men moet 'geluk' hebben. De prooi moet de jager in handen vallen. Vele jagersvolkeren zijn ervan overtuigd dat de vangst afhangt van de genade van het dier zelf. Het dier moet *instemmen* met zijn dood. Een Siberisch jagersvolk zegt: 'Wanneer het rendier niet van de jager houdt, zal de jager niet in staat zijn het te doden.'

Aan het dier het verlangen toeschrijven te worden gedood is uiteraard 'hypocriet'; de mens doodt het dier dan toch maar omdat hij nu eenmaal moet overleven. Maar volgens Bataille is deze hypocrisie wezenlijk voor de mens. De mens wil te allen tijde bewijzen dat hij boven de pure behoefte staat. Voor zijn onderwerping aan de logica van de behoefte *boet* hij wanneer hij zich in zijn kunst spelenderwijs identificeert met het roekeloze, onverantwoordelijke dier. De picturale handeling is een rite waarin de kunstenaar zich even in de dodelijke erotische beweging van het dier laat meeglijden. Deze rite legt de *andere* zijde van de jacht bloot, en zo ook de andere zijde van de jager: niet degene die het dier overwint, maar diegene die onbewust in de ('liefdes')dood van het dier meegaat.

Er is in de grotten van Lascaux één scène waarin deze erotische communicatie tussen mens en dier op een extreme manier zichtbaar wordt. Het is de enige scène waar een menselijke figuur te ontwaren is: de zogenaamde 'putmens', een zeer armzalig, schematisch figuurtje met… een vogelkop en een verhoudingsgewijs kolossale erectie. De muurschildering toont dit mensje op het moment dat het door een zijn ingewanden verliezende, maar daarom niet minder krachtige bizon wordt neergegooid. De mens wordt hier in de baldadige doodstrijd van een dier meegesleurd en beleeft hieraan, reeds zelf dier geworden, een vreemde lust. Zoals steeds bij Bataille is de erectie hier niet een symbool van potentie en macht, maar integendeel van een in onmacht vallen, van een duizelingwekkende val in de leegte van de dood.

Lascaux betekent voor Bataille de werkelijke geboorte van de mens. De mens is niet in de eerste plaats homo sapiens of homo faber, maar homo ludens. Diep in zichzelf schaamt de mens zich ervoor dat hij een 'mens' is, dat wil zeggen een verstandig, beheerst, arbeidend wezen. De mens is het meest mens wanneer hij 'speelt', dat wil zeggen wanneer hij zijn wereldse taken en verantwoordelijkheden vergeet, en zich bijvoorbeeld identificeert met het redeloze, onverantwoordelijke dier dat hij schildert of waarvan hij bijvoorbeeld in een ritueel het masker opzet. Ergens weet de mens – en dit weten heeft alles van een duizeling – dat hij het meest zichzelf is wanneer hij de grens naar het niet-menselijke overschrijdt.

Op zo'n riskante overschrijding doelt Bataille wanneer hij het heeft over 'communicatie'. Communicatie is voor hem geen uitwisseling van informatie waarbij 'zenders' en 'ontvangers' aan zichzelf gelijk blijven of zich eventueel 'verrijken'. Communicatie is integendeel blootstelling en overgave aan de ander of het andere, wat wezenlijk de mogelijkheid van zelfverlies inhoudt.

HET OFFER

De manier waarop de mens van Lascaux aan de dodelijk-erotische beweging van het dier participeert is analoog met de structuur van het offer dat in het hele oeuvre van Bataille als het paradigma van de transgressie geldt. Het offer van het dier vernietigt het dier niet zomaar. Het vernietigt het slechts in zoverre het een ding is dat in dienst staat van het zelfbehoud. De rituele doding onttrekt het dier aan de orde van de arbeid en schenkt het terug aan de intimiteit van het leven. In het offer wordt het dier niet *gebruikt*, maar brandt het als het ware in één moment aan zichzelf op. Zijn leven wordt doelloos verspild, maar deze verspilling is juist trouw aan de erotische beweging die het leven in wezen is. De kreet van het stervende dier is een uiting van een pure vitaliteit die zich soeverein aan de dood prijsgeeft.

Zo begrepen brengt het offerritueel meteen de *onzuiverheid* of *onechtheid* van elke geritualiseerde transgressie aan het licht. De mens stelt immers niet *zichzelf* bloot aan de dodelijke beweging. Hij gebruikt het dier (soms ook een mens, vaak een koning, of een voorwerp) als substituut. Pas via de dood van een ander leven kan hij blijkbaar de dood waar hijzelf onafwendbaar op afstevent, op zich nemen. Voorts heeft de culturele antropologie allang duidelijk gemaakt dat het offer nooit zomaar een extatische verspilling is, maar in alle culturen een belangrijke sociale, economische of politieke functie heeft. Zo is bijvoorbeeld de *potlatch*, de rituele, vaak massale vernietiging van luxegoederen, geen belangeloze verspilling, maar een symbolische daad waarmee een individu of gemeenschap zijn macht en prestige in de verf zet.

Bataille wijst erop dat het offer een theatraal gebeuren is, waarbij de confrontatie met de dood altijd meteen een spel wordt dat voor anderen wordt opgevoerd. De zucht naar erkenning die steeds in de 'extatische' overgave meespeelt, maakt de zaak tot een 'komedie'. Maar de komedie is voor Bataille niet louter het tegendeel van de ernst of de 'authenticiteit'. Dat er altijd iets 'onechts' aan het offer is neemt niet weg dat er in dit ritueel steeds een moment is waarop de offeraar zich met het offerdier identificeert en dus even meeglijdt in de duizelingwekkende afgrond van de dood. Even is de mens niet bezorgd om zijn zelfbehoud en geeft hij zich, door de angst en de afschuw heen, prijs aan een anonieme beweging die hem uiteenrukt. Even gaat hij de grenzen van de 'beperkte economie', waarin hij niets doet dat niet op een of andere manier iets opbrengt, te buiten en geeft hij zich prijs aan de 'algemene economie' van het universum, die elk individueel leven ontbindt om het in de anonieme beweging van het kosmische leven te doen opgaan. Wanneer hij zich zo prijsgeeft is de mens 'soeverein'; hij verricht namelijk een handeling die niet ondergeschikt is aan een doel in de toekomst. De soevereine handeling is een handeling die enkel omwille van zichzelf wordt verricht.

De moderne soevereiniteit en de kunst

DE GETEMDE SOEVEREINITEIT

Batailles studie over Lascaux is een laat geschrift. Zijn denken over kunst heeft zich in het algemeen ontwikkeld vanuit een gepassioneerde confrontatie met de artistieke avant-garde van zijn tijd. De positie die hij tegenover de moderne kunst en esthetica inneemt moet worden begrepen vanuit de verandering die de structuur van de transgressie, als soevereine handeling, volgens hem in de moderne tijd heeft ondergaan. Bataille spreekt hierover in *Théorie de la religion* (1948), *La part maudite* (1949) en *La souveraineté* (1953).

Het civilisatieproces in de westerse wereld komt neer op een steeds verder uitbannen van transgressieve praktijken. Terwijl in 'primitieve' religies het sacrale en het profane met elkaar verstrengeld zijn, gaan de twee in het christendom uit elkaar. De primitieve goden, ook bij de Grieken, gingen zichzelf nog soeverein te buiten aan wreedheden en excessen. De christelijke God echter heeft niets kwaadaardigs. Hij is enkel nog wreed in de manier waarop hij de overtreding van de morele wet straft.

De soevereiniteit van God, die dienstbaar is gemaakt aan de moraal, is een *beteugelde* soevereiniteit waaraan de mens is onderworpen. Met het primitieve offer participeerde de 'primitieve' mens nog aan het soevereine geweld van de goden. In de christelijke God aanbidt de mens een soevereiniteit die hemzelf is ontzegd. Met het kruisdood-offer heeft God alle soevereine geweld tegen zichzelf gericht en als zodanig opgeslorpt. Voor de mens is dat geweld nu verboden. De transgressie heeft elke sacrale betekenis verloren. Ze is een zonder meer profane, 'lage' aangelegenheid geworden.

In de moderne tijd, met de Reformatie, wordt de mens volledig van de goddelijke soevereiniteit afgesneden. De 'goede werken' hebben geen religieus belang. Men kan slechts hopen op de genade. Deze desacralisering van het aardse bestaan heeft tot gevolg dat de orde van de arbeid alles gaat beheersen. Productieve arbeid en de daarbijbehorende accumulatie van kapitaal worden een doel op zich. Bataille volgt hier Max Weber in zijn idee van de 'binnenwereldlijke ascese' die de protestantse kapitalist in acht neemt. Zijn leven is geheel ingeschakeld in een eindeloze keten van middelen en doelen, waarbij elk doel weer middel is tot een ander doel. In deze wereld is geen plaats meer voor een soevereine handeling die haar doel in zichzelf heeft.

Het moderne humanisme is niet denkbaar zonder deze autonomisering van de orde van de arbeid. De mens moet gestadig aan zijn eigen vervolmaking werken. Arbeid, opvoeding, onderwijs, 'cultuur' zijn er om het project 'mens' te realiseren. De concrete mens wordt op die manier vernederd tot een ding, een werktuig dat gebruikt wordt voor de aanmaak van de ideale mens. De realisatie hiervan laat natuurlijk eindeloos op zich wachten. Maar de reden hiervoor is niet dat de mens onvolmaakt is, maar dat hij sowieso geen project is, geen middel tot een doel. Hoe goed hij zich ook organiseert, iets in hem sleurt hem telkens weer mee in een soevereine beweging tot buiten zichzelf.

Het uiteindelijke 'doel' van alle arbeid, moeizame groei, accumulatie van rijkdom, kan slechts iets zijn dat zelf geen middel meer is. Dit doel is niets anders dan een vernietigende verspilling. In *Théorie de la religion* schrijft Bataille: 'Er is in deze wereld geen enkele groots opgezette onderneming die een ander doel heeft dan in één futiel ogenblik definitief verloren te gaan. Zoals de wereld van de dingen niets is in het overtollige universum waarin ze oplost, zo betekent de massa aan inspanningen niets tegenover de futiliteit van een enkel ogenblik.'

Het doel van de productie kan enkel de destructie zijn, zij het dat dit doel binnen de sfeer van de arbeid, waarin in termen van middel en doel wordt gedacht, niet als zodanig aan de orde kan worden gesteld.

Niet alleen zou dit praktisch de organisatie van de arbeid onmogelijk maken, men kan zich sowieso de totale verspilling niet tot taak stellen. Dit zou de verspilling tot eindterm maken van een project, terwijl de soevereiniteit niet iets is dat men in de toekomst kan projecteren. Men kan haar strikt genomen niet bewust willen. In zoverre de mens een bewust willend wezen is keert hij zich juist angstig af van de soevereine beweging om rust te vinden in de zekerheid van arbeid en wet. Maar in die afkeer wordt hij blijvend bespookt door het verlangen zich in een destructieve, dodelijke beweging te laten meevoeren. Het eigenlijke moment van zo'n vervoering kan niet worden gepland. Zoals in de primitieve jacht is het 'geluk' hier wezenlijk. Maar er is geen geluk zonder ontvankelijkheid, zonder de moed om de afgrond onder ogen te zien waar de wereld van de arbeid niets van wil weten.

De 'onmogelijke' soevereiniteit: de lach

In traditionele culturen was de soevereiniteit steeds geïncarneerd in een object waaraan de mens zijn eigen soevereiniteit afstond. Het verlangen naar een transgressie waar men zelf voor terugschrok, werd geprojecteerd op een god of een als sacraal bestempelde koning. In de moderne tijd brokkelen de godsdienstige en mythische gestalten van de soevereiniteit af. De paradoxale koppeling tussen de soevereiniteit als excessieve beweging en een machtsinstantie die de orde oplegt komt te vervallen. De macht verzaakt aan het spektakel van een soeverein geweld en is er nog slechts om de orde van de arbeid te handhaven.

Maar ook in de moderne tijd blijft het verlangen naar soevereiniteit heimelijk de orde van de productie, van groei en beheersing, doorkruisen. Het excessieve karakter van de kapitalistische accumulatie en de massale vernietigingsoorlogen die met de crises van het kapitalisme gepaard gaan, verraden de volstrekt oneconomische doodsdrift die binnen de burgerlijke economische orde werkzaam is. Eigen aan de moderne vernietigingsoorlogen is dat het geweld niet als een wrede en zinledige verspilling van levens wordt erkend; het wordt geïnstrumentaliseerd in functie van de 'goede zaak'.

Het fascisme vormt in deze logica een belangrijk moment, en wel omdat het resoluut inspeelde op de fascinatie die uitgaat van het soevereine exces, van geweld en offerdood. Het fascisme 'erotiseerde' als het ware politiek en oorlogvoering, wat meteen het einde betekende van de erotiek. De op zich doelloze, *nutteloze* beweging die de erotiek is, werd immers in dienst gesteld van de oprichting van een 'gezonde', raszuivere volksstaat.

De moderne tijd heeft voor Bataille een januskop. Enerzijds wordt de mens gereduceerd tot een schakel in een troosteloze, in zichzelf gesloten productieketen. Anderzijds is de mens door de ineenstorting van de gods*dienstige*, autoritaire soevereiniteitsvormen op een punt gekomen waarop hij zich eindelijk bewust moet worden van de soevereiniteit die hij in *zichzelf* draagt. Hij kan het excessieve verlangen zich te verliezen niet meer op een mythische ander afwentelen. Er rest hem nog slechts *zichzelf* te offeren.

Niet langer ondersteund door religie en mythe, wordt de soevereine beweging een pure 'innerlijke ervaring'. In *L'expérience intérieure* (1943), *Le coupable* (1943), *Sur Nietzsche* (1944) en *Méthode de méditation* (1947) heeft Bataille geprobeerd deze ervaring in al haar radicaliteit én impasses onder woorden te brengen. In deze fragmentarisch opgebouwde werken gaat hij een dialoog aan met de christelijke mystiek, maar vooral met figuren als Hegel, Nietzsche, Sade en Proust.

Zonder overdrijven kan het hele denken van Bataille worden beschouwd als een poging de draagwijdte van een bekende passus in Hegels *Phänomenologie des Geistes* serieuzer te nemen dan Hegel zelf deed. Hegel stelt daarin dat de geest 'zijn waarheid enkel verovert doordat hij zichzelf terugvindt in de absolute verscheurdheid'. Dit is eigenlijk een hard geformuleerde versie van het principe van de 'concrete negatie': de geest komt tot zichzelf door zich door het andere van zichzelf te laten negeren en zich in die negatie terug te vinden. Dit is zijn dialectische werkzaamheid. Bataille van zijn kant speelt met de gedachte van een 'werkloze negatie' (*négativité sans emploi*), waarin de 'geest' zich radicaal verliest, zonder nog op zichzelf te kunnen terugkomen.

De idee van zo'n verlies is uiteraard paradoxaal. Het gaat immers om een poging om op een lucide manier 'zijn hoofd te verliezen', om in zijn overgave aan een *buiten* nog *bij zichzelf* te zijn. De soevereiniteit blijkt dus 'het onmogelijke' (*l'impossible*). Toch is dit onmogelijke geen pure onwerkelijkheid. Het is juist datgene waar de mens, ondanks zichzelf, op gericht is zonder het werkelijk als 'doel' te kunnen stellen. De mens staat wezenlijk bloot aan een soevereine beweging die hem enerzijds wezenlijk ontsnapt en die hij anderzijds als de *zijne* opeist. De enige 'uitweg' is hier de *lach*. De lach is er niet enkel om de afschuw die met de soevereine beweging gepaard gaat, draaglijk te maken. De lach lacht ook met het ironische gegeven dat de mens zijn verlies overleeft, dat hij *in* zijn verlies aan een restant van zichzelf blijft vasthangen. In deze lach is de mens op een niet-dodelijke manier buiten zichzelf.

Meer dan met Hegel voelt Bataille zich verwant met Nietzsche. Nietzsches 'dood van God' betekent voor Bataille niet dat de mens nu beseft een autonoom individu te zijn, maar dat hij nu moet inzien dat hij opgenomen is in een excessieve dynamiek die hem te buiten gaat. Met God sterft de idee dat het menselijke bestaan een of andere vaste grond zou hebben, dat er een principe zou zijn dat de mens bescherming biedt tegen het soevereine exces dat in de hele wereld woedt. De stabiliteit die het individu lijkt te bezitten is tegenover dit exces slechts een in wezen instabiele stolling.

Voor Bataille verwijst het woord 'God' eigenlijk sinds mensenheugenis naar een blind exces dat elke poging verstoort een orde of een zin aan de wereld toe te kennen. In die zin betekent God de vernietiging van zichzelf als fundament of principe. De *moderne* soevereine mens is dan degene die zich identificeert met een zichzelf offerende, en daarbij om zichzelf lachende God. Alleen zo'n 'goddelijke' lach 'realiseert' de onmogelijke synthese tussen bewustzijn en zelfverlies, tussen luciditeit en duizeling. In deze lach mengt de angst voor de soevereine ruïnering zich met verrukking. Volgens Bataille kenden de christelijke mystici reeds deze ervaring, ook al durfden zij dit nog niet zo te formuleren.

DE 'MOGELIJKHEID' VAN HET ONMOGELIJKE: DE KUNST

Bataille zadelt de moderne mens op met de taak zijn leven tot zijn uiterste mogelijkheid te voeren. Maar deze mogelijkheid blijkt een onmogelijkheid. 'De soevereiniteit is niets', stelt Bataille droogweg. Dit 'niets' zuigt de mens aan zonder hem te ontvangen. Het is een grens waarop hij zich slechts lachend 'staande' kan houden.

Maar er is ook nog de kunst. De kunst is de meest draaglijke manier voor de moderne mens om met het 'niets' waar hij op een onzinnige manier toe wordt aangetrokken, om te gaan. In het hoofdstuk 'Le temps présent et l'art souverain' uit *La souveraineté* stelt Bataille dat de kunstenaar destijds bescheiden de sacrale soevereiniteit bezong van een ander (de koning, God, de 'totaliteit'). Hierbij erkende hij noch het publiek deze soevereiniteit als de *zijne*. De moderne kunstenaar van zijn kant geeft uitdrukking aan zijn *eigen* soevereiniteit. Deze soevereiniteit, die elke uitwendige soevereiniteit bespot, blijft evenwel voor hemzelf ontoegankelijk en afgrondelijk. De soevereiniteit die de kunstenaar in zichzelf ontdekt kan voor hem nooit een bezit of een verworvenheid zijn, maar is een excessieve beweging waar tegenover hijzelf wezenlijk in gebreke moet blijven. De kunstenaar kan in deze soevereiniteit op geen enkele manier een basis vinden waarop hij zich als subject kan beroepen. Deze soevereiniteit zet zijn subjectiviteit juist op het spel.

Omdat de serieuze, eerlijke kunstenaar tegenover zijn eigen soevereiniteit onmachtig is, moet hij over een paradoxale moed tot onmacht beschikken. Zijn kunst kan niets anders zijn dan een *avortement merveilleux*. De kunstenaar moet dan ook afstand nemen van elk 'constructief' effect dat zijn kunst op de wereld zou kunnen hebben en dus aan elke macht over dingen of mensen. In tegenstelling tot de klassieke soevereiniteit is de soevereiniteit van de moderne kunst op geen enkele manier nog verenigbaar met maatschappelijke rang of prestige.

Volgens Bataille is het *l'art pour l'art* een vlucht voor de radicaliteit van de moderne soevereiniteit: het komt neer op een nostalgie naar de feodale situatie waarin de kunst nog haar verhevenheid ontleende aan de *machtige* soevereiniteit van personen met maatschappelijk aanzien.

Toch kan ook de soevereiniteit van de moderne kunstenaar verbonden blijven met die van een ander. Het gaat hier dan wel om de heel nabije, *geliefde* ander. Van deze ander kan de afwezigheid niet worden verdragen, maar evenmin dat hij overleeft als een 'ding'. De geliefde ander is de 'onbepaald gelijke' die men aan zichzelf moet schenken door alles aan hem te vernietigen waarin hij zich aan zijn begrensde, 'dingachtige' bestaan vasthoudt.

De moderne kunst vertoont voor Bataille de structuur van het offer, maar ze pleegt uiteraard geen reëel offer waarin bloed vloeit. Wat in de kunst wordt geofferd is het onmisbare instrument waarmee de mens het min of meer stabiele bestaan van zichzelf, de anderen en de wereld, en van de orde die daarin heerst, zeker stelt: de taal. In *L'expérience intérieure* luidt het dat de poëzie de 'holocaust van de woorden' is. Zo'n offer is eigenlijk een uitboetingsrite. Zoals de primitieve mens het dier offert omdat hij zich schaamt dat hij het herleidt tot een ding in dienst van zijn zelfbehoud, zo offert de dichter de woorden vanuit het schuldige besef omtrent het misbruik dat hij in de alledaagse communicatie van de woorden maakt. In de alledaagse taal gebruikt, en dus *misbruikt* de mens de woorden als een instrument waarmee hij de dingen benoemt om er macht over te krijgen.

Heel nauw aansluitend bij de inzichten van de psychoanalyse gebruikt Bataille ook een seksuele metafoor. 'De literaire taal', zegt hij, '– uitdrukking van verborgen verlangens, van het duistere leven – is de pervertering van de taal, nog meer zelfs dan dat de erotiek de pervertering van de seksuele functies is.' Net zoals het erotische spel onverschillig is voor de voortplanting, transformeert de poëzie de orde van de tekens waarmee de werkelijkheid wordt gerepresenteerd of beïnvloed tot een *wan*orde van beelden die niets willen afbeelden of teweegbrengen. De poëtische frase vormt dus een op zichzelf soevereine handeling die verzaakt aan elke externe doelmatigheid.

In de moderne wereld, waarin de orde van de arbeid alles beheerst, kan de soevereine beweging slechts als een radicaal kwaad worden beschouwd. In zijn bundel *La littérature et le mal* (1957) behandelt Bataille een aantal schrijvers met wie hij zich verwant voelt: Sade, Genet, Baudelaire, Brontë, Proust, Kafka. Ondanks hun enorme verschillen hebben ze volgens Bataille gemeen dat ze allen de moed hebben te getuigen van een fascinatie voor het kwaad die er bij iedereen hoe dan ook is. Hun 'hypermoraal' bestaat in de erkenning van 'een medeplichtigheid in de kennis van het kwaad'. Dit betekent geenszins dat het kwaad voor hen een goed is geworden waar ze naar streven. Hun transgressie is niet gemotiveerd door eigenbelang. Ze betekent geen overgang naar een nieuw, 'gelukkig' domein waarin men zich, bevrijd van de wet, kan installeren. Omdat de wet *in* de transgressie van kracht blijft, blijft de transgressie noodzakelijk haperen in een onbevredigbare fascinatie.

Zo is bijvoorbeeld Baudelaire met zijn 'satanische' revolte tegen de burgerlijke orde geen revolutionair die een andere, betere orde wil stichten. Hij voelt zich integendeel in zijn revolte vervloekt zonder die vloek te willen ontlopen. Daarom is die revolte krachteloos. Op gelijkaardige wijze is ook de manier waarop Kafka in zijn literatuur de onverantwoordelijkheid van het kind cultiveert krachteloos en hopeloos, maar ook radicaal. Binnen het kader van een wet die onomstotelijk gehandhaafd blijft, blijft het spel een daarmee onverzoenlijk schandaal.

'Een zuivere en verloren blik'

Voordat Bataille in *L'expérience intérieure* en later in *La souveraineté* de radicale uitdaging zou omschrijven waarvoor de kunst binnen de moderne cultuur stond, had hij reeds een zeer geëngageerde positie ingenomen binnen de kunst van zijn tijd. Zo was hij in 1929-1930 hoofdredacteur van het kunsttijdschrift *Documents*, waaraan ook Michel

Leiris, Carl Einstein en Marcel Griaule meewerkten. Zijn sympathie ging duidelijk uit naar kunstenaars als Masson, Picasso, Dalí en Buñuel. In dit tijdschrift ondermijnt Bataille de fundamenten van de klassieke esthetica. Hij doet dit niet alleen in een veertigtal korte teksten, maar ook door de manipulatie van beelden, die hij vaak van een begeleidende tekst voorziet of op onverwachte manier met elkaar combineert.

Batailles artikelen in *Documents* zijn doordrongen van de idee dat de kunst moet durven openstaan voor iets dat onverdraaglijk, traumatiserend is in het contact met het reële. Het gaat om een niveau waarop iets de mens raakt voordat hij er zich een beeld van kan vormen. De ervaring staat hier gelijk met een verblinding. Deze gedachte leidde reeds eerder Batailles exuberante speculaties in *L'anus solaire* en *L'oeil pinéal* over een oog dat zich ooit op de top van de menselijke schedel zou hebben bevonden, een oog dat recht in de zon keek en af en toe, extatisch-verblind, explodeerde. Zien, luidt het in een nummer van *Documents*, 'is gekeeld, opgegeten worden'.

Batailles 'esthetica' is anti-Kantiaans. Voor hem is de esthetische ervaring niet de zaak van een verbeelding die de brute materialiteit van de zintuiglijke prikkels neutraliseert ten gunste van een 'belangeloze' beschouwing van de zuivere vorm. Bataille wil trouw blijven aan het geweld van de 'materiële feiten'. Deze feitelijkheid vormt een radicale heterogeniteit die zich niet laat verbeelden of die in elk geval het verbeeldingsproces verstoort. De altijd weer onverwachte, 'verblindende' manier waarop de werkelijkheid de mens overvalt, roept in hem het obsessieve verlangen wakker zich in die verblinding te verliezen, terwijl hij anderzijds niet anders kan dan zich voor die verblinding behoeden en zich aan een geruststellend beeld vasthechten.

Bataille polemiseert met zijn 'laag materialisme' tegen het etherische spiritualisme dat hij André Breton, leider van de surrealistische beweging, aanwrijft. Het surrealisme vlucht in de irreële, zogenaamde hogere wereld van de droom. Maar de droom verbergt en verbloemt. De censuur is erin reeds aan het werk. Hiertegen brengt Bataille zijn begrip van het 'ongevormde' (*l'informe*) in stelling. Dit begrip duidt niet op een pure vormloosheid die sommige 'informele' kunst lijkt na te streven. Hij denkt aan beelden die de sporen dragen van een traumatische materialiteit. Dergelijke beelden zijn altijd wel de afbeelding van iets dat als origineel en norm geldt, maar tegelijkertijd bevatten ze iets excessiefs dat de afbeelding en dus de norm te buiten gaat omdat het 'verwijst' naar een blinde aangedaanheid en dus eigenlijk naar niets.

In het heel korte *Documents*-artikel 'L'informe' stelt Bataille: 'Beweren dat het universum op niets lijkt en slechts ongevormd is, is hetzelfde als zeggen dat het universum zoiets is als een spin of een fluim.' De wereld kan niet getoetst worden aan een of ander principe, norm of ideaal waaruit ze zou zijn voortgekomen. De wereld is een exces zonder oorsprong. Ze is als een spin die plots is opgedoken of een fluim die om onbekende reden werd uitgespuwd. Ook voor de mens is er geen model waarop hij, zoals voor de klassieke ethiek en esthetica geldt, zou moeten lijken. Op een onbegrijpelijke manier aan het bestaan overgeleverd, is de mens een 'ongevormd' wezen dat nergens op lijkt. Tegenover de norm die altijd aan het menselijke wordt gesteld (de mens als 'beeld van God' of als onvolmaakte versie van de ideale mens), is de concreet levende mens altijd een soort monster. In een nummer van *Documents* suggereert Bataille dit met een montage van groepsfoto's.

Bataille pleit voor een kunst die de mens niet voorstelt als individu, dat wil zeggen als een wezen dat over zichzelf beschikt, maar als een wezen dat structureel buiten zichzelf is, hoe pijnlijk hij zich ook, zoals een burgerfamilie op een groepsfoto, aan de norm kan houden. De fotografie heeft de macht te onthullen hoe mensen niet wanstaltig zijn doordat ze bewust over de schreef gaan, maar gewoon doordat ze zijn wie ze zijn.

In een ander nummer van *Documents* toont Bataille *close-ups* van de grote teen of een opengesperde mond. Door hun vergroting en isolering uit hun context groeien deze lichaamsdelen uit tot iets monsterlijks waarmee de mens lijkt te participeren aan een 'laagheid' of 'modderigheid' waarin al wat we ons als menselijk voorstellen ver te zoeken is. Het geïsoleerde lichaamsdeel nodigt er niet toe uit om de 'totale mens' te reconstrueren, het is eerder een obscene fetisj die elk idee van een geheel op de helling zet.

Bataille heeft nooit aanvaard dat een kunstwerk alleen maar het object van een serene afstandelijke contemplatie is, en niet het object van een driftmatige, geobsedeerde fascinatie. Hij 'daagt eender welke liefhebber van schilderijen uit evenveel van een doek te houden als een fetisjist van een schoen'. Bataille weet dat dit niet kan, maar toch zoekt hij steeds naar een traumatiserend, 'laag' element dat de sereniteit van de voorstelling verstoort.

Zo plaatst hij in een *Documents*-nummer een foto van een rij afgehakte koeienpoten tegen de muur van een slachthuis, en enkele bladzijden verderop een foto van een rij benen van tapdanseressen van wie de bovenlichamen achter een scherm zijn verborgen. Met zo'n montage wijst Bataille op de gewelddadigheid die inherent is aan de artistieke handeling: de kadrering of *découpage* die het lichaam moet ondergaan om tot object van visueel genot te worden, wordt verbonden met de wijze waarop koeien in stukken worden gehakt zodat ze kunnen worden verorberd.

Het kunstwerk blijkt het resultaat van een offer, van een 'oefening in wreedheid' waaraan de toeschouwer medeplichtig wordt gemaakt.

Uit zijn essay over Van Gogh blijkt duidelijk dat voor Bataille kunst slechts authentiek is als het verlangen over te gaan tot een *reëel* offer er nog steeds in leesbaar is. Dit essay legt de band tussen Van Gogh die zijn oor afsnijdt en rituele zelfverminkingen bij volkeren, waarbij men soms zo ver gaat een lichaamsdeel aan de goden te offeren. Van Goghs gruwelijke zelfverminking ligt in het verlengde van zijn identificatie met verlepte, door de zon gegeselde zonnebloemen die hij schildert. Zoals de zonnebloemen zich 'onverschrokken' blootstellen aan de verschroeiende zonnestralen, zo voelt Van Gogh zich geteisterd door de verschroeiende intensiteit van het leven waaraan hij zich tegelijkertijd wil wegschenken. De prostituee aan wie hij zijn afgesneden oor opstuurt, incarneert deze intensiteit waar de gegoede burgerij aanstoot aan neemt.

Bataille eist van kunst dat ze het angstig verdrongen maar onuitroeibare verlangen wakker roept naar een soevereine, dat wil zeggen onberekende en doelloze prijsgave van zichzelf. Anderzijds zit hij ermee in zijn maag dat zo'n artistiek exces maatschappelijk zonder effect dreigt te blijven. Maar tegelijkertijd neemt hij afstand van de manier waarop Breton dacht de meest extreme voortbrengsels van de artistieke verbeelding te kunnen inzetten voor de communistische zaak. Het geloof in het revolutionaire potentieel van de droom is voor Bataille slechts een 'burgerlijke exaltatie' die elke voeling mist met de harde materialiteit waar het de communisten toch om ging.

Volgens Bataille maakte Breton van het surrealisme een soort halfzachte religie die niet alleen de scherpte mist van de revolutie, maar ook van de moderne poëzie. De manier waarop de surrealisten bijvoorbeeld Sade en Lautréamont voor de revolutie wilden winnen, kwam neer op een neutralisering van alles wat deze auteurs onverdraaglijk maakt. Breton van zijn kant deed in het tweede surrealistisch manifest Batailles 'lage materialisme' af als een wansmakelijke, negativistische bedoening.

Toch richtte Bataille in 1935 nog samen met Breton de groep *Contre-Attaque* op, waarvan de voornaamste doelstelling was opkomend extreem-rechts te bestrijden. Maar reeds een jaar later verloor Bataille de hoop op een proletarische revolutie en richtte hij het tijdschrift *Acéphale* op, alsook een gelijknamig genootschap. De leden van dit genootschap kwamen niet slechts samen in een *Collège de Sociologie* om, in het licht van de fascistische disciplinering en militarisering van het soevereine verlangen, de burgerlijke cultuur kritisch door te lichten, ze hielden ook geheime bijeenkomsten waarin de soevereine transgressie in haar compromisloze destructiviteit werd geritualiseerd. Het genootschap mocht niet door een persoon of door enig positief principe worden samengehouden. Alleen de dood zelf kon het hoofd zijn. Vandaar de naam 'a-céphale': 'hoofdloos'.

Na zijn tevergeefse pogingen de soevereiniteit tot inzet te maken van een radicale politieke of sociale omwenteling, schrompelt voor Bataille het domein van de soevereiniteit als het ware ineen tot de 'innerlijke ervaring': de erotiek, het denken, de kunst. Bataille zal evenwel nooit een vorm van poëzie aanvaarden die niet ergens wordt gemotiveerd door een 'haat tegen de poëzie'. Deze anti-esthetische esthetiek beheerst ook zijn studie over Manet (1955).

Zoals Benjamin Baudelaire beschreef als de dichter die de 'verbrijzeling van de aura' durft te verwelkomen, zo ziet Bataille in Manet een schilder die als eerste de 'onherroepelijke afwezigheid van elke luisterrijke schijn' serieus neemt. In de burgerlijke cultuur kan de kunstenaar het publiek niet langer schone en pakkende beelden voortoveren die het verenigt in een besef deel uit te maken van een zinvolle en samenhangende wereld. Manet is in die zin de moderne kunstenaar bij uitstek. Hij weigert in zijn schilderkunst elke 'welsprekendheid'. Door zijn modellen niet langer te plaatsen in een theatrale pose die narratief betekenisvol is, door ook de contrasten tussen kleuren en tussen licht en donker te benadrukken, schept hij een afstand tegenover het onderwerp. Het onderwerp lijkt slechts een voorwendsel te zijn voor het spel van de schilderkunst zelf.

Maar Bataille bedoelt niet dat Manet de betekenis van het voorgestelde veronachtzaamt. De onverschilligheid waarmee Manet bijvoorbeeld de executie van Maximiliaan schildert is een '*actieve* onverschilligheid'. Door het gebeuren te ontdoen van de dramatische betekenis die men er gewoonlijk aan toekent, toont hij het in zijn 'stomme, afgrondelijke eenvoud'. *L'exécution de Maximilien* is 'de *verschijning* van de dood zelf', zegt Bataille, namelijk van de dood als iets dat ons noodzakelijk ontsnapt. De wezenloze, apathische helderheid waarmee Manet een gewelddadige dood voorstelt, heeft op de toeschouwer het effect van een 'overweldigende verdoving'. Deze ervaart de grens van zijn vermogen *dit* nog te ervaren.

Ook Manets *Olympia* bezit een 'platte transparantie' die de betekenis uitwist. De betekenis van het schilderij is deze uitwissing zelf. De op het bed uitgestrekte vrouw is op een zo onretorische manier aanwezig dat die aanwezigheid grenst aan een afwezigheid. De uitdrukkingsloze blik waarmee ze ons aankijkt zegt niet meer dan dat ze zich naakt aan onze blikken blootstelt. Alle betekenis die men aan haar verschijning zou kunnen toeschrijven wordt *geofferd* aan een louter verschijnen dat eigenlijk 'niets' is. De 'luister' van de *Olympia*, zegt Bataille, is 'de luister van eender wie of eender wat die, zonder verdere reden, toebehoort aan wat *is* en die door de kracht van de schilderkunst wordt onthuld.'

De authentieke moderne mens heeft geen religieuze, mythologische of heroïsche beelden meer nodig. Als de kunst voor Bataille de plaats is waar het sacrale overleeft in een gedesacraliseerde samenleving, dan gaat het om een sacraliteit die zowel 'ontdaan is van elke tooi' als losgemaakt is van elke zinvolle menselijke onderneming of heilsverwachting. Zo'n ontledigde sacraliteit hoort strikt genomen niet een beeld toe, maar behoort tot een innerlijk 'domein van soevereine stilte' waarvan elk beeld wel, in zoverre zijn betekenis is uitgewist, kan getuigen. Een dergelijk beeld is het object van een 'zuivere en verloren blik', dat wil zeggen van een blik die zich, bevrijd van elke taak zich te oriënteren of te begrijpen, alleen maar in zichzelf wil verliezen. Zo'n blik is pure fascinatie.

Besluit: een verantwoordelijkheid voor het onmogelijke

'Transgressie', 'exces', 'soevereiniteit': met al deze begrippen duidt Bataille erop dat we, hoezeer we onszelf ook in allerlei ondernemingen inschakelen, er uiteindelijk voor *niets* zijn. Het menselijke leven is bij voorbaat aan dit niets verspild. Toch heeft de mens tot deze verspilling die hij is geen toegang. Hij kan er slechts *angstig gefascineerd* door zijn. De soevereine beweging, die men met Freuds 'doodsdrift' kan associëren, slaat de mens met een fundamenteel onvermogen. Niettemin daagt Bataille de mens, en op een ontwapenende manier eerst en vooral *zichzelf*, uit alsnog tot dit onvermogen in staat te zijn. De mens moet de soevereine beweging, *in* zijn onvermogen er ten volle deel aan te hebben, affirmeren. En dit omdat een wereld, voor wie het 'niets' van de soevereiniteit *zonder meer* niets zou zijn, voor de mens verstikkend is. Zo'n wereld reduceert de mens tot een instrument, ook al is het een instrument van een humaan ideaal.

Batailles eis het 'onmogelijke' van de soevereiniteit in het spel te brengen moet gezien worden tegen de achtergrond van een eeuw waarin die soevereiniteit op grote schaal werd geïnstrumentaliseerd: in het geexalteerde nationalisme, in het stalinisme én in de kapitalistische economie. Telkens wordt van het verlangen van de massa naar soevereiniteit strategisch gebruikgemaakt om dit verlangen aan uiterlijke doelen dienstbaar te maken. Ook de naoorlogse consumptie- en spektakelmaatschappij kan men beschouwen als een systeem dat een 'totale mobilisatie' van de soevereiniteit heeft doorgevoerd. Volgens een cultuurfilosoof als Jean Baudrillard biedt de maatschappij de burger producten en identificatiemodellen aan waaraan hij zijn verlangen naar verspilling en exces kan 'bevredigen'. Omdat deze objecten en modellen functioneren als tekens waarmee men zich van een maatschappelijk prestige verzekert, leggen ze de soevereine beweging meteen ook lam. Volgens Baudrillard is het product 'kunst' het ultieme prestige-teken. Het kunstwerk is een soort meta-consumptieartikel. Als object dat nergens toe dient functioneert het voor de moderne burger als het *simulacrum* van een aristocratische verspilling waar hij in werkelijkheid voor terugschrikt.[1]

Het hoeft geen betoog dat de media onophoudelijk inspelen op de fascinatie voor het excessieve, kwaadaardige, normoverschrijdende, zij het dat dit haast altijd gebeurt onder de dekmantel van een of andere positieve morele boodschap. Het kwaad wordt ofwel uitgeschakeld ofwel gepresenteerd als een 'noodzakelijk kwaad' dat wordt aangewend voor de goede zaak. Nooit wordt de onuitroeibare fascinatie die er voor geweld, destructie en dood bestaat *als zodanig* toegegeven. Men deinst terug voor de impasse, de ervaring van het 'onmogelijke' waar dit toe zou leiden.

De moed om deze fascinatie toe te geven, het verlangen te *bekennen*, lijkt Bataille op een bepaald moment vooral aan de kunst toe te schrijven. Maar deze fascinatie doortrekt heel zijn heterogene oeuvre. Batailles filosofie is een radicaal *erotische* filosofie, een filosofie die, tot in de verblinding, zijn ogen wil openen voor een dodelijke beweging die *nergens toe leidt*. Van dit geweld dat, ook door de geweldenaars, steeds wordt gepresenteerd als iets dat er eigenlijk niet zou mogen zijn, wil Bataille slechts tonen dat het er *is* en dat zelfs de meest eerbiedwaardige prestaties en verworvenheden van de mens erdoor worden gedragen. Voor dit geweld lijkt Bataille de verantwoordelijkheid te willen nemen.

Batailles 'filosofie van het exces' draagt het gevaar in zich te worden geïnterpreteerd als een soort vulgaire versie van Nietzsches 'dionysische' filosofie, waarbij men zich vaak allerlei beelden van erotische en gewelddadige excessen voor de geest haalt. Wat de kunst betreft denkt men dan vaak aan de gruwelijke scènes die minstens sinds Goya, Géricault en Delacroix ongenadig in de verf worden gezet. Men associeert Bataille ook al te vlug met de wellustige en bloederige *performances* van bijvoorbeeld de Oostenrijkse *Wiener Aktionisten* in de jaren zestig, of met de obscene uitstalling van alles wat maar 'abject' is, een artistieke strategie die sinds de jaren tachtig van de vorige eeuw courant is.

Maar Bataille is niet alleen Sade, hij is ook Proust en Kafka. Hij is niet slechts Goya, hij is ook Manet. De kunst van het exces hoeft er niet letterlijk 'excessief' uit te zien. Mondriaan opperde ooit dat 'het belang

1. Zie Jean Baudrillard, 'L'enchère de l'oeuvre d'art', in: *Pour une critique de l'économie politique du signe*. Parijs 1972.

van de wreedheid in de kunst altijd is onderschat'. En Rothko beweerde over zijn abstracte schilderijen dat ze 'in elke vierkante centimeter het absolute geweld gevangen houden'. Anders gezegd: de soevereine beweging is niet wezenlijk een zaak van 'bloed en sperma', maar verwijst naar een dimensie van de ervaring in het algemeen. De wijze waarop de mens aan de wereld blootstaat gaat elke zin, elke idee, elke wetenschap, elk project te buiten waarbinnen hij dit gebeuren altijd inkadert en stabiliseert. Achter de dingen, zegt Bataille in de nabijheid van Heidegger, is er niet een andere wereld, maar slechts hun *éclat*, de schittering van hun verschijnen. Deze 'schittering' is duister omdat de mens eraan is overgeleverd als aan een geweld dat een gat slaat in elk beeld dat hij er zich van kan vormen. Elk beeld is bij voorbaat aan het excessieve van dat verschijnen verspild. De ogen te openen voor deze duistere schittering is de onmogelijke eis die volgens Bataille aan de mens gesteld is. Deze eis is vooral onmogelijk omdat deze schittering het element is waarbinnen hij dagelijks alles ziet. De naakte eenvoud van wat *is* gaat elke voorstelling te buiten. Daarom is deze eenvoud zo moeilijk. Om deze te bereiken moet het beeld zijn welsprekendheid opofferen, zichzelf 'verdoven'. Dit stille offer is wat Manet voor Bataille zo radicaal modern maakt. Maar het is ook wat ons in het beste van Batailles filosofische en literaire oeuvre fascineert.

Bibliografie

WERKEN VAN BATAILLE

George Bataille, *Oeuvres complètes* (OC). 12 delen, Parijs (Gallimard) 1970-1988

OVER KUNST

'Le bas matérialisme et la gnose' (1930), in: OC I

'La mutilation sacrificielle et l'oreille coupée de Van Gogh' (1930), in: OC I; Ned. vert. in: *Bataille. Kunst, geweld en erotiek als grenservaring*. Vertaling en redactie: Ineke van der Burg en Debora Meijers, Amsterdam (SUA) 1987

'La valeur d'usage de D.A.F. de Sade' (1934), in: OC II

'La "vieille taupe" et le préfixe *sur* dans les mots *surhomme* et *surréaliste*' (1934), in: OC II

'La révolution surréaliste' (1945), in: OC V

'Le surréalisme et sa différence avec l'existentialisme' (1946), in: OC XI

'La religion surréaliste' (1948), in: OC VII

'L'art, exercice de la cruauté' (1949), in: OC XI

Manet (1955), in: OC IX

Lascaux ou la naissance de l'art (1955), in: OC IX
La littérature et le mal (1957), in: OC IX
Les larmes d'Éros (1961), in: OC X; Ned. vert. *De tranen van Eros.* Vertaling: Jan Versteeg, Nijmegen (SUN) 1986

SELECTIE UIT OVERIGE WERKEN

L'anus solaire (1927), in: OC I; Ned. vert. *De zonne-anus. De aartsengelachtige. Erotische gedichten.* Vertaling: Pieter Schermer, Utrecht (IJzer) 1993
L'oeil pinéal (1930), in: OC II
Le bleu du ciel (1936), in: OC III; Ned. vert. *Het blauw van de hemel.* Vertaling: Walter van der Star, Amsterdam 1972; Brussel (Yves Gevaert) 2000
L'expérience intérieure (1943), in: OC V; Ned. vert. *De innerlijke ervaring.* Vertaling: Laurens ten Kate, Hilversum (Gooi & Sticht) 1989
Le coupable (1944), in: OC V
Méthode de méditation (1945), OC V
Sur Nietzsche (1945), in: OC VI
Théorie de la religion (1948), in: OC VII
La part maudite (1948), in: OC VII
La souveraineté (1953), in: OC VIII
L'érotisme (1957), in: OC X; Ned. vert. *De erotiek.* Vertaling: Jan Versteeg, Amsterdam (Arena) 1993

OVER BATAILLE

Jacques Derrida, 'De l'économie restrainte à l'économie générale. Un hegelianisme sans réserve', in: Idem, *L'Écriture et la différence.* Parijs (Éditions du Seuil) 1967
Roland Barthes e.a., *Bataille.* Direction: Philippe Sollers. Communications: Roland Barthes [et al.]. Interventions: M. Baciu [et al.]. Colloque Cérisy-la-Salle. Parijs (Union générale d'éditions) 1973
Denis Hollier, *La prise de la Concorde. Essais sur Georges Bataille.* Parijs (Gallimard) 1974
Denis Hollier, *Le Collège de sociologie (1937-1939). Textes de Georges Bataille [et al.]; présentés par Denis Hollier.* Parijs (Gallimard) 1979; Ned. vert. *De sfinx van de sociologie. Georges Bataille.* Samenstelling en inleiding Marc de Kesel en Denoix Kerger, Leuven (Acco) 1994
Jan Versteeg (red.), 'Georges Bataille, de filosoof van het kwaad', dossier in: *De revisor*, 1985/2
Michel Foucault, 'Préface à la transgression'; Ned. vert. 'Inleiding tot de transgressie. Over Georges Bataille', in: Michel Foucault, *De verbeelding van de bibliotheek.* Vertaling: J.F. Vogelaar en Y. van Kempen, Nijmegen (SUN) 1986
Ineke van der Burg en Debora Meijers (red.), *Bataille. Kunst, geweld en erotiek als grenservaring.* Amsterdam (SUA) 1987 [zie boven Bataille over kunst]
Jean-Luc Nancy, *La communauté désoeuvrée.* Parijs (Gallimard) 1990
Laurens ten Kate en Ger Groot, *Voorbij het zelfbehoud. Gemeenschap en offer bij Georges Bataille.* Leuven (Garant) 1991

Laurens ten Kate, *De lege plaats. Revoltes tegen het instrumentele leven in Bataille's atheologie*. Kampen (Kok Agora) 1994

Yves-Alain Bois en Rosalind Krauss, *L'informe. Mode d'emploi*. Parijs (Centre Georges Pompidou) 1996

Gunther Coppens (red.), *Rondom Georges Bataille. Tien lezingen over filosofie, kunst, ethica en politiek*. Leuven (Acco) 1997

HOOFDSTUK 8

Theodor W. Adorno – *De belofte van het negatieve*

Ce qui est aujourd'hui sacré ne peut être proclamé,
ce qui est sacré est désormais muet.
GEORGES BATAILLE

Inleiding

Wellicht heeft geen filosoof ooit zo subtiel en indringend over kunst geschreven als Theodor W. Adorno (1903-1969). De manier waarop hij filosofische denkkracht en erudiete aandacht voor het specifieke kunstwerk of oeuvre wist te combineren, is onovertroffen. Heideggers conservatieve terughoudendheid tegenover de artistieke avant-garde was Adorno totaal vreemd. Hij volgde van nabij de ontwikkelingen in de kunst en onderhield heel nauwe contacten met de kring rond Schönberg in Wenen. Hij schreef niet alleen over Haydn, Mozart, Beethoven en Wagner, maar ook over Schönberg, Strawinsky, Mahler, Berg, Cage en Stockhausen. Hij deed dit niet enkel als filosoof, maar tevens als rasechte muziekkenner die ook musicus en zelfs componist was. Voor wat de literatuur aangaat schreef hij onder meer belangrijke essays over Hölderlin, Baudelaire, Heine, Kafka, Proust, Beckett en vele anderen. Thomas Mann consulteerde hem bij het schrijven van zijn *Doktor Faustus*. Adorno's voeling met de beeldende kunsten blijkt vooral uit vele fragmenten in zijn *Ästhetische Theorie*.

Adorno's passie voor kunst is filosofisch gefundeerd. Hij plaatst zich expliciet in de traditie van Kant en het Duitse idealisme. In deze traditie wordt de kunst gezien als een zeldzaam moment van synthese tussen het algemene en het concrete. Anders gezegd: het geestelijke verschijnt er *in* het zintuiglijke in plaats van er tegengesteld aan te zijn. Adorno brengt evenwel in dit idealistische denken een essentiële verschuiving aan. In een samenleving waarin het algemene is uitgegroeid tot een onmenselijke abstractie die de mensen in haar greep heeft, kan een esthetische verzoening tussen het algemene en het concrete slechts een drogbeeld zijn dat de reële tegenstelling tussen het algemene en het concrete verdoezelt. Daarom moet het kunstwerk, ter wille van een mogelijke verzoening die niet vals zou zijn, tussen de twee een extreme spanning aanhouden.

Zoals voor menig modern filosoof is voor Adorno de esthetica geen aparte en nog minder een bijkomstige filosofische discipline. De esthetica is geen 'toegepaste' filosofie, maar eerder een interne zelfkritiek van de filosofie. Volgens Adorno heeft de westerse filosofie zich steeds meer vernauwd tot een 'identiteitsdenken': een denken dat de heterogene objectwereld homogeniseert onder de pletwals van algemene begrippen. Het geweld dat de begrippen de realiteit aandoen weerspiegelt het geweld dat de totalitaire politiek en de algehele nivellering van de cultuur de mensen aandoen. Voor Adorno is de kunst zowat het enige domein waar nog aan bod kan komen wat aan de 'verblinde' totaliteit (*Verblendungszusammenhang*) van de cultuur ontsnapt. De complexiteit van Adorno's esthetica komt voort uit het bewustzijn dat elke poging deze 'andere' dimensie in het spel te brengen wezenlijk door de verblinde totaliteit is aangetast. De kunst kan dan ook nooit zomaar positief aan dat 'andere' refereren.

Adorno's esthetica speelt zich helemaal af tegen de achtergrond van zijn marxistisch geïnspireerde kritiek op de burgerlijke maatschappij. Hij was lid van het *Institut für Sozialforschung* dat in 1923 door onder meer Max Horkheimer was opgericht. Hieruit is de filosofische beweging gegroeid die men later de *Frankfurter Schule* is gaan noemen. Naast Adorno zijn de bekendste hiermee verbonden figuren Horkheimer, Fromm, Marcuse en later Habermas. De ideeën van deze filosofen en sociologen lopen zowel in visie als in kwaliteit erg uiteen. Maar wat ze gemeen hebben is dat ze alle kritisch de innerlijke tegenstrijdigheden van de westerse, kapitalistische maatschappij willen blootleggen. Behalve door het werk van Marx lieten ze zich daarbij vooral inspireren door een kritisch verwerkte Hegel en Freud.

De fatale dialectiek van de Verlichting

Met Hegel en Marx deelt Adorno het uitgangspunt dat de waarheid historisch is. Elk denken draagt wezenlijk het stempel van een dynamisch maatschappelijk gebeuren waarin machtsverhoudingen beslissend zijn. Dit betekent niet eenvoudig dat elke denker beïnvloed is door de opvattingen die in zijn tijd gangbaar zijn, maar dat zijn denken ook 'formeel', in de *wijze waarop* het zijn object benadert, van die machtsverhoudingen doordrongen is. Hegeliaans gesproken: het denken is nooit louter de zaak van een op zichzelf staand subject, maar is steeds 'bemiddeld' door een 'objectieve geest'. Wanneer de filosofie denkt zich aan deze bemiddeling te kunnen onttrekken, wordt zij er volgens Adorno juist het blinde slachtoffer van. De filosofie moet deze bemiddeling *reflecteren*. Zij moet zich er namelijk van bewust worden dat haar begrippenapparaat nooit onschuldig is, maar wezenlijk medeplichtig aan een maatschappelijk bestel waarin mensen elkaar, maar ook zichzelf, domineren.

Als de filosofie altijd onvermijdelijk een weerspiegeling is van maatschappelijke machtsverhoudingen, dan is de in de traditionele metafysica veelgeroemde autonomie of vrijheid van de denkende geest steeds ten dele slechts schijn. Terwijl de burgerlijk-idealistische filosofie altijd schermde met begrippen als 'autonomie', 'vrijheid' en 'geest', was de *reële* toestand er een van grove overheersing. Door haar blindheid voor deze realiteit bleef de burgerlijke filosofie *abstract*. Deze abstractie was geen onschuldige wereldvreemdheid. Willens nillens participeerde het idealistische denken aan de wereld waarvan het niets wilde weten. In zijn blindheid voor de gewelddadige realiteit, in zijn illusie deze realiteit te hebben overstegen, functioneerde dit denken als een ideologisch alibi dat de hardheid van deze realiteit omfloerste en zodoende stilletjes goedkeurde. Dit is een inzicht dat Adorno van Marx overneemt.

Anderzijds heeft Adorno zich altijd verzet tegen het vulgair-marxisme dat de wereld niet meer wil interpreteren maar veranderen. Het geloof dat men het denken zou moeten afschaffen om tot de revolutionaire actie over te gaan onderschat de ernst van de situatie. Het onderschat hoe grondig nog de meest 'onafhankelijke', 'vrijdenkende' individuen de ideologie van de bestaande maatschappij hebben geïnterioriseerd. Immers: de idealen zelf van waaruit men de maatschappij wil veranderen ('vrijheid', 'gelijkheid', 'rechtvaardigheid'...) zijn al te zeer door diezelfde maatschappij uitgehold. Toch bestaan er geen andere idealen. 'Vrijheid', 'gelijkheid', enzovoort, zijn ongetwijfeld tot nog toe schijn, maar die schijn is niet niets. Zoals voor zijn vriend en intellectuele kompaan Benjamin, is schijn voor Adorno altijd ook de weerschijn, de belofte van iets wat zou kunnen zijn. Daarom moet men aan die schijn vasthouden. Denken is het moment waarop de schijn zich even van zichzelf bewust wordt en daardoor verwijst naar wat méér is dan schijn.

Adorno's cultuurpessimisme is radicaal, eigenlijk niet minder radicaal dan dat van zijn filosofische en politieke vijand Heidegger. Zoals volgens Heidegger de moderne mens, die door het *Gestell* wordt beheerst, zelfs het uitblijven van het Zijn niet meer ervaart, is voor Adorno de moderne mens zelfs het bewustzijn van zijn vervreemding verloren. We leven in een *Verblendungszusammenhang*. Voor Adorno betekent dit concreet: wij leven in een cultuur die het fascisme, die Auschwitz heeft voortgebracht. En deze catastrofe is volgens Adorno geen ongeluk van een beschaving die in wezen op de goede weg was, maar daarentegen de onvermijdelijke consequentie van een diepgewortelde tendens in de westerse beschaving. De 'regressie' van het fascisme naar het mythische, 'irrationele', was het symptoom van een gewelddadigheid die van in den beginne de zogenaamde 'rationaliteit' van de westerse Grieks-christelijke beschaving kenmerkte. En wat meer is: er is sindsdien niets wezenlijk veranderd. Onze kapitalistische wereldorde, met haar economische politiek en haar massa- en spektakelcultuur, zet dezelfde fatale logica voort met andere middelen. In zijn *Dialektik der Aufklärung* (1944) heeft Adorno dit samen met Max Horkheimer op een indrukwekkende manier aannemelijk gemaakt. Pas vanuit deze verlichtingskritiek is de onzekere, paradoxale positie te begrijpen die Adorno in al zijn esthetische geschriften aan kunst toekent.

Voor Adorno en Horkheimer is de Verlichting niet zomaar een periode in de geschiedenis, maar die beslissende tendens in de westerse cultuur waarbij de mens zich langzaamaan bevrijdt van het juk van overgeleverde tradities, van allerlei vormen van politieke en sociale onderdrukking en van de dogma's en afschrikkingsstrategieën van mythe en godsdienst. Meer positief verwijst 'Verlichting' naar de mens die zijn autonomie ontdekt en opeist. De verlichte mens is degene die in vrijheid voor zichzelf denkt en handelt, alles zelf onderzoekt en zijn bestaan zelf in handen neemt. In dit proces van emancipatie is de wetenschap van essentieel belang. Door zijn kennis van de wetmatigheden die natuurlijke processen beheersen, en door deze kennis toe te passen in de techniek kon de mens de natuur steeds meer naar zijn hand zetten in functie van zijn zelfbehoud en zelfontplooiing. Hierdoor werd de natuur van een onberekenbare macht waaraan de mens spirituele krachten toedichtte, een voor de mens analyseerbare en bruikbare materialiteit. Deze pragmatische en nuchtere verhouding tot de natuur maakte de mythische en religieuze projectie overbodig. De natuur was 'onttoverd'.

Waarin bestaat dan de 'dialectiek' van de Verlichting? Deze Hegeliaanse term is hier lichtelijk misleidend. Dialectiek verwijst normaal naar tegenstellingen die, doordat ze als zodanig worden geponeerd, opgeheven worden in een hogere eenheid. Volgens Adorno en Horkheimer lijdt de Verlichting evenwel aan een interne tegenstrijdigheid die ze, om structurele redenen, niet bij machte is op te heffen. Deze tegenstrijdigheid bestaat erin dat de Verlichting, in de beweging zelf waarmee ze het mythisch-religieuze stadium achter zich meent te hebben gelaten, juist meer dan ooit in dit stadium gevangen blijft.

Hoe maken Adorno en Horkheimer dit hard? Zoals gezegd houdt de Verlichting – dit halen ze uit Hegels *Phänomenologie des Geistes* – een 'onttovering' van de natuur in. Deze onttovering is een *ontzieling*. De *logos* of het geestelijke komt exclusief de mens toe. De natuur van haar kant wordt een zielloze, dode objectiviteit. De verwantschap tussen de mens en een natuur die voor de mythisch-religieuze mens nog door geestelijke krachten was bewoond, gaat met de Verlichting dus verloren. Hiermee suggereren Adorno en Horkheimer niet dat de mens ooit in een probleemloze eenheid met de natuur leefde. Zijn verhouding met de natuur in de mythisch-religieuze fase was *mimetisch*.

Het begrip 'mimesis' wijst voor de auteurs van *Dialektik der Aufklärung* niet op nabootsing in de platoonse zin. Het gaat niet om een imitatie of afbeelding die op de natuur lijkt, maar eerder om een *mimicry*, een mimisch spel waarbij men *zichzelf* gelijkmaakt aan de natuur. Dit is wat in het magisch ritueel of in het offer gebeurt. De dreiging die van de onbekende natuur uitgaat wordt bezworen door een *identificatie*. Men maakt zich als het ware gelijk aan de orde waardoor men zich bedreigd voelt, zij het in de vorm van een spel, van een geritualiseerd drama. De overgave aan het vreemde andere is niet reëel, maar symbolisch bemiddeld door fetisjen, beelden, maskers, dieren, namen van goden. Maar evenmin gaat het om een afstandelijke representatie. De magische identificatie gaat wel degelijk met huiver en angst gepaard. Mythische en religieuze symbolen zijn geen louter conventionele tekens die 'refereren' aan goddelijke krachten. Ze *incarneren* die krachten. Terwijl ze de bedreigende natuur op afstand houden, zijn ze tegelijk een echo van de reële overmacht van de natuur. Ze zijn dan ook niet vervangbaar, maar bezitten een onvervangbare concreetheid.

Wat gebeurt er nu wanneer de mens het stadium van mythe en magie verlaat en het 'licht van de rede' binnentreedt? Het mythische symbool waarmee hij zijn angst bezwoer maar tegelijk zijn intieme verwantschap met het gevreesde erkende, verbleekt tot een conventioneel teken waarmee een subject een object be-tekent. Er is niet langer de identificatie met een andersheid die in die identificatie iets onberekenbaars, onidentificeerbaars blijft behouden. Het object wordt ondubbelzinnig geïdentificeerd door middel van een vergeestelijkt, abstract teken: een teken dat in niets nog op het object gelijkt. Het ideaal van de moderne wetenschap is dan ook een volledig artificiële tekentaal, een transparante orde die zich niet laat storen door de concreetheid van wat verschijnt. Deze orde laat het concrete slechts toe in zoverre het zich onder de algemeenheid van het begrip laat subsumeren.

In de abstracte kennisrelatie is aan het object elk initiatief ontnomen. Het wordt een soort onbepaalde grondstof of onverschillige drager die zijn transparantie volledig te danken heeft aan het subject dat het object binnen zijn schema's dwingt. De subjectivistische kenleer van Kant weerspiegelt deze verhouding tot het object: kennis ontstaat doordat het subject uit een chaotische verschijningswereld een ordelijke eenheid construeert met behulp van vaste categorieën. Het object wordt niet in zijn bijzonderheid benaderd, maar enkel als voorbeeld, als exemplaar van algemene begrippen en wetten. Elke voorbegrippelijke verwantschap met het concrete object dreigt als een overblijfsel uit primitieve tijden en dus als irrelevant voor de opbouw van de rationele kennis te worden afgedaan. Hierdoor komt de natuur, die voor de 'rationele', 'verlichte' mens transparanter en beheersbaarder wordt, voor de *levende* mens steeds meer als een vreemd, ondoordringbaar ding tegenover hem te staan. Kennis en beheersing van de natuur worden dus gekocht met een vervreemding van die natuur. De 'verlichte' mens die de wereld van haar beangstigende vreemdheid wilde ontdoen door haar tot *zijn* wereld om te vormen, komt hier in tegenspraak met zichzelf.

Deze vervreemding houdt aan zolang de Verlichting blind blijft voor zichzelf, dat wil zeggen voor haar eigen oorsprong. Immers: volgens Adorno en Horkheimer gaat de meest rationele wetenschappelijke kennis uiteindelijk nog terug op de vitale verhouding tot de natuur. Anders gezegd: ook het meest abstracte teken of begrip blijft een mimetische kern behouden. Het gaat nog steeds om een magische poging de dreiging die van de natuur uitgaat af te wenden. Alleen gaat de bezwering niet meer gepaard met een symbolisch-rituele identificatie die steeds een moment van overgave impliceert en dus het risico zich in het andere te verliezen. De bezwering gebeurt nu door een afstandelijke schematisering en conceptualisering van een object waarmee elke affiniteit wordt verloochend. De Verlichting legt een taboe op de mimesis, op die ambivalente verhouding van identificatie en angstige terugdeinzing voor de natuur.

Het taboe op mimesis impliceert een verdringing van de natuur in de mens zelf. De verlichte mens, die zich van de magie heeft bevrijd, verschrompelt tot een abstract subject dat in functie van kennis, zelfbehoud en overheersing van de natuur aan zijn natuurlijke driften verzaakt. Daarom typeren Adorno en Horkheimer de tegenstrijdigheid die de Verlichting beheerst als '*zelfhandhaving door zelfverloochening*'. Met die paradoxale logica blijft de Verlichting in het mythische stadium hangen. Men probeert nog steeds de natuur te bezweren door het geweld ervan na te bootsen. Maar het grote verschil is dat deze *mimicry* nu volledig onbewust blijft. Het geweld verinnerlijkt zich. De verlichte burger richt, zoals Nietzsche en Freud reeds aantoonden, het geweld tegen zichzelf. Hij snijdt dat deel in zichzelf dat hem met de natuur verbindt, dat deel dat maakt dat hij zich altijd in die natuur kan verliezen, uit zichzelf weg. In functie van zijn zelfbehoud en overmacht op de natuur verzaakt hij eigenlijk aan datgene wat het leven waard maakt om geleefd te worden. Kortom: het burgerlijke subject overleeft ten koste van zijn leven. Adorno en Horkheimer lezen deze dialectiek reeds in Homeros' *Odyssee*, die voor hen aan de oorsprong van de burgerlijke cultuur staat. Odysseus is de beschaafde burger die weigert de bedwelmende lotusbloemen of het vee van Hyperion te eten. Hij is degene die

Circe pas beslaapt nadat hij haar de eed heeft afgedwongen hem niet in een varken te veranderen. Hij is ook degene die zich aan de mast van zijn schip laat vastbinden zodat de verleiding die van het gezang van de sirenen uitgaat hem niet fataal wordt. Telkens wordt de lust of de vreugde bemiddeld door een list die waarborgt dat men zich niet in het object verliest.

De kernidee die de hele *Dialektik der Aufklärung* draagt is dat alle technologische, industriële en militaire prestaties van de burgerlijke maatschappij, maar ook in hoge mate haar prestaties in het domein van het 'geestelijke', tot nog toe ten koste zijn gegaan van een zelfverloochening. Deze verloochening van het natuurlijke in zichzelf, die de voorwaarde is voor de beheersing van de natuur, blijft heimelijk een mimesis van de kwaadaardige krachten die men sinds mensenheugenis in de natuur vreest. Anders gezegd: in de listige beheersing van wat in de natuur als gewelddadig wordt ervaren, blijft men dat geweld op een blinde, symptomatische manier herhalen. Dit geweld toont zich nog slechts in de wijze waarop het subject zich tegenover het andere, ook het andere in *zichzelf*, afschermt, ertegen 'verhardt'. Het toont zich in de manier waarop het object nog slechts mag verschijnen in zoverre het voorwerp is van kwantificeerbare kennis of technische manipulatie, als eigendom of kapitaal. Het subject ontwijkt elke situatie waarin het kan worden geraakt door de andersheid van het object, maar viseert het en neemt het in bezit 'als van achter een ondoordringbaar masker'. Dit is voor Adorno de structuur van onze 'burgerlijke kilte'.

De neutralisering van alles wat anders of 'niet-identiek' aan het object is en de onverschilligheid voor zijn onvervangbare concreetheid kenmerken zowel de moderne technologie als de kapitalistische economie. In de context van de kapitalistische productieverhoudingen (de arbeider die zijn arbeid verkoopt aan een kapitalist) is de industriële productie onverschillig voor de eigen kwaliteit of betekenis van de natuur die zij transformeert. De natuur is op zich een betekenisloze massa, gereduceerd tot quanta energieën of grondstoffen. Buiten het feit dat het door subjecten kan worden aangewend in functie van hun zelfbehoud, heeft het object geen betekenis meer.

Wat gebeurt in de kapitalistische ruil is analoog: de concrete (gebruiks)waarde van het object wordt gereduceerd tot een abstracte ruilwaarde. Op de markt is alles met alles ruilbaar, vervangbaar op louter kwantitatieve basis. De arbeid die in elke waar zit, is aan die waar niet af te lezen. Deze arbeid is, zoals Marx leerde, trouwens zelf reeds 'abstracte arbeid', gereduceerd tot het scheppen van abstracte ruilwaarde.

Volgens Adorno en Horkheimer is onze hele cultuur door deze gewelddadige abstractie getekend. We leven in wat zij een *verwaltete Welt* noemen: een totaal geadministreerde, beheerde, gecontroleerde wereld. De moderne burger investeert alles in het kille, gecalculeerde beheer van de natuur, de anderen en zichzelf. En dit beheer is een doel op zich geworden. De magisch-mimetische verhouding tot de vijandige natuur was een levensnoodzakelijk afweermiddel, maar bevatte een moment van gelukkige zelfvergetelheid. In zijn star-ascetisch bedwingen van de natuur heeft de verlichte burger dit gelukkige moment uitgebannen. Zijn mimesis van de natuur – hij bootst immers de hardheid van de natuur na – is een troosteloos, dwangmatig automatisme geworden. Ook al is dit bij de huidige stand van de productiemiddelen onnodig geworden, het handelen en denken van het subject blijven gemotiveerd door zelfhandhaving.

Deze situatie heeft haar weerslag op het denken in de vorm van een *instrumentalisering van de rede*. Dat betekent dat de rede wordt gereduceerd tot een *methode* om de verschillende domeinen van de werkelijkheid zo in te verdelen en te formaliseren dat de werkelijkheid binnen het bereik van controle en manipulatie komt. Eigen aan deze instrumentele rede is dat ze geen doel of zin buiten dit proces van formalisering en benutting van de werkelijkheid erkent. Wat niet binnen deze doelmatigheid kan worden gedacht, wordt als mythisch of irrationeel afgedaan. Het gevolg is dat de mens, om wiens bestemming het toch allemaal te doen was, zelf tot middel wordt. Hij wordt een schakel in een geautomatiseerd ordenings- en beheersingsmechanisme waarvan de 'rationaliteit' niet anders dan als volledig irrationeel kan worden bestempeld.

Met het fascisme keert de natuur die door de instrumentele rede werd verdrongen op symptomatische wijze terug, namelijk in de vorm een hypergeorganiseerde oorlogsmachinerie. Ook het antisemitisme is zo'n symptoom. Het is een pathologische terugkeer van de verdrongen mimetische impuls in een gerationaliseerde maatschappij. Aan de mimetische identificatie met het vreemde, 'andere' kan men nog slechts toegeven door de ander (de 'jood') systematisch uit te roeien om aldus de zuiverheid van het 'zelf' definitief veilig te stellen.

Het is niet de minst controversiële stelling van *Dialektik der Aufklärung* dat de formele structuur van de naoorlogse 'cultuurindustrie' dezelfde is als die van het fascisme: wat de dwangmatige drang tot overheersing overstijgt, namelijk de genotvolle overgave aan het andere, wordt slechts toegelaten in de mate waarin het volgens steeds dezelfde sjablonen wordt gepresenteerd en dus meteen de consument wordt ontzegd. De door de cultuurindustrie opgezette spektakels cultiveren een mengsel van obsceniteit en preutsheid: terwijl ze, als compensatie voor de verzakingen die de *verwaltete Welt* eist, steeds het ultieme genot voorspiegelen, blijft de eis tot zelfbeheersing gehandhaafd. Het spektakel ontzegt wat het belooft. In die zin onderscheidt de kunst zich van de cultuurindustrie. De kunst breekt haar belofte niet omdat 'ze de vervulling van de belofte altijd slechts als gebroken vervulling uitbeeldt'.

'Negatieve dialectiek'

Dialektik der Aufklärung is niet louter een cultuurdiagnose. Het boek roept op tot een reflectie van het denken over zijn eigen mogelijkheidsvoorwaarden. Het beschrijft immers de oorsprong of 'oergeschiedenis' van het moderne, begrippelijke denken waarvan ook *Dialektik der Aufklärung* een voorbeeld is. De latere Adorno zal steeds genadelozer stilstaan bij deze onontkoombare paradox, namelijk dat de filosofie opgenomen is in de (nood)toestand die ze beschrijft, dat nog het meest kritische denken medeplichtig is aan de *verwaltete Welt* en de bijhorende instrumentalisering van de rede. Adorno's filosofische hoofdwerk, *Negative Dialektik* (1966), is van begin tot einde doordrongen van het besef dat het denken van binnenuit wordt beheerst door een geweld dat het als het ware niet anders kan dan uitboeten.

Elk denken deelt in het geweld dat eigen is aan het begrip. Wezenlijk aan elk begrip is immers dat het een heterogene veelvuldigheid slechts begrijpelijk maakt door haar tot een eenheid te dwingen. Het begrip gaat uiteindelijk terug op het leven dat nu eenmaal niet kan leven zonder een gewelddadige toe-eigening van het andere: van de primitieve orale verzwelging tot de meer geciviliseerde inbezitneming, domesticering en bewerking van het object in de arbeid. Begrijpen heeft altijd iets van een *grijpen*, en hierin is hetzelfde kille geweld aan het werk dat in de maatschappij woedt. Wil het denken dit geweld dat het eigen is niet blind voortzetten, dan moet het over dit geweld *reflecteren*. Het denken moet er zich van bewust worden dat de identiteit die het begrip oplegt steeds een niet-identiteit, een onverzoendheid, verraadt. Achter de eenheid die het begrip sticht gaat een verscheurdheid schuil. De 'negatieve dialectiek' is een vorm van denken dat onvermoeibaar deze verscheurdheid gedenkt, en op die manier de belofte bewaart van een verzoening die niet langer een ideologisch drogbeeld zou zijn. Zo'n reflectie ontbreekt in de instrumentele rede. Deze identificeert het object eenvoudigweg met wat ze er zelf van maakt. Dit is het mechanisme van elke ideologische 'verdinglijking' (een term van de marxist Georg Lukács): wat een constructie is verschijnt als een natuurlijke gegevenheid.

Bij Hegel was volgens Adorno het begrip nog niet geïnstrumentaliseerd. De werkelijkheid is voor Hegel nooit een onmiddellijke gegevenheid die een subject dan met begrippen zou moeten beschrijven. De bijzonderheid van wat verschijnt is altijd al bemiddeld door de algemeenheid van het begrip. In die zin is wat verschijnt altijd al *genegeerd*. Het subject kan deze negativiteit niet ongedaan maken door een stap terug te doen naar de 'oorspronkelijke' fenomenen. Dit is volgens Adorno de illusie van de fenomenologie en alle pleitbezorgers van de 'authenticiteit'. Zij verloochenen de negativiteit, de interne werkzaamheid van het begrip in het fenomeen.

De wet van de bemiddeling geldt ook op het maatschappelijke vlak. Het individu is nooit op een onmiddellijke manier bij zichzelf, maar komt pas tot zelf-bewustzijn door zichzelf te herkennen in de objectiviteit van instituties en staat die slechts schijnbaar als een vreemde uitwendigheid tegenover hem staan. Pas door die vervreemdende negatie van zichzelf op zich te nemen kan het individu zichzelf terugvinden.

Adorno gaat dus mee met Hegels idee dat het algemene begrip altijd al in het concrete object werkzaam is, zoals het concrete individu in zijn kern 'vermaatschappelijkt' is. Maar hij heeft problemen met Hegels neiging het algemene te 'substantiveren'. Hij gelooft niet dat het object van de concrete ervaring in het begrip uiteindelijk wordt 'opgeheven', dat wil zeggen: dat het in zijn negatie wordt *bewaard*. Net zomin volgt hij Hegel in diens geloof dat de staat de ware gestalte zou kunnen zijn van de individuele vrijheid. Zo'n dialectiek is Adorno al te glad. Zij verbergt hoe het algemene altijd het karakter van een gewelddadige abstractie behoudt die het individu verminkt. De negativiteit van het algemene tegenover het individu kan nooit helemaal in een positiviteit worden goedgemaakt. De dialectische 'verzoening' tussen de maatschappij en het individu heeft voor het individu altijd iets van een trauma, iets waarmee het zich dus nooit kan verzoenen. De totaliteit waarin de heterogeniteit van het particuliere zou zijn opgenomen blijft een ideologische hersenschim. Vandaar Adorno's veel geciteerde frase: *Das Ganze ist das Unwahre*.

Dat 'het geheel het onware is' neemt niet weg dat het een werkelijkheid is die het individu in haar greep heeft, een greep die met het fascisme en de cultuurindustrie de extreemste vormen heeft aangenomen. Beide wenden ze voor de beschaving opnieuw met de onderdrukte natuur te verzoenen. Beide speculeren ze op de onbewuste zelfhaat van de moderne burger die zijn leven en dat van de anderen in beheer heeft genomen. En beide mobiliseren ze het 'vitale' of 'lichamelijke' dat door het rationalisme van de Verlichting slechts wordt onderdrukt om het nog systematischer tot steriele sjablonen te herleiden.

Adorno waarschuwt voortdurend voor de illusie dat men zomaar een plaats zou kunnen innemen die buiten deze *Verblendungszusammenhang* valt. Wie in de *verwaltete Welt* alleen nog maar overleeft is al medeplichtig. Niet vrij en bewust, maar door een onvrijwillig mimetisme heeft hij zich naar de overlevingsstrategieën ervan geschikt. Strikt genomen is het 'individu', dat wezen dat op zichzelf staat en zich tegenover het andere als zodanig laat gelden, het product van zo'n mimetisme. Het verovert zijn identiteit slechts door een magische bezwering van het niet-identieke. Met elk individu herhaalt zich de fatale dialectiek van de Verlichting.

Wat aan het allesoverheersende 'onware geheel' ontsnapt, kan volgens Adorno niet een positieve entiteit of een positief principe zijn dat onder of door de overmacht van de instrumentele rationaliteit zuiver of ongeschonden zou zijn gebleven. Tot deze gevaarlijk naïeve gedachte vervalt de vulgair-Nietzscheaanse *Lebensphilosophie*. Deze ziet in een herwaardering van de onschuldige kracht en creativiteit van het leven een alternatief voor de verdinglijkte cultuur. Adorno schrijft deze naïviteit zelfs toe aan een – door hem nogal gesimplificeerde – Heidegger, die datgene wat het begrippelijke en instrumentele denken overstijgt hypostaseert als het 'zijn'. Heidegger poneert het zijn als een oorspronkelijk gebeuren dat door geen begrippelijke abstractie is aangetast. Maar juist deze ongeschonden onmiddellijkheid van het zijn is voor Adorno de grootste abstractie.

Adorno daarentegen wil, om principiële redenen, niet vanuit een principe denken, niet vanuit een zuivere oorsprong van waaruit hij het onware geheel zou kunnen kritiseren. Volgens hem is juist de idee dat er zo'n fundament zou zijn schuldig aan de onwaarheid van het geheel. Deze consequente weigering vanuit een fundament te denken – begeleid door het bewustzijn dat elke poging tot begrip de illusie van zo'n fundament niettemin onvermijdelijk oproept – maakt de schriftuur van Adorno zo lastig. In elke zin verplicht Adorno het denken tegen zijn meest primaire tendens in te denken.

Al is er dus geen positief begrip of beeld mogelijk van wat buiten het geheel of buiten de dwang van het begrip valt, er zijn *ervaringen* die men zich kan herinneren. Het betreft herinneringen – zowel individuele als collectief gedeelde – aan het lijden waarmee de inlijving, domesticering, onderwerping van het niet-identieke altijd gepaard gaat. Wel is het zo dat zodra de ervaring van het lijden als zodanig wordt *geponeerd*, de onvervangbare uniekheid ervan reeds is uitgewist in algemene begrippen. Daarom blijft de negativiteit van het lijden onzegbaar en in zekere zin zelfs onervaarbaar. Adorno is streng: wat zich laat communiceren heeft reeds een 'verdinglijkte' vorm aangenomen. Maar dit sluit niet uit dat de begrippen toch het spoor dragen van een traumatische niet-identiteit die ze als begrippen verdringen.

Nog het meest geïnstrumentaliseerde denken gaat terug op een angstig mimetisme: een moment waarin het niet louter het niet-identieke aan zichzelf gelijkmaakt, maar omgekeerd, in angst en pijn, zichzelf eraan gelijkmaakt. Alle filosofie die van dit mimetisme niets wil weten blijft er juist in steken. Ze verwordt tot een dwangmatig en blind ordeningsmechanisme. De negatieve dialectiek roept dit verdrongen mimetische moment in de herinnering zonder daarom het begrippelijke denken prijs te geven. Dit denken bekent zich niet slechts tot een geweld dat structureel in het denken sluimert, maar bewaart in zich tevens dat moment van overgave dat aan alle kille berekening ontsnapt. Het mimetisme bergt in zich de utopie van het geluk.

Kunst als subversieve mimesis

Adorno's esthetica moet vanuit zijn negatieve dialectiek worden begrepen. De concreetheid van het kunstwerk opent voor het denken mogelijkheden het niet-identieke te denken dat door het begrip steeds dreigt te worden uitgebannen. Maar de esthetica lost de paradoxen van de dialectiek niet op. Ze drijft ze eerder op de spits.

Enerzijds is door het burgerlijke taboe op de mimesis de *kunst* een toevluchtsoord van het mimetische gedrag geworden. Maar anderzijds is ook de kunst door dit taboe getekend. In de kunst rest van de geritualiseerde identificatie met de dreigende natuur nog slechts een afstandelijke contemplatie. Men kan hierbij denken aan Odysseus: zijn list transformeert de dodelijke verlokking die van de sirenen uitgaat tot het spektakel van hun 'machteloos geworden schoonheid'. Odysseus markeert de overgang van het gevaarlijke spel van de magie naar het esthetische genoegen: het mimetisme wordt 'vrijblijvend', namelijk losgekoppeld van de strijd om het bestaan. In de kunst is de ambivalente verhouding van afweer en overgave aan het andere *vergeestelijkt*. De mimesis is imitatie geworden, een *schijn*operatie.

Wezenlijk aan de *moderne* kunst is voor Adorno evenwel dat zij zich niet bij haar schijnkarakter neerlegt. Het kunstwerk brengt opnieuw zijn magisch-mimetische oorsprong in het spel. De subtiliteit van Adorno's esthetica, die hij het meest systematisch heeft uitgewerkt in zijn *Ästhetische Theorie* (1970), zal er evenwel in bestaan dat hij deze 'terugkeer van het mimetische' steeds denkt binnen de context van de 'autonomie' van de kunst.

DE MOEILIJKE AUTONOMIE VAN DE KUNST

De kunst is autonoom omdat ze haar cultische dimensie definitief heeft verloren. Niet alleen staat de kunst niet langer in dienst van de religie, ze vervult in het algemeen niet meer op een *directe* manier een sociale functie. Ze dient niet meer tot verfraaiing van de adellijke leefwereld, maar wenst evenmin een uitdrukking te zijn van het zelfbewustzijn van de kapitalistische burgerij. Ook met haar rol divertissement of 'esthetisch' genoegen te verschaffen kan zij zich niet zomaar identificeren. Kortom: kunst is niet langer op een vanzelfsprekende manier een factor van maatschappelijke integratie. Haar religieuze, didactische, decoratieve en zelfs haar vermaaksfunctie is afgebrokkeld.

Adorno hamert onophoudelijk op het paradoxale karakter van de autonomie van de kunst. Deze autonomie is immers *heteronoom*: ze heeft een buiten-esthetische, maatschappelijke oorsprong. Ze is mogelijk geworden door een kapitalisme dat de kunstenaar noodzaakt net als ieder ander zijn product op de markt aan te bieden. De kunstenaar werkt niet meer in opdracht van een specifieke (aristocratische of religieuze) groep, maar voor een abstract 'publiek'. In zoverre hij dit publiek niet direct wil behagen door klassieke sjablonen te herhalen, moet hij inzien dat er voor zijn kunst niet a priori interesse is. Daarom kan Adorno het moderne kunstwerk vergelijken met een 'boodschap in een fles' die men in zee gooit.

De autonomie van de kunst is ook ondenkbaar zonder een ander wezenlijk aspect van het kapitalisme: de ver doorgedreven arbeidsdeling. Met name de tegenstelling tussen hand- en hoofdarbeid, die in het domein van de kunst vanaf de vijftiende eeuw ingang vond in de vorm van een tegenstelling tussen 'mechanische' kunsten, bedreven door ambachtslui, en 'vrije' kunsten, bedreven door mannen van de kennis, heeft zich met de industriële revolutie verscherpt. Kunst is een specifieke activiteit in het domein van het 'geestelijke' geworden, en als zodanig object van de kunstgeschiedenis als 'geesteswetenschap'. Zoals de socioloog Max Weber heeft beschreven: in de moderne tijd hebben alle deelgebieden van de samenleving zich geautonomiseerd en ze kunnen dan ook ten volle hun eigen logica ontvouwen: de economie, de politiek, de religie, en ook de kunst.

Haar autonomie is dus eerst en vooral een toestand die de kunst historisch werd opgedrongen. In tegenstelling tot de adellijke stand heeft de burgerlijke klasse, waarvoor industriële productie en accumulatie van kapitaal centraal staan, geen wezenlijke behoefte aan kunst. Kunst is voor haar, als ze al niet zonder meer als nutteloos wordt gezien, een frivool surplus waarmee ze zich tevergeefs een adellijke aura wil aanmeten. Dit is ook de reden waarom kunst zich uit alle maatschappelijke velden terugtrekt en op zichzelf wordt teruggeworpen. Deze situatie kan nostalgisch betreurd worden. De kunst is immers niet meer bij voorbaat als een maatschappelijk zinvolle praktijk gelegitimeerd. Maar deze verweesde, 'nomadische' toestand van de moderne kunst is net zo goed een emancipatie: bevrijd van elke dwang kan de kunst zich nu ontwikkelen volgens haar eigen logica. Zij kan nu het spel met de vorm dat haar eigen is tot in zijn uiterste consequentie doorvoeren.

HET FETISJKARAKTER VAN DE KUNST

Het gevaar dat de autonoom geworden kunst bedreigt is dat ze een vrijblijvend spel wordt dat de maatschappelijke realiteit onaangeroerd laat. Het risico 'formalistisch' te worden is wezenlijk met de moderne situatie van de kunst verbonden. Maar aan het verwijt van formalisme is dan weer het niet minder grote risico verbonden dat men, zoals onder stalinisme en nationaal-socialisme, van de kunst eist dat ze als cement zou dienen voor de bestaande maatschappelijke orde. Daarom bevat het vormenspel van de kunst voor Adorno op zich reeds een 'waarheidsmoment': door het loutere feit dat het kunstwerk op zijn eigen vormen dóórwerkt, is het reeds het kritische tegendeel van een maatschappij waarin alles steeds onmiddellijk functioneel moet zijn, waarin elke particuliere manifestatie haar nut voor het geheel moet bewijzen.

Alleen mag het autonome vormenspel van de kunst nooit zelfgenoegzaam worden, als was het daadwerkelijk verheven boven elke maatschappelijke bepaaldheid en doelmatigheid. Deze verhevenheid blijft immers een illusie. Het is een *fetisjistisch* effect van de kapitalistische productievorm, die Marx heeft geanalyseerd. Met alle koopwaar heeft het kunstwerk gemeen dat zodra het op de markt verschijnt, de condities van zijn materiële en sociale productie zijn uitgewist. De erin geïnvesteerde concrete, maatschappelijke arbeid is onzichtbaar. Het menselijke verschijnt dus als iets vreemds en dingachtigs dat als uit het niets oprijst. Vanwege dit 'fantasmagorische' karakter deelt het kunstwerk in de ideologische schijn.

Het kunstwerk onderscheidt zich evenwel van andere waren doordat het zich als het ware aan zijn schijnkarakter *overgeeft*. Het mist immers het alibi een direct aanwijsbaar maatschappelijk nut te hebben. Voor Adorno, Hegeliaan als hij is, staat de schijn van de kunst niet zomaar in tegenstelling tot de waarheid. De esthetische schijn maakt het verschijnen van de waarheid pas mogelijk. Concreter gesteld: pas omdat het kunstwerk zijn directe bepaaldheid door het maatschappelijke verloochent, kan het iets over die maatschappij zeggen op een manier die geen loutere afbeelding of imitatie is. Adorno noemt de verwantschap van de kunst met de maatschappij 'formeel-immanent'. Het kunstwerk representeert niet letterlijk wat er zich in de maatschappij afspeelt, maar vertaalt de concrete maatschappelijke tegenstellingen en conflicten meteen in *vorm*problemen.

Hoe moet men deze 'vertaling' begrijpen? Het kapitalisme ontwrichtte niet alleen eeuwenoude samenlevingsvormen en tradities, het leidde er tevens toe dat alle artistieke vormentalen langzaamaan hun bindende karakter verloren. Adorno gewaagt van een 'verval van het materiaal'. Bij 'materiaal' denkt hij aan woorden, kleuren en klanken, maar vooral aan historisch reeds gelegde verbindingen ertussen die het karakter kunnen hebben van ontwikkelde vormprocédés (compositieregels zoals consonantie en drieklank in de muziek, stijlfiguren in de literatuur, perspectief of kleurcombinaties in de schilderkunst), en aan kunstgenres zoals de sonate, het portret of de roman. Het 'verval' van het materiaal betekent dan dat alle vormentalen en genres hun canonieke karakter verliezen. Zo kon de idee van een totale vrijheid ontstaan, van de kunst begrepen als een vrije 'uitdrukking' die zich van alle overgeleverde vormen zou hebben bevrijd.

In het voor een bepaalde historische avant-garde cruciale begrip 'uitdrukking' of 'expressie' zit evenwel een illusie ingebakken, namelijk dat de kunstenaar vrij over alle artistieke materiaal beschikt om het naar believen in functie van zijn verlangen tot expressie om te smelten. Op die manier begrijpt men het materiaal naar analogie van een natuurlijke stof, waarin de kunstenaar dan betekenis blaast. Voor Adorno is deze voorstelling van zaken een ideologisch drogbeeld. Het materiaal is immers radicaal *historisch*. Het is geobjectiveerde, 'gesedimenteerde' geschiedenis en door deze weerbarstige objectiviteit is het expressievermogen van de kunstenaar wezenlijk bemiddeld, ook wanneer hij dit materiaal negeert door bijvoorbeeld de tonaliteit te verlaten voor de atonaliteit, de figuratie voor de abstractie, de narratieve roman voor de 'experimentele'. De negatie sleept altijd mee wat ze negeert. Dit maakt haar *concreet*.

Dit neemt niet weg dat met de moderniteit het materiaal dat de kunstenaar overerft zijn vanzelfsprekendheid heeft verloren. Daardoor heeft de moderne kunstenaar er een verscherpt bewustzijn van. Het materiaal wordt 'kaal, naakt zichtbaar', zodat de dwang die ervan uitgaat als arbitrair wordt ervaren.

Toch blijft in de negentiende eeuw de doorsnee-kunstenaar klassieke stijlvormen toepassen. Hiernaar is nu eenmaal vraag bij een burgerij die terugschrikt voor de onzekerheid waartoe de gewonnen vrijheid leidt. Vandaar het ressentiment tegen de artistieke avant-garde. De meerderheid van de burgerij blijft krampachtig het nostalgische wensbeeld cultiveren van een kunstvorm die 'objectief', dat wil zeggen a priori maatschappelijk gelegitimeerd zou zijn. De ijdelheid hiervan verraadt zich in het eclecticisme en het steriele kopiëren van stijlen die zo typisch zijn voor de negentiende eeuw. Hoe meer het kunstwerk nog een organische band tussen uitdrukking en historisch overgeleverd materiaal wil suggereren, hoe 'gemaakter' het eruitziet. Het verscherpte bewustzijn van de kunstenaar, zijn vrijheid tegenover het materiaal, is nu eenmaal onverenigbaar met het klassieke begrip stijl. 'Stijl' verwijst immers steeds naar algemeen erkende vormprocédés die ervaringselementen samenvoegen binnen het gesloten geheel van het kunstwerk.

MIMESIS EN CONSTRUCTIE

Wanneer het artistieke bewustzijn zijn 'organische' band met een conventionele vormentaal heeft verloren, dan komt het begrip *constructie* centraal te staan. Uiteraard is het kunstwerk altijd een constructie geweest. Een kunstwerk komt nu eenmaal enkel tot stand doordat het heterogene, het 'niet-identieke' in de eenheid van een synthese wordt gedwongen. Alleen is met de uitholling van de traditionele vormentalen het technisch-constructieve karakter van de artistieke synthese *aan de oppervlakte gekomen*. De idee ontstaat dat elke individuele kunstenaar nu vanuit zichzelf, niet langer geruggensteund door de traditie, het kunstwerk tot een geïntegreerd geheel moet construeren. Omdat het 'spontaan' werd gedragen door een objectieve, boven-individuele vormentaal, leek het voormoderne kunstwerk zich vanuit zichzelf, vanuit een immanent krachtenspel, tot een geheel te integreren. Aan deze schijn *niet gemaakt* te zijn, ontleende het zijn *aura*. De constructie-idee refereert daarentegen aan het wezenlijke aandeel van het bewuste en reflecterende subject in het artistieke proces.

Maar deze emancipatie van de kunstenaar mag men ook weer niet naïef opvatten. De constructie-idee maakt de kunst meteen medeplichtig aan de burgerlijke mythe van een oppermachtig subject dat de natuur met behulp van de techniek aan zich onderwerpt. Hiermee deelt de kunst dus in de instrumentele rede en in het vervreemdende effect ervan. Zoals onder het kapitalisme het maatschappelijke productieproces een mechanisme is geworden dat onverschillig voor de individuen doorzet en de producten ervan als vreemd, van hen afgesplitst, tegenover hen zijn komen te staan, zo heeft ook de artistieke constructie een eigen logica, een eigen doelmatigheid die zich aan de intentie van het scheppende subject onttrekt. Diezelfde constructie waarmee het ik van de kunstenaar zijn zelfbewustzijn poneert, glijdt hem meteen uit handen om uit te groeien tot een ik-vreemd ding. Kunst participeert hiermee aan de maatschappelijke *verdinglijking*.

Het betreft hier een centrale paradox van Adorno's esthetica: met de constructie-idee, waarmerk van haar moderne autonomie, maakt de kunst zich meteen medeplichtig aan het productiefetisjisme van een maatschappij die de technische omvorming en beheersing van de natuur tot een doel op zich heeft verheven. De kunst heeft hiermee haar onschuld, die ze trouwens objectief nooit heeft gehad, nu ook subjectief verloren. Adorno spreekt dan ook van de 'erfzonde' van de kunst: nog in het meest 'vrije' kunstwerk is er iets van deze doorgeslagen instrumentalisering af te lezen.

Het formeel-radicalisme (bijvoorbeeld kubisme, abstracte kunst, montage, constructivisme, dodecafonie...) van de avant-garde kan voor Adorno dan ook niet zomaar geïnterpreteerd worden als de uiting van een subject dat zich van alle conventies heeft bevrijd. Wanneer in veel vernieuwende kunst de vorm in hoge mate zijn eigen logica doorzet, vaak verregaand onverschillig voor de behandelde stof, dan is dit voor de kunstenaar een strategie om de almachtige instrumentele rede te incorporeren. De harde, onpersoonlijke objectiviteit van het kunstwerk weerspiegelt de harde objectiviteit van het maatschappelijke. Kunst, zegt Adorno, is 'modern door haar mimesis van het verharde en verdinglijkte'.[1] Het gaat er alleen om hoe men zo'n mimesis moet begrijpen.

Mimesis is geen representatie. De kunst waar het Adorno om gaat schildert of beschrijft niet de verregaande functionalisering en administrering van het leven. Een 'realistische' of 'naturalistische' beschrijving van de *verwaltete Welt* vervalt volgens Adorno tot ideologie omdat ze suggereert dat de wijze waarop het subject die ervaart en in kunst kan presenteren niet *zelf* door de vervreemdende instrumentalisering zou zijn aangetast. De zogenaamd 'realistische' kunst vooronderstelt al te zeer een sterk subject waarvan het vermogen zich de wereld voor te stellen en die zelfs maar te ervaren ongeschonden zou zijn gebleven.

Met zijn uitspraak dat kunst 'mimesis is van het verdinglijkte', bedoelt Adorno dat kunst de instrumentalisering tot in haar *vormentaal* laat doordringen. Dit gebeurt wanneer de constructie tot principe wordt verheven. Dit houdt niet noodzakelijk de artistieke toepassing van industriële procédés in. Het gaat erom dat de kunst de vanzelfsprekendheid van haar vormentaal ter discussie stelt, de vanzelfsprekendheid waarmee zij steeds het verscheidene tot een 'geïntegreerd' geheel samenbrengt. Dit doet zij door de retoriek van die integratie te *expliciteren*, door te tonen hoe de artistieke vorm betrekkelijk onverschillig voor de behandelde stof doorzet.

Reeds het impressionisme liet de verschijnende wereld uiteenvallen in kleurtoetsen, zij het om alles weer in de esthetische eenheid van een atmosferisch kunstwerk samen te brengen. Ook het kubisme breekt de

1. *Ästhetische Theorie*, p. 39.

eenheid van het visuele veld in stukken, maar in de reconstructie ervan blijft die gebrokenheid zichtbaar. Juist omdat het kubisme hiermee de idee van kunst als afbeelding loslaat, getuigt het volgens Adorno van zijn betrokkenheid op wat in de maatschappij gaande is.

Het kapitalisme heeft de klassieke samenlevingsvormen doen desintegreren. Het leven, zeker in de metropool, is chaotischer geworden. Er is bijvoorbeeld het nieuwe fenomeen van de 'massa', een amorf amalgaam van geatomiseerde individuen. De dreiging die hiervan uitgaat tracht men dan weer te bezweren door een meer efficiënte disciplinering, administrering, controle, planning... Desintegratie en uitdaging tot herstructurering bepalen ook de menselijke ervaring. De dingen die de *Umwelt* van de moderne stadsmens bevolken, zijn nieuwer, flitsender, verrassender, maar daarmee ook vluchtiger, sneller 'uit de tijd'. Dit ondergraaft het menselijke vermogen zich in de wereld als in een vertrouwd, zinvol geheel te situeren. De kubisten schilderen als het ware deze fragmentering en tevens de ontoereikendheid van elke poging de ervaringswereld tot eenheid te brengen. In die zin deden Picasso en Braque niets schokkends, ze toonden de mens slechts het schokkende en verbrokkelde karakter van zijn ervaringswereld. Adorno noemt het kubisme in die zin 'realistischer' dan elk realisme.

De montage, een artistiek procédé dat uit het kubisme is gegroeid, gaat hierin nog verder. Een montage is een compositie van vooraf gegeven, heterogene beeldelementen. In die zin is het een compositie die als het ware voor haar eigen willekeurigheid, haar geconstrueerdheid uitkomt. De gecombineerde elementen die van hun context zijn afgesneden, worden formeel noch inhoudelijk volledig geïntegreerd in de nieuwe context van de montage. Zij blijven een vreemd, weerbarstig, 'misplaatst' aspect behouden. Met de montage verzaakt het kunstwerk aan de illusie een perfect geïntegreerd geheel te zijn. Daarmee wijst het op het arbitraire, gewelddadige dat nog de meest 'harmonische' compositie eigen is.

Het impressionisme dacht nog het gebrek aan betekenisvolle samenhang en het vervreemdende karakter van de moderne wereld op het esthetische niveau te herstellen, namelijk in een bad van licht en kleur. Kunst wordt evenwel pas echt modern wanneer ze dit niet meer kan zonder ideologisch te worden. Het *schijn*karakter dat sinds altijd kleeft aan de harmonie, de eenheid die het kunstwerk suggereert, is ondraaglijk geworden in een maatschappij die grondig verscheurd is. Het kubisme en de montage nemen deze verscheurdheid op zich doordat ze fragmenten samenvoegen op een manier die ze blijvend uiteenhoudt: fragment laat zijn. Dit sluit aan bij de ervaring van het moderne individu voor wie de werkelijkheid zo vreemd en schokkend is dat ze zich niet laat verbeelden. Als 'onverzoende verzoening' van het heterogene getuigen kubisme en montage van de onmogelijkheid van de moderne mens zijn ervaringen te 'verwerken', dat wil zeggen ze in een zinvol verband te plaatsen.

Nochtans is het begrip kunst altijd verbonden geweest met de idee van harmonie, dat wil zeggen met een geïntegreerd geheel waarvan de verschillende delen ondenkbaar zijn buiten het geheel. 'Schoonheid' refereert steeds aan zo'n volstrekt geweldloze, 'spontane' eenheid die niet van buitenaf wordt opgelegd, alsof de delen zich niet door een ingreep van buitenaf maar *vanuit zichzelf* tot een geheel aaneensluiten. Zo begrepen verwijst schoonheid altijd naar een geslaagde, en in die zin ongemerkte bezwering van het heterogene, ongekende, vreemde, enzovoort. De moderne kunst doorbreekt deze illusie doordat ze het geweld onthult zonder welk het niet tot een geïntegreerd kunstwerk komt. Dit 'formele' geweld is niet louter subjectief. Het is 'gesedimenteerd' maatschappelijk geweld. Met dit geweld maakt de kunst zich juist de wijze eigen waarop het maatschappelijke geheel het subjectieve, het particuliere, aan zich onderwerpt. Door zich naar haar eigen geweld terug te buigen, door een zelfreflectie dus, offert de kunst haar schoonheid op. Zo begrijpt Adorno de *ontkunsting van de kunst*.

Adorno denkt het mimetische karakter van de kunst steeds in een dialectische verhouding met de maatschappij, niet in een statische, abstracte oppositie. Het artistieke mimetisme kan zich immers nooit op een zuivere manier tegen de rationaliteit afzetten en wel omdat het er wezenlijk door bemiddeld is. In haar mimetische attitude kan de kunst niet heen om een burgerlijke cultuur die nu eenmaal het mimetisme beschouwt als een 'primitieve', 'irrationele' verhouding tot de wereld die elke idee van ordening en beheersing verstoort. De paradox van de moderne kunst bestaat er dan in *dat zij zich mimetisch het taboe op de mimesis toe-eigent*. Het gaat om een angstige identificatie met de vijand die zowel een overgave als een bezwering is. Verschrikt door de overmacht van een instrumentele rede die alles aan zich gelijkmaakt, maakt de kunst zich aan deze rede gelijk. Maar zo'n mimesis is subversief. Omdat kunst als vormenspel geen enkel praktisch, van buitenaf opgelegd doel dient, wordt de technisch-instrumentele doelmatigheid, zodra ze naar het esthetische domein is getransponeerd, een 'doelmatigheid zonder doel' (Kant). Het schijnkarakter van de kunst doet de instrumentele doelmatigheid als het ware stationair draaien. Het fetisjisme van de middelen wordt in de kunst ten top gevoerd. Het spel van de kunst brengt de doelloosheid van de maatschappelijke rationaliteit aan de oppervlakte.

Maar dit spel van de kunst kan altijd vervallen tot een hol formalisme dat slechts een kritiekloze weerspiegeling is van de maatschappelijke stand van zaken. Adorno wijst er graag op dat bedrijven volhangen met abstracte schilderijen. Het modernistische 'kunstding' dat in niets nog herinnert aan het subject dat er zich in uitdrukt, sluit naadloos aan op een productieproces dat er nog slechts omwille van zichzelf is. Adorno denkt hierbij vooral aan het constructivisme, waarbij de delen zonder spanning in het 'doorgeconstrueerde' geheel zijn opgenomen. Hij verwijst ook naar Schönberg die met zijn strenge twaalftoonstechniek alle muzikale momenten in een zo strak keurslijf dwingt dat alle spanning op voorhand is geneutraliseerd. Het perfect in zichzelf geïntegreerde kunstwerk dreigt een onverschillig object tussen de andere te worden.

De artistieke mimesis van de kille rationaliteit die in de maatschappij heerst heeft slechts een kritisch gehalte wanneer het gevecht tussen constructie en subject voelbaar blijft. Dit kan alleen wanneer de mimetische geste van de kunstenaar die zich overgeeft aan de onpersoonlijke logica van het werk, *in* het werk leesbaar blijft. Alleen zo getuigt de kunst van het altijd traumatische moment waarop het individu in de onpersoonlijke orde van de maatschappij werd ingeschakeld.

Het spoor van dit trauma maakt een kunstwerk *expressief*. Expressiviteit kan volgens Adorno inderdaad enkel als (herinnerings)spoor worden gedacht, en wel omdat alle expressie wezenlijk bemiddeld is door haar negatie: de maatschappelijke rationaliteit. Verloochent men deze bemiddeling, dan vervalt men in de illusie van een ongeschonden onmiddellijkheid of 'authenticiteit' die zichzelf uitdrukt. Als men, zoals alle *Lebensphilosophie* doet, de concreetheid van het 'spontaan' scheppende individu denkt te kunnen inzetten tegen de koude abstractie die het maatschappelijke beheerst, spreekt men volgens Adorno pas echt abstract. Hierin ligt het problematische karakter van vele expressionismen. Omdat hun revolte tegen het 'burgerlijk rationalisme' zo ongereflecteerd blijft, vervallen ze al gauw in een estheticisme. Ze kunnen vormelijk slechts slagen in de mate waarin ze hun grondintuïtie, namelijk die van de absolute schreeuw, verraden.

Omdat op alle niveaus van de samenleving het concrete diep getekend is door het abstracte, kan de kunst onmogelijk op een onmiddellijke, ongereflecteerde manier de kaart van het particuliere of het concrete trekken. Ze kan niet anders dan de objectieve ondergang van het concrete in het abstracte, van het particuliere in het algemene, formeel tot uitgangspunt nemen. Vandaar dat de moderne kunst liever vermetel partij kiest voor het dode dan dat ze de valse illusie van het levende wekt. Adorno verwijst hier onder meer naar Baudelaires voorkeur voor het steriele en onnatuurlijke, Kafka's literaire mimesis van de kille zakelijkheid, Becketts levend-dode personages: telkens wordt er gesproken vanuit de sprakeloosheid, vanuit de omstandigheid dat de taal het subject is ontnomen, en daarmee zijn vermogen zich zijn ervaringen *eigen* te maken. De kunstenaar die waarlijk modern is verzaakt aan de illusie vanuit *zichzelf* te kunnen spreken. Hij kan nog slechts expressief zijn door streng alle expressie te weigeren.

DE BEWAARDE HUIVER

Hiermee sluit Adorno's esthetica aan bij zijn negatieve dialectiek: het artistieke subject kan slechts spreken door en in het vervreemde, versteende, verdinglijkte. Niet dat het de verdinglijking zomaar als een *fait accompli* aanvaardt. Subversief aan zo'n 'mimesis van het verdinglijkte' is dat ze de mimetische oorsprong van die verdinglijking zelf aanboort. Zoals *Dialektik der Aufklärung* reeds uit de doeken deed is de hele *verwaltete Welt* het resultaat van een angstige identificatie van het subject met het vreeswekkend vreemde. Het moderne subject heeft zich alleen sterk weten te maken door zich huiverend gelijk te maken aan de (veronderstelde) agressor, terwijl het anderzijds van die huiver niets meer wilde weten. De Verlichting is het project van een radicale neutralisering van de huiver. Haar utopie is die van een subject dat zich tegen alle dodelijke intrusies van het vreemde verzekerd weet. Zo'n subject kan evenwel slechts een dood subject zijn.

Aan deze fatale dialectiek van de Verlichting is ook de kunst begrepen als schoonheid medeplichtig. Het schone als een geïntegreerde vorm komt immers tot stand door de inrichting van een zone die zich voor het andere openstelt en er zich tegelijk op gepaste wijze voor afgrendelt om het zich eigen te kunnen maken. Modern voor Adorno is het bewustzijn dat zo'n dialectiek niet meer lukt en eigenlijk nooit werkelijk lukte, dat elk kunstwerk dat nog voorwendt hierin te slagen nog slechts een karikatuur van schoonheid kan zijn, namelijk *kitsch*. De traumatiserende brutaliteit van het moderne leven (sociale uitbuiting, ontheemding, oorlog, media) heeft ertoe geleid dat een kunstwerk niet tegelijk trouw kan zijn aan de ervaring én formeel geslaagd. Elke vorm blijkt niet slechts ontoereikend te zijn, maar zelfs een verraad aan de ervaring. Het kunstwerk dat trouw wil zijn aan de ervaring kan slechts zijn ontoereikendheid assumeren.

Dit gebeurt bijvoorbeeld in de dissonant die sinds Wagners *Tristan* steeds meer in de muziek heeft doorgezet. De dissonant is een toon die de harmonische consonantie verstoort. Hij maakt daarmee de onmogelijkheid voelbaar om de behoefte zich uit te drukken te verenigen met een geïntegreerde compositie. In die zin is hij geen vrijblijvende overtreding. Hij incarneert de ongepastheid van de *hele* compositie in zoverre die het schokkende karakter van de ervaring in de harmonie afvlakt, de huiver neutraliseert. In die zin brengt de dissonant opnieuw de huiver in het spel waarmee de afsluiting van de vorm steeds gepaard gaat. Deze huiver wordt niet subjectief door de persoon van de kunstenaar uitgedrukt. 'De uitdrukking van kunstwerken', zegt Adorno, 'is wat niet subjectief is aan het subject, minder zijn uitdrukking dan zijn afdruk.'[2] De uitdrukking gaat terug op de huiver als iets 'onpersoonlijks', 'voormenselijks' dat men 'op de bodem van het subjectieve aantreft'. In deze huiver participeert het subject mimetisch aan het uitgesloten heterogene, 'niet-identieke'. Het kunstwerk kan of mag dit niet-identieke nooit positief invullen. Het kan zich slechts openbaren waar de vorm van het kunstwerk onvermijdelijk schipbreuk leidt.

De dissonant breekt de vorm van het kunstwerk open doordat hij er de mimetische oorsprong van onthult. In die zin herinnert de dissonant aan de onuitroeibare affiniteit van de kunst met de magische bezweringsritus. Geen kunstwerk dat niet het heterogene aan zich wil onderwerpen. Maar door deze onderwerping op pijnlijk letterlijke manier nog één keer te reflecteren, brengt het kunstwerk onrechtstreeks het onderworpene aan bod. De dissonant incarneert zowel het geweld van de vorm als de *Sehnsucht* naar het heterogene dat door dat geweld het zwijgen wordt opgelegd. De irriterende, 'onmenselijke' uitdrukkingsloosheid van de dissonant geeft uitdrukking aan een traumatische geraaktheid die onzegbaar blijft.

Omdat de dissonant 'uit de toon' valt, brengt hij in de compositie een moment van brutale zintuiglijkheid binnen. Even dreigt de klank louter geluid te zijn. De onlust die de dissonant hiermee teweegbrengt is evenwel de uitdrukking van een lust die onmogelijk direct kan worden ervaren. De dissonant houdt de lust vast in zijn negatie.

Voor Adorno is de dissonant de 'signatuur van het moderne'. De muzikale dissonant, waarbij Adorno vooral denkt aan moderne componisten zoals Schönberg, Webern en Berg, heeft voor hem dan ook optische en literaire equivalenten. Dissonant is dat moment in het kunstwerk waarop het zijn vorm breekt en daarmee een onheuglijk trauma aan de orde stelt. De dissonant stelt het schokkende, beangstigend onverwerkbare karakter van de moderne ervaringswereld aan de orde. Hij openbaart, zegt Adorno, 'het nieuwe als beeld van de ondergang', maar tegelijk als voorbode van een mogelijke bevrijding.

HET INTENTIELOZE, DE UTOPIE

Vanwege deze ambiguïteit kan de dissonant met Kants categorie van het *sublieme* worden geassocieerd. Lang vóór Jean-François Lyotard heeft

2. *Ästhetische Theorie*, p. 172.

Adorno deze categorie tot paradigma van de moderne kunst bestempeld. Subliem is wat het subject overweldigt en dus een einde maakt aan zijn macht over het object. Het confronteert het subject met wat niet gemaakt kan zijn, met iets wat onmogelijk aan zijn intentie kan ontspruiten en evenmin zijn zelfbehoud dient. En juist in die confrontatie ontdekt het subject zijn vrijheid. Maar Adorno's lezing van Kant is ook kritisch. Het 'intentieloze' kan niet zomaar op de natuur worden geprojecteerd. De burgerij kan enkel van de natuur als van een onbeheersbare wildheid genieten omdat ze deze 'wildheid' eerst aan zich heeft onderworpen. Dat is de logica achter alle natuurromantiek.

Bij het sublieme denkt Adorno eerder aan de natuur als iets onmenselijks in de *mens*. Omdat de verhouding van de verlichte mens tot de natuur in hem steeds is bemiddeld door het verbod (het mimetisch taboe), onttrekt die natuur zich aan elke idealisering. Ze kan in de kunst dan ook slechts op een verdraaide en beschadigde wijze terugkeren: in het clowneske, onnozele, dierlijke, lelijke, afstotelijke... Deze weinig 'verheven' vormen staan in scherp contrast met bijvoorbeeld *Jugendstil* en *art nouveau*, die de illusie wekken de burgerlijke breuk met de natuur door een soort kunstreligie te kunnen goedmaken. Met deze wanstaltige vormen geeft de kunstenaar zich over aan zijn 'idiosyncrasie', dat wil zeggen aan wat hem op het meest infantiele, onbewuste, hulpeloze niveau *eigen* is.

De nadruk op de idiosyncrasie bevrijdt de kunst niet uit de klauwen van het algemene. Juist op dit 'voorindividueel' niveau zijn er collectieve krachten in het geding. Adorno blijft erop hameren: niets ontsnapt aan de dialectiek van de Verlichting, nog het minst de mens in zijn meest 'primitieve' staat. Daarom bestaat de sociaal-politieke relevantie van de kunst er niet in dat ze 'maatschappelijke thema's' aan de orde stelt en daarover kritische uitspraken doet, maar dat zij laat zien hoe zelfs het meest op zichzelf teruggeworpen individu het slagveld is waarop bovenindividuele rationaliteit en voorindividuele mimetismen zich in elkaar verstrengelen. Moderne kunst is niet 'objectief' of maatschappelijk relevant omdat ze de wereld vanuit het 'brede' perspectief van het geheel overschouwt, maar omdat ze uitgaat van de *maatschappelijke* realiteit van een individu dat, geterroriseerd door dit geheel, alle ervaring van het geheel heeft verloren. Enkel door de logica van het burgerlijke individu als solipsistische monade tot in het absurde te volgen is de kunst maatschappelijk relevant. In de kunst toont de logica van de beheersing zich als symptoom van een gekwetstheid.

Tegen elke norm van 'hoge cultuur' in moet de kunst het risico van de regressie nemen, maar tevens moet ze er zich door kritische reflectie voor behoeden. In zoverre kunst simpelweg het idiosyncratische presenteert als alternatief voor steriele verdinglijking, maakt ze er meteen een fetisj van waarmee de cultuurindustrie onvermijdelijk aan de haal gaat. Dit gebeurt wanneer men ongereflecteerd de kunst bombardeert tot pleitbezorger van het 'irrationele', het 'lichamelijke', het 'onbewuste', enzovoort. Zelfreflectie betekent dat de kunst niet poogt de blinde spontaneïteit van de natuur te imiteren, maar zich bewust is van de verdinglijking die haar eigen is. Er is nu eenmaal geen creatie zonder moment van dodelijke verstening. Enkel een consequent doorgevoerde constructie kan omslaan in een op zichzelf staand kunstding dat raakt aan de intentieloze zelfbeslotenheid van de natuur.

'Natuur' is voor de kunst niet een volheid die reeds bestaat, maar een belofte die in de pijnlijke oergeschiedenis van het subject ligt opgesloten. Het archaïsche mimetisme houdt niet slechts een angstige bedwinging van het object in, maar ook de mogelijkheid van een lustvolle overgave. Omdat kunst een vorm van magische bezwering is die zich tegelijk elke *effectieve* macht over het andere ontzegt, bewaart zij dit moment van overgave. In die zin houdt zij de belofte in van een *werkelijke* verzoening met het object, namelijk een verzoening die niet afgedwongen zou zijn, maar haar als een gunst zou toevallen. Toch kan de kunst die zo'n verzoening zou 'voorafbeelden' slechts valse troost bieden. Het enige ideaal dat de kunst kent is 'zwart'. Slechts door en in het negatieve kan zij trouw blijven aan de belofte van verzoening, namelijk door de onmenselijke verharding als wet van de *verwaltete Welt* zodanig hard tot de hare te maken dat die wet haar mimetische oorsprong verraadt. De dissonanten, schokken, vervormingen enzovoort waartoe dit leidt vormen het 'cryptogram', het geheimschrift van een mogelijke verlossing. Alleen in de vorm van zo'n 'offer' mag de utopie verschijnen. 'De onmenselijkheid van de kunst', zegt Adorno, 'moet die van de wereld overtreffen omwille van het menselijke.'[3]

Besluit: kunst en de aporie van de filosofie

In hedendaagse, 'postmoderne' publicaties worden de idealen van de Verlichting vaak, met een vreemd mengsel van melancholie en enthousiasme, failliet verklaard. Maar er zijn ook filosofen – hun belangrijkste woordvoerder is Habermas – die het 'project' van de Verlichting koste wat kost willen redden. De lectuur van Adorno is een van de beste remedies om zich uit deze simplistische polarisering los te maken. Voor Adorno bevat de Verlichting in zichzelf een tendens die haar fataal doet ontaarden in een strategie van onderwerping, maar anderzijds is er voor

3. *Filosofie van de nieuwe muziek*, p. 126.

Adorno geen positie buiten de Verlichting denkbaar. Wel kan de Verlichting pas waarlijk bevrijdend zijn als ze het gevaar dat in haar sluimert onderkent. Dat is de paradox: de Verlichting kan zichzelf slechts corrigeren door in te gaan op dat gevaarlijke, mimetische moment dat, door zijn verdringing, heimelijk in haar werkzaam blijft. Anders gezegd: de Verlichting moet durven reflecteren op het irrationele dat haar rationaliteit drijft. Omdat het hier gaat om het assumeren van een irrationeel moment, wordt aan de kunst een cruciale functie toebedeeld. Alleen mag men dit 'irrationele' moment niet verabsoluteren. Indien gesteld als alternatief voor het instrumentele denken, wordt het artistieke mimetisme onmiddellijk tot fetisj. Kunst wordt dan een 'natuurpark voor irrationaliteit' in een gerationaliseerde samenleving.

Eigen aan kunst is juist dat het mimetisch-expressieve en het rationeel-constructieve, het idiosyncratische en het algemene, door elkaar bemiddeld zijn. Maar eigen aan de *moderne* kunst is dat deze wederzijdse bemiddeling niet leidt tot een eenheid. De kunst kan niet meer in de (schone) schijn van die eenheid geloven. Net zoals Benjamin neemt Adorno daarom de crisis van de kunst tot uitgangspunt van zijn esthetica. De kunst is definitief haar 'aura' kwijt. De schoonheid heeft, zoals Lucebert dicht, 'haar gezicht verbrand'. De *Ästhethische Theorie* vangt dan ook aan met de uitspraak dat niets wat de kunst aangaat nog vanzelfsprekend is, 'niet eens haar bestaansrecht'. Aangestoken door Brecht kon Benjamin nog even denken dat kunst zich dan maar moest omsmeden tot instrument van de revolutie. Voor Adorno zou zo'n 'oplossing' voor haar legitimiteitscrisis de kunst herleiden tot een communicatieve praktijk die niet wezenlijk verschilt van de communicatievormen die in propaganda en reclame geldig zijn. De moderne kunst kan niets anders doen dan haar crisis uitdiepen. Dit is wat Adorno meeneemt van Hegels 'einde van de kunst'. Om niet door haar 'vijand', de instrumentele rede, te worden opgegeten, moet zij zich die vijand toe-eigenen. Op die manier wordt elk kunstwerk het toneel van een uiterste spanning tussen rationaliteit en mimesis, waarbij de waarheid niet in de matigende tegemoetkoming ligt, maar in de *extremen*. Juist het extreem dóórgeconstrueerde kunstwerk is expressief. Zo nuanceert Kafka zijn zakelijke stijl niet door er ook nog 'gevoel' in te leggen. Juist zijn volgehouden zakelijkheid, die nergens de huiver wil of kan uitdrukken, is huiveringwekkend.

Niet omdat ze inhoudelijk kritiek op de maatschappij levert of zicht op een alternatief biedt, maar omdat ze zo'n paradoxale 'configuratie van mimesis en rationaliteit' vormt, heeft kunst voor Adorno een maatschappijkritisch gehalte. Kunst laat *vormelijk* zien hoe de instrumentele rationaliteit zelf heimelijk doortrokken is van een mimetische huiver of hoe, omgekeerd, de huiver alleen 'bewaard' kan blijven in een rationaliteit die haar ontkent. In die zin is kunst '*onbewuste* geschiedschrijving'. 'De objectieve geest', zegt Adorno op zijn Hegeliaans, 'is op het ogenblik van zijn verschijnen nu eenmaal nooit voor zichzelf doorzichtig.'[4] Dit is de sterkte én de zwakte van de kunst. Haar sterkte: zonder deze noodzakelijke ondoorzichtigheid zou de 'geest' in het geheel niet verschijnen. Haar zwakte: deze ondoorzichtigheid maakt dat het kunstwerk 'constitutief ontoereikend' is. Het kunstwerk komt als het ware niet toe aan de waarheid die er nochtans in verschijnt. Daarom vraagt het kunstwerk vanuit zichzelf om kritiek, een kritiek die volgens Adorno uiteindelijk alleen filosofisch kan zijn. Dit betekent niet dat de filosofie de concrete ervaring van het kunstwerk ooit kan opheffen in een algemeen begrip. De filosofie moet tegen deze pretentie, waartoe ze evenwel structureel neigt, in denken. Maar zij moet ook elke kunstenaarsmetafysiek ontmaskeren. Ze moet de schijn doorprikken alsof in het kunstwerk zelf het bijzondere en het algemene, het pijnlijk-idiosyncratische en het collectieve zonder begrippen zouden zijn verzoend. Deze schijn kleeft nog het meest het van spanning verzadigde kunstwerk aan.

Filosofie moet in het kunstwerk een concreetheid opdelven die weerstand biedt aan haar verzwelging door het algemene. Filosofie is hiervoor nodig omdat deze concreetheid vreemd genoeg iets is wat zich nu net *niet* onmiddellijk laat genieten. Juist het meest onherleidbaar 'concrete' of 'zintuiglijke' aan het kunstwerk is radicaal onverzoenbaar met elk louter esthetisch, letterlijk: zintuiglijk genoegen. Het concrete verschijnt slechts als iets dat reeds is vermalen of verweven in het algemene dat het concrete ontkent. Het is altijd 'geheimschrift', 'spoor' van iets dat verloren is. Het concrete moet daarom *gelezen* worden. Lezen betekent dat men, onverzoend met zijn verlies, iets *in* zijn verlorenheid vasthoudt. Pas zo'n streng aangehouden onverzoendheid houdt de belofte open van een verzoening die waarachtig zou zijn.

Een filosofische esthetica die consequent de paradoxale verstrengeling van mimesis en rationaliteit in de kunst wil doordenken, kan niet anders dan zelf paradoxaal zijn. Zij moet zich bewust worden van de mimetische bezweringsritus die zij *zelf* uitvoert telkens als zij iets in zijn begrip vastzet. In deze ritus is filosofie verwant aan de kunst. Maar anderzijds onderscheidt het filosofische denken zich van de kunst doordat het de 'arbeid van het begrip' nimmer kan of mag opgeven. Indien het dat deed zou het de mythe installeren van een niet door begrippen bemiddelde 'concrete ervaring', en dat terwijl ook het kunstwerk allerminst aan die concreetheid toekomt.

4. *Ästhetische Theorie*, p. 194.

Het kunstwerk is ondenkbaar zonder een schematisering van het heterogene die verwant is met de orde die de begrippen eraan opleggen.[5] Kunstwerken zijn dan modern in de mate waarin ze de traumatiserende hardheid reflecteren van de schematisering die ze zelf doorvoeren. Op die manier openbaren ze iets blinds en wreeds waarin de filosofie de 'waarheid' achter haar eigen waarheidsdrift teruggespiegeld krijgt. Vandaar dat de filosofie oog in oog met de kunst in een aporetische situatie terechtkomt. Terwijl de kunst de filosofie noodzaakt op haar eigen duistere ondergrond in te gaan, is het de filosofie verboden erin weg te zinken, maar anderzijds is elke pretentie zich aan die ondergrond te hebben ontworsteld vals. Deze aporie brengt de filosofie in een eeuwige onvrede met zichzelf die haar ertoe dwingt van stijl te veranderen. Vandaar dat Adorno kiest voor een schriftuur die hij afwisselend 'concentrisch', 'prismatisch' en 'paratactisch' heeft genoemd. Zijn teksten vormen niet-lineaire 'constellaties' rond een centraal punt dat oningevuld blijft. In de mate waarin het denken zich kan ontdoen van het dwangmatig verlangen dit punt vast te zetten, verliest dit punt zijn 'noodlottige', 'schrikwekkende' karakter en gaat het stralen als een utopische belofte van geluk.

Bibliografie

WERKEN VAN ADORNO

Alle geciteerde werken zijn terug te vinden in: Theodor W. Adorno, *Gesammelte Schriften*. Ed. Gretel Adorno en Rolf Tiedemann, 23 delen, Frankfurt a.M. (Suhrkamp) 1970 e.v.

OVER KUNST

Ästhetische Theorie

Ohne Leitbild. Parva aesthetica

Noten zu Literatur. 4 delen, waarvan in het Nederlands vertaald door J.F. Vogelaar, 'Poging om het Eindspel te begrijpen', in: *Raster* 25/1983, en: 'Gedwongen verzoening', in: J.F. Vogelaar (red.), *Kunst als kritiek*. Amsterdam (Van Gennep) 1973

Einleitung in die Musiksoziologie. Zwölf Vorlesungen, waarvan in het Nederlands vertaald door J.F. Vogelaar, 'Muzieksociologie', in: *Kunst als kritiek*. Amsterdam (Van Gennep) 1973

Philosophie der neuen Musik. Ned. vert. *Filosofie van de nieuwe muziek*. Vertaling: Liesbeth van Harmelen, Nijmegen (SUN) 1992

5. Adorno denkt hier aan Kant bij wie de verbeelding het zintuiglijke materiaal synthetiseert en als zodanig klaarmaakt om te worden gesubsumeerd onder begrippen (zie p. 35 van dit boek).

SELECTIE UIT OVERIGE WERKEN

Negative Dialektik

Minima Moralia; Ned. vert. *Minima Moralia*. Vertaling: M. Mok, Utrecht/Antwerpen (Het Spectrum) 1971

Eingriffe. Neun kritische Modelle; Ned. vert. (gedeeltelijk) *Kritische modellen*. Vertaling: Cyriel Offermans en Frits Prior, Amsterdam (Van Gennep) 1977

Dialektik der Aufklärung. Filosofische Fragmente. Ned. vert. *Dialectiek van de Verlichting*. Vertaling: Michel J. van Nieuwstadt, Nijmegen (SUN) 1987

Prismen. Kulturkritik und Gesellschaft. Hieruit is in het Nederlands vertaald door E. Van der Loo, 'Aantekeningen bij Kafka', in: *Proces-verbaal van Franz Kafka*. Nijmegen (SUN) 1987, en: door B. Tromp en L. Inberg, 'Veblens aanval op de cultuur', gepubliceerd als Nawoord bij Thorstein Veblen, *De theorie van de nietsdoende klasse*. Amsterdam (De Arbeiderspers) 1974

WERKEN OVER ADORNO

Burkhardt Lindner en W. Martin Lüdke (red.), *Materialen zur ästhetischen Theorie TH. W. Adornos. Konstruktion der Moderne*. Frankfurt a.M. (Suhrkamp) 1980

Wilhelm van Reijen, *Filosofie als kritiek. Inleiding in de kritische theorie*. Alphen aan den Rijn (Samson) 1981

Tom Huhn en Lambert Zuidervaart (red.), *The Semblance of Subjectivity. Essays in Adorno's Aesthetic Theory*. Cambridge (MIT Press) 1997

Koen Boey en Arthur Cools (red.), *Kritiek van de despotische rede. Essays over de 'Dialectiek van de Verlichting'*. Leuven/Amersfoort (Acco) 1999

Rolf Wiggershaus, *Theodor W. Adorno*. München (C.H. Beck) 1987

HOOFDSTUK 9

Maurice Blanchot – *Een onpersoonlijke fascinatie*

L'homme est-il capable d'une interrogation radicale, c'est-à-dire, en fin de compte, l'homme est-il capable de littérature?
MAURICE BLANCHOT

Inleiding

Geen denker in de twintigste eeuw heeft zo indringend over literatuur geschreven als Maurice Blanchot (geboren 1907). Als criticus volgde hij zijn, voornamelijk Franse, tijdgenoten op de voet: Sartre, Camus, Bataille, Paulhan, Ponge, Jünger, Breton, Celan, Char, Klossowski, Beckett, Duras, Des Forêts, Leiris... Maar hij schreef ook over de literatuur uit de negentiende eeuw en de literaire 'avant-garde' van de twintigste eeuw: Sade, Lautréamont, Hölderlin, Melville, Mallarmé, Valéry, Proust, Broch, Musil, Artaud, Kafka, Rilke, Gide...

Blanchot, die overigens zelf een vernieuwend schrijver is, stelt enkel belang in literatuur voorzover ze op een extreme manier de mens 'op het spel zet', dat wil zeggen elke zekerheid op de helling zet die de mens omtrent zichzelf, zijn medemensen en zijn wereld kan hebben. Blanchot, hierin verwant aan Adorno, verwacht in die zin van literatuur dat ze 'absoluut modern' is. Ze is voor hem slechts de moeite waard wanneer ze alles wat aan onze ervaring, perceptie en beschrijving van onszelf en de wereld een rustgevende consistentie verschaft, radicaal ondergraaft. Daarom moet elk grondprincipe eraan geloven: 'de idee van God, van het Ik, van het Subject, vervolgens van de Waarheid en van het Ene, vervolgens de idee van het Boek en het Oeuvre'.[1]

Vandaar dat Blanchot telkens weer over literatuur schrijft in termen van revolutie, terreur, catastrofe en dood. Hierbij gaat het er uiteraard niet om dat de literatuur dood en vernieling zaait, zelfs niet dat zij de revolutie, de catastrofe, enzovoort tot thema maakt. Het gaat erom dat zij radicaal *zichzelf* op het spel zet, namelijk haar 'medium': de taal. Voor Blanchot is de grondervaring van elk moderne schrijver immers die van het bevreemdende, onhandelbare, verontrustende karakter van de taal. Literatuur begint wanneer de taal elke vanzelfsprekendheid die ze ooit als voorstellings- of uitdrukkingsmiddel kan hebben gehad, ver-

1. *L'Entretien infini*, p. vii.

liest. In die zin ondermijnt zij elk idee dat de mens van zijn 'menselijkheid' heeft. Want het is de taal die de wereld betekenis en samenhang verschaft en er dus voor zorgt dat de mens zich in zijn wereld enigszins thuis voelt.

De literatuur is voor Blanchot niet zomaar een onderzoeksveld als alle andere. Meer dan welke andere activiteit ook wijst de literatuur er voor hem op dat de mens in staat is tot een radicale zelfbevraging. Wat zo *radicaal* is aan die zelfbevraging maakt haar meteen ook oneindig problematisch. De literatuur ondermijnt immers ook het subject, het 'zelf' van wie deze zelfbevraging zou kunnen uitgaan. De 'list' van de filosofie is sinds Descartes immers geweest om juist uit de 'radicale' twijfel aan wat ik ben de zekerheid van mijn – denkend – ik te putten. Radicaal aan de bevraging die van de literatuur uitgaat is dat deze bevraging mij *overkomt*, dat ik eraan ben overgeleverd zonder dat ik haar zomaar tot de *mijne* kan maken. In de literatuur blijft de vraag naar de mens, hoe diep ze ook tot die mens zelf doordringt, een ondoordringbare, sfinxachtige uitwendigheid behouden.

Het is bekend dat binnen de literaire tekst de vraag naar wat de mens is zelden expliciet, 'filosofisch' wordt gesteld. Juist doordat de vraag verborgen blijft in het weefsel van de tekst kan ze zowel de lezer als de schrijver echt bespoken. Het blijkt dat – zoals Heidegger reeds wist – de mens een vraag *is* nog voor hij haar kan stellen en dat hij deze vraag reeds van zich afschuift wanneer hij haar expliciet stelt. De vraag wordt dan een *probleem* dat zou kunnen worden opgelost.

Anderzijds wenst Blanchot niet dat de radicale bevraging die de literatuur praktiseert een geheim zou blijven dat in de literatuur blijft opgesloten. Dat zou van de literatuur de soort bizarre curiositeit of fetisj maken die ze nu vaak is. De inzet van Blanchots literaire kritiek is *filosofisch*. Hij probeert wat er op het spel staat in de literatuur een plaats te geven in het *denken*. Hierbij is hij, vaak heel onuitgesproken, schatplichtig aan een aantal denkers bij wie hij een radicaliteit in de vraagstelling ontmoet die verwant is met wat in de literatuur gebeurt: voornamelijk Hegel, Heidegger en Levinas, maar ook Nietzsche.

Literatuur en negativiteit

LITERATUUR EN TERREUR

Wanneer Blanchot de plaats wil bepalen die de literatuur in het menselijke bestaan inneemt, dan vertrekt hij vaak vanuit het perspectief van Hegels filosofie, die hij, overigens zoals Bataille, via Alexandre Kojève heeft leren kennen.

Hegel beschrijft het zelfbewustwordingsproces van de mens in termen van een negativiteit die zichzelf opheft. De louter begerende en genietende mens 'negeert' het zijnde door het zich onmiddellijk toe te eigenen. De arbeid echter is een negatie die zichzelf opheft: de brute materialiteit van het ding wordt genegeerd, maar het ding blijft bewaard als een product waarin de maker zich herkent. Hegels filosofie vormt in die zin de achtergrond van het moderne humanisme. Naarmate de mens het zijnde bewerkt zal hij het steeds minder als vreemd en dreigend ervaren en er zich steeds meer in terugvinden. Arbeid is een constructieve negatie waarmee de mens de wereld tot de *zijne* maakt. In de arbeid concretiseert de mens zijn vrijheid.

In het belangrijke essay *La littérature et le droit à la mort* (1948) vraagt Blanchot zich af hoe de schrijver zich tot de wereld van de arbeid verhoudt. Ook literatuur lijkt arbeid. De schrijver creëert immers een object, namelijk een boek, door materiaal (de taal) te transformeren, en als hij succes heeft kan hij zelfs meer effect sorteren dan eender welke 'gewone' arbeid vermag. Maar het verschil tussen literatuur en arbeid is veelbetekenender. De negatie die de literatuur doorvoert mist immers elke concreetheid, en wel omdat de literatuur geen rekening houdt met de grenzen die de dingen aan zo'n negatie stellen. Terwijl de arbeidende mens zijn product op de weerbarstigheid van de dingen verovert, zet de schrijver door de creatie van een imaginaire wereld (bijvoorbeeld een roman) de *hele* wereld buiten spel. De negatie die de literatuur doorvoert is in die zin niet concreet maar 'globaal'. Door meteen alles te negeren maakt de schrijver zich onmiddellijk meester van alles. Maar dit meesterschap geeft hem niets in handen. Omdat het niet aan de concrete dingen is afgedwongen, blijft dit meesterschap leeg en abstract: *onbepaald*. In plaats van geduldig de wereld om te vormen, creëert de schrijver een fictief universum 'waarin *alles* meteen is gegeven en er niets anders meer te doen valt dan er door lectuur van te genieten'. Vandaar dat de literatuur de lezer de indruk kan geven van een totale, maar evenwel *onwerkelijke* vrijheid.

Toch stelt de serieuze schrijver zich niet tevreden met het fictieve universum dat hij creëert. Hij wil zijn vrijheid verwerkelijkt zien. Daarom, zegt Blanchot, moet hij zich wel aangetrokken voelen tot de *revolutie*. De revolutie wil immers de tijd opnieuw doen beginnen. Daarvoor moet zij radicaal de arbeid en de alledaagse beslommeringen onderbreken. Haar doel bestaat erin de bestaande ordening van de wereld tot niets te herleiden zodat vanuit dit niets de mens de volle vrijheid toevalt. En tegenover dit niets, dat de voorwaarde is voor de vrijheid, telt al het andere even niet meer. Dit is het wezen van de *Terreur*: als iedereen nog slechts leeft om de absolute vrijheid te realiseren, is elke bekommernis om het eigen, concrete leven misplaatst en zelfs verdacht geworden.

Dan heeft elk individu strikt genomen nog slechts 'recht op de dood', namelijk op die dood waaruit de vrijheid geboren moet worden.

De schrijver is noodzakelijk door de revolutionaire terreur gefascineerd omdat de globale en lege negatie die de literatuur *formeel* tegenover de realiteit – inclusief het concrete leven van de auteur – doorvoert bloedige *realiteit* wordt. Meer dan welk historisch gebeuren ook bevestigt de terreur dat de mens zijn vrijheid slechts kan realiseren door, naar het woord van Hegel dat ook Bataille fascineerde, 'de dood te verdragen en in de dood stand te houden'.

Maar uiteraard is literatuur geen terreur. Zij laat geen bloed vloeien, en vooral: zij pretendeert niet dat de negatie die zij doorvoert een positief resultaat oplevert. De literatuur is daarentegen gefascineerd door de terreur in zoverre deze het moment is waarop de revolutie in haar negatieve beweging blijft steken. De literatuur is verwant met wat in die negatie onvoltooibaar, vruchteloos maar daarmee ook onverzadigbaar blijft. Daarom kan Blanchot uitdagend Sade 'de schrijver *par excellence*' noemen. Diens werk getuigt van een onverzadigbaar, excessief verlangen tot negeren dat niet enkel de anderen en God, maar ook de natuur zelf in de vernieling wil schrijven zonder ooit die vernieling ten einde toe te kunnen voltrekken.

TAAL EN DOOD

Blanchots intuïtie over de verwantschap tussen literatuur en terreur is gebaseerd op zijn eveneens door Hegel geïnspireerde idee van de verwantschap tussen taal en dood. 'Wanneer ik spreek, spreekt de dood in mij', zegt Blanchot. Spreken veronderstelt de mogelijkheid van een destructie. Elk woord is immers de negatie van datgene wat het benoemt. 'Het woord schenkt me het zijn', zegt Blanchot, 'maar ontdaan van zijn.' Zodra ik iets benoem gaan de concreetheid en toevalligheid van het benoemde verloren om te worden teruggetoverd in een algemene betekenis. Hegel heeft dit de *Aufhebung* genoemd: het woord duwt het concrete ding weg, maar tegelijkertijd wordt het ding hiervoor schadeloos gesteld: het wordt *begrijpelijk*, het treedt binnen in de sfeer van de waarheid. Zo is onze hele wereld een wereld van benoemde dingen, dat wil zeggen van dingen die ons pas bekend en vertrouwd zijn op grond van hun afwezigheid. De wereld is op een min of meer stabiele wijze aanwezig omdat ze door het 'niets' is gegaan.

Hetzelfde geldt voor mijn verhouding tot mezelf. Mijn naam, en trouwens alle woorden die ik gebruik, vormen een onpersoonlijk element waarin ik gescheiden van mezelf leef. Reeds in *De l'angoisse au langage* (1943) behandelt Blanchot het gegeven dat degene die bijvoorbeeld zijn angst wil verwoorden moet ervaren dat zijn meest eigen angst hem in die verwoording meteen wordt ontvreemd. Het is alsof die angst plots de angst van iemand anders is geworden.

Het is bekend dat voor Hegel alle negativiteit uiteindelijk heilzaam is. Pas door het woord dat me van mezelf en van de dingen scheidt, kan ik me tegenover anderen, maar ook tegenover mezelf, laten gelden als *iemand* en aan de dingen betekenis geven. De taal situeert me in een veld waarin ik voor mezelf en anderen als een 'ik' begrijpelijk ben. De negativiteit van het woord heeft dus een productief effect.

Blanchot is de eerste om toe te geven dat Hegels dialectiek ons helpt te begrijpen hoe de taal in de alledaagse communicatie functioneert. Het alledaagse spreken brengt een leegte aan in het zijn, maar tegelijkertijd dekt het die leegte toe doordat het betekenis sticht. Blanchot merkt wel op dat die afdekking nooit volledig slaagt. De negativiteit van het woord blijft altijd iets onbepaalds behouden. Onbepaald aan die negatie is dat het sprekende subject nooit ten volle op de werkelijkheid is ingegaan. Het heeft nooit werkelijk de confrontatie met zijn vreemde concreetheid doorstaan. Op sleeptouw genomen door de beweging van de taal, heeft het subject deze concreetheid steeds al te vlug voor dood achtergelaten. Want de negativiteit van de taal is niet primair een prestatie van het subject, maar van de taal zelf als een *anonieme* beweging die het subject met zich meevoert.

De literatuur is volgens Blanchot gefascineerd door de beweging van de taal die, vóór elke ingreep van het subject, de dingen reeds van hun 'zijn' heeft ontdaan. Alle betekenis die dit subject aan de dingen toekent is onvermijdelijk door deze onbepaalde, anonieme negativiteit getekend. Literatuur vangt dus aan als het spreken zichzelf als grondeloos ervaart. In tegenstelling tot het alledaagse spreken springt de literatuur niet probleemloos over de afwezigheid, de leegte die de woorden in het zijn aanbrengen, heen. De literatuur is tegendraads in zoverre ze weigert die leegte door een betekenis productief te maken. Uiteraard produceert een literaire tekst zoals elk vertoog ook altijd betekenis, maar niet zonder die betekenis te herinneren aan de leegte waarop ze teruggaat. Ze brengt deze leegte zelf ter sprake en houdt haar daardoor *on*productief.[2] Deze leegte wordt voelbaar in dat aspect van het woord dat niet in zijn betekenis opgaat: in het ritme, in 'zinloze' herhalingen of uitweidingen, in de onuitputtelijke connotaties waarin de betekenis van woor-

2. Blanchots filosofie van de literatuur beweegt zich dan ook in de buurt van Batailles 'werkloze negativiteit'. Doordat Blanchot deze negativiteit vanuit de taal denkt heeft hij, meer nog dan Bataille, oog voor het paradoxale karakter ervan. Terwijl het bij Bataille gaat om een verlangen zichzelf te verliezen dat op zijn onmogelijkheid stuit, is deze onmogelijkheid bij Blanchot het uitgangspunt.

den kan uitwaaieren, in beelden die de continuïteit van het verhaal onderbreken. In al deze gevallen verliest het woord zijn referentiële karakter; het valt als het ware in zichzelf dicht en wordt zelf een *ding*, alsof het zegt: 'Ik representeer niet meer, ik ben.'

Elk woord laat een naamloos residu achter dat maakt dat het niet in zijn betekenis opgaat. Dit residu is definitief onachterhaalbaar. De literatuur kan nu eenmaal geen betekenis geven aan iets wat nu juist altijd door de productie van betekenis verloren gaat. De taal is haar eigen obstakel. Niettemin blijft het verlorene het betekenisproces bespoken. En juist wanneer haar taal een betekenisloos ding lijkt te worden, juist wanneer zij lijkt te verstommen, getuigt de literatuur van haar fascinatie voor dit residu dat elke taal wel voor dood moet achterlaten. De literatuur is het bevreemdende leven, of beter: *over*leven, van het dode.

Blanchot wijst er evenwel op dat de taal in de literatuur nooit helemaal aan deze stomme dingachtigheid toekomt. De taal van de literatuur zinkt nooit helemaal in het betekenisloze weg, zelfs niet als de schrijver niets liever zou willen. Het moment waarop de woorden niets meer lijken te zeggen valt steeds samen met de ervaring *dat dit onmogelijk is*. Het zogenaamd 'betekenisloze' doet ons meteen ook altijd de pure mogelijkheid van de betekenis ervaren, sterker nog: de onvermijdelijkheid dat er altijd weer zoiets als betekenis ontstaat.

Blanchot heeft dit, nog steeds in *La littérature et le droit à la mort*, de 'fataliteit van de dag' genoemd. 'Terwijl de literatuur de dag negeert', schrijft Blanchot, 'reconstrueert zij de dag als fataliteit; terwijl ze de nacht bevestigt, ontdekt zij de nacht als onmogelijkheid van de nacht.' In de literatuur verschijnt de betekenis niet, zoals bij Hegel, als een product van een subject dat de negativiteit van de taal productief weet aan te wenden, maar eerder als een 'duistere noodzaak'. Het subject kan er niet aan ontkomen zonder dat het nochtans aan de oorsprong ervan ligt. In die zin toont de literatuur de taal als wat zij is: een anonieme affirmatie, een spreken dat berust op het vergeten van zowel degene die spreekt als van datgene waarover wordt gesproken. De taal blijkt een soort machine die juist zoveel betekenis kan produceren omdat daar geen grond voor is.

Daarom beschouwt Blanchot de literaire taal niet als een persoonlijkere, 'authentiekere' of 'expressievere' taal dan de alledaagse taal. Juist de onpersoonlijkheid die eigen is aan elk spreken wordt in de literatuur als zodanig ervaarbaar. Het woord is dan niet langer, zoals bij Hegel, iets dat de afwezigheid van de dingen goedmaakt, maar een element waarin de dingen zich verliezen. Maar wat verloren is, is niet zonder meer weg. Het blijft *in* zijn verlies doorspoken. Dit doorspoken is niet meer van de orde van het 'verschijnen'. De 'fataliteit van de dag' wijst eerder op een 'onmogelijkheid te verdwijnen' die voorafgaat aan elke mogelijkheid tot verschijnen.

In de ban van het imaginaire

ORFEUS' ONBEZONNEN BLIK

Literatuur heeft dus alles te maken met een fascinatie voor iets dat aan de dialectiek van de betekenis ontsnapt en deze dialectiek als het ware van binnenuit doet stokken. In *L'Espace littéraire* (1955), zijn bekendste en wellicht belangrijkste werk, probeert Blanchot dit 'iets' onder meer te vatten vanuit een eigenzinnige interpretatie van het mythische verhaal van Orfeus' afdaling in de onderwereld.

Het verhaal is bekend. De dichter en zanger Orfeus krijgt van Hades en Persephone toestemming om zijn geliefde Eurydice uit de onderwereld mee te nemen. De voorwaarde is wel dat hij haar zal voorgaan zonder zich naar haar om te keren voordat ze de onderwereld hebben verlaten. Maar Orfeus kijkt toch om en verliest dan voorgoed zijn Eurydice.

Blanchots leest in deze ongeduldige, onbezonnen blik van Orfeus de essentie van de literaire ervaring. Geen blik kan inderdaad onbezonnener zijn. Niet alleen verliest Orfeus zijn geliefde, hij zet ook nog de mogelijkheid van de poëtische creatie op de helling. Immers: iedereen kan begrip opbrengen voor Orfeus' 'romantische' verlangen om zijn geliefde in haar meest onderwereldlijke, nachtelijke bestaan gade te slaan. Maar anderzijds heeft zo'n fascinatie slechts *zin* voorzover de dichter er zich niet helemaal aan overgeeft. Wil Orfeus als dichter slagen, wil hij Eurydice in schoonheid kunnen bezingen, dan moet hij die dodelijke fascinatie te boven komen. Kortom: het nachtelijke kan alleen *vorm* krijgen in het kunstwerk in zoverre de ervaring ervan geen doel op zich is.

Het poëtisch verwoorden of bezingen van de nacht veronderstelt dat die nacht als zodanig verborgen blijft. Hegeliaans gesproken: de nacht kan slechts in zijn negatie verschijnen. Maar Blanchot wijst nu net op de Orfeus die geen oog heeft voor deze dialectiek. Hij is gefascineerd door de Orfeus die zich overgeeft aan het zinledige en vruchteloze verlangen zijn geliefde te zien voordat zij de wereld van het licht betreedt, de Orfeus voor wie elk gezang al te veel betekenis geeft aan Eurydices absoluut unieke, onbetekenende aanwezigheid. Op het moment dat Orfeus naar Eurydice omkijkt is hij even helemaal niet bekommerd om zijn werk als dichter, maar slechts om Eurydice 'zelf' in haar ondoordringbare vreemdheid of 'andersheid'. Voorafgaand aan elke wens en vermogen haar te bezingen, is hij gegrepen door de Eurydice die weerstand biedt aan elke communicatie, de Eurydice die, hoe nabij zij Orfeus ook kan zijn, niettemin eindeloos van hem verwijderd blijft. Hij wil haar dus 'vatten' *in* haar verwijdering, 'in de volheid van haar dood'. En in zoverre hij wordt bewogen door dit onmogelijke verlangen, zet hij zijn dichterschap op het spel.

De mythe gaat volgens Blanchot evenwel niet zomaar over de roekeloosheid van de dichter voor wie de ervaring, ook al is het de ervaring van een verlies, van meer belang is dan het scheppen van schoonheid. De essentie van het verhaal is dat ook deze tragische ervaring Orfeus noodzakelijk moet ontglippen. Orfeus' ervaring bestaat erin dat hij zelfs Eurydices vreemdheid en verwijdering niet ten volle ervaart. *Haar verwijdering zelf verwijdert zich*, en wel omdat ze blijft *verschijnen*.

Blanchot noemt dit de 'andere nacht'. Het gaat om een nacht die te zeer fascineert dan dat men er zich van af zou kunnen wenden om er betekenis aan te geven in een poëtisch oeuvre. Maar die nacht laat evenmin toe dat men zich erin verliest. De 'andere nacht' is derhalve onzuiver. Men kan zich er niet aan onttrekken, maar evenmin kan men zich eraan overgeven. In deze nacht is Eurydice een wezen dat definitief heeft opgehouden te verschijnen, maar dat anderzijds ook niet zomaar is verdwenen. Men moet daarom zeggen dat zij *maar niet ophoudt te verdwijnen*, en dus in die zin nooit helemaal verdwijnt.

De ervaring die ten grondslag ligt aan de literatuur is voor Blanchot dus *aporetisch*. Orfeus 'offert' zijn dichterschap ten gunste van een ervaring die zich evenwel niet werkelijk laat ervaren. Hij verliest, zegt Blanchot, 'niet alleen de ernst van de dag, maar tevens het wezen van de nacht'. Het nachtelijk bestaan van zijn geliefde blijft ontoegankelijk, en juist deze ontoegankelijkheid blijft de fascinatie onderhouden, maakt haar eindeloos, obsessief. Deze vruchteloze fascinatie voor wat blijft terugwijken is voor Blanchot het wezen van de literaire inspiratie. Dat Orfeus zich even niet om zijn poëtische oeuvre bekommert zal nu net, ondanks zichzelf, schittering verlenen aan zijn oeuvre. Zijn onverantwoordelijke blik verheft zijn poëzie boven elk formeel procédé of elke virtuositeit die het slagen ervan zou kunnen verzekeren. Deze blik tilt zijn poëzie uit boven elk 'kunnen'. Orfeus' blik stelt het poëtische werk bloot aan zijn 'werkloosheid' (*désoeuvrement*).

Blanchot leest de mythe van Orfeus als het paradigma van wat er in de moderne literatuur gebeurt. In de moderne tijd is elk formeel of inhoudelijk criterium weggevallen dat bepaalt hoe literatuur of kunst er eigenlijk uit moet zien. Wat telt is de vrijheid van een spreken of schrijven dat niet aan regels is gebonden. De moderne kunstenaar gaat steeds meer op zoek naar het raadsel van die vrijheid. Kunst is dus steeds meer bezig met haar eigen 'oorsprong'. Hierbij ontdekt zij evenwel meer en meer dat het haar oorsprong aan elke vastheid ontbreekt. Die oorsprong blijkt een ervaring die voor de mens zelf ontoegankelijk blijft, een nacht die terugwijkt en daardoor een soort vale onnacht wordt. In minder mytho-poëtische termen zal Blanchot deze 'andere nacht' ook de ruimte van het 'imaginaire' noemen.

HET IMAGINAIRE

Met zijn term 'het imaginaire' introduceert Blanchot een visie op wat een beeld is die aanzienlijk afwijkt van het gezond verstand. Gewoonlijk beschouwt men het beeld als een soort weergave, een re-presentatie, een af-beelding van iets in de werkelijkheid, hoe ontrouw, geschematiseerd, geabstraheerd, 'creatief' die afbeelding ook kan zijn. Zo'n afbeelding veronderstelt een distantie, een 'negatie' van het afgebeelde. Het beeld waar Blanchot evenwel op doelt is geen af-beelding die secundair is tegenover de werkelijkheid; het is op een bevreemdende manier vervlochten met de meest 'directe' werkelijkheidservaring. De werkelijkheid 'zelf' valt hier meteen achter haar beeld terug, wordt 'onwerkelijk', nog vóór het subject er genoeg distantie van kan nemen om zich er vanuit zichzelf een beeld van te vormen. Het beeld ontstaat dus vreemd genoeg vanuit een te grote nabijheid, een nabijheid die in het subject naar binnen slaat maar tegelijk een radicale vreemdheid behoudt. In zijn uiterste nabijheid blijft het beeld ontoegankelijk voor het subject. Het beeld, zegt Blanchot, 'maakt van onze intimiteit een uitwendige macht die wij passief ondergaan'.

Blanchots beeld is dus *grondeloos*. Het gaat niet terug op een werkelijkheid die ooit in haar volheid zou zijn verschenen. In het beeld 'spookt' een aanwezigheid die er nooit is geweest, en die ook door het beeld niet wordt hersteld. Het beeld is in die zin geen *fenomeen* dat kan worden aangewezen. Het valt niet samen met zichzelf. Blanchot zegt: 'het beeld *gelijkt* op zichzelf'. Het is altijd al bezig te verglijden in gelijkenissen van zichzelf. In de (zelf)gelijkenis van het beeld keert terug wat nooit aanwezig is geweest, iets onheuglijks dat Blanchot ook 'het angstwekkend oude' heeft genoemd.

Verwarrend is dat het 'beeld' voor Blanchot niet van de orde van het zichtbare is, wat niet betekent dat het daarom 'onzichtbaar' is. Het beeld houdt de blik vast, stelt het subject in de onmogelijkheid *niet* te zien. Wat valt er dan wel te zien? Niets dan de gegevenheid *dat* er daar iets is ook al valt er niets bepaalds aan te wijzen. Wat is verdwenen is niet *zonder meer* verdwenen: de verdwijning zelf blijft verschijnen.

Om enigszins te verduidelijken wat hij met deze 'verdwijning zelf' bedoelt schrikt Blanchot er niet voor terug het beeld met het *lijk* te vergelijken. Een stoffelijk overschot getuigt van iemands definitieve afwezigheid. Maar in tegenstelling tot bijvoorbeeld een 'typerend' portret of foto van de overledene geeft het lijk de nabestaanden geen duidelijk afgelijnd en herkenbaar beeld van hoe de overledene 'werkelijk was'. Uiteraard wordt het lijk doorgaans zodanig behandeld en gepresenteerd dat de nabestaanden toch zo'n herkenbaar beeld te zien krijgen. Maar Blanchot doelt op een ervaring van het lijk die verontrustender is en daarom ook altijd wordt verdrongen. Het lijk tovert ons dan niet meer voor de laatste keer een verloren aanwezigheid terug, maar het is de afwezigheid zelf van de overledene die een drukkend gewicht krijgt. Op dit niveau herinnert het lijk niet aan een bekende persoon, maar incarneert het de absoluut unieke, nooit werkelijk gekende 'hij zonder figuur', een anoniem 'Iemand' die altijd onder de gekende persoon verborgen zat. Deze 'Iemand' vormt geen vaste kern, maar is eerder een soort onwezen dat zich reeds tijdens zijn leven had verloren in onpersoonlijke gelijkenissen die het leven iedereen dwingt aan te nemen. Als Blanchot van het lijk, zoals van het beeld, beweert dat het op *zichzelf* lijkt, bedoelt hij dat het ons wijst op de grondeloosheid van alle beeldende gelijkenissen. Het lijk verwijst naar de persoon als naar degene die reeds toen hij nog leefde slechts *leek* op wat hij was.

Zo verschijnt de nachtelijke Eurydice aan Orfeus: zij is degene die verdwijnt maar als 'lijk' (afwezigheid) *gewicht* krijgt. In zijn weigering Eurydice in zijn gezang als een heldere gestalte te laten verrijzen, in zijn melancholisch vasthouden aan haar afwezigheid, kan Orfeus niet verhinderen dat zij fataal wordt prijsgegeven aan de klare dag van de gelijkenissen. Haar verdwijning *mislukt* en vanuit die mislukte verdwijning borrelt het orphische gezang dan toch onvermijdelijk op. Ook in zijn uiterste weigering om te zingen is Orfeus, als het ware buiten zichzelf om, reeds aangevangen met zingen. Een dergelijke aanvang die voorafgaat aan elke bewuste wil of intentie tot creëren, is voor Blanchot het wezen van wat men altijd 'inspiratie' heeft genoemd.

Het neutrale woord

De vraag die hier onvermijdelijk opkomt is wat het imaginaire nu precies met literatuur te maken heeft aangezien literatuur toch een zaak is van het woord. Hierbij dient men in het oog te houden dat Blanchot het imaginaire niet begrijpt als een niveau dat oorspronkelijker of 'primitiever' zou zijn dan dat van het woord. Alsof het beeld zich tot het woord zou verhouden als de volheid of onmiddellijkheid van het verschijnen tot de abstractie die eigen is aan de taal als systeem van tekens. Zoals bleek is er voor Blanchot reeds afwezigheid, negativiteit aan het werk op het niveau van het beeld. Het 'beeld' is immers een verschijnen dat nooit aan zichzelf toekomt. Het is altijd al bezig te verglijden in zijn (zelf)gelijkenis. Het is wat terugkeert uit een verleden dat nooit een heden was. Het 'imaginaire' is een spookachtige ruimte waarin alles zich herhaalt zonder ooit ten volle aanwezig te zijn geweest.

Eigenlijk doelt Blanchot met het 'imaginaire' op niets anders dan de oorspronkelijkheid en onontkoombaarheid van de taal, de bevreemdende omstandigheid dat de taal reeds op het meest primitieve niveau van de gewaarwording, de waarneming, de emotie, de ervaring *tout court*, werkzaam is. Het volstaat dus niet te zeggen dat de taal noodzakelijk abstract en onpersoonlijk is, dat wie het woord neemt het unieke hier en nu van de particuliere ervaring neutraliseert door er universele tekens op te plakken. Blanchot gaat verder dan dit algemeen erkende inzicht dat de taal noodzakelijk aan het concrete voorbijschiet. Zijn grondintuitie is dat de 'uniciteit' van de ervaring reeds *van binnenuit* door de taal wordt geneutraliseerd. Dit bedoelt hij met het 'neutrale' (*le neutre*). Het 'neutrale' is de taal als een anonieme uitwendigheid waaraan de innerlijkheid van de ervaring altijd al is prijsgegeven.

Bevreemdend is dus dat er *altijd al woorden zijn*. Men kan strikt genomen nooit *beginnen* te spreken. Het spreken heeft geen ander begin dan het spreken zelf. Vóór het subject ertoe besluit te gaan spreken zijn de woorden reeds zelf aan het woord als een anoniem *rumeur* of *murmure*: een geroezemoes of gemurmel.[3] In dit neutrale element spreekt het subject reeds (mee) zonder ooit zuiver 'uit eigen ervaring' of 'in eigen naam' te spreken. De woorden blijven juist onophoudelijk opduiken waar de meest eigen ervaring van het subject nooit ten volle bij dat subject is aangekomen, alsof de woorden er niet toe dienen om een voorbije ervaring in herinnering te brengen, maar om een tekort, een leegte in de ervaring te doen vergeten. 'Leegte' wijst hier niet op een pure afwezigheid, ze is het effect van een ervaring die elke aanwijsbare aanwezigheid zozeer te buiten gaat dat ze onbepaald blijft en derhalve meteen aan de diepste vergetelheid ten prijs valt. Wat voor de mens het meest 'eigen' is, namelijk zijn ervaring, blijft iets dat zich heeft afgespeeld in een onheuglijk verleden, alsof het niet om *zijn* ervaring gaat, maar om die van een ander in hem. Het 'neutrum' van de taal is het domein waarin de intieme innerlijkheid van de ervaring voortleeft als een vreemde en ontoegankelijke uitwendigheid die het subject achtervolgt en obsedeert.

Het 'neutrale', als ruimte van de taal, is voor Blanchot een zaak van de literatuur. De literatuur is het domein bij uitstek waarin voelbaar wordt dat de taal niet primair geworteld is in de intentie, het bewustzijn, het uitdrukkingsvermogen van het subject, maar in het 'onophoudelij-

3. Heidegger is hier nooit ver, namelijk waar hij het in *Sein und Zeit* heeft over het 'oneigenlijke' 'gepraat' (*Gerede*) van '*das Man*'.

ke' (*l'incessant*) van een anoniem spreken dat is 'aangevangen vóór elke aanvang'.

Deze gedachte blijft uitdagend: de schrijver is niet iemand die de woorden meer dan wie ook actief naar zijn hand kan zetten. De taal is voor hem niet een middel tot beschrijving van de wereld of tot persoonlijke zelfexpressie. Dit zou immers het bestaan veronderstellen van een voortalig 'ik' dat autonoom genoeg is om zich van de taal als van een instrument te bedienen. Dit is een – overigens onvermijdelijke – illusie die alle spreken en schrijven met zich meebrengt.

Schematisch kan men stellen dat het 'normale', alledaagse spreken zich probleemloos in deze illusie nestelt. De literatuur daarentegen zou die praktijk zijn waarin het spreken zich openbaart als een anonieme beweging die het subject bij voorbaat uit handen is genomen. De schrijver is dan degene die de paradoxale moed tot *passiviteit* bezit. Hij is degene die ervaart dat zijn actief vermogen tot spreken ontspruit aan een 'oorspronkelijker' toestand, namelijk de machteloze, ontdane toestand van degene die niet in staat is te zwijgen. Hij spreekt vanuit zijn fataal meegenomen-zijn door het anonieme 'geroezemoes' van de taal. Hij spreekt vanuit zijn onvermogen *zelf* te kunnen spreken. De literatuur eist van de schrijver 'dat hij de lege plaats wordt waar zich een onpersoonlijke affirmatie aankondigt'.

Dit betekent uiteraard niet dat de literatuur probleemloos in het verlengde ligt van het anonieme, alledaagse geroezemoes. Elke serieuze schrijver probeert dit geroezemoes juist tot zwijgen te brengen. Maar juist zo'n poging het onpersoonlijke 'gepraat' droog te leggen ten gunste van een persoonlijker, 'authentieker' spreken, openbaart dat er geen ontsnappen mogelijk is uit de neutraliteit van de taal. De stilte blijkt onmogelijk. De schrijver merkt dat zijn meest ernstige zwijgen een modus is van een spreken dat eerder dan hijzelf is begonnen. Het blijkt dat de grondeloze oppervlakkigheid van het gepraat in zijn meest eenzame en intieme verhouding met de wereld en zichzelf is binnengeslopen. Vooral als schrijver maar ook als lezer van literatuur ervaart de mens zijn eigen *wezenloosheid*, namelijk dat hij, als sprekend wezen, wezenlijk *afwezig bij zichzelf* of *buiten zichzelf* is, zonder dat dit 'buiten' ooit in een stabiele, geruststellende oppositie tegenover een 'binnen' zou staan. Blanchot wordt niet moe ons op dit bevreemdende fenomeen te wijzen: wat de mens het meest onvervangbaar 'eigen' is – de absolute *singulariteit* van de ervaring – is altijd al door de neutraliteit van het woord meegenomen en als zodanig 'zonder geheim' of 'zonder intimiteit'.

Wanneer Blanchot spreekt over 'de' literatuur, dan heeft hij het niet over een ahistorische categorie, maar onvermijdelijk altijd over de literatuur als een radicaal *modern* fenomeen. Net als voor bijvoorbeeld Adorno is voor Blanchot de literatuur als apart domein een modern gegeven.

In verband met de historiciteit van de literatuur komt Blanchot steeds terug op hetzelfde schema. Oorspronkelijk was wat men nu 'literatuur' of meer in het algemeen 'kunst' noemt, niet als zodanig herkenbaar. Er was een ritmisch of hymnisch spreken of zingen waarin de goden op een duistere manier aanwezig werden gesteld. Dat dit 'poëtisch' was of dat het hier om 'kunst' ging was daarbij nog niet aan de orde. Wel konden de goden blijkbaar alleen door de sluier van de sacrale poëzie heen verschijnen. In die zin was alle sacrale poëzie vanaf het begin poëzie van de afwezigheid van de goden. Als deze afwezigheid tot de mensen doordringt – Blanchot denkt hier aan de Griekse cultuur –, betekent dit daarom nog niet het einde van het sacrale. Het sacrale wordt dan wel iets dat oorspronkelijker is dan de goden: een obscure, onbepaalde macht, de onvatbare, steeds terugwijkende bron van alle verschijnen.

In de moderne tijd gaat de zin voor het sacrale verloren, dat wil zeggen voor die vreemde aanwezigheid die zich vanuit het verborgene blijft aankondigen. In die geheime bron, die altijd werd aanbeden en gevreesd, herkent de mens nu zichzelf. Hij ziet zichzelf als het subject dat zich een eigen wereld vormt en zijn licht op die wereld laat vallen. Binnen deze humanistische context worden kunst en literatuur gezien als specifieke vormen van 'creativiteit', namelijk vormen van arbeid die niet beperkt zijn tot een bepaalde vaardigheid of toegespitst op een concreet nut. Kunst wordt een spel waarin, zoals voor Schiller, de 'totale mens' zich realiseert, zo mogelijk in een werk dat van een sublieme nutteloosheid is. De kunstenaar gezien als 'schepper' neemt de lege plaats in van de verdwenen goden.

De moderniteit van de literatuur die Blanchot voor ogen heeft gaat evenwel dit humanistische paradigma te buiten. De literatuur blijft haar diepe verwantschap met het sacrale behouden, zij het dat het deze keer een sacraliteit betreft zonder god, zonder transcendentie, zonder verhevenheid. 'Sacraal' in de moderne literatuur is niets anders dan de vreemdheid van de mens zelf: alles aan de mens waarin hij zich niet als mens kan herkennen, alles wat aan zijn bewuste wil of intentie voorafgaat, voorafgaat aan zijn verlangen naar transparantie, naar stabiliteit, naar betekenisgeving en zelfrechtvaardiging. Blanchot spreekt ook van een 'niet-goddelijke uitwendigheid'[4] waarin de mens zich altijd al verloren heeft. Dit zelfverlies is geen extase waarin de mens zich helemaal verliest. Het gaat om een uitwendigheid waarin de mens *spreekt*. Als in een goddeloos orakel is het de uitwendigheid zelf die spreekt, vóór elk vermogen of elke wil om betekenis te stichten of zich als persoon te laten gelden.

Literatuur wordt voor Blanchot modern wanneer het spreken elk religieus of humanistisch alibi verliest en zich openbaart als ontrukt aan zichzelf. Anders gezegd: in de literatuur spreekt een stem die is losgeslagen van alles wat men zich normaliter bij spreken voorstelt: een subject dat de intentie heeft een bepaalde inhoud aan anderen over te brengen en zich daarin als subject van zijn spreken erkend en begrepen wil zien. Wat van een dergelijk op drift geslagen spreken in een oeuvre neerslaat kan niet als het product van menselijke creativiteit worden gezien. Vandaar de typisch moderne idee van het (kunst)werk als een op zichzelf staand, van alles losgemaakt *ding*: onherleidbaar tot een subjectief verlangen tot expressie of communicatie. Van zo'n ding kan men alleen nog zeggen dat het *is*. De moderne literatuur begint dus wanneer niet langer de goden of de mens, maar het werk zelf centraal komt te staan, het werk als product van een anonieme, niet te retraceren affirmatie, een affirmatie die niets affirmeert dan zichzelf.

De idee van het kunstwerk dat zich heeft losgemaakt van zijn maker en nu, in een soort 'koude onbeweeglijkheid', voor hem komt te staan, wordt voor Blanchot bij uitstek vertegenwoordigd door de dichter Stéphane Mallarmé. In zijn poëtica maakte Mallarmé het onderscheid tussen het 'onbewerkte woord', dat onmiddellijk naar iets buitentaligs lijkt te verwijzen, en het 'wezenlijke woord', dat de aandacht vestigt op *zichzelf*, namelijk op zijn eigen irrealiteit. Het wezenlijke woord is dan uiteraard een zaak van de poëzie. Het voert de dingen tot een 'vibrerende verdwijning' die ze van hun gewicht verlost. Dit woord legt de wereld het zwijgen op ten gunste van een autonome kunst-taal waarin alles pure spiegeling, virtualiteit is.

Mallarmés poëtica leunt nauw aan bij Hegels idealistische filosofie van de negativiteit. Van Mallarmé citeert Blanchot graag de volgende zin: 'Je dis: une fleur! et, hors de l'oubli où ma voix ne relègue aucun contour, en tant que quelque chose d'autre que les calices sus, musicalement se lève, idée même et suave, l'absente de tous bouquets.' Men zou dit fragment als volgt kunnen vertalen: 'Ik zeg: een bloem! en, buiten de vergetelheid waarheen mijn stem geen enkele contour verbant, als iets anders dan alle bekende bloemkelken, verheft zich muzikaal, als zachtgeurend idee bij uitstek, wat in elke ruiker afwezig blijft.'

4. *L'Entretien infini*, p. 514.

Blanchot wijst op de ambiguïteit van Mallarmés positie. Mallarmé lijkt te zeggen dat in de poëzie het ding uit de apotheose van zijn verdwijning als een uitgepuurd idee te voorschijn komt. De bloem zou bijvoorbeeld herrijzen als een ideale, universele presentie. Tegen zo'n mogelijke Hegeliaanse interpretatie in wijst Blanchot op het 'zachtgeurende' en 'muzikale'. Wat overblijft is geen stabiel idee dat men kan contempleren maar 'een meer wegglippende realiteit, die zich presenteert en vervluchtigt, die zich laat horen en vervliegt, bestaande uit reminiscenties, allusies, zodat de realiteit enerzijds is opgeheven, maar anderzijds in haar meest zintuiglijke vorm herrijst'.[5] Het woord verkrijgt bij Mallarmé een sonore densiteit waardoor het als het ware dichtvalt in zijn eigen materialiteit. Het zegt niets méér dan zijn eigen opduiken waarvan de oorsprong onachterhaalbaar is: 'rustig blok neergedaald van een duistere ramp' (Mallarmé).

Volgens Blanchot moet ook Mallarmés droom van het Boek in die zin worden begrepen. Mallarmés boek is niet het Grote Boek waarin de romantici de wereld wilden samenvatten, maar eerder zoiets als zijn 'gerealiseerde afwezigheid', een ruimte waarin alles nog ontbreekt en dus alles nog mogelijk is: 'maagdelijke afwezigheid die zich verstrooit' (Mallarmé). Het Boek is de droom van een absoluut begin waar evenwel geen beginnen aan is omdat het voorafgaat aan elk bedoeld begin: 'ik bezig het woord, om het weer onder te dompelen in zijn ongeborenheid' (Mallarmé). Alleen een onbetekenend, geïsoleerd woord, 'vreemd aan de taal', een woord dat slechts een 'schaduw van een woord' (Blanchot) is, kan aan het onmogelijke begin raken, kan raken aan de onmogelijkheid om te beginnen. Zo'n woord incarneert de lege, onbezetbare plaats waar de taal zichzelf als anonieme beweging affirmeert.

Mallarmé staat voor Blanchot dus aan de wieg van de modernistische cultus van het autonome, op zichzelf staande werk, maar hij is voor hem ook de dichter die het problematische hiervan aanvoelde. Zodra de literatuur haar autonomie serieus neemt, een 'ontpersoonlijkt volume' (Mallarmé) wil creëren, komt ze onvermijdelijk in een impasse terecht. Het werk blijkt dan te draaien rond een kern van afwezigheid die het niet kan bevatten, en dus rond zijn eigen onmogelijkheid. Het oeuvre werkt dan aan zijn eigen *désoeuvrement*. Het modernistische ideaal van het in zichzelf afgesloten werk draagt dus altijd al de kiem van zijn tegendeel in zich: het zichzelf onderbrekende, gefragmenteerde, uitgezaaide, uiteindelijk nog nauwelijks als 'werk' herkenbare werk.

Zoals blijkt uit deze korte schets van Blanchots Mallarmé-interpreta-

5. 'Le mythe de Mallarmé', in: *La Part du Feu*. Van Mallarmé is ook uitvoerig sprake op verschillende plaatsen in: *L'Espace littéraire* en *Le Livre à venir*.

tie, destilleert Blanchot zijn denken over 'de' literatuur steeds uit het oeuvre van schrijvers die hem representatief lijken voor wat er in de moderne literatuur op het spel staat. Is het al ondoenlijk om de subtiliteit van Blanchots teksten over Mallarmé binnen het korte bestek van dit hoofdstuk recht te doen, het is helemaal onbegonnen werk om dit te doen met zijn interpretatie van vele andere auteurs die voor hem cruciaal zijn.

In zijn commentaren op het oeuvre van bijvoorbeeld Rilke, Kafka en Dostojevski spitst Blanchot zich vaak toe op het thema van de dood. Dit thema doortrekt overigens al Blanchots literaire kritieken én zijn eigen romans en verhalen. Dat Blanchot iets met de dood heeft is reeds gebleken: de dodelijke terreur als paradigma van de literatuur; het woord als negatie, als 'dood' van het ding; het beeld begrepen als 'lijk'...

Dat dit thema obsessief in het oeuvre van Blanchot opduikt, overigens zoals in dat van Bataille, is niet toevallig. In de moderne, post-religieuze wereld is de dood meer dan ooit een probleem geworden. De bestemming van de mens ligt niet langer in een toestand die voorbij de dood ligt, ook niet in een of ander werelds doel, maar in de wijze waarop de mens zich tot zijn eindigheid verhoudt. Het lijkt alsof de mens pas ten volle mens kan zijn wanneer hij, in tegenstelling tot het dier, niet zomaar op een bepaald moment stomweg afsterft, maar bewust 'de dood verdraagt en in de dood standhoudt' (Hegel), of, zoals Heidegger het formuleert, 'de dood als uiterste mogelijkheid uithoudt'.

Wanneer Blanchot de doodsthematiek bij verschillende literaire auteurs geduldig ontrafelt, treedt hij hierbij steeds, zij het meestal impliciet, in een polemiek met Hegel en Heidegger. Blanchots bevreemdende grondmotief is 'de dood als onmogelijkheid te sterven'. Hiermee bedoelt hij dat er voor de mens uiteindelijk geen authentieke verhouding tot de dood mogelijk is. Het oeuvre van verschillende moderne schrijvers zou hiervan getuigen. Het sterven van de slotgraaf in Rilkes *Malte Laurids Brigge*, Kafka's *De jager Gracchus* die in zijn doodskist alle wereldzeeën bevaart, de lang voorbereide zelfmoord van Kirilov in *De gebroeders Karamazov* – steeds gaat het om de onmogelijkheid van het subject om op een ernstige en besliste manier zijn dood onder ogen te zien en hem te assumeren. De dood onttrekt zich wezenlijk aan elke lucide affirmatie en blijft in die zin altijd 'hangende'. Hij blijft de onbeslistheid behouden van wat nooit *mij* overkomt. De dood blijft iets waarover men *spreekt*, en vooral: waarover '*men*' spreekt. Op mijn meest intieme, angstig-eenzame verhouding tot mijn eigen dood zit als het ware steeds 'ruis'. Die verhouding blijkt in de wortel aangetast door het banaliserende gepraat van het 'men' (Heidegger) over de dood. De zwaarte van mijn ten-dode-zijn krijgt altijd een onwezenlijke 'lichtheid' die de dood daarom niet minder onverdraaglijk maakt. Dat ik de dood nooit tot de *mijne* kan maken, neemt niet weg dat hij mij blijft bespoken. Hij blijft mij achtervolgen als iets wat in een onheuglijk verleden heeft plaatsgehad en veroordeelt mij op die manier tot *passiviteit*. De mens kan niet sterven omdat hij, zonder dat hij er zelf ooit werkelijk bij was, reeds 'gestorven' is. In een onheuglijk verleden is hij uit de volheid van het leven gestoten.

Het motief van 'de onmogelijkheid te sterven' herhaalt eigenlijk dat van de 'fataliteit van de dag', indringend geallegoriseerd in Kafka's bekende verhaal *De metamorfose*. De kantoorklerk die bij het ontwaken merkt dat hij in een monsterlijke kever is veranderd, blijft zich zorgen maken over hoe het nu verder moet met zijn werk op kantoor. Ook als het onherstelbare is gebeurd, lijkt het alsof er niets is gebeurd. Kafka's klerk, die om onverklaarbare reden radicaal buiten de wereld van het menselijke is gevallen, blijft niettemin op een of andere duistere manier in de klaarte van zijn alledaagse bestaan hangen. Voor Blanchot schetst Kafka hier geen absurde, buitengewone situatie. Hij confronteert ons met de structuur van onze bestaansconditie: de mens is een banneling, hij is niet thuis in zijn wereld, maar hij is een banneling *binnen* de wereld. Op een paradoxale manier stelt zijn ballingschap hem in de onmogelijkheid de wereld waaruit hij verbannen is dan maar te verlaten. Hij is overgeleverd aan een 'onmogelijkheid te sterven'.

Ook Hölderlins werk weerspiegelt voor Blanchot, zij het nog meer in religieuze termen, deze impasse die de mens in zijn bestaan vasthoudt. De mens is een 'excentrisch' wezen. Hij is een en al verlangen naar een andere wereld. Maar de goden die hem daar zouden moeten ontvangen, hebben zich afgewend. De mens blijft derhalve hangen in een tussenruimte. De dichter is dan degene die deze onbewoonbare tussenruimte moet openhouden. Hij moet de mens beschermen tegen zijn gevaarlijke verlangen naar het oneindige. Maar anderzijds is het uiteraard evenmin de taak van de dichter de mens te helpen berusten in de mogelijkheden die zijn begrensde bestaan hem biedt. Het is zijn taak de lege plaats die de verdwenen goden hebben achtergelaten 'zuiver en leeg houden'.

Het sacrale is bij Hölderlin, die aan het begin staat van de moderne literatuur, een leeggemaakte, onbepaalde uitwendigheid geworden die eigenlijk op niets anders duidt dan de vreemdheid, de ondoordringbare 'andersheid' van datgene wat voor de mens de kern van zijn *eigen* bestaan uitmaakt. Kort gezegd: de mens blijkt voor zichzelf altijd de 'andere'. Dit bevreemdend gegeven is de mogelijkheidsvoorwaarde van de literatuur en de vertellende stem die daarin spreekt.[6] De schrijver,

6. Zie 'La voix narrative', in: *L'Entretien infini*.

zegt Blanchot, is degene die eraan verzaakt nog 'ik' te zeggen. Deze verzaking is radicaler dan ze meestal wordt voorgesteld. Het volstaat niet om, zoals Kafka ooit opmerkte, te zeggen dat men schrijver wordt op het moment dat men het 'ik' vervangt door het 'hij'. De idee van het personage als hij-figuur blijft een poging om het diepe onvermogen van de schrijver om nog 'ik' te zeggen, te bezweren. Door personages ten tonele te voeren, creëert de schrijver voor zichzelf de illusie de stille, onzichtbare meester te zijn van een verhaal dat hij in de hand heeft. Met de fictieve anderen die hij laat opdraven dreigt hij te verdoezelen dat hij reeds lang, door het eenvoudige feit dat hij spreekt, *zelf* een ander is geworden.

Flaubert is de eerste schrijver bij wie de vertellende stem op de meest extreme manier afwezig is in wat hij vertelt, alsof hij enkel intervenieert 'om het doek te openen'. De verteller van *Madame Bovary* is als een onpersoonlijk, onzichtbaar medium dat een buitentalige realiteit doet verschijnen. Een schrijver als Thomas Mann doorbreekt dan weer Flauberts koel-onverschillige verteltrant. Hij doorbreekt de realistische illusie door de creatie zelf van de illusie tot thema te maken. De vertellende stem verliest bij hem haar argeloosheid. Maar zo'n bewuste thematisering en ironisering van zichzelf kunnen altijd nog een ultieme truc zijn van de schrijver om meester te blijven over het schrijfproces. Niet zozeer het vertelde is dan onderwerp van serene, afstandelijke contemplatie als wel de praktijk van het vertellen zelf.

Pas bij auteurs als Kafka en Beckett wordt volgens Blanchot de vreemdheid, de onherleidbare uitwendigheid die eigen is aan de vertellende stem, radicaal geaffirmeerd. Bij Kafka wordt de veilige afstand die de schrijver – én de lezer – inneemt tegenover het vertelde de 'inhoud' van het vertelde zelf. Zo valt de hij-figuur niet meer samen met zichzelf. 'Hij' spreekt en handelt niet meer vanuit het centrum van een 'ik' of een 'identiteit', maar vanuit een leegte tussen hem en wat hem overkomt. De afstand is dus intern aan het vertelde geworden, en precies hierdoor kan de lezer er niet meer afstandelijk, 'belangeloos' (Kant) van genieten. Niet dat het vertelde hem nu op directe manier aangaat. Hij blijft onbetrokken, onaangedaan. Maar deze onaangedaanheid, deze gaping tussen de lezer en wat hij leest schenkt hem dit keer niet langer de sereniteit die noodzakelijk is om vat te krijgen op het verloop van het verhaal. Die gaping staart hem vanuit het werk zelf aan. Anders gezegd: de afstand is niet meer iets wat hij zelf actief kan innemen, maar iets waardoor hij passief gegrepen wordt. Het Kafkaiaanse personage is geen identificeerbare ander, maar de ander die altijd anders is dan zichzelf.

De verhalen van Beckett tenderen naar een totale opheffing van elk identificeerbaar personage. In zijn *L'Innommable* blijft slechts een stem over die, zodra hij met spreken aanvangt, zichzelf daarin verliest en zich uitzaait in andere, vreemde stemmen. In Becketts eindeloos in zichzelf rondtollende en over zichzelf struikelende zinnen spreekt geen levend subject dat de woorden betekenis inblaast, maar een zichzelf overlevend onwezen dat uit zijn eigen vertoog verbannen is maar anderzijds buiten dat vertoog geen bestaan heeft. Het raakt niet binnen in zijn eigen woorden, zijn eigen verhaal, maar kan ook niet ophouden met verhalen aan te vangen omdat 'men' hem nu eenmaal tot vertellen dwingt.

Eenzelfde paradox drijft het werk van Artaud, al kan hij moeilijker binnen de literaire traditie worden gesitueerd. Hij heeft immers nauwelijks een werk in de klassieke zin van een afgewerkte roman, een theaterstuk of een gedicht achtergelaten. Centraal bij hem staat de ervaring van een onteigening (*dépossession*), en wel van het denken, sinds Descartes beschouwd als dat wat de mens het meest onvervreemdbaar eigen is. Artaud stuit, zodra hij maar wil beginnen te denken, op een 'breuk', een 'erosie', een 'punt van afwezigheid en ongeborenheid' in de kern van zijn eigen denken die hij soms 'God' of zelfs 'stront' noemt. Denken is een verlies aan denken, en het lijkt, zegt Blanchot, alsof Artaud, die zegt zijn denken te willen heroveren op alles waar het door wordt verstoord, uiteindelijk 'dit verlies zelf wil redden, het denken wil redden voorzover het verloren is'.

De onplaats van de kunst

Wie pas kennis heeft gemaakt met Blanchots denken over literatuur bekruipt al gauw het gevoel dat de literatuur in de wereld van weinig belang is. Dit gevoel is juist. De 'wereld' is voor Blanchot die sfeer waarin de mens zich tracht waar te maken, waarin hij de aarde omvormt tot een plaats waarin hij zich kan oriënteren en die hij als de *zijne* kan herkennen. De 'mens van de wereld' ontwerpt zijn toekomst. Hij gebruikt de taal om samen met anderen de dingen te begrijpen en naar zijn hand te zetten. Hij spreekt om betekenis te stichten en met het oog op de verwezenlijking van door hem beoogde doelen.

Daarin verwant met Bataille, voor wie de 'wereld van de arbeid' zich steeds meer in zichzelf afsluit, en met Heidegger, voor wie de moderne mens geregeerd wordt door het *Gestell*, is voor Blanchot de moderniteit de tijd waarin deze werelds-humane sfeer allesoverheersend is geworden. Eenvoudig gesteld: de mens kan zich buiten het perspectief van zijn eigen, onbegrensde zelfontplooiing niets meer voorstellen.

Maar in deze door en door 'gehumaniseerde' wereld is er niet toevallig voor het eerst sprake van zoiets als 'literatuur' of 'kunst' als een praktijk die zich door niets anders dan door zichzelf laat gebieden, en dit zonder daarom te weten wat dit 'zichzelf' dan wel zou zijn. Blanchot spreekt over de *gêne* van de kunstenaar om iets in de 'wereld' te betekenen, hoewel dit onvermijdelijk is. Er bestaan nu eenmaal bibliotheken en musea waarin zijn producten worden geconsacreerd ter stichting en vermaak van alle burgers. Er zijn de kritieken en commentaren die de waarde en de betekenis van boeken en kunstwerken voor de mens beklemtonen. Elk kunstwerk, hoezeer het zich ook kan presenteren als van generlei nut, hoe nihilistisch, pervers, misantropisch zijn toon ook kan zijn – het wordt hoe dan ook bijgezet in de galerij van de menselijke Cultuur waar het wordt gewaardeerd naargelang het een bijdrage levert tot de 'menselijke ontwikkeling'. Kunst- en literatuurgeschiedenis en onderwijs spelen hierin een cruciale rol. Wie zal ontkennen dat het tot onze 'humane ontwikkeling' bijdraagt om af en toe een 'goed boek' te lezen of een museum te bezoeken?

Blanchot heeft overigens niet zoveel op met vormen van kunst die zich expliciet verzetten tegen de 'cultuur' of de 'beschaving'. Wel legt hij er onvermoeibaar de nadruk op dat, als kunst trouw is aan zichzelf, zij niets anders kan dan weerstand bieden aan de 'wereld'. Zij creëert of stuurt niet aan op een andere wereld (een betere, vrijere, gekkere, ...), maar opent 'het andere van elke wereld'.[7] Dat wil zeggen: ze keert terug naar wat aan de productie of de creatie van 'wereld', aan elke zelfrealisatie of stichting van betekenis voorafgaat. In die zin keert ze terug naar de 'aanvang', die geen prestatie is van de mens, maar een voormenselijk evenement waaraan hij passief is blootgesteld. De aanvang gaat vooraf aan elk menselijk vermogen met wat dan ook aan te vangen. Het kunstwerk incarneert de aanvang als een onachterhaalbaar, altijd al afgesloten gebeuren. Dit gebeuren, waarvan men niet kan zeggen dat het ooit heeft plaatsgehad, is nog één en al toekomst, onbepaalde toekomst.

Blanchot denkt hier, zoals vaak, in de buurt van Heidegger, voor wie het kunstwerk een nieuwe figuur van (de waarheid over) het Zijn inaugureert. Voor Heidegger houdt die inauguratie in dat het kunstwerk de waarheid die het Zijn de mens toebedeelt vastberaden ontvangt. In die zin beslist het kunstwerk met betrekking tot de eigen historische bestemming. Nu schrijft ook Blanchot ergens dat het kunstwerk 'de kans geeft aan initiële historische mogelijkheden'. Toch is het kunstwerk bij Blanchot niet het domein van een actieve 'vastberadenheid' (*Entschlossenheit*). De aanvang veroordeelt de mens tot een radicale onbeslistheid en passiviteit. Hij valt buiten de geschiedenis, buiten de tijd begrepen als evolutie, ontwikkeling en ontwerp.[8] De aanvang die in het kunst-

7. *L'Espace littéraire*, p. 309.

8. Zo begrepen is Blanchot meer verwant met Benjamin dan met Heidegger. Blanchot

werk spreekt is juist het punt van waaruit de mens niets constructiefs met zichzelf of de wereld weet aan te vangen. Alleen zo kan men bijvoorbeeld de volgende woorden van Blanchot begrijpen: 'In het kunstwerk spreekt de mens, maar het kunstwerk geeft stem aan wat in de mens niet spreekt, aan het onnoembare, het onmenselijke, aan wat geen waarheid bezit, geen gerechtigheid, geen recht, aan iets in de mens waarin hij zich niet herkent, zich niet gerechtvaardigd voelt, niet aanwezig is, voor zichzelf geen mens is, geen mens in Gods aangezicht, geen god ten aanzien van zichzelf.'[9]

Het lot dat volgens Blanchot de kunst in de moderne tijd overkomt is op zijn minst vreemd. Juist op het moment dat de kunst voor de 'wereld' eigenlijk irrelevant is geworden, blijkt dat het in de kunst om iets heel wezenlijks gaat. Maar wat houdt dit 'wezenlijke' in? Het wezenlijke is de altijd weer vergeten, maar onoverwinnelijke *wezenloosheid* van de mens, zijn eigen zijn als onachterhaalbare voorafgaandelijkheid. De taal van de kunst is een taal die terugkeert naar de bron waar ze aanvangt, en deze bron is geen subject met zijn intenties en doelstellingen, met zijn gedachten en gevoelens, maar een diepe onpersoonlijkheid waardoor het subject altijd al is gegrepen.

Dat de kunst 'autonoom' wordt, op zoek gaat naar 'zichzelf', betekent dat de kunst van deze onpersoonlijkheid of 'neutraliteit' haar zaak heeft gemaakt en zich dus heeft bevrijd van alle religieuze én humanistische preoccupaties. Ook haar 'esthetische' karakter, de bezorgdheid om stijl en smaak, om de vormwetten die met de verschillende genres zijn verbonden, is secundair geworden. Dat iets 'literatuur' is heeft dan niets meer te maken met bepaalde vormelijke kwaliteiten van een tekst, maar met de bekommernis van het spreken om haar eigen bron, om dat voormenselijke, neutrale niveau dat in elk spreken meespreekt.

Vanuit deze fundamentele bekommernis is het verschil tussen proza en poëzie achterhaald. Er ontstaat zoiets als 'literatuur' in het algemeen, die Blanchot in de jaren zestig 'Schriftuur' gaat noemen. Maar deze nieuwe bekommernis blijft hoogst problematisch, en wel omdat het neutrale strikt genomen niet iets is waarom men zich kan 'bekommeren'. De schrijver kan niet *willen* het neutrale aan de orde te brengen, omdat het hem altijd slechts *ondanks zichzelf* bespookt. Het is het voorwerp van een onpersoonlijke fascinatie. Het schrijven vanuit die fasci-

lijkt de kunst te denken als een 'messiaanse' breuk in de geschiedenis, een moment waarop niets meer mogelijk is en juist daardoor alles mogelijk lijkt, een moment dat altijd al vervlogen is, maar in zijn vervlogenheid de toekomst in pand houdt. Maar Blanchot gewaagt niet van het utopische moment dat zo'n interruptie in zich draagt.

9. *L'espace littéraire*, p. 313.

natie vereist dan ook een extreme passiviteit die niet te rijmen is met een sterk, zelfbewust subject.

De kunst kan van haar eigen wezenloze wezen geen project maken. En als zij haar (on)wezen nadert, betekent dit niet dat zij een soort 'uitgepuurde' vorm benadert. Blanchot staat ver af van bijvoorbeeld de kunstcriticus Clement Greenberg voor wie de verschillende kunsten zichzelf steeds meer vormelijk uitpuren. Integendeel: naarmate de moderne kunstenaar zich ervan bewust wordt dat kunst een praktijk is die helemaal aan zichzelf is overgeleverd, blijkt dat, om met Adorno te spreken, 'niets wat de kunst betreft nog zeker is, zelfs niet haar bestaansrecht'. Dit is de aporie van de kunst: het domein van de kunst kan slechts volgens min of meer stabiele inhoudelijke en formele criteria afgebakend worden, kunst is slechts een identificeerbare activiteit, 'voorzover ze niet voor zichzelf bestaat en zich verbergt. Zodra ze nog maar van ver een vermoeden krijgt van wat ze lijkt te zijn, springt ze in scherven uiteen, dan bewandelt ze de weg van de verstrooiing waarin ze zich niet meer laat herkennen door duidelijke, bepaalbare kenmerken.'[10]

De tegenstelling tussen autonomie en 'engagement' (betrokkenheid op de 'wereld') is voor Blanchot dan ook een schijnprobleem. De kunst die zich terugtrekt in zichzelf, neigt niet naar de pure, kristallijne vorm, maar mondt uit in de 'wereld'. Deze wereld is evenwel niet een geordend, betekenisvol universum, maar een voorwereldlijke wereld, een gegons van woorden en beelden dat van een bodemloze banaliteit is. Wanneer dit voor-wereldlijke, door Blanchot soms het 'elementaire' genoemd, in de kunst verschijnt, wordt dit soort kunst vaak als vreemd, onmenselijk, barbaars, koud, gevoelloos, onverschillig, nihilistisch, enzovoort, afgedaan. Of gewoon als iets dat zelfs geen aandacht verdient. Dergelijke kunst is vaak gewoon niet meer als 'kunst' herkenbaar. Maar ook de aandacht die het kunstwerk krijgt kan voor het kunstwerk dodelijk zijn. Al deze negatieve en positieve reacties zijn begrijpelijk: het 'schrikwekkend oude' gebeuren zelf van de wereld kan nergens in die wereld een plaats krijgen, alleen in de onopvallende 'onplaats' die de 'kunst' ervoor reserveert.

Blanchot, voor wie kunst in de moderne wereld onvermijdelijk een marginaal, 'onbelangrijk' gegeven is geworden, is ook degene die schrijft: 'De ervaring die literatuur is, is een totale ervaring, een vraag die geen begrenzingen toelaat, niet toelaat te worden gestabiliseerd of gereduceerd.'[11] Het inderdaad van 'belang' ontblote neutrale dat de literatuur in het spel brengt betreft de gehele mens. Het bespookt alle

10. *Le Livre à venir*, p. 298.
11. Ibidem, p. 306.

betrekkingen die de mens met zichzelf, de wereld en de anderen onderhoudt. Het neutrale drukt heimelijk op alle ervaringen en gedachten van de mens het stempel van onpersoonlijkheid en onbetekenendheid. 'Het is', schrijft Blanchot, 'alsof de kunstenaar en de dichter de missie hebben om ons hardnekkig te herinneren aan de dwaling, om onze blik te wenden naar die ruimte waar alles wat wij voorstellen, alles wat we hebben bereikt, alles wat we zijn, alles wat zich openbaart op aarde en in de hemel, naar het onbetekenende terugkeert.'[12] – En het 'onbetekenende' is hier niet wat de mens onverschillig laat. Hij hangt eraan vast door een fascinatie die ouder en hardnekkiger is dan hijzelf.

Besluit: verstrooiing en quasi-onherkenbaarheid van de kunst

Met Blanchot zou men kunnen zeggen dat kunst in onze tijd een restproduct is geworden. Alles wat altijd met kunst is geassocieerd (metier, stijl, virtuositeit, schoonheid, herkenbaarheid van het genre of de kunsttak, virtuositeit van het vormenspel, 'esthetisch' genoegen dat men eraan beleeft...) lijkt achterhaald. Overal waar kunst zich nog zelfbewust als 'kunst' presenteert lijkt zij verdacht geworden, een schaduw van wat zij ooit was, een nogal potsierlijke of aandoenlijke parodie van de schoonheid, de verhevenheid of het humane belang dat zij wellicht ooit incarneerde. Dat het bij kunstenaars van tegenwoordig de regel is zichzelf geen 'kunstenaar' te noemen of te verkiezen dat men hun voortbrengsels niet tot 'kunst' bestempelt, is tekenend voor deze situatie.

Ongetwijfeld wordt kunst nog door haast iedereen die zich met haar inlaat als een onmisbare bijdrage aan de menselijke cultuur beschouwd. Maar het staat ook vast dat men het nog nooit zo oneens is geweest over de aard van die bijdrage. Wijzen op het 'verlies van gemeenschappelijke waarden' en het groeiend 'individualisme' verheldert hier volgens Blanchot niet veel. De verwarring die bestaat over de waarde van de kunst en de weg die ze moet inslaan is niet de weerspiegeling van een 'verbrokkeld wereldbeeld', maar is te wijten aan de kunst zelf die 'de horizon zelf van een wereld verwerpt'.[13] De kunst wil helemaal geen licht werpen op de wereld, of beter: ze wil de wereld niet presenteren als iets dat aan het licht zou kunnen worden gebracht. Niet een 'verbrokkeld wereldbeeld' dus, maar de verwerping van elk beeld van de wereld, van de wereld die tot beeld is geworden (wat volgens Heidegger in de moderne tijd is gebeurd[14]). Geen beeld, maar het 'imaginaire' als een ruimte waarin elk

12. *L'Espace littéraire*, p. 337.
13. *Le Livre à venir*, p. 300.
14. Zie: *Die Zeit des Weltbildes.*

beeld reeds gaat wankelen vóór het vaste vorm aanneemt, waarin alles slechts opduikt als onwezenlijke, 'lijkachtige' gelijkenis van zichzelf. Het imaginaire, dat is het beeld dat men nooit ziet als iets dat hier en nu tegenover mij staat. Het is het beeld als een afwezigheid die niet wijkt. Van de fascinatie voor die afwezigheid kan men geen project maken. Er is geen vraag naar. Die fascinatie is iets wat men, in extreme passiviteit, ondergaat.

'Kunst' en 'literatuur' lijken steeds minder adequate begrippen om de bevreemdende fascinatie waarvan hier sprake is, aan te duiden. Kunst en literatuur lijken nog slechts te bestaan omdat er nu eenmaal musea en verzamelaars zijn, kunsttijdschriften en literaire gezelschappen. Het lijkt steeds meer alsof deze begrippen er nog slechts toe dienen het bevreemdende en onmenselijke karakter van het neutrale discursief en institutioneel te bezweren. Alsof men bang is dat al die onderscheiden praktijken die het neutrale in het spel brengt zich uitzaaien. Alsof men bang is dat wat men altijd 'kunst' of 'literatuur' noemde, quasi-onherkenbaar geworden, overal kan opdoemen.

Het lijkt er evenwel op dat de inzet van de weigering zich als producent van 'kunst' te presenteren, de kunstenaar vaak ontgaat. De teneur is vaak: het gaat niet om kunst, maar om een 'alternatieve vorm van communicatie', een 'architecturale ingreep', een 'commentaar op de ruimte', een 'analyse van de context', een 'aanwakkeren van dialoog en discussie', een 'antropologisch onderzoek', enzovoort. Kortom: de kunst verlaat hier weliswaar haar vertrouwde domein om zich te 'verstrooien' in het maatschappelijke veld; maar het gevaar dreigt dat ze dat alleen doet om een 'communicatieve praktijk' te worden, een vorm van communicatie die eventueel directer, intenser, creatiever, beeldender, enzovoort is dan de dagdagelijkse.

De 'verstrooiing' van de kunst waar Blanchot op doelt is van een fundamenteel andere aard. Heel zeker kan men zich binnen het perspectief van Blanchot voorstellen dat de kunstenaar ingrijpt in bestaande communicatieve praktijken, bijvoorbeeld in de sfeer van de media. Maar zo'n interventie zou dan in die bestaande communicatie iets aanduiden dat zich juist aan elke communicatie onttrekt, het punt waarop die communicatie noodzakelijk vastloopt omdat de subjecten het medium niet meer gebruiken om iets te communiceren, maar zich verliezen in een onbepaalde fascinatie voor de onbeperkte mogelijkheden die het biedt. Elk medium draagt de mogelijkheid van zo'n impasse in zich; het is immers nooit alleen maar een helder, onbeschreven instrument om informatie over te brengen, maar, 'aanvankelijker', de duistere, dicht beschreven drager van een spookachtig, 'elementair' geroezemoes dat fascineert.

Net als Nietzsche en Heidegger vóór hem heeft Blanchot het denken over kunst niet grondig vernieuwd zonder grondig te 'herdenken' wat denken zelf is. Een analyse van de verwantschap tussen zijn 'theoretische' werk en zijn literaire oeuvre, ook van nog moeilijk in een genre onder te brengen boeken als *L'Attente l'oubli* en *L'Ecriture du désastre*, zou hier op haar plaats zijn.

De verhouding tussen de literatuur en het denken is bij Blanchot *chiasmatisch*. Er is een wederzijdse doorkruising die beide als het ware fundamenteel onzuiver maakt. Zo zegt Blanchot van Kafka dat zijn verhalen de nuchtere afstandelijkheid van de commentaar in zichzelf bevatten. Het 'eigenlijke' verhaal brengt deze commentaar vanuit zichzelf voort omdat het een innerlijke leegte bevat, bijvoorbeeld gesymboliseerd door 'het slot' in Kafka's gelijknamige roman.

Anderzijds slaat bij Blanchot alles wat hij over literatuur zegt uiteindelijk terug op het filosofische denken. Als de literaire ervaring een 'totale ervaring' is die niets onaangetast laat, dan zeker niet het denken. Het denken ontsnapt niet aan dat voormenselijke 'geroezemoes' dat in de literatuur aan de orde is. Hoe erudiet en systematisch het denken ook kan of wil zijn, het wordt ook heimelijk gestuurd door diezelfde onpersoonlijke fascinatie die het in de literatuur aan het werk ziet. 'Het is aan de filosoof', schrijft Blanchot, 'om, door de taal die hij als cultuurdrager beheerst, zich terug te trekken opdat in zijn plaats, die elke plaats te buiten gaat, het duistere en afstotelijke gemurmel plaatsvindt, een gemurmel dat dan het zuiver-onzuivere filosofische vertoog zou zijn, en waarover niets zou zijn te zeggen behalve dat het "*zijn gang gaat*".'[15]

Bibliografie

WERKEN VAN BLANCHOT (bij uitgeverij Gallimard, tenzij anders vermeld)

La Part du feu, 1949, bevat *La littérature et le droit à la mort*; Ned. vert. in: *Literatuur en het recht op de dood* (met een inleiding van Arthur Cools). Kampen (Agora) 2000

L'Espace littéraire, 1955

Le Livre à venir, 1959

L'Entretien infini, 1969

Le Pas au-delà, 1971

L'Écriture du désastre, 1980

De Kafka à Kafka, 1981; drie essays hiervan werden in Nederlandse vertaling gepubliceerd in: *Het proces-verbaal van Franz Kafka*. Nijmegen (SUN) 1987

15. 'Le "discours philosophique"', in: *L'Arc*, nr. 46, 1971.

La Communauté inavouable. Parijs (Minuit) 1981; Ned. vert. *De onuitsprekelijke gemeenschap*. Amsterdam (Hölderlin) 1985

La Bête de Lascaux. Montpellier (Fata Morgana) 1982; Ned. vert. *Het beest van Lascaux*. Amsterdam (Picaron) 1987

Le dernier à parler. Montpellier (Fata Morgana) 1984; Ned. vert. *Spreek als laatste. Over de poëzie van Paul Celan*. Amsterdam (Picaron) 1988

WERKEN OVER BLANCHOT

Françoise Collin, *Maurice Blanchot et la question de l'écriture*. Parijs (Gallimard) 1971

Michel Foucault, 'La pensée du dehors', in: *Critique*, nr. 229, 1966; Ned. vert. 'Het denken van het Buiten. Over Maurice Blanchot', in: Michel Foucault, *De verbeelding van de bibliotheek*. Nijmegen (SUN) 1986

A. Schulte Nordholt, L. ten Kate & F. Vande Veire (red.), *Het wakende woord. Literatuur, ethiek en politiek bij Maurice Blanchot*. Nijmegen (SUN) 1997; bevat essays van en over Blanchot en een uitgebreide bibliografie, ook van vertalingen van Blanchot in het Nederlands

G.-L. Bruns, *Maurice Blanchot. The Refusal of Philosophy*. Baltimore (John Hopkins University Press) 1997

HOOFDSTUK 10

Sigmund Freud en Jacques Lacan – *Kunst als organisatie van de leegte*

Das Rätsel lösen ist soviel wie den Grund seiner Unlösbarkeit angeben: der Blick, mit dem die Kunstwerke den Betrachter anschauen.
THEODOR W. ADORNO

Inleiding

De psychoanalyse kan in het algemeen al op weinig populariteit rekenen, maar zeker wanneer ze zich met kunst inlaat, is zij vaak het voorwerp van minachting of schamper gelach. De overgrote meerderheid van de kunsthistorici en de kunst- en literatuurcritici mijdt de psychoanalyse als de pest, en wel vanwege haar vermeende reductionisme. De psychoanalyse zou helemaal voorbijgaan aan de concrete beeldtaal van het kunstwerk doordat ze het reduceert tot de onbewuste conflicten in het driftleven van zijn maker of, erger nog, tot diens neurotische stoornissen.

Het valt niet te ontkennen dat binnen de psychoanalyse van Sigmund Freud en zijn volgelingen deze tendens bestaat. Toch is Freud ervan overtuigd dat bepaalde kunstwerken een groot aantal heel verschillende mensen alleen maar kunnen aanspreken omdat kunst iets openbaart over de mens *in het algemeen*. Wanneer Freud aldus het waarheidskarakter van de kunst beklemtoont, plaatst hij zich in een traditie die loopt van de Romantiek en Hegel tot Heidegger en verder. Specifiek aan Freud is dat deze 'waarheid' over de mens alles te maken heeft met zijn *onbewuste*. Dit onbewuste is een ambigue instantie: enerzijds is het een bron van lust en levensvreugde, anderzijds functioneert het ook als een stoorzender die maakt dat de mens nooit helemaal met zichzelf in het reine komt. Een belangrijk effect van de psychoanalyse is dat ze het onderscheid tussen het 'normale' en het 'pathologische' op de helling heeft gezet. Een zogenaamd 'normaal' mens is iemand die een labiele oplossing heeft gevonden voor een onbewust conflict dat zich altijd nog op een pathologische manier kan laten gelden.

Zoals bekend is de psychoanalyse als theorie van de structuur en de dynamica van de menselijke psyche ontstaan vanuit de klinische studie van de neuroses, en alle speculaties van Freud over culturele fenomenen zoals kunst en religie zijn niet zozeer toetsingen als wel verrijkingen van zijn neurosenleer. Dit betekent niet dat Freud de kunst zomaar onderbrengt in de catalogus van neurotische symptomen. Integendeel: zowel de creatie van kunst als het genot dat de toeschouwer eraan beleeft wijzen er voor Freud juist op dat er voor de mens, zo niet een uitweg, dan toch een verlichting mogelijk is van de neurose. Kunst getuigt ervan dat het conflictueuze karakter van het onbewuste driftleven niet per se neurotische effecten hoeft voort te brengen.

Het probleem is wel dat Freud de term 'sublimering', die hij heeft bedacht voor zo'n 'gezonde', niet-neurotische uitkomst van het driftleven, nergens in zijn oeuvre overtuigend weet te definiëren. De term dekt bovendien een zodanig breed scala van sociale en culturele fenomenen dat hij quasi-betekenisloos wordt. Niet alleen de kunstenaar of kunstgenieter 'sublimeert', maar iedereen die zich waagt aan een culturele activiteit in de breedste zin van het woord. Niettemin denkt Freud vooral aan de wetenschap, de religie en de kunst. Wat dan zo specifiek is aan de *artistieke* sublimering moet de lezer van Freud grotendeels zelf uit zijn oeuvre naar boven proberen te halen. Vast staat dat voor Freud de artistieke sublimering minder leugenachtig is dan de religieuze. Verder is de kunst, vanwege haar 'regressieve', 'onvolwassen' karakter, toegevender voor de 'infantiele' ondergrond van het driftleven dan de wetenschap. De kunst leert ons als het ware ermee te leven dat het 'kind de vader is van de mens'. Vanwege haar regressieve karakter lijkt de kunst nauwer verwant met de neurose dan wetenschap en religie, maar anderzijds is zij misschien juist door die verwantschap het meest geschikt om de neurose enigszins te boven te komen. Enigszins, want meer dan een substituutbevrediging, een imaginaire troost voor de eeuwige onbevredigdheid van de beschaafde mens kan de kunst niet verschaffen. Aan die troost blijft toch altijd iets *unheimlichs* kleven, want het is een troost die de mens put uit de – steeds versluierde – openbaring van de onophefbare conflicten die aan de basis liggen van zijn zielsleven.

We zullen zien dat bij de Franse psychoanalyticus Jacques Lacan de troostende functie van de kunst op de achtergrond geraakt. De kunst openbaart juist de afgrondelijke structuur van het menselijke verlangen, zij het weer in onvermijdelijk versluierde vorm.

Het schandaal van Freuds psychoanalyse: seksualiteit en fantasma

De psychoanalyse van Freud is geen afgewerkte, in zichzelf gesloten theorie, maar een corpus van teksten dat soms een labyrintische aanblik biedt. Een van de vele moeilijkheden waar de lezer van Freud zich voor gesteld ziet is dat Freud, steeds op grond van nieuwe klinische ervaringen, regelmatig nieuwe begrippen en theorieën invoert die de lezer noodzaken al zijn vorige teksten in een gewijzigd perspectief te herinterpreteren. Alvorens in te gaan op Freuds benadering van kunst, is het uiteraard noodzakelijk een heel summiere samenvatting te geven van zijn theorie van het onbewuste. Zo'n samenvatting is onvermijdelijk gekleurd door de manier waarop psychoanalytici na Freud hebben geprobeerd de consequenties te trekken uit wat zij als zijn fundamentele inzichten beschouwen.

Freuds grote vondst bestaat erin om mensen met neurotische symptomen (angstaanvallen, psychosomatische aandoeningen, dwanghandelingen...) aan het woord te laten. Wat uit zo'n *talking cure* steevast blijkt is dat hun symptomen verband houden met voorstellingen die zij als onverdraaglijk ervaren en die ze daarom niet tot hun bewustzijn toelaten. Deze voorstellingen, die zijn verdrongen naar het onbewuste, representeren lustervaringen die steevast seksueel geladen zijn. Het zijn in die zin *wens*voorstellingen.

Een van de basiswetten van de psychoanalyse is dat het verdrongene altijd in de psyche werkzaam blijft en op een of andere manier terugkeert. Dit gebeurt – onder meer – in het neurotische symptoom. Een neurose ontstaat wanneer een bepaalde ervaring onbewust de herinnering oproept aan een reeds lang verdrongen voorstelling, zodat deze laatste bewust dreigt te worden. Dit noopt het Ik tot een nieuwe verdringingsactiviteit waarbij uit die 'gevaarlijke', met schuld en schaamte geladen voorstelling elk affect wordt teruggetrokken. Dit affect verschuift dan naar een symptoom dat optreedt als representant van de onbewuste voorstelling. Freud karakteriseert het symptoom dan ook als een 'compromisformatie'. Het compromis bestaat erin dat een onbewuste wensvoorstelling zich mag manifesteren op voorwaarde dat ze tot in het onherkenbare is gecensureerd en bewerkt. De wens drukt zich uit in een versluierde vorm, bijvoorbeeld een dierfobie, een plaatselijke verlamming, dwanghandelingen, dwanggedachten of hallucinaties. Deze versluiering is uiteraard een onbewust proces.

Ook de droom heeft de structuur van een compromis omdat hij versluierde boodschappen bevat over het onbewuste driftleven van het individu. Vanwege zijn rijkdom aan beeldende scènes noemt Freud de droom de 'koninklijke weg' naar het onbewuste. De bewerkingen die de droom de onbewuste voorstellingen doet ondergaan, komen er voornamelijk op neer dat ze worden verschoven naar andere, minder herkenbare voorstellingen en/of zich samentrekken (condensatie) met andere voorstellingen. Lacan zal zeggen dat deze processen overeenkomen met de talige processen van metafoor en metonymie. Het was in elk geval reeds Freuds overtuiging dat het onbewuste een (geheim)taal spreekt, en dat eigenlijk ook neurotische symptomen een taal spreken, zij het dan een verstomde, verstarde lichaamstaal die opnieuw tot spreken moet worden gebracht. Freud acht de interpretatie van dromen een belangrijk hulpmiddel in het onderzoek naar de wensvoorstellingen die ten grondslag liggen aan een neurose.

Niet alle compromisformaties hoeven expliciet 'neurotisch' te zijn: ook versprekingen, vergissingen, vergeetachtigheden en allerlei 'onschuldige' vormen van bijgeloof, die Freud onderbrengt onder de 'psychopathologie van het dagelijkse leven', laten op bedekte manier iets los over het onbewuste. Een specifieke belangstelling heeft Freud ook voor de *grap*. De grapjas is degene die zichzelf en de omstanders bijvoorbeeld door een woordspel even kan laten genieten van de bedekte openbaring van een ongeoorloofde voorstelling, terwijl het verbod op zo'n openbaring ondertussen intact blijft.

Het is duidelijk dat bij Freud het 'pathologische' en het 'normale' dicht tegen elkaar aanleunen. Elk individu produceert nu eenmaal symptomen, dat wil zeggen dat hij vanuit een domein in zichzelf waarvan hij niets weet ertoe wordt gebracht dingen te doen, te zeggen, te denken en te voelen die hij zelf eigenlijk niet wil en waarvan de betekenis hem totaal ontgaat. Het schandaal van de psychoanalyse is gelegen in de opvatting dat de mens in zijn doen en laten, in de manier waarop hij zich tegenover zichzelf en de anderen verhoudt, in hoge mate wordt gestuurd door onbewuste voorstellingen. Dit brengt Freud tot de bewering dat de mens 'geen heer in eigen huis is'. De mens kan in extremis door zijn onbewuste worden bespot. Zo geeft Freud, verwijzend naar een scabreuze tekening van Félicien Rops, het voorbeeld van de asceet die, na jarenlang alle verleidingen met behulp van zijn kruisbeeld te hebben afgeweerd, plots tot zijn verbijstering op de plaats van de heiland een naakte vrouw aan het kruis ziet hangen. Spottend hieraan is dat de verdrongen voorstelling juist gebruikmaakt van het materiaal dat ten dienste stond van de verdringing (het kruis) om naar het bewustzijn terug te keren.

Op de vraag waarom de seksualiteit telkens weer onder de verdringing valt en daardoor remmingen en symptomen voortbrengt, heeft Freud geen eenduidig antwoord gegeven. Vaak komt men met een simplistische versie van het 'oedipuscomplex' aandraven. De seksualiteit zou door degenen die in de maatschappij de orde en wet vertegenwoordigen, namelijk de vaders, als bedreigend voor hun macht worden ervaren. Zij zouden bij elke uiting van seksualiteit bij het kind met castratie dreigen en aldus de seksualiteit reeds in de kiem smoren. De verdringing als psychisch proces zou dus het resultaat zijn van een onderdrukking door een uitwendige autoriteit. Zo'n visie suggereert steeds dat de verdringing iets is dat eigenlijk niet hoeft en dat er dus een maatschappij denkbaar is waarin de mens probleemloos en ongeremd zijn seksualiteit zou kunnen beleven.

Freud was de eerste om te erkennen dat de taboesfeer die in zijn tijd rond seksualiteit hing verantwoordelijk was voor veel nodeloos psychisch lijden. Maar anderzijds was hij ervan overtuigd dat vanwege de eisen die het leven in gemeenschap nu eenmaal aan elk individu stelt, de seksuele driften altijd zullen moeten inbinden, hetgeen altijd neurotische effecten teweeg zal brengen. De oorzaak van het innerlijke psychische conflict dat tot neurose leidt zou dus een conflict zijn tussen het 'lustprincipe' en het 'realiteitsprincipe': tussen de driften die uit zijn op zo vlug mogelijke bevrediging en de eisen van de 'realiteit' die de mens dwingen tot uitstel of zelfs afzien van zo'n bevrediging.

Maar de diepste inzichten van Freud in de aard van de seksuele drift ('libido') wijzen erop dat er iets met deze drift zelf aan de hand is dat een volledig bevrediging in de weg staat. De seksuele drift is bij de mens geen 'natuurlijk instinct'. De plaats waar de prikkel opkomt, en het doel en object waarnaar de drift streeft zijn immers niet biologisch voorgeprogrammeerd. Concreet gesteld: het is niet inherent aan de natuur van de drift dat hij moet uitmonden in geslachtsvereniging met een individu van het andere geslacht. De seksualiteit manifesteert zich in het leven van de mens eerst en vooral als een amalgaam van *partiële driften*. Het meervoud is hier belangrijk. De seksualiteit van het kleine kind vertoont oorspronkelijk geen eenheid. De drift kan strikt genomen overal opkomen, maar voornamelijk in zones – 'erogeen' genoemd – waar een uitwisseling met de buitenwereld plaatsgrijpt: mond, anus, musculatuur, oog... Het kind ondervindt dan ook lust aan allerlei activiteiten die men niet als 'seksueel' in de enge zin van het woord zal bestempelen: zuigen en bijten, het inhouden en afscheiden van de faeces, het grijpen en weggooien, tonen en verbergen van dingen. Dit soort 'polymorf perverse' seksualiteit noemt Freud 'auto-erotisch': bevrediging wordt ervaren aan de prikkeling van de erogene zones, zonder dat daar een object aan te pas hoeft te komen. Toch betekent dit niet dat er hier helemaal geen sprake is van een object. De auto-erotische of 'pregenitale' driften *leunen* immers *aan* bij fysiologische behoeften die met het zelfbehoud van het individu te maken hebben.

Het voorbeeld van de orale drift wordt het meest aangehaald. Op het niveau van de loutere behoeftebevrediging is er de moedermelk die de honger stilt. Maar zodra de zuigeling gaat sabbelen en daarbij lust ondervindt aan de prikkeling van de melk die binnenstroomt en aan zijn lippen die elkaar raken verlaat die lust het register van de utilitaire behoeftebevrediging en wordt 'seksueel'. De seksuele lust blijkt een lust die als het ware doelloos, omwille van zichzelf, wordt beleefd. Het object van dit soort lust is niet meer de melk maar de moederborst, zij het dat het 'object' hiermee radicaal van status is veranderd. Het gaat niet meer om een 'reëel', consumeerbaar object, maar om een gefantaseerd, 'gehallucineerd' object.

De menselijke seksualiteit is dus reeds op het meest primitieve niveau geen louter lichamelijk instinct dat 'recht op zijn doel afgaat', maar is bemiddeld door voorstellingen. Het object van de drift is wezenlijk *fantasmatisch* en in die zin altijd al verloren.

De theorie van de infantiele seksualiteit is de hoeksteen van de psychoanalytische theorie. Het zijn de pregenitale driften die onder de verdringing vallen en dus symptomen voortbrengen. Vanwege de passiviteit waaraan ze het kleine kind overleveren zouden ze op zichzelf reeds een traumatiserend effect hebben. De erogene prikkels zouden, in vergelijking met de reactiemogelijkheden van het hulpeloze kind, te intens zijn. De infantiele seksualiteit wordt in die zin gekenmerkt door een opwinding die geen uitweg vindt naar een bevrediging in de zin van een ontlading. Lust wordt daarom meteen ervaren als onlust.

Zo begrepen komt de seksualiteit voor het kind per definitie te vroeg. Vandaar de veelvoorkomende klacht van patiënten ooit door een volwassene te zijn *verleid* in de zin van *gedwongen* tot seksualiteit. Volgens de door Lacan beïnvloede Jean Laplanche heeft de infantiele seksualiteit evenwel wezenlijk de structuur van een verleid worden.[1] De seksualisering (lees: auto-erotisering) van levensnoodzakelijke activiteiten als voeding, ontlasting, lichaamsverzorging gaat wezenlijk gepaard met de intrusie van de – voornamelijk moederlijke – ander. Deze ander bestookt het kind met allerlei enigmatische tekens waarvan het kind slechts één ding begrijpt: dat die ander iets van hem verlangt. Alle 'auto-erotische' lust is getekend door een confrontatie met een ouderlijk verlangen waarop het kind geen antwoord heeft. Dit onvermogen, deze passiviteit, maakt dat de infantiele seksualiteit een inherent traumatiserend karakter heeft. De ermee gelieerde voorstellingen worden dan ook steevast 'afgezonderd' en 'ingekapseld' in een apart deel van de psyche: het onbewuste. Deze voorstellingen bestaan uit scènes of korte scenario's waarin de primordiale ander altijd een rol speelt.

Bij de volwassene zijn de partiële driften die verspreid liggen over het lichaam en als het ware 'ieder voor zich' genieten, in de mate van het mogelijke onder het primaat van de genitale zone gebracht en worden aldus op een andere persoon gericht. Maar eigenlijk wordt de vereni-

1. Voor Laplanches theorie van de 'veralgemeende verleiding', zie: *Nouveaux fondements pour la psychanalyse*. Parijs 1987.

ging van de partiële driften reeds in de kindertijd gerealiseerd in de *narcistische* fase waar ze op de *eigen* persoon worden gericht. Vernieuwend aan het begrip 'narcisme' is dat het Ik geen oorspronkelijke instantie is maar een libidinale constructie. Pas door het narcisme komt zoiets als een persoon, een 'Ik' tot stand dat dan nadien met zijn libido externe objecten kan 'bezetten'.

Hoewel Freud het in zijn bekende studie voorstelt alsof het narcisme elke gerichtheid op een object uitsluit, blijkt uit zijn studie over *Trauer und Melancholie* dat de eigenliefde gebouwd is op een identificatie met een ander of verschillende anderen. Door zich de kenmerken van een geïdealiseerde ander toe te eigenen komt een Ideaal-Ik tot stand. Zo begrepen kan men niet zeggen dat het narcistische Ik nog niet aan objectlibido toe is. Dit Ik is eerder, zoals Freud in *Das Ich und das Es* zegt, de neerslag van objectbezettingen die het heeft moeten opgeven.

De paradox van het narcisme bestaat erin dat het zowel een libidinale bezetting van het Ik inhoudt als een *deseksualisering*. Het Ik als narcistische instantie is de zetel van allerlei afweermechanismen tegen herinneringssporen van infantiele driftbevredigingen die zich uiteindelijk nooit helemaal hebben laten onderwerpen aan het primaat van de genitale seksualiteit. Door de blijvende werkzaamheid van deze herinneringssporen kunnen de 'normale' seksualiteit, maar ook de op zelfbehoud gerichte levensfuncties, altijd in hun normale functioneren verstoord worden.

Freud heeft het traumatiserende karakter van de infantiele seksuele ervaringen niet bij kinderen geobserveerd, maar afgeleid uit de neurotische stoornissen van volwassenen. Freud formuleert zelfs de hypothese dat de pregenitale vormen van lustbevrediging slechts *achteraf* traumatiserend zijn.[2] Een symptoom ontstaat wanneer het Ik, in zijn angst door onbewuste fantasma's te worden overmand, alle aandacht verschuift naar een bewuste voorstelling of activiteit die dan als substituut fungeert. Doordat de onbewuste voorstelling in deze 'substituutformatie' blijft aandringen krijgt deze laatste een dwangmatig karakter. Het complexe van de hele zaak is dat het Ik, aangezien het zelf een 'libidoreservoir' is, aan de operaties waarmee het met lust verbonden voorstellingen naar het onbewuste verdringt, onbewust lust beleeft. Een structureel masochisme lijkt dus eigen aan het Ik.

Dat de mens in alles wat hij doet en laat uiteindelijk fundamenteel lust opzoekt, is dus voor de psychoanalyse niet de laatste waarheid over

2. Het fenomeen van de *Nachträglichkeit* zal later door zowel Jacques Lacan als Jacques Derrida als een van de meest cruciale begrippen van de psychoanalyse worden beschouwd.

de mens. Freud zag zich op een gegeven moment dan ook genoodzaakt om in de mens een drift 'voorbij het lustprincipe' te erkennen, waarvoor hij de term 'doodsdrift' of 'herhalingsdwang' koos.

De 'polymorf perverse' oorsprong van de seksualiteit is de grond van wat Freud de 'plasticiteit' van de drift heeft genoemd: de drift is niet primair aan een bepaald doel of object gebonden en kan dus eindeloos verglijden. Maar Freud wijst net zo goed op de 'kleverigheid' van de drift: zijn neiging zich te fixeren op bepaalde voorstellingen die dan in het onbewuste neerslaan. Vandaar een onbewuste verknochtheid van de mens aan bepaalde objecten of bevredigingsvormen die zich kan uiten in allerlei symptomen. Zo is een 'regressie' naar de orale fase slechts mogelijk omdat orale fantasma's (van verzwelgen of verzwolgen worden) zich blijvend in de psyche hebben neergeschreven.

We merkten reeds op dat Freuds begrip 'sublimering' aan duidelijkheid te wensen overlaat, maar het verwijst in elk geval naar de plasticiteit van de drift. In het geval van de artistieke sublimering zou volgens Freud de drift zo plastisch, zo beweeglijk zijn dat hij aan de verdringing ontsnapt. Anderzijds blijft er op de achtergrond van die beweeglijkheid toch de gehechtheid aan het fantasma, zodat de sublimering verwant blijft aan de neurose. Het grondprobleem van Freud zal dan ook zijn om sublimering en neurose van elkaar te onderscheiden.

Freud *en de kunst: het raadsel van de sublimering*

DE KUNST ALS MAATSCHAPPELIJK GEWAARDEERDE REGRESSIE

In veel van Freuds teksten[3] wordt de kunstenaar voorgesteld als een nogal ondeugend iemand die de eisen die de cultuur aan eenieder stelt inzake lustverzaking op subtiele wijze weet te omzeilen. Zoals voor iedereen biedt ook voor de kunstenaar het leven uiteindelijk geen bevrediging. Als reactie op die onbevredigdheid trekt hij zich in zijn fantasieleven terug, waardoor het voor hem maar 'een kleine stap is naar de neurose'. Ook de doorsnee neuroticus verliest zich vaak in dagdromen, maar het verschil is dat 'de kunstenaar over meer mogelijkheden beschikt. Ten eerste verstaat hij de kunst om zijn dagdromen zo te *bewerken* dat ze het al te narcistische, dat buitenstaanders afstoot, verliezen en voor de anderen eveneens genietbaar worden. Hij weet ze ook in zoverre te *verzachten* dat ze hun herkomst uit de verboden bronnen niet zo vlug verraden. Voorts bezit hij de raadselachtige gave om een bepaal-

3. Namelijk: *Psychopathische figuren op het toneel*, *De Gradiva van Jensen*, *De schrijver en het fantaseren*, *Formuleringen over de twee principes van het psychische gebeuren*, *Inleiding in de psychoanalyse* en *Het onbehagen in de cultuur*.

de stof net zolang te kneden tot deze het getrouwe evenbeeld van zijn fantasievoorstelling is geworden, en daarna weet hij aan deze uitbeelding van zijn onbewuste fantasie zoveel lustwinst te koppelen dat de verdringingen daardoor ten minste tijdelijk overheerst en opgeheven worden. Als hij dat alles kan presteren, stelt hij de anderen in staat uit de ontoegankelijk geworden lustbronnen in hun eigen onbewuste op hun beurt troost en leniging te putten.'[4]

De artistieke 'sublimering' is dus een proces waarbij de kunstenaar zijn fantasievoorstellingen zodanig transformeert dat de verdringing waaronder ze normaliter vallen losser wordt gemaakt. De kunstenaar slaagt erin onbewuste, verboden voorstellingen op het voorplan te brengen juist door ze te versluieren. Voorstellingen zijn zodanig gedepersonaliseerd (gegeneraliseerd) en gekneed dat hun herkomst uit 'verboden bronnen' onuitgesproken is geworden. Freud spreekt over een 'zuiver formele, dat wil zeggen esthetische lustwinst'. Hiermee bedoelt hij dat het formele spel met de stof de aandacht afleidt van de onbewuste inhoud, zodat deze laatste heimelijk door de censuur kan glippen. Hiermee gunt de kunstenaar niet slechts zichzelf lust, hij stelt ook het publiek even in staat 'zonder enig zelfverwijt of schaamte van zijn eigen fantasieën te genieten'.[5]

De lust die de kunstenaar én zijn publiek uit de kunst putten, heeft volgens Freud het karakter van een 'voorlust', een lust die wordt beleefd aan de prikkeling van de erogene zones die in de volwassen seksualiteit de 'eigenlijke' genitale bevrediging voorbereidt. De 'verboden bronnen' waaruit het artistieke spel put, zijn niets anders dan de wensvoorstellingen die van het polymorf perverse, infantiele driftleven zijn overgebleven. Geen wonder dat bij de kunstenaar het risico van regressie, namelijk fixatie op reeds achterhaalde lustvormen, nooit ver weg is. Maar doordat hij zijn infantiele fantasieën in een sociaal aanvaardbare vorm weet te hullen, vindt hij 'de weg terug van de fantasie naar de realiteit'. Meer nog: 'hij oogst dankbaarheid en bewondering'. 'Eer, macht en de liefde van vrouwen' vallen hem ten deel.[6]

DE TRAGISCHE HELD ALS SUBSTITUUT

Zoals Schiller, Hölderlin en Nietzsche lijkt ook Freud de tragedie als het paradigma van de kunst te beschouwen. In zijn speculaties over de tragedie spitst Freud de boven geschetste problematiek helemaal toe op

4. Zie IP 1, p. 406.
5. CR 2, p. 22.
6. IP 1, p. 406; vergelijk *Formuleringen over de twee principes van het psychische gebeuren*, PT 1, p. 22.

de oedipale verhouding met de gehate/beminde vader: de vader als degene die de lustbevrediging verhindert en tevens als degene met wie het kind zich moet identificeren om mens te worden.

In de korte tekst *Psychopathische figuren op het toneel* neemt Freud meer dan tweeduizend jaar na Aristoteles opnieuw het probleem op van dat eigenaardige genot dat het publiek put uit 'de vrees en het medelijden' die het ondervindt bij het volgen van de tragische gebeurtenissen op het toneel. Hij meent meer bepaald de reden te hebben achterhaald voor de masochistische identificatie van het publiek met de steevast op zijn ondergang afstevenende held: Oedipus, Antigone, Orestes, Ajax... Het door het koor verwoorde geweeklaag om het tragische lot van de held doet voor het publiek dienst als een dekmantel waaronder het intussen kan genieten van de prometheïsche *opstandigheid* van de held zonder daarbij *reëel* het risico te nemen dat hij neemt.

Een bladzijde in *Totem en taboe* gaat hier dieper op in. De held ontlast het publiek niet slechts van de vrees en het leed die de opstand tegen de hoogste, 'goddelijke' autoriteiten met zich meebrengt, hij ontlast het vooral van de schuldgevoelens die met zijn onbewuste opstandigheid zijn verbonden. Hij begaat als enige effectief een misdaad die iedereen onbewust wil begaan. Het gaat hier eigenlijk om 'geraffineerde huichelarij'. Het publiek kan lust putten uit onlustvolle gevoelens als 'vrees en medelijden' omdat deze gevoelens onbewust gekleurd zijn door het genot dat men schept in de overtredingen van de held. Zoals bekend geldt Oedipus voor Freud als hét model. Met de incest en de vadermoord die hij pleegt, openbaart hij de onbewuste wensfantasieën die bij elk kind leven.

Maar deze 'openbaring' blijft door de verdringing getekend en dus verhuld. Doordat het lijkt alsof Oedipus' vadermoord en incest te wijten zijn aan een vreemde dwang van het noodlot, wordt zijn onbewuste motief verzwegen. Dat zo'n motief wel degelijk aanwezig is, kan slechts worden afgeleid uit het feit dat Oedipus zich nadien niet op het noodlot beroept, maar zijn schuld erkent en zichzelf gruwelijk straft.

Hoe verzacht en verhuld ook, de Oedipus-tragedie brengt toch de onbewuste wensfantasie van ieder kind aan het licht door haar door de held te laten verwezenlijken. In het moderne, psychologische drama blijft die fantasie verdrongen. In Shakespeares *Hamlet* gaat het er veel neurotischer aan toe. 'Hamlet', zegt Freud, 'kan alles, alleen niet de wraak voltrekken aan de man die zijn vader uit de weg heeft geruimd en bij zijn moeder diens plaats heeft ingenomen, de man die hem de verwezenlijking van zijn verdrongen kinderwensen laat zien.'[7] Hamlet kan dit

7. *Droomduiding*, PD 2/3, p. 326.

niet omdat hij onbewust in de moordenaar van zijn vader en nieuwe man van zijn moeder zijn dubbelganger ziet. Vandaar Hamlets bekende besluiteloosheid. Zijn onbewuste fantasieën zijn in het stuk nog slechts op symptomatische wijze leesbaar, namelijk 'door de *remmende* invloeden die ervan uitgaan'. Eigenlijk is het publiek hier nog slechts getuige van zijn eigen neurose, dus niet van een openlijk conflict tussen een mens en een uitwendige autoriteit, maar tussen een bewuste en een verdrongen impuls. Het publiek doet hierbij geen inzicht op. Het 'wordt door gevoelens aangegrepen in plaats van dat het zich rekenschap geeft'.[8]

Freud neigt er dus sterk toe de kunst voor te stellen als een niet-neurotisch compromis tussen het 'lustprincipe' en het 'realiteitsprincipe', tussen het verlangen onbewuste wensfantasieën te realiseren en het verbod op zo'n realisering. Dit compromis is 'gezond'. Freud spreekt zelfs van een 'verzoening'. Er hoeft niet zo sterk verdrongen te worden. De verdringing wordt in hoge mate overbodig doordat de kunstenaar het talent heeft om het 'verboden' fantasiemateriaal door een versluierende bewerking in de sfeer van het bewuste leven binnen te smokkelen.

Zolang Freud de zaak zo voorstelt, denkt hij vanuit het primaat van het lustprincipe, namelijk vanuit de hypothese dat het organisme naar afvoer van spanning streeft. Het realiteitsprincipe zou dan het organisme verplichten hierbij rekening te houden met de eisen die door de 'realiteit' worden gesteld – het zelfbehoud is hierbij essentieel – zodat het organisme zijn verlangen alle prikkels af te voeren omzet in het meer 'realistische' verlangen de prikkelspanning zo stabiel mogelijk te houden. Voor het onbehagen dat dit onvermijdelijk met zich meebrengt zou de kunst dan een 'milde narcose' bieden. Anderzijds moet Freud erkennen dat er iets is dat dit op zich al niet zo gelukkige huwelijk tussen wensdroom en realiteit fundamenteel verstoort, namelijk de fundamentele neiging van de mens om zich op onlustvolle, spanningsverhogende ervaringen fantasmatisch te fixeren en deze in zo'n gefixeerde toestand te *herhalen* (in herinneringen, dromen, symptomen...).

Het probleem is dat Freud, wanneer hij in 1920 in *Jenseits des Lustprinzips* deze herhalingsdwang thematiseert en in 1923 in *Das Ich und das Es* zijn theorie van het Ik grondig herziet, al zijn teksten over kunst reeds lang heeft geschreven. Deze teksten waren zelfs al geschreven toen Freud in 1914 het uitermate belangrijke begrip 'narcisme' theoretisch uitwerkte. Dit houdt in dat wanneer men een psychoanalytische kunsttheorie wil uitwerken die Freud eer aandoet, men zijn geschriften

8. *Psychopathische figuren op het toneel*, CR I, p. 26.

over kunst moet lezen in het licht van de meest vergevorderde staat van zijn denken. Zoiets valt uiteraard buiten het bestek van dit boek. Wel kunnen we ons in een korte schets van Freuds belangrijkste geschrift over kunst, zijn studie over Leonardo da Vinci, van termen bedienen die hij in 1914 en later invoerde. We kunnen zeker het verband dat Freud in *Das Ich und das Es* legt tussen sublimering en narcisme verdisconteren.

SUBLIMERING ALS GRENSBEGRIP: LEONARDO'S 'LIEFDESGEHEIM'

Freuds studie over Da Vinci heet *Eine Kindheitserinnerung des Leonardo da Vinci*. Het betreft een herinnering die Da Vinci in een aantekening beschrijft. Eens, toen hij in zijn wieg lag, daalde een gier over hem neer die met zijn staart herhaaldelijk op of zelfs *tussen* zijn lippen stootte. Freud beschouwt deze 'herinnering' als een bewerking achteraf van een ervaring van de kleine Leonardo die lust beleefde aan de tederheid en zorg waarmee zijn moeder hem omringde. De moeder neemt hier de 'fallische' gestalte aan van een staart die hem oraal penetreert. Deze 'fellatio' wijst erop dat Leonardo toentertijd het passieve object was van een alomtegenwoordige moeder. De gier waarvan sprake is – het gaat trouwens om een 'wouw', Freud heeft het woord 'nibio' verkeerd vertaald – zou een 'niet-gecastreerde' moeder representeren, dat wil zeggen een moeder aan wie fantasmatisch het vermogen wordt toegeschreven het kind volledig te bevredigen. Da Vinci zou zijn hele leven op dit fantasma gefixeerd zijn gebleven, waardoor elke identificatie met de vaderfiguur gedoemd was te mislukken.

Veelbetekenend in dit verband vindt Freud de traagheid en omslachtigheid die Da Vinci's artistieke productie kenmerkte. Hoewel Da Vinci's wetenschappelijk onderzoek (bijvoorbeeld naar de menselijke anatomie en de vlucht van vogels) ten dienste stond van zijn kunst, werkte het vooral remmend op zijn ontwikkeling als kunstenaar. Da Vinci's intellectuele activiteit had in hoge mate het karakter van een onbevredigend, dwangmatig piekeren omdat het een substituut was voor infantiele nieuwsgierigheid in seksuele aangelegenheden die in zijn kindertijd werd verdrongen. De strenge wetenschap, een activiteit waarmee Da Vinci zich poogde te identificeren met zijn vader, bleef heimelijk gekleurd door een seksuele nieuwsgierigheid naar het geslacht van de moeder.

Net zoals elke levensfunctie kan ook het intellectuele onderzoek onbewust zodanig geseksualiseerd zijn dat zijn normale voortgang wordt gestoord, hoe onseksueel het onderwerp van onderzoek ook kan zijn. Ook Da Vinci's neiging zich te verliezen in onbeduidende, meticuleus uitgevoerde handelingen, wijst op een verdrongen moederbinding. Volgens Freud gaat het hier om 'reactieformaties' die typisch zijn voor de *dwangneurose*.

Indien het bij deze diagnose bleef zou Da Vinci inderdaad een nogal droevig 'geval' zijn. Hij bezat evenwel ook een vermogen tot *sublimeren*: het leeuwendeel van Da Vinci's libido zou zich toch aan de verdringing onttrokken hebben door zich 'van meet af aan tot weetgierigheid te sublimeren en zich bij de krachtige onderzoeksdrift te voegen en deze nog te versterken'. Ook hier is het onderzoek nog steeds een 'substituut voor de seksuele activiteit', maar deze substituutvorming is nu niet meer neurotisch. Er is wel nog sprake van verdringing in zoverre het intellect zich niet met onderwerpen van seksuele aard inlaat.[9] Met andere woorden: de drift blijft uiteraard seksueel, maar richt zich op een niet-seksueel object en ook zijn doel is niet langer seksueel van aard.

In verschillende teksten beschouwt Freud dit als wezenlijk voor de sublimering: het vermogen van de drift 'zijn meest voor de hand liggende doel voor andere, eventueel hoger gewaardeerde en niet-seksuele doelen te verruilen'.[10] En dit zou een heel ander proces zijn dan het (dwang)neurotische proces waarin het systematische ontwijken van seksuele doelen en objecten remmend en symptoomvormend werkt. In het geval van de sublimering hoeft er niet verdrongen te worden. Het gaat gewoon om een 'afdrijving' of 'verschuiving' van de drift naar een niet-seksueel doel.

Het onderscheid dat Freud hier maakt tussen neurotische symptoomvorming en sublimering heeft iets geforceerds en roept veel vragen op. Het probleem is wellicht dat de tegenstelling tussen een drift die zich nagenoeg ongeremd naar niet-seksuele doelen verschuift (sublimering) en een drift waarvan de voorstelling naar het onbewuste wordt verdrongen om van daaruit op hinderlijke wijze te blijven aandringen (neurose), moeilijk hard kan worden gemaakt. Het is te eenvoudig om te stellen dat Da Vinci *ondanks* zijn fantasmatische gefixeerdheid op zijn moeder toch weet te sublimeren. Misschien is er geen sublimering denkbaar zonder een zekere 'trouw' aan het fantasma.

Da Vinci's fantasma komt volgens Freud tot stand door een identificatie met de moeder die nu eenmaal als object van libido moest worden opgegeven. Zo'n identificatie is een – uiteraard onbewuste – list waarmee het Ik uiteindelijk toch het object niet hoeft los te laten. Deze identificatie neemt bij Da Vinci een homoseksuele wending. Hij houdt van jongens zoals zijn moeder ooit van hem hield. Doordat hij in de keuze van die jongens zichzelf tot voorbeeld kiest, laat hij eigenlijk via hen zichzelf door de moeder (in zichzelf) beminnen. Da Vinci's homoseksuele objectkeuze heeft dus een uitgesproken narcistisch karakter.

9. CR 2, p. 53.
10. Ibidem, p. 50.

In *Het Ik en het Es*, dat dertien jaar na de Da Vinci-studie werd geschreven, behandelt Freud het verband tussen identificatie, narcisme en sublimering uitvoeriger. Sublimering, luidt het daar, is slechts mogelijk als eerst en vooral de libido uit het object wordt teruggetrokken en op het eigen Ik wordt gericht. Deze narcistische libido blijft het spoor van de ingetrokken objectlibido dragen. Als compensatie voor zijn verlies wordt het object in het Ik zelf 'opgericht'. Een dergelijk proces, beweert Freud voorzichtig, 'impliceert kennelijk een opgeven van de seksuele doelen, een deseksualisering, een soort sublimering dus'.[11]

De seksuele drift kan zich dus pas 'sublimeren', dat wil zeggen naar niet-seksuele, 'onschuldige' objecten verschuiven, als hij zich eerst van uitwendige objecten heeft afgewend. Maar hoe kan de terugtrekking van een oorspronkelijk seksuele drift in het Ik een 'deseksualisering' teweegbrengen? Men kan wellicht enkel stellen dat met de 'introjectie' van het object in het Ik het seksuele karakter van dit object *onbewust* wordt. Een onbewust vasthouden aan een uiterlijk schijnbaar opgegeven, fantasmatisch object lijkt noodzakelijk opdat de drift 'plastisch' zou kunnen verschuiven van het ene naar het andere object. Geen sublimering zonder fixatie.

Vreemde paradox: de seksuele drift is weliswaar in wezen plastisch (niet op een bepaald object gericht), maar kan deze plasticiteit blijkbaar pas realiseren als het seksuele karakter van de drift onherkenbaar blijft. Want zoals bleek is er in de seksuele drift, hoewel onbepaald qua object en doel, een tendens tot fixatie die blijkbaar enkel losser kan worden gemaakt als de drift wordt 'gedeseksualiseerd'. De drift heeft de neiging zich vast te kleven aan bepaalde fantasma's (onbewuste voorstellingen, scènes, scenario's...)

Wie over fixatie spreekt, spreekt over regressie, remming, symptoom, kortom: neurose. Wat is dan nog het verschil tussen sublimering en neurose? Het verwarrende van de Da Vinci-studie is vooral gelegen in Freuds onzekere pogingen aan te tonen dat Da Vinci er toch, zij het nooit definitief, in slaagt door artistieke sublimering zijn dwangneurose te overstijgen. Voor wat betreft de psychoanalytische interpretatie van Da Vinci's kunst komt Freud eigenlijk niet verder dan een eerste schets. Hij stelt weliswaar dat de oorsprong van de kunst in het onbewuste driftleven buiten kijf staat, maar geeft anderzijds grif toe dat 'het wezen van de artistieke prestatie voor ons langs psychoanalytische weg ontoegankelijk is'.[12]

11. Freud beschouwt dit proces, dat hij eerder als typisch voor de melancholie beschouwde, overigens als constitutief voor elk Ik: 'Het karakter van het Ik is een neerslag van de opgegeven objectbezettingen.' PT 3, p. 42.

Freud wijst op Da Vinci's schilderijen van bevallige, androgyne jongelingen zoals Johannes en Bacchus, met 'een raadselachtige glimlach op de lippen'. Zij kijken 'op een geheimzinnige manier triomfantelijk', alsof ze trots zijn op een 'liefdesgeheim' dat ze verbergen. De fixatie van Da Vinci op de moeder van wie hij als kind het idool was, heeft hier plots niets beklemmends meer, maar verschijnt als 'een gelukzalige vereniging tussen het mannelijke en het vrouwelijke'.[13]

In verband met de *Mona Lisa* legt Freud de nadruk op de ambiguïteit. Uit de wereldberoemde glimlach spreken 'toegewijde tederheid en meedogenloos dwingende, de man als iets vreemds verterende zinnelijkheid'[14] – of ook: 'de belofte van onbegrensde tederheid en onheilspellende dreiging'.[15] Deze dubbelheid wijst op Da Vinci's trouw aan zijn vroegste (wouw)herinnering. Het verterende en onheilspellende gaan terug op het traumatiserende effect van het auto-erotische genot dat de moeder ooit in het hulpeloze kind opwekte. Maar uit de tederheid en sereniteit die uit de glimlach van de *Mona Lisa* spreken (zoals ook uit de glimlach van de heilige vrouwen in *De heilige Anna te drieën*) blijkt dat de blijvende invloed van het oeroude moeder-fantasma niet noodzakelijk een remmend effect hoeft te hebben. De 'regressie' naar deze infantiele vorm van lustbeleving wordt deze keer als positief aangemerkt. 'Deze regressie komt zijn kunst die aan het verdorren was ten goede', zegt Freud.[16] De artistiek actieve Da Vinci weet af en toe te triomferen over de passiviteit waaraan hij seksueel-fantasmatisch is overgeleverd.

Sublimering is geen neurose, maar leunt er wel heel dicht tegenaan. Da Vinci's neurose bestaat erin dat zijn werkzaamheid als wetenschapper iets dwangmatigs heeft omdat ze heimelijk geseksualiseerd is. Zo'n heimelijke seksualisering staat niet ver af van de deseksualisering die volgens Freud het wezenlijke kenmerk van de sublimering is. Alleen gaat het in het geval van de sublimering niet om een angstige afweer tegen de dreiging die van het (seksuele) fantasma uitgaat, maar juist om een goedaardige regressie naar dit fantasma. De mens kan de traumatische kern van zijn fantasma dus slechts te boven komen doordat hij als het ware opnieuw door zijn fantasma heengaat en de traumatische kern ervan raakt. Er is dus geen sublimering, geen artistieke 'verwerking' van het trauma zonder een masochistisch geladen herhaling ervan – geen eros zonder doodsdrift.

12. CR 2, p. 115.
13. Ibidem, p. 96
14. Ibidem, p. 84.
15. Ibidem, p. 94.
16. Ibidem, p. 113.

Jacques Lacan: *het verlangen en zijn onmogelijk object*

Geïnspireerd door onder meer Hegel, de taaltheorie van Saussure, de structuralistische antropologie van Lévi-Strauss, maar ook door zijn contacten met de surrealistische beweging, heeft Jacques Lacan (1901-1980) de psychoanalyse van Freud op heel eigen wijze geherinterpreteerd. Hierbij had hij nooit de intentie om een kunsttheorie op te zetten. Wel verwees hij, om zijn psychoanalytische theorie voor zichzelf en zijn publiek te verduidelijken, regelmatig naar kunstwerken. Op die manier heeft hij onrechtstreeks voor de kunsttheorie boeiende perspectieven geopend.

De grondstelling van Lacans theorie van de psychoanalyse is dat het menselijke verlangen wezenlijk getekend is door de taal. De taal is niet zomaar een instrument waarmee de mens zijn verlangen kenbaar kan maken, maar datgene wat een mens tot verlangend wezen maakt.

Zoals elk dier is de mens een behoeftig wezen. Maar reeds in de schreeuw waarmee het kleine kind op zijn honger attendeert, vraagt het volgens Lacan om meer dan de bevrediging van zijn biologische behoefte. Het vraagt om de aanwezigheid van de Ander (in eerste instantie de moeder) die het liefdevol in zijn bestaan erkent. Met andere woorden: het kind vraagt niet zomaar om de borst van de moeder, maar om de waarborg dat zij die borst te allen tijde geeft. Dit is uiteraard onmogelijk. De moeder is evengoed afwezig en elk object dat zij het kind geeft verschijnt tegen de achtergrond van die (mogelijke) afwezigheid. Het is slechts een noodzakelijk onbevredigend *teken* ('betekenaar') van de gevraagde liefde. De vraag naar liefde (*demande*) is dan ook getekend door een onophefbaar tekort.

In zijn vraag naar liefde blijft het kind overgeleverd aan een 'grillige Ander' die naar eigen goeddunken komt en gaat. Om zich te bevrijden van de angst die dit teweegbrengt en zich alsnog te verzekeren van de liefde van de moeder kiest het hulpeloze kind voor een drastische oplossing die zich evenwel helemaal op het vlak van het *imaginaire* afspeelt: het beeldt zich in het exclusieve object van het verlangen van de moeder te zijn dat dit verlangen volledig vervult. Daarmee verloochent het kind zijn eigen tekort.

Het subject van de vraag (*demande*) of de liefdesaanspraak is het object van het verlangen van een imaginaire Ander wiens tekort het moet opvullen. In die zin is het nog geen subject met een eigen verlangen (*désir*). Het eigenlijk *verlangende* subject stelt er zich immers niet tevreden mee een object te zijn. Het wil juist erkend worden als *subject*, dat wil zeggen als puur verlangend en dus in principe door niets te bevredigen subject.

Lacan heeft het paradoxale karakter van deze strijd samengevat in zijn bekende formule: *Le désir de l'homme est le désir de l'Autre.* Twee betekenissen zijn reeds duidelijk. Ten eerste verlangt de mens ernaar dat de Ander naar hem verlangt. Ten tweede verlangt hij, omdat hij door niets concreets kan worden bevredigd, altijd naar iets *anders*. Maar pas met de derde betekenis wordt het domein van de vraag overstegen en opent zich de eigenlijke dimensie van het verlangen. Het subject uit zijn mateloos verlangen naar het 'andere' immers in *woorden*, en deze woorden zijn hem onvermijdelijk door een Ander aangereikt. Deze Ander is niets anders dan de taal als een anoniem netwerk van betekenaars. Het is niet meer de imaginaire, 'moederlijke' Ander die het subject van zijn identiteit verzekert, maar de 'vaderlijke' Ander die het dwingt in een talige orde van betekenaar naar betekenaar te glijden en dus nooit met zichzelf samen te vallen. Met deze eindeloze verglijding miskent het subject niet langer zijn tekort door zich imaginair als het enige en echte object van de Ander op te werpen, maar brengt het juist dit tekort in het spel. Tegelijk behoedt de keten van de betekenaars het subject ervoor dat dit tekort zich ooit toont als een ondraaglijke leegte. Met de betekenaars die het subject gebruikt, kan het juist worden erkend als eeuwig tekortkomend en dus *verlangend* subject.

Dat de betekenaars hun dynamiek ontlenen aan een centraal, onophefbaar tekort, blijft voor het subject onbewust. Daar het nu eenmaal uit is op vervulling, kan het dit tekort alleen maar *verdringen*. Het tekort waardoor het als 'spreekwezen' (*parlêtre*) getekend is, openbaart zich altijd slechts *ondanks* het subject, namelijk in de leegtes tussen de betekenaars, in de storingen, haperingen, vergissingen, nodeloze herhalingen, in alles wat verhindert dat het spreken aan zijn betekenis toekomt. In die zin is het subject *verdeeld*. Terwijl het zich al sprekend door een betekenaar laat representeren, is het daarin nooit echt present. Het valt ook altijd achter die betekenaar weg om zich dan weer door een andere betekenaar te laten representeren. Dit betekent niet dat er ergens een substantieel 'ik' bestaat dat achter zijn woorden schuilgaat. Het subject 'gebeurt' in de leegte tussen de woorden. In zoverre iemand steeds betekenis produceert dekt hij noodzakelijk voor zichzelf deze leegte af, maar dit neemt niet weg dat deze leegte zich altijd ook ergens zal verraden.

Met de freudiaanse term 'fallus' wil Lacan aanduiden hoe het tekort dat door het symbolische wordt ingesteld, zich in de lichaamsbeleving van het subject inschrijft. Volgens Freud ervaart de kleine jongen de afwezigheid van de penis bij het meisje als een castratiedreiging: de penis zou ook wel eens bij hem kunnen ontbreken. Het meisje van haar kant wordt door de waarneming van de penis bij het jongetje geattendeerd op een afwezigheid bij zichzelf. Beiden ontkennen evenwel meteen de castratie of de mogelijkheid daarvan door met name aan de moeder fantasmatisch een penis toe te schrijven. De penis bestaat in de psyche van het lustwezen dus van meet af aan als een puur imaginaire realiteit: de 'fallus' die de moeder in bezit zou hebben en die haar tot een volmaakt, niet door een tekort getekend wezen verheft.

Deze 'fallische moeder' beheerst het *spiegelstadium*, Lacans versie van Freuds narcisme. Op het niveau van de onmiddellijke lichaamsbeleving vormt het kleine kind voor zichzelf nog geen eenheid. Die eenheid komt pas tot stand wanneer het zichzelf in zijn spiegelbeeld herkent. Dat deze zelfherkenning lukt en met genot gepaard gaat, komt doordat het kind zich door de instemmende blik van de moeder ondersteund weet. In die blik is het kind de 'fallus van de moeder', namelijk het object dat het tekort van de moeder zou opheffen. Daarmee miskent het kind dat ook de moeder een verlangend wezen is waarvoor elk object, ook deze 'kind-fallus', slechts een zoveelste betekenaar is voor haar 'reële', immer vervlietende object van verlangen. Dit moet het subject leren erkennen, dat het de fallus nooit kan *zijn*, dat deze altijd slechts een van de betekenaars is in een keten die nergens grond raakt. De fallus, als datgene wat de Ander en dus het subject zou vervullen, kan nooit meer zijn dan de betekenaar van een bodemloos zijnstekort. De fallus, die op imaginair vlak een zijnsvolheid belichaamt, betekent op het symbolische vlak 'castratie', namelijk dat het sprekende wezen voor immer is afgesneden van de volheid van het zijn.

Maar dit 'gecastreerde' subject dat zich in de symbolische orde heeft ingevoegd, heeft daarom nog niet elke imaginaire fixatie achter zich gelaten. Ook al is het object dat het subject van zijn tekort zou genezen onbestaand, toch blijft het subject onbewust-fantasmatisch aan zo'n object gehecht. Lacan ziet vier types van dergelijke objecten: de borst die om niets anders dan het kind vraagt, het excrement dat de Ander het kind vraagt af te geven, de stem en de blik waarin het zich het object van het verlangen van de Ander weet. Telkens gaat het om een object waarmee het subject is geïdentificeerd, waaraan het onbewust verslaafd blijft als aan een imaginaire zijnsvolheid.

Lacan heeft aan dergelijke fantasmatische objecten de term *object a* gegeven. Het object a is zoiets als een stoplap die het tekort dat door de symbolisering is ontstaan moet afdekken. Maar tezelfdertijd incarneert het dit tekort. Het object a duikt immers slechts op als iets wat verloren is, als een object dat van de Ander is afgevallen. De borst, het excrement, de blik en de stem vormen een restbestand van 'partiële objecten' die van het imaginaire lichaam van de Ander zijn losgemaakt. Ze vormen in het onbewuste de gedenktekens van een onheuglijk genot, een genot dat het subject ooit zou hebben ervaren toen het in de Ander opging als diens fallus-object. In de scène of het korte scenario van het fantasma verschijnt dit object slechts als verwikkeld in een scène die voor het subject ontoegankelijk is. Het object a is dus datgene waaraan het subject het meest is gehecht, maar is tevens datgene wat het subject het meest vreemd-uitwendig blijft. Lacan spreekt dan ook van een 'extimiteit'.

Net zomin als voor Freud de plasticiteit het laatste woord is over de drift, is voor Lacan de eindeloze verglijding van betekenaars rond een afwezig Object het laatste woord over het verlangen. Het verlangen heeft wel degelijk een object, namelijk het object a, zij het dat het gaat om een fantasmatisch object dat heterogeen blijft tegenover elk beeld waarin het subject zichzelf herkent en aan elke betekenaar die het representeert. Terwijl het subject in het imaginaire zijn tekort miskent en in het symbolische spel dit tekort aan de orde brengt maar wel verdringt, is het object a zoiets als de – altijd vervlietende – verschijning van het *tekort zelf*. Het bespookt de imaginaire en symbolisch gestructureerde wereld van het subject als een soort *gematerialiseerde* afwezigheid.

Als dit 'extieme' object slechts kan verschijnen in de marge van de beelden en tekens waarin het subject zich voorstelt, dan is de vraag of het andere dan neurotische, symptomatische effecten kan teweegbrengen. In de lijn van Freud vraagt Lacan zich dan ook af of het subject zich tot dit onmogelijke object van zijn verlangen ook op een andere, 'gezonde' manier kan verhouden. Lacan moet dan ook Freuds theorie van de artistieke sublimering herwerken.

Het spel rond een onhandelbaar Ding

In zijn eerste teksten over kunst stelde Freud de kunstenaar voor als iemand die zijn meest intieme fantasieën weet in te kleden in voorstellingen die sociaal worden gewaardeerd. Met Lacan kunnen we stellen dat de waarde van zo'n sociale erkenning steeds relatief is: met geen enkele esthetische voorstelling (constellatie van 'betekenaars') kan de kunstenaar het onophefbaar tekort van de Ander opheffen. De Freud van de Leonardo-studie legde er reeds de nadruk op dat een zekere hardnekkige trouw aan het fantasma noodzakelijk is voor de sublimering. Lacan gaat hierop door en radicaliseert Freud. Kunst heeft voor hem alles te maken met een compromisloos en zelfs *zelfdestructief* vasthouden aan het object, het 'Ding' dat in dat fantasma verscholen zit.

In Lacans veelbesproken zevende *séminaire* duikt de kunst op in de context van een bij uitstek *ethische* problematiek. In de hele westerse ethiek, van Aristoteles via het christendom tot aan het moderne utilitarisme, wordt de mens voorgesteld als een wezen dat, ondanks alle mogelijke afwijkingen, van nature uit is op het 'goede', op wat 'goed' voor hem is. Als de psychoanalyse ons één ding heeft geleerd, meent Lacan, dan is het dat dit 'goede', als object van het menselijk verlangen, hoogst problematisch is. Ook al kan men bewust het 'goede' definiëren als een staat van serene zelfbeschikking (het geluk voor Aristoteles), als naastenliefde (in het christendom) of als wat voor de mens 'nuttig' is (bij Bentham), op onbewust niveau is het 'goede' een fantasmatisch genotsobject waarin de mens zich niet realiseert maar *verliest*. En de enorme waaier van neurotische symptomen die mensen kunnen produceren wijst erop dat zij op verregaande wijze in staat zijn wat redelijk gezien 'goed' voor hen is aan dit fantasmatische genot op te offeren. Kunst is voor Lacan een 'sublimering' van dit neurotische offer. Exemplarisch voor zo'n artistieke sublimering is volgens hem de hoofse liefde.

DE HOOFSE LIEFDE

Met de hoofse liefde denkt Lacan aan de erotische hofcultuur in de twaalfde eeuw. Het was toen de gewoonte dat troubadours en 'jongleurs' een gehuwde dame van hoge stand op speelse en verfijnde manier het hof maakten. In hun poëzie zingen zij onverbloemd hun liefde voor haar uit. Aangezien het hier gaat om een bij voorbaat onbereikbaar liefdesobject, spreekt Lacan van een 'scholastiek van de ongelukkige liefde'[17] of van een techniek van de *amor interruptus*.[18]

In het hele ceremonieel en de poëzie van de hoofse liefde verschijnt de Dame als een geïdealiseerd wezen dat de dichter eigenlijk alleen maar door haar koude ongenaakbaarheid in vervoering brengt. Zij functioneert als een imaginair object dat de vraag naar liefde van de dichter helemaal zou kunnen vervullen. Maar de stijl waarmee de Dame tot ideaal wordt verheven, verraadt dat ze eigenlijk niet meer is dan een *betekenaar*. Zij wordt immers niet opgevoerd als een concrete persoon met allerlei concrete eigenschappen, maar als een hol stereotype. 'In dit poëtische veld', zegt Lacan, 'is het vrouwelijke object ontledigd van elke reële substantie.'[19] Aldus 'belichaamt' zij slechts het tekort dat aan de oorsprong ligt van elk liefdesverlangen.

De aanbeden dame vormt dus het centrum van een erotische cultuur, maar incarneert tegelijk de holheid ervan, het gegeven dat zo'n cultuur niet meer is dan een eindeloze reeks betekenaars die worden uitgewisseld en bewerkt zonder dat daar een werkelijkheid aan beantwoordt. Alle poëtische betekenaars die rond de dame uitwaaieren ontlenen hun

17. *L'éthique de la psychanalyse*, p. 175.
18. Ibidem, p. 182.
19. Ibidem, p. 179.

betekenis aan de dame die zelf zonder betekenis is. Zij vormt een holte in het centrum van een betekenaarsgeheel die dit geheel samenhoudt. Maar uiteraard dringt deze 'holheid' van de dame niet ten volle tot het bewustzijn van de enthousiaste dichter door. Bedekt onder de stortvloed van betekenaars waarmee de dichter haar omcirkelt en op afstand houdt, blijft de dame als een onaantastbare waarde overeind staan. Wel laat juist haar onvermoeibaar als schoon en onaantastbare opgevoerde verschijning iets doorschemeren van de leegte die achter al dat 'mooie gepraat' en gezang schuilt. Deze 'leegte' blijkt evenwel niet niets te zijn. Ze heeft het karakter van een 'Ding' dat Lacan als grof en wreed bestempelt. De 'waardigheid' waartoe de vrouw als object van verlangen volgens Lacan juist wordt verheven, is de dubieuze waardigheid van een 'Ding' dat voorbij elke object-betekenaar ligt.[20] Dit is volgens hem de paradox van de sublimering in het algemeen. Hoe meer er met de vrouw in de hoofse poëzie als met een pure betekenaar wordt 'gejongleerd', hoe meer zij daarmee een abject Ding gaat belichamen.

Met zijn poëzie wil de dichter aan de dame een gebaar, een blik, een teken ontfutselen dat hem als verlangend subject bevestigt. Maar zo'n teken is altijd slechts een betekenaar die nooit opheldering kan verschaffen omtrent het *reële* verlangen van de aanbeden ander. Deze afwezigheid van een ultieme betekenaar kan de dichter ertoe brengen aan de ander fantasmatisch een gapend tekort toe te schrijven, een vraatzuchtig verlangen dat door geen menselijk teken of gebaar te bevredigen is en dus van hem *eender welke* prestatie of beproeving kan eisen. Lacan ziet de sublimering dan ook als het 'poneren van een gekmakend object, een onmenselijke partner'.[21] Van deze onmenselijke *femme fatale* gaat een uitnodiging of zelfs een verontrustend *bevel* uit om deel te nemen aan een 'polymorf pervers' genot, om bijvoorbeeld van haar te genieten zoals zijzelf, auto-erotisch, van haar *cloaca* geniet.[22]

Als de dichter de vrouw symbolisch 'ontledigt' door haar als een stereotiepe betekenaar neer te zetten, 'verheft' hij haar eigenlijk heimelijk tot boodschapster van de *reële*, gruwelijke leegte van een genot waarin hij als subject zou verdwijnen indien hij er zich aan zou overgeven. De vrouw, zoals zij in de hoofse hofcultuur en -poëzie verschijnt, is de incarnatie van een genots-Ding dat 'voorbij het lustprincipe' (Freud) ligt, voorbij alles wat voor de mens goed is. De sublimering is dus niet

20. *L'éthique de la psychanalyse*, p. 133.
21. Ibidem, p. 180.
22. Lacan verwijst naar een troubadour Arnaud Michel, van wie een dame effectief vroeg om haar, als blijk van liefde, de 'trompet op te zetten', d.w.z. in haar anus te blazen... Zie: ibidem, pp. 193, 254.

zomaar een compromisformatie. Ze affirmeert het catastrofale, zelfdestructieve aspect van het menselijke verlangen. Anderzijds kan de dichter de vrouw enkel als zo'n gruwelijk Ding opvoeren doordat hij haar 'dingachtigheid' eindeloos *versluiert* met betekenaars die haar schoonheid bezingen. Zonder zo'n verfijnd-esthetische 'bewerking van de betekenaar' (*façonnement du signifiant*)[23] zou het verlangen in het zwarte gat van zijn Ding worden meegezogen.

DE KOUDE SCHITTERING VAN ANTIGONE

Vanuit een commentaar op de Griekse tragedie *Antigone* stelt Lacan zijn theorie van de artistieke sublimering nog scherper. Het object van de hoofse liefde mag dan een abject Ding zijn, op bewust niveau functioneert de aanbeden jonkvrouw als liefesideaal. Antigone daarentegen, de dochter van Oedipus, verschijnt in Sophocles' tragedie meteen als een onverschrokken, compromisloze figuur. Omdat Polyneikes, de broer van Antigone, als opstandeling en dus landverrader sterft, ontzegt koning Creon hem een begrafenis. Alhoewel Antigone weet dat hier de doodstraf op staat, bewijst zij haar broer toch de laatste eer. Zij vindt dus dit rituele gebaar waar haar broer recht op heeft belangrijker dan haar leven.

Lacans commentaar is lang en omslachtig. Maar uiteindelijk is zijn punt duidelijk. Hij zet zich af tegen de romantische interpretaties volgens welke Antigone de familiewet vertegenwoordigt, of de *dikè*, de 'ongeschreven wetten' van de goden die door geen enkele wereldlijke macht met voeten mogen worden getreden. Volgens dergelijke interpretaties zou Antigone een duidelijke ethische voorbeeldfunctie hebben: geen politieke orde heeft het recht iemand, al is het de grootste misdadiger, een begrafenis te weigeren. De positie van Antigone is echter veel eenzamer, veel 'singulierder'. De enige reden die zij aangeeft voor het begraven van haar broer is dat hij nu eenmaal haar broer is. In Lacaniaanse termen: in haar symbolisch universum bezet Polyneikes de unieke symbolische plaats van de 'broer', en als zo'n betekenaar is hij losgemaakt van al zijn concrete eigenschappen, van zijn persoonlijke levenslot, maar ook van de gevoelens die Antigone al dan niet voor hem kan koesteren.[24] Vandaar dat Antigone het publiek niet ontroert omdat ze zoveel om haar broer geeft, omwille van haar 'menselijkheid'. Ze *fascineert* eerder omdat ze zo koud-fanatiek, zo onmenselijk vasthoudt aan een betekenaar, alsof haar bestaan alleen nog maar vasthangt aan de loutere naam van haar dode broer.

23. *L'éthique de la psychanalyse*, pp. 144-150.
24. Ibidem, pp. 324-325.

'Polyneikes' is voor Antigone geen betekenaar tussen de betekenaars. Juist omdat deze betekenaar van elke specifieke betekenis is ontdaan staat hij voor de symbolische orde in zijn totaliteit. Hij staat voor de talige orde van de betekenaars in zoverre deze een breuk met het reëele inhoudt. Juist die identificatie met de breuk, de negativiteit die de taal in het leven van de mens instelt, zegt Lacan, 'verleent Antigone de onaantastbare macht om, tegen alles in, te zijn wie zij is'.[25]

Alle leven ontstaat en vergaat, maar de betekenaar waarmee dit leven in het register van het symbolische (de 'Ander') wordt ingeschreven is onuitwisbaar. Zich aan zo'n betekenaar vasthoudend waant Antigone zich dan ook onaantastbaar. Maar deze onaantastbaarheid is die van een dode. Dat het subject in de betekenaarsketen wordt gerepresenteerd zonder daarin ooit present te zijn, houdt in dat het altijd al 'dood' is. Dit bedoelt Antigone als zij zichzelf vergelijkt met de versteende Niobe of tegen haar zuster zegt: 'ik ben al dood'. Zij incarneert de 'dood', dat wil zeggen de leegte, het tekort-aan-zijn dat de betekenaar in het leven introduceert.

In die zin kan men niet zeggen dat Antigone de wet overtreedt. Of beter: haar overtreding bestaat erin dat zij de grond van de wet doet verschijnen. Deze 'grond' is niets anders dan de steevast traumatiserende inslag van een betekenaar in het reëele; in die zin is hij grondeloos. Dit laat Antigone ons volgens Lacan voelen. Als de wet gebaseerd is op het respect voor een rits betekenaars, kan hij in extremis worden opgehangen aan de naam van een misdadiger.

'Polyneikes', deze betekenaar die Creon, als vertegenwoordiger van de symbolische orde, uitgewist wil zien, groeit voor Antigone juist uit tot de betekenaar *par excellence*, namelijk één die de onuitwisbaarheid van de betekenaar incarneert. Met haar halsstarrige fixatie op deze betekenaar waaraan elke betekenis wordt ontzegd, getuigt Antigone dat een subject in staat is te verlangen voorbij alles wat goed, nuttig, 'positief' is voor hem, voorbij alle betekenaars die zijn verlangen en dus zijn tekort draaglijk maken. In die zin is het niet de functie van de tragedie de toeschouwer te waarschuwen voor een neiging tot exces die in het menselijk verlangen sluimert. De tragische figuur Antigone belichaamt het verlangen in zijn zuiverste staat, namelijk een verlangen dat niet dit of dat wil, maar iets dat ligt voorbij alles wat voorstelbaar is. Zo'n 'puur verlangen' is nog enkel uit op zijn *waarheid*, namelijk op het *tekort zelf* waarmee het door de betekenaar is geslagen; daarom valt het samen met wat Freud de doodsdrift heeft genoemd.

25. *L'éthique de la psychanalyse*, p. 328.

In zijn betekenisloosheid en hopeloosheid verwijst de betekenaar 'Polyneikes' onrechtstreeks naar 'datgene in het reële dat lijdt onder de betekenaar':[26] het Ding dat onder elk woord of naam voor dood wordt achtergelaten. Haar leven offerend aan zo'n dingachtige betekenaar beweegt Antigone zich op de grens tussen leven en dood. Net zoals voor Hölderlin is dit voor Lacan de (on)plaats waar alle helden in de Griekse tragedie zich bevinden: Hercules die in *De Traciërs* door een brandend kleed wordt verteerd, de verstoten Philoctetes, de verbannen, onverzoenlijke Oedipus te Colonos...[27] Lacan: 'Voor Antigone kan het leven slechts benaderd worden, geleefd en gedacht vanuit de grens waar zij het leven reeds heeft verloren, waar zij zich reeds voorbij het leven bevindt, – maar vanaf daar kan zij het leven zien en ervaren in de vorm van wat is verloren.'[28]

Dat voor Antigone Polyneikes het 'Ding' is wordt door Lacan slechts gesuggereerd. Het staat voor hem wel vast dat de dichter Sophocles Antigone 'tot de waardigheid van het Ding verheft' en aldus de toeschouwer of lezer van de tragedie uitnodigt hetzelfde te doen. Dat wil zeggen dat de figuur van Antigone voor ons verschijnt als een gapend, onstilbaar tekort. Omdat zo'n puur verlangen zich nooit puur laat ervaren, is hier een esthetische omfloersing nodig. Hiervoor zorgt het imaginaire effect dat Antigones schoonheid voortbrengt. Enkel doordat onze aandacht wordt opgeslorpt door Antigones schoonheid kunnen wij de pijnlijke aanblik verdragen van iemand die *verdwijnt in zijn Ding*, van iemand die de grens overschrijdt die hem van de scène van zijn fantasma scheidt. Want Antigone kan zich slechts zo eigengereid, zo radicaal 'autonoom' (Lacan) gedragen omdat zij geketend is aan haar fantasma. En Lacan laat zich terloops ontvallen dat dit fantasma wel degelijk het verlangen betreft van die 'prehistorische, onvergetelijke Ander': de moeder voor wie Polyneikes ooit alles was, namelijk het 'Ding' dat haar verlangen vervulde.[29] De absolute onvervangbaarheid van haar 'broer' wijst dus op de onvervangbaarheid van de 'fallus van de moeder'. Het offer dat zij brengt is uiteindelijk een offer aan dit 'Ding' dat in haar fantasma overeind is blijven staan. Alleen omdat zij het zo onverbiddelijk, zo 'schitterend' brengt, vinden wij haar al met al neurotische offer niet deerniswekkend, maar subliem.

26. *L'éthique de la psychanalyse*, p. 150.
27. Ibidem, p. 317.
28. Ibidem, p. 326.
29. Ibidem, p. 329.

Dat de kunst de mens iets openbaart van de waarheid, maar daarmee meteen van de afgrondelijkheid van zijn verlangen, daarover heeft Lacan het ook in zijn meest bekende, elfde *séminaire*, *Les quatre concepts fondamentaux de la psychanalyse* (1964). In deze reeks colleges refereert hij aan de schilderkunst om duidelijk te maken hoe het object a als object van het verlangen de imaginaire en symbolische constitutie van het subject zowel ondersteunt als verstoort. Het object a waar het hier over gaat, is de *blik*, en de centrale gedachte is die van het 'schisma van het oog en de blik'.

Voor mijn oog is de wereld een 'spektakel' dat ik zo volledig en zo helder mogelijk in me kan opnemen. Maar anderzijds is er 'de pre-existentie van een blik'.[30] voorafgaand aan mijn oog dat ziet is er een blik die mij van alle kanten bekijkt. Ik ben dus zelf in het spektakel, 'gefotografeerd' door de Ander. Van deze blik ben ik mij evenwel niet bewust. Ik ben er onbewust-fantasmatisch door gegrepen. Enkel omdat deze blik onbewust blijft, kan ik mezelf wijsmaken dat ik met mijn oog meester ben over een geometrische, perspectivische ruimte die ik overzie. Ik kan dan denken dat ik bewust ben van mezelf als ziend, dat ik, zoals Paul Valéry dichtte, 'mezelf zie zien'. Maar dit zelfbewustzijn is er om te verdoezelen dat mijn zien heimelijk geconstitueerd blijft door de blik van de Ander.

Zien is geen functie die het subject autonoom uitoefent, maar iets dat hem eerst en vooral door de Ander *gegeven* is. Maar deze gift onttrekt zich aan het subject. Het punt van waaruit de Ander het subject bekijkt is per definitie voor dit subject onvoorstelbaar: 'vervlietend'. Het verschijnt nooit als een positieve, voorstelbare entiteit, maar als een vlek in het beeld.

Om dit aannemelijk te maken verwijst Lacan naar het schilderij *De ambassadeurs* (1553) van Hans Holbein. Het stelt twee 'gezanten' voor, in luxueuze maar strenge gewaden, met tussen hen in, uitgestald op een console, allerlei voorwerpen die de kunst en de wetenschap symboliseren. Zoals ze daar staan lijkt hun enige functie erin te bestaan de waardigheid van hun ambtelijke functie te belichamen. Lacaniaans gesproken: ze lijken volledig op te gaan in de positie die ze in de symbolische orde innemen, zo extreem dat de leegte die achter elke betekenaar huist voelbaar wordt. Ze laten zien hoe het ene subject het andere tegemoet treedt: *als* ander, als zijn eigen dubbel. Lacan maakt van Rimbauds *Je est un autre* zijn motto.

Toch is voor Lacan Holbeins doek niet zomaar een klassiek vanitas-

30. *Les quatre concepts fondamentaux de la psychanalyse*, p. 69.

tafereel dat de toeschouwer de ijdelheid van alle menselijke wijsheid en rijkdom laat zien. Dit zou immers betekenen dat het doek zich enkel zou richten tot een zelfbewust subject, een subject dat zich bewust is van zijn ijdelheid en eindigheid. Op een 'dieper' niveau richt het doek zich evenwel tot het subject van het *verlangen*. Laag op de voorgrond zweeft een langwerpige, onidentificeerbare vorm. Het is een voorbeeld van wat men sinds de zeventiende eeuw een 'anamorfose' noemt, een afbeelding van een voorwerp dat door een zware perspectivische vervorming onherkenbaar is geworden en enkel in een speciaal opgestelde, soms holle, spiegel kan worden geïdentificeerd. In Holbeins *De ambassadeurs* doorkruist of doorboort het anamorfotische object op bevreemdende wijze de perspectivische ruimte. De toeschouwer merkt pas wanneer hij tegen de muur rechts van het schilderij aan staat dat het raadselachtige ding een doodshoofd is. Zolang hij gewoon naar het schilderij kijkt, blijft het een *Fremdkörper* in het beeld. Voor Lacan belichaamt het de blik van de Ander.

Holbeins doek is voor Lacan eigenlijk een enscenering van de bevreemdende structuur van het spiegelstadium. Enkel omdat het zich daarin ondersteund weet door de moederlijke Ander, kan het kind het beeld in de spiegel als *zijn* beeld grijpen. Maar deze 'ondersteuning' mist elke substantiële grond. De 'fallische' zijnsvolheid van het kind berust hier op niet meer dan een blik. Even rijst het subject op onder een blik waarin het tegelijk genotvol verdwijnt. Het subject wordt dus vreemd genoeg geconstitueerd in een *fading*, een verdwijning. Dit is de blik als 'object a': de blik als het spoor of de getuigenis van een verdwijning, van een onheuglijk genot. Met het *bijna niets* van dit object blijft het subject onbewust-fantasmatisch geïdentificeerd. Holbeins anamorfose is de spookachtige verschijning van dit onverbeeldbare object.

Lacan spreekt over 'de verschijning van een fallisch spook'.[31] 'Spookachtig' is hier dat de fallus niet verschijnt als wat het subject vervult of heel maakt, maar integendeel als een storende vlek die verhindert dat het beeld dat het subject zich van het schilderij vormt zich tot een eenheid aaneensluit. De fallus verschijnt hier dus als wat hij *is*: het onheilspellende teken van een onophefbaar tekort waardoor het subject en de Ander getekend zijn. 'Het Ik is niet meer dan een gat', zegt Lacan. De blik die fantasmatisch het veld van het zichtbare bespookt, geeft aan dit gat een minimum aan consistentie.

Zoals Diderot reeds leerde in zijn *Lettre sur les aveugles à l'usage de ceux qui voient* kan de optisch-perspectivische visie ons niet zeggen wat zien eigenlijk is. Ook een blinde kan op de tast en met zijn verbeelding

31. *Les quatre concepts fondamentaux de la psychanalyse*, p. 82.

de ruimte perspectivisch construeren. Maar de blik die in het veld van het zichtbare verscholen zit, verstoort de louter perspectivische perceptie van de ruimte. De anamorfotische verschijning bij Holbein is hiervan een mogelijk voorbeeld. Maar het blijft een voorbeeld uit een tijd waarin het perspectief in de schilderkunst nog een dwingende conventie was. In veel moderne kunst zal de vlek die de blik als object in het schilderij teweegbrengt, zich over het hele schilderij verspreiden en op die manier radicaal onlokaliseerbaar worden. Wanneer het spel met licht, kleur en volumes belangrijker wordt dan de creatie van een perspectivische ruimte, wordt het schilderij een opaak-lichtend scherm waarin het oog verdwaalt. De perspectivische diepte wijkt dan voor de diepte van een vlechtwerk, een labyrint, 'het geritsel van een oppervlak dat niet bij voorbaat door mij op een afstand geplaatst is'.[32]

Volgens Lacan zegt de schilder, zeker de moderne schilder, tegen de toeschouwer: '*Wil je kijken? Wel, zie dan dit!* Hij geeft voedsel aan het oog.' De schilder geeft namelijk voedsel aan een verlangen dat achter of in het zichtbare zijn ultieme, vervlietende object wil zien. Maar aan dit verlangen presenteert hij slechts een scherm waarin de toeschouwer 'zijn blik kan neerleggen, zoals men de wapens neerlegt'. Dit is het 'pacificerend, apollinisch effect van de schilderkunst', zegt Lacan.[33] Het schilderij als scherm is de weelderige weerschijn van een afwezig object. Het scherm voedt én verzacht de onstilbare honger van de toeschouwer naar zijn object van verlangen.

Van het 'neerleggen van de blik' geeft de schilder zelf het voorbeeld. Lacan verwijst naar Matisse die verbijsterd was toen hij een vertraagde opname zag van zijn hand die trefzeker toetsen op een doek aanbrengt. Bevreemdend aan deze 'penseelregen', waaruit 'het mirakel van een schilderij' voortkomt, is dat het subject daarin niet werkelijk aanwezig is maar als het ware wordt 'tele-geleid'.[34] Het subject speelt als het ware met zijn eigen verdwijning. De schilderkunst lijkt dan een ritueel dat het blinde moment herhaalt waarop aan het subject de wereld te zien *gegeven* wordt.

Door de toeschouwer te verblinden met Antigones schoonheid beschermde Sophocles de toeschouwer tegen zijn fascinatie voor een vrouw die niet terugdeinst voor de afgrond die in haar verlangen sluimert. De schilder trekt een scherm op dat de toeschouwer beschermt tegen zijn fascinatie voor de blik als object. Alleen door zo'n 'apollinische' strategie laat de kunst iets oplichten van wat iedereen onbewust verlangt te zien maar niemand in alle ernst wil zien.

32. *Les quatre concepts fondamentaux de la psychanalyse*, p. 89.
33. Ibidem, p. 93.
34. Ibidem, pp. 104-105.

Besluit

Freud heeft de neiging de kunst als een compenserende activiteit te zien. Het artistieke spel met de vorm stelt de kunstenaar en zijn publiek in staat te genieten van fantasieën waarvoor men zich normaal schaamt. In de Da Vinci-studie blijkt het onbewuste fantasieleven niet zomaar te worden beheerst door het lustprincipe. De scène van het fantasma herhaalt een traumatisch gebeuren. Maar al met al leunt Freuds begrip van sublimering nauw aan bij de chemische betekenis van het woord. Zoals een vloeistof kan overgaan van een vaste vorm in een gasvormige toestand, zo lost de dreiging die van het fantasma uitgaat op in de schoonheid van het kunstwerk. Zo is in Da Vinci's schilderijen het trauma alleen nog maar leesbaar in een zekere geheimzinnigheid die over de tedere vrouwen- en jongelingengezichten hangt.

Lacaniaans gesproken brengt bij Freud de kunst een momentane imaginaire verzoening tot stand tussen de traumatische ontmoeting met het reële en de harde wet van het symbolische. Maar Freud wist ook dat aan een dergelijke 'verzoening' steeds iets *unheimlichs* blijft kleven. Lacan diept dit *unheimliche* karakter van de kunst uit. Voor hem brengt de kunst juist het *reële* in het spel als datgene wat radicaal heterogeen is tegenover elke imaginaire of symbolische constructie waarmee de mens zich tot subject constitueert. Dat de artistieke sublimering erin bestaat een willekeurig object tot de 'waardigheid' van het Ding te verheffen, houdt in dat in de kunst ieder willekeurig beeld of teken waarmee de mens zichzelf en zijn wereld begrijpt plotseling kan verschijnen als het getuigenis van zijn bodemloos tekort.

Toch verschijnt in de kunst het reële nooit in zuivere staat. Het kan pas opflitsen binnen een constellatie van betekenaars. Alleen omdat de hoofse minnaar zijn aanbeden Dame herleidt tot een hol ideaaltype, symbool van de Liefde, kan hij iets laten doorschemeren van het destructieve vermogen tot genieten dat hij fantasmatisch aan haar toeschrijft en waarin hij bang is te worden meegesleurd. Zoals voor Nietzsche is voor Lacan 'het effect van schoonheid een effect van verblinding'.[35] Wanneer de 'onbuigzame', 'koude' Antigone haar leven offert voor (de naam van) haar dode broer, dan licht voor de toeschouwer even de leegte op die achter elke betekenaar huist en verkrijgt hij even inzicht in de ongegrondheid van alles waar het menselijk verlangen zich aan vasthecht. Maar dit moment van 'inzicht' is niet iets wat hij zomaar mee naar huis kan nemen. Het valt samen met een moment van verblinding. De toeschouwer is in de *imaginaire* greep van Antigones fascinerende

35. *L'éthique de la psychanalyse*, p. 327.

gestalte waarin de verglijding van de betekenaars even stokt en er dus niets meer te begrijpen valt. De leegte van de betekenaar 'openbaart' zich in een beeld dat zijn karakter van *Gestalt* te buiten gaat, een beeld dat *schittert*.

Ook in de schilderkunst gaat het om een beeld dat méér dan een (imaginair) beeld is. In het beeld zwerft immers een onhandelbaar, onobjectiveerbaar object rond, namelijk de blik. De toeschouwer kan deze blik als object a nimmer in het vizier krijgen, ook al vibreert deze blik intussen wel in het hele beeld en verleent hij het schilderij de dichtheid van een vlechtwerk. Het object a openbaart zich nooit. Het verschijnt juist als een vlek of scherm dat een grens stelt aan het vermogen tot openbaring. Terwijl het voor Hegel uiteindelijk de taak van de kunst is de wereld van haar vreemdheid te ontdoen, is voor Lacan het kunstwerk de dubieuze verschijning van wat ontsnapt aan elke poging tot transparantie. Anders gezegd: voor Hegel ontwerpt de kunstenaar een beeld dat de mens uitnodigt om tot zelfbewustzijn te komen. Voor Lacan is de kunst juist de ervaring van een bevreemding die constitutief is voor de mens. Wanneer de toeschouwer Antigones schittering overdenkt, wanneer zijn oog zich verliest in de densiteit van het picturale beeld, dan heeft hij de ervaring dat hij niet samenvalt met zichzelf. Anders gezegd: hij ervaart dat hij slechts met zichzelf 'samenvalt' in een eeuwig vervlietend object. Het object a is geen punt van herkenning, maar een *unheimlich* onding dat mijn verdwijning bezegelt. Het is nooit iets wat ik me hier en nu kan voorstellen, maar iets wat uit een onheuglijk verleden terugkeert om meteen te verdwijnen. Blanchot zou dit *l'ancien, l'effroyable ancien* noemen.

Zoals voor de neoplatoonse filosoof Plotinos lijkt schoonheid voor Lacan een schild dat ons tegen de verschroeiende straling van het Goede beschermt. Alleen is het voor Lacan maar al te duidelijk dat indien dit 'Goede' werkelijk zou worden ontsluierd, dit het absolute Kwaad zou blijken te zijn, een 'polymorf pervers' genot dat het subject opheft. Zo begrepen moet Lacan zich verwant voelen met Rilkes 'definitie' van schoonheid als 'het net nog te verdragen begin der verschrikking'. Kunst blijft een symbolisch-imaginair spel dat de terreur van het Ding op afstand houdt, de leegte *organiseert*.[36]

Op het neurotische symptoom heeft het kunstwerk voor dat het ook altijd betekenis produceert. Alleen maakt pas dat moment waarin de beweging van de betekenis stokt het kunstwerk tot kunstwerk. Lacan denkt hierbij niet enkel aan Holbeins vrij zwevende spookfallus, maar ook aan Van Goghs schoenen, Cézannes appels, Dalí's lades en slappe

36. *L'éthique de la psychanalyse*, p. 155.

horloges, de lucifersdoosjes die de dichter Jacques Prévert in eindeloze series opstapelde...

Het valt niet te ontkennen dat de moderne kunst sinds pakweg Courbet op een meer doortastende manier het *reële* in het spel brengt dan de kunst daarvoor. Een flink deel van de avant-garde lijkt af te stevenen op dat punt dat voorbij elke symbolische of imaginaire inkleding ligt. Niet toevallig werd moderne kunst telkens weer voor 'regressief', 'infantiel' of zelfs 'onmenselijk' versleten. De 'realiteit' die zij trachtte bloot te leggen, niet langer versluierd door de formele conventies en versleten beelden van de burgerlijke cultuur, bleek meer met het beangstigende *reële* te maken te hebben dan met wat de burger als realiteit herkende.

Vandaar de communicatiestoornis tussen de kunst en het grote publiek (een stoornis die men vandaag al te ongeduldig lijkt te willen opheffen). Terwijl het publiek van de kunstenaar verwacht dat hij de realiteit op een schone of indrukwekkende manier verbeeldt, hoort wat het publiek 'realiteit' noemt voor de kunstenaar juist al te zeer tot het rijk van de verbeelding. De kunstenaar zet eerder een stap terug tot vóór de verbeelding (zoals in allerlei vormen van informele kunst), of hij eigent zich de producten van die verbeelding op zodanige wijze toe dat het *unheimliche* karakter ervan voelbaar wordt. Het alom vertrouwde verschijnt dan plots als onvertrouwd (zoals in dada, *readymade*, surrealisme, allerlei vormen van popart en *appropriation art...*). De alledaagse beeld- en objecttaal blijkt, wanneer hij vervormd, uit zijn context gerukt, geassembleerd, gerepeteerd wordt, een soort hiëroglifisch schrift te zijn dat iets verraadt van de afgrondelijkheid van het menselijk verlangen.

Als het meest wezenlijke kenmerk van de moderne kunst wordt vaak genoemd dat zij afstand neemt van de imitatie of representatie. Men zou kunnen zeggen: zij representeert niet langer de realiteit omdat zij het *reële* wil presenteren. De uitspraak van Heidegger in acht nemend dat 'het meest nabije het meest verre is', kan men stellen dat het reële juist zo onvoorstelbaar is omdat het de mens veel dichter op de huid zit dan alles wat men als 'realiteit' kan aanwijzen. Merleau-Ponty wees erop dat het Cézannes ambitie was de vinger te leggen op hoe de wereld de mens raakt voordat hij zich deze wereld als een transparante, perspectivisch gestructureerde ruimte kan voorstellen. Hij spreekt van de 'onheuglijke bodem van het zichtbare' waarnaar de 'voormenselijke blik' van de schilder afdaalt.[37] Lacan, in discussie met Merleau-Ponty, legt er de nadruk op dat de ontmoeting met het reële een traumatische, 'mislukte

37. Maurice Merleau-Ponty, *L'Oeil et L'Esprit*. Parijs (Gallimard) 1964. Merleau-Ponty wijst er ook op dat 'veel schilders gezegd hebben dat de dingen hen bekijken'.

ontmoeting' is. Het reële is datgene waarvan het subject altijd al gescheiden is. Men kan er dan ook nooit een positieve invulling aan geven. Het reële laat altijd slechts *achteraf* sporen achter in het symbolische waarin het afwezig is. Het dient zich met name aan wanneer de betekenaars hun 'betekenend' karakter, hun betekenis verliezen en hun materialiteit als betekenaar op de voorgrond komt.

Zo'n visie kan een nieuw licht werpen op de typisch *modernistische* idee dat kunst een puur spel van betekenaars is zonder enige referentie aan de realiteit. Men gaat er dan van uit dat het spel *in zichzelf sluit*. Het kan niet anders of een dergelijk formalisme berust op een massieve verdringing van een traumatische ervaringskern. Lacan leert ons dat juist daar waar een betekenaarsconstellatie in zichzelf lijkt te sluiten iets aandringt wat voorbij elke betekenaar ligt: het Ding als onmenselijk nonobject van het menselijk verlangen.

Tegen de media in die de massale vraag naar geruststellende imaginaire identificaties stimuleren en bevredigen, richt de kunst zich tot de mens als verlangend subject, namelijk iemand die gefascineerd is door een Ding. Als er zoiets als een 'postmoderne conditie' van de kunst bestaat, dan heeft die misschien te maken met het bewustzijn dat het naïef is te denken dat dit Ding voor de mens niets dan goeds in petto heeft. Maar in die zin is het postmoderne minstens even oud als het moderne.

Bibliografie

OVER PSYCHOANALYSE

Sigmund Freud – Nederlandse Editie. 28 delen, Meppel/Amsterdam (Boom) 1979-1993; Cultuur en religie (CR), Psychoanalytische theorie (PT), Inleiding tot de psychoanalyse (IP), Psychoanalytische duiding (PD)

Jean Laplanche, *Vie et mort en psychanalyse*. Parijs (Flammarion) 1970

A. Vergote, P. Moyaert e.a., *Psychoanalyse. De mens en zijn lotgevallen*. Kapellen (Pelckmans) 1988

Paul-Laurent Assoun, *Psychanalyse*. Parijs (PUF) 1997

FREUD OVER KUNST

Psychopatische figuren op het toneel, en andere teksten, CR 1, Amsterdam/Meppel (Boom) 1982

De schrijver en het fantaseren, en andere teksten, CR 2, Amsterdam/Meppel (Boom) 1983

WERKEN OVER FREUD EN KUNST

Jean Laplanche en J.-B. Pontalis, 'Sublimation', in: *Vocabulaire de la psychanalyse*. Parijs (PUF) 1967

Sarah Kofman, *L'enfance de l'art. Une interprétation de l'esthétique freudienne*. Parijs (Payot) 1970

Jean Laplanche, *Problématiques*. Deel III, *La sublimation*. Parijs (PUF) 1980

Serge André, 'Le symptôme et la création', in: *La part de l'oeil. Dossier: Arts Plastiques et Psychanalyse*. Brussel (Presses de L'Académie Royale des Beaux-Arts de Bruxelles) 1985

Leo Bersani, *The Freudian Body. Psychoanalysis and Art*. New York (Columbia University Press) 1986

Hubert Damish, *Le jugement de Paris. Iconologie analytique I*. Parijs (Flammarion) 1992

WERKEN VAN LACAN

Écrits. Parijs (Seuil) 1966

Le séminaire livre XI. Les quatre concepts fondamentaux de la psychanalyse. Parijs (Seuil) 1973

Le séminaire livre VII. L'éthique de la psychanalyse. Parijs (Seuil) 1986

WERKEN OVER LACAN

Antoine Mooij, *Taal en verlangen. Lacans theorie van de psychoanalyse*. Meppel (Boom) 1975

Philippe Van Haute, *Psychoanalyse en filosofie. Het imaginaire en het symbolische in het werk van Jacques Lacan*. Leuven (Peeters) 1989

Mikkel Borch-Jacobsen, *Lacan. Le maître absolu*. Parijs (Flammarion) 1990

Philippe Julien, *Le retour à Freud de Jacques Lacan. L'application au miroir*. Parijs (EPEL) 1990

Bernard Baas, '"Grande est la Diane des Éphésiens" (La sublimation et le sublime)', in: Idem, *Le désir pur. Parcours philosophiques dans les parages de J. Lacan*. Leuven (Peeters/Vrin) 1992

Slavoj Zizek, *Het subject en zijn onbehagen*. Amsterdam (Boom) 1996

Philippe Van Haute, *Tegen de aanpassing. Jacques Lacans 'ondermijning' van het subject*. Nijmegen (SUN) 2000

Marc De Kesel, *Eros & Ethiek. Lectuur van Jacques Lacans Séminaire VII*. Leuven (Acco) 2002

Samuel Weber, *Rückkehr zu Freud. Lacans Ent-stellung der Psychoanalyse*. Frankfurt a.M./Berlijn/Wenen (Verlag Ullstein) 1978

HOOFDSTUK II

Jacques Derrida – *De ontgrenzing van het kunstbegrip*

Der Ausdruck der Kunstwerke ist das nicht Subjektive am Subjekt, dessen eigener Ausdruck weniger als sein Abdruck.
THEODOR W. ADORNO

Inleiding

Jacques Derrida (1930-2004) gaat door voor de filosoof van de 'deconstructie', een term waarvan hij zegt niet te houden maar die hij evenmin afwijst. Wat Derrida 'deconstrueert' is de westerse metafysica in al haar vormen. Eigen aan alle metafysica is dat zij alles terugbrengt tot een vast fundament waarin het denken zijn oorsprong vindt, zoals de idee bij Plato, het cogito bij Descartes, het transcendentale subject bij Kant en Husserl, de Geest bij Hegel, de materie in het materialisme en de feiten in het positivisme. Ook de esthetica maakt deel uit van deze metafysische traditie. Of de kunst nu laag of hoog wordt gewaardeerd, zij wordt steeds gewaardeerd omwille van haar metafysische gehalte. Bij Plato is kunst een onvermijdelijk onbetrouwbare *mimesis* van een zintuiglijke verschijning die op zichzelf reeds een afbeelding is van de idee als ware werkelijkheid. Kunst is dus zoiets als een schaduw van een schaduw. In een traditie die loopt van het neoplatonisme van Plotinos tot aan de romantiek en Hegel wordt de kunst hoger gewaardeerd: zij is de – versluierde – verschijning van het ware als idee. Zelfs voor Kant blijft de productieve verbeelding van het artistieke genie de mimesis van een vrije productiviteit die in de natuur werkzaam is en die uiteindelijk goddelijk van oorsprong is. Het begrip 'creativiteit' lijkt dus onvermijdelijk theologisch geconnoteerd, en het begrip kunst, zegt Derrida, lijkt wel 'gemaakt om de mens te verheffen, met name altijd de god-mens'.[1]

De esthetica zoals die in de achttiende eeuw voor het eerst als een aparte discipline ontstaat, begrijpt de kunst vanuit de *aisthesis*, de zintuiglijke ervaring of gewaarwording. De kunst lijkt hiermee eindelijk te worden ontvoogd van haar ondergeschiktheid aan de metafysica. Maar voor Derrida is het begrip metafysica ruimer dan de idealistische en rationalistische systemen die men zich daar doorgaans bij voorstelt. Metafysisch is voor hem elk denken dat ons op een werkelijkheid wijst

1. 'Economimesis', p. 60.

en pretendeert deze werkelijkheid te kunnen blootleggen, ook al gaat het om de *esthetische* werkelijkheid van de zintuiglijke perceptie of van affecten. Blootleggen is *aanwezig* stellen en juist deze aanspraak op aanwezigheid wil Derrida 'deconstrueren'. Dit betekent niet dat hij de metafysica en haar esthetica wil bekritiseren omwille van hun ontoereikendheid, hun onvermogen het werkelijke aanwezig te stellen. Volgens Derrida is er immers iets aan de hand met de aanwezigheid zelf dat maakt dat ze *in zichzelf* tekortschiet en daarom vanuit zichzelf 'vraagt' om te worden aangevuld. Maar uiteraard kan elke aanvulling slechts het tekort herhalen dat de aanwezigheid zelf kenmerkt.

Het spreekt vanzelf dat er vanuit zo'n perspectief van een 'kunstfilosofie' in de klassieke zin van het woord geen sprake kan zijn. Het begrip 'kunst' is op zichzelf reeds problematisch omdat daarin de hele traditie van een metafysisch gekleurde esthetica meeklinkt. Men zal Derrida dan ook zelden betrappen op algemene uitspraken over wat 'kunst' is. Hij doet eerder een stap terug. Hij ontleedt geduldig en minutieus klassieke teksten uit de filosofische esthetica waar zij een poging doen om het begrip 'kunst' te definiëren en dus af te grenzen van wat het niet is. Hij toont daarbij aan dat zij hierin *noodzakelijk* niet slagen omdat elke afgrenzende definiëring in haar geweld steeds verraadt dat het gedefinieerde van binnenuit is aangetast door wat men wil buitenhouden.

Een andere strategie van Derrida bestaat erin om kunstwerken zelf, meestal literaire werken, even geduldig en minutieus te lezen en aan te tonen hoe daarin iets gebeurt dat ontsnapt aan wat men doorgaans 'kunst' of 'literatuur' noemt. Zoals voor Adorno gaat voor Derrida kunst noodzakelijk haar begrip te buiten. Zij onttrekt zich aan wat men altijd met haar heeft verbonden: mimesis, (re)presentatie, verschijning, expressie, aisthesis…: allemaal begrippen die behoren tot een metafysica van de aanwezigheid. Kunst heeft voor Derrida juist te maken met een vreemde *affirmatie* van een onherstelbaar tekort dat de (re)presentatie of verschijning van de aanwezigheid tekent. Dit tekort is evenwel net zo goed een exces: juist omdat de aanwezigheid nooit werkelijk plaats- heeft, blijft zij op een onbegrensbare, onbeheersbare manier aankomen. Dit 'excessieve tekort' waar het in de kunst om gaat, heeft Derrida onder meer 'schrift', 'tekst' en *différance* genoemd. Een korte uitleg hiervan is niet overbodig.

Het wezenlijk onwezenlijke: het schrift

Het bekendste en meest uitdagende aspect van Derrida's denken zal wellicht altijd de manier blijven waarop hij het begrip 'schrift' of 'tekst' heeft verruimd voorbij de grenzen van wat men daar doorgaans onder verstaat. Derrida stelt eerst en vooral vast dat het schrift in de gewone zin van het woord in de geschiedenis van de filosofie niet alleen als iets bijkomstigs is behandeld, maar zelfs als iets gevaarlijks. Geschreven tekens zijn weliswaar handig om ervaringen, intuïties, ideeën op grote schaal te verspreiden, maar zijn anderzijds misleidend. Eenmaal neergeschreven droogt de levendigheid van een ervaring of voorstelling als het ware op, terwijl die levendigheid in het gesproken woord nog in hoge mate bewaard blijft. Alle taal is communicatie en het vertrekpunt van die communicatie lijkt steeds een *aanwezigheid*. Iemand is aanwezig bij wat hij ervaart, waarneemt, voelt, verbeeldt, denkt, en elke taaluiting houdt in dat men die aanwezigheid in tekens omzet en op die manier communiceert.

Zeer uiteenlopende filosofen als Plato, Rousseau en Husserl zijn argwanend tegenover het schrift omdat het van die aanwezigheid afdwaalt, omdat de auteur zeer moeilijk of helemaal niet meer kan nagaan of wat hij eigenlijk heeft willen overbrengen bij de juiste mensen terechtkomt en op de juiste manier wordt begrepen. Ook de lezer zit met dit probleem. Vaak krijgt hij een tekst in handen die oorspronkelijk helemaal niet voor hem was bestemd; denk bijvoorbeeld aan de liefdesbrieven van beroemde schrijvers. Maar ook wanneer de auteur zich tot een groot publiek richtte, is de lezer meestal niet in de gelegenheid om de oorspronkelijke bedoeling van de auteur na te gaan, gewoonweg omdat deze te ver, te onbekend of overleden is.

In *Signature Événement Contexte* (1971) noemt Derrida dit op zichzelf banale fenomeen de 'iterabiliteit': de herhaalbaarheid van het geschrevene buiten zijn oorspronkelijke communicatieve context. Uitdagend wordt het pas als Derrida betoogt dat deze iterabiliteit niet zomaar bijkomstig is, maar wezenlijk. Een tekst kan alleen als tekst totstandkomen in de mate waarin hij kan worden gelezen, geïnterpreteerd, geparafraseerd, gereproduceerd, geciteerd, gedistribueerd en vertaald door mensen die van de intentie van de auteur weinig of niets kunnen of willen afweten. Het is dus wezenlijk voor een tekst dat hij kan 'afdrijven' of 'vervreemden' van zijn 'oorspronkelijke' betekenis. Geschreven tekens zijn nu eenmaal pas als tekens herkenbaar voorzover ze niet opgaan in de actualiteit van hun inscriptie en samenvallen met een bepaalde *aanwezigheid* die er op een bepaald moment in wordt geïnvesteerd. Anders gezegd:de betekenis van een schriftteken staat en valt per definitie niet met een subject dat hier en nu aan een bepaald publiek iets wil zeggen. Zelfs als de auteur nooit serieus op de inhoud van wat hij schreef was betrokken, blijft zijn tekst leesbaar.

Het schrift houdt dus een breuk in met de aanwezigheid, die radicaler is dan een bepaalde filosofische traditie steeds heeft willen erkennen.

Deze traditie zag het schrift slechts als een verzwakking of vervaging in de communicatie van de aanwezigheid. Volgens Derrida veronderstelt de loutere inscriptie van een schriftteken evenwel de mogelijkheid van de dood als radicale afwezigheid van zijn auteur en dus van zijn 'oneigenlijke', 'ongetrouwe' herhaling in vreemde contexten. Maar Derrida gaat verder: deze radicale breuk met de aanwezigheid geldt volgens hem niet alleen voor de schriftelijke communicatie, maar voor elke vorm van communicatie. Ook het gesproken woord kan slechts op grond van zijn iterabiliteit als betekenisvol worden herkend. Het heeft in die zin een eigenschap die men normaal slechts aan het schrift toeschrijft: het gaat niet op in de actualiteit van zijn zegging die door een subject met zijn intentie wordt 'bezield', maar anticipeert altijd al op zijn herhaling in contexten waarin die oorspronkelijke intentie er niet meer toe doet. Zo'n oneigenlijke herhaling is dus niet enkel feitelijk mogelijk. Derrida spreekt van een '*noodzakelijke* mogelijkheid'. Elk spreken loopt vooruit op zijn mogelijke herhaling, is reeds door zijn herhaling getekend. In die zin is geen enkel teken ooit zonder meer uniek, singulier, 'authentiek'. Een teken valt nooit samen met zichzelf en dus evenmin met de aanwezigheid waar het zogezegd voor staat.

De interne verdeeldheid van het teken komt ook voort uit het feit dat het teken zelf altijd tot op zekere hoogte een herhaling is van andere tekens. Een volstrekt nieuw en uniek teken zou helemaal niet als talig element herkenbaar zijn. Elk element kan zich slechts 'hier en nu' voordoen omdat het de sporen draagt van vorige, en andere elementen aankondigt die even onzuiver zijn, evenzeer opengespalkt tussen verleden en toekomst. Zo is de gesproken taal een spel van tekens die nooit ten volle aan enige aanwezigheid raken. Ze vormen nooit het zuivere spoor van een aanwezigheid, maar dragen *elkaars* spoor. Ze kunnen niet aan een aanwezigheid refereren zonder eerst en vooral aan elkaar te refereren. Derrida heeft dit proces *différance* genoemd. Het werkwoord 'différer' betekent zowel verschillen als uitstellen, opschorten. Elk teken verschilt van andere tekens en is door dat verschil van binnenuit gemarkeerd. In die zin verschilt het teken van zichzelf en schort het de unieke aanwezigheid die het uitzegt altijd al op. Die aanwezigheid is altijd iets waarop wordt geanticipeerd of waar achteraf naar wordt terugverwezen.

Het meest uitdagende van Derrida's filosofie bestaat erin dat voor hem niet enkel de gesproken taal een schrift-achtig of tekstueel karakter heeft (vanwege de radicale breuk met de aanwezigheid), maar dat het schrift *de structuur uitmaakt van de ervaring in het algemeen*. Dit is de betekenis van Derrida's uit den treure geciteerde zin die voor veel irritatie heeft gezorgd: 'Il n'y a pas dehors-texte.' Deze zin betekent dat er niets is wat aan de mens verschijnt, door hem wordt ervaren, waargenomen, verbeeld of gedacht dat niet *gemarkeerd* is door vorige ervaringselementen en niet vooruitloopt op komende. In die zin komt geen enkele ervaring ooit ten volle aan, maar is iedere ervaring a priori meegenomen door het spel van de *différance* dat elk evenement in zichzelf opschort.

Wanneer de metafysica het schrift als mnemo- of communicatietechniek steeds als een bedreiging beschouwde voor de aanwezigheid en het daarom wou uitstoten of domesticeren, dan was dat eigenlijk omdat ze het onbehagen wilde bezweren over een *différance* of 'tekstualiteit' die reeds op het niveau van de echte ervaring en het denken speelt. Het schrift in enge zin werd verantwoordelijk gesteld voor een breuk met de aanwezigheid die eigenlijk reeds op het niveau van de meest 'onmiddellijke' ervaring meespeelt. Voor Derrida is het 'schrift' in de zin van *différance* geen aanvulling die aan een op zichzelf intacte aanwezigheid wordt toegevoegd, maar een '*oorspronkelijk* supplement', een supplement dat wat men aanwezigheid noemt reeds markeert en dus doorstreept vóór die aanwezigheid zich ooit 'hier en nu' voordoet. Het zogenaamde 'actuele' is altijd al in een verleden ondergebracht, achtergelaten, vergeten. Het gaat in die zin om een verleden dat nooit aanwezig is geweest en ook naderhand nooit ten volle kan worden geactualiseerd. De aanwezigheid 'spookt' altijd al als een (terugkerend) restant van zichzelf.

Derrida's deconstructie van de metafysica van de aanwezigheid impliceert een deconstructie van het subject. Het bij- of voor-zich-zijn van het subject, zijn zelfaanwezigheid of zelfbewustzijn is altijd 'neergeschreven', 'ingegrift' en dus altijd al bezig zich te herhalen en dus *uit te vegen* in sporen van zichzelf. Het gebeuren van deze inscriptie is onbeheersbaar want gaat principieel vooraf aan de intentie, de aandacht of het waakzame bewustzijn van het subject. Het ontzet het subject uit zijn positie van centrale instantie waarin alle ervaren, denken en spreken zijn oorsprong vindt. Het opent in het subject een leemte die 'oorspronkelijker', ouder is dan het subject zelf.

Derrida beschrijft het schrift als *différance* vaak als een soort doodin-het-leven. Het leven is geen zuivere energie die eventueel door de negativiteit van het woord of het begrip in haar beweging wordt geremd, maar is pas zichzelf doordat het van meet af aan sporen trekt waarin het zijn levenskracht opschort, deze in reserve houdt en zich vanuit die reserve aan een onbepaalde toekomst belooft. Het leven is altijd al bezig zichzelf te 'signeren', te 'verzegelen', te 'crypteren', zijn 'testament te maken'. Het leeft pas vanuit sporen of 'trekken' (*traits*) waarin het zich terugtrekt (*retrait*), en is in die zin altijd al zichzelf aan het *over*leven.

De prioriteit van het schrift impliceert tevens de prioriteit van de *ander*. Aangezien het subject zich altijd al neerschrijft in sporen die op hun herhaling door anderen vooruitlopen en zelf reeds sporen dragen van door anderen gebruikte sporen, is het subject op een radicale manier aan de ander blootgesteld. Het spreekt nooit enkel tot de ander maar steeds ook *vanuit* de ander, of beter: vanuit ander*en*. De anderen spreken reeds met het subject mee nog vóór het de intentie heeft om zich mede te delen, nog voor het iets 'wil zeggen'. Het subject kan bij deze anderen niet zich aanwezig stellen. In een onachterhaalbaar verleden hebben deze anderen op hem ingewerkt en het is vanuit dat verleden dat ze op 'spookachtige' wijze naar het subject blijven toekomen of zich aan het subject 'geven'. De aanwezigheid van het subject bij zichzelf wordt dus steeds voorafgegaan door een meervoudige gift die zich aan de aanwezigheid onttrekt, een gift die in geen enkel 'hier en nu' kan worden ontvangen.

'Kunst' heeft voor Derrida alles te maken met een vreemd engagement in de *différance* als oorspronkelijke *on*oorspronkelijkheid van het subject en de ontvankelijkheid voor de spookachtige ander die daarin is geïmpliceerd. Maar alvorens daarop in te gaan bespreken we eerst hoe Derrida aantoont dat ook een klassieke tekst van de filosofische esthetica, Kants *Kritik der Urteilskraft*, willens nillens door de beweging van de *différance* wordt meegevoerd.

De onmogelijkheid van een kunstbegrip[2]

HET GEWELD VAN EEN KADER

Bij uitstek moderne vragen als 'Wat is kunst?' of 'Wat is een esthetische ervaring?' impliceren op zichzelf reeds een reductie van het esthetische tot een essentie. Als Kant de moderne esthetica laat aanvangen met de vraag naar de eigenheid van de esthetische ervaring of het esthetische oordeel, gaat hij er blijkbaar van uit dat er zo'n eigenheid bestaat, dat het domein van het 'esthetische' een essentie of een ultieme betekenis heeft. De vraag naar het esthetische veronderstelt dus een voorafgaande afbakening van datgene waarnaar wordt gevraagd.

In *Parergon* (1978) onderzoekt Derrida de complexe strategie van die afbakening. Enerzijds zet Kant zich af tegen het classicisme dat kunst ziet als een *imitatio* volgens expliciteerbare regels en haar daarmee onderwerpt aan de rationaliteit. Maar hij wil de kunst evenzeer beschermen tegen haar reductie tot het esthetische in de zin van zintuiglijke gewaarwording. Juist omdat Kant de twee extremen wil vermijden komt

2. Vóór lezing van deze paragraaf is het raadzaam het hoofdstuk over Kant te herlezen, en wel de paragrafen over het schone en het sublieme.

hij tot de bekende paradox van het 'belangeloze welgevallen'. Dit welgevallen is wel degelijk een vorm van lust, zij het dat die lust niet wordt beleefd aan louter zintuiglijke prikkels. Het zintuiglijk geprikkelde subject wordt tussen haakjes geplaatst evenals zijn natuurlijke wereld. Het subject lijkt dus lust te scheppen in iets dat geen tijdruimtelijk bestaan heeft. Het schept er blijkbaar gewoon lust in lust te scheppen. Derrida gewaagt van een 'zelf-affectie', zij het dat die wordt opgewekt door een buitenwereld die in alle opzichten (conceptueel, zintuiglijk, existentieel) onbepaald blijft. De zelf-affectie is dus eigenlijk een 'pure hetero-affectie', een aangestoken-zijn door een object dat radicaal heterogeen blijft. De lust die het subject zichzelf geeft wordt hem eigenlijk gegeven door een puur, onassimileerbaar buiten. Door dit buiten wordt het subject op een wel heel vreemde wijze aangedaan: het gaat om een affectie die hem niet enkel berooft van elk begrip maar zelfs van elk (natuurlijk) genot. Er is dus zelfs geen sprake van een werkelijke beleving, want er is niets empirisch, 'materieels' dat eraan beantwoordt. Zo'n pure, letterlijk *uitgepuurde* lust aan het 'schone' is dus niet weggelegd voor een Ik dat werkelijk belangstellend betrokken is op zijn wereld. Zo'n lust lijkt dus onmogelijk... Maar deze lust *is er*, zegt Derrida, als een onwezenlijk restant dat zich blijft geven zonder dat het subject deze gift adequaat kan ontvangen. Er wordt dus als het ware lust beleefd aan dit onvermogen te ontvangen. Het subject beleeft lust aan de rouw om zijn bloedeigen natuurlijk-zintuiglijke (lust)bestaan dat in een 'crypte' is bijgezet maar vanuit die crypte blijft spoken...

Derrida parafraseert provocerend de manier waarop Kant op vooral negatieve wijze de eigenheid van de esthetische ervaring wil afbakenen: *zonder* begrip, *zonder* genot, *zonder* interesse in het bestaan van het object. In de manier waarop Kant evenwel allerlei zaken buiten wil houden, verraadt hij dat hij daar niet in slaagt, dat het esthetische verstrengeld blijft met wat erbuiten valt. Kant verraadt zich volgens Derrida vooral wanneer hij voorbeelden geeft van wat bij uitstek het voorwerp is van een zuiver esthetisch smaakoordeel. Hij schenkt hierbij verdacht veel aandacht aan de 'parerga': bijkomstige versieringen die niet tot het eigenlijke kunstwerk behoren, zoals de drapering van beelden, de zuilengalerijen van gebouwen en de lijst van schilderijen. Voor Kant hoort een parergon een puur onderdanige, instrumentele functie te hebben. Zo is de taak van de lijst om het kunstwerk af te grenzen van wat erbuiten valt. Deze afgrenzing staat ervoor in dat de serene ervaring van de pure vorm van het kunstwerk niet wordt besmet door de al te materiële wereld erbuiten. Kant is er zich van bewust dat zo'n afgrenzing een risico met zich meebrengt. Het is altijd mogelijk dat het parergon geen uiterlijk toevoegsel blijft dat de aandacht op het kunstwerk vestigt (en dus zichzelf overbodig maakt), maar dat het door zijn eigen 'bekoorlijkheid (*Reiz*) het schilderij bijval verleent' (Kant). In dat geval wordt de versiering loutere opsmuk en doet ze afbreuk aan de zuivere schoonheid. De grens blijkt uiteraard dun. In elk geval blijkt een lijst *nodig*, en het valt nooit ondubbelzinnig uit te maken of die de ervaring van het 'eigenlijke' werk ondersteunt dan wel onzuiver maakt. Het lijkt wel alsof het 'eigenlijke' werk (ergon) het 'oneigenlijke' *bij*werk (parergon) behoeft om ervaarbaar te kunnen zijn. Het parergon lijkt vreemd genoeg *essentieel* in zijn bijkomstigheid, alsof het werk uit zichzelf vraagt om de retoriek van een inkadering om hoe dan ook als 'zichzelf' te kunnen verschijnen. De noodzaak van een zintuiglijk prikkelend parergon bezoedelt onvermijdelijk de zuiverheid van het kunstwerk en daarmee de 'belangeloosheid' van het smaakoordeel. Maar het maakt anderzijds ook mogelijk wat het bezoedelt. Het parergon is dus een 'oorspronkelijk supplement'.

Kant staat zelf nauwelijks stil bij deze paradoxale status van het parergon. Wat hem zeker ontgaat is dat hetgeen hij slechts kort en terloops over het parergon loslaat iets verraadt van het paradoxale karakter van zijn eigen esthetica, in het bijzonder zijn leer van het schone. Deze leer wordt immers door Kant geperst in een kader van categorieën (kwantiteit, kwaliteit, relatie, modaliteit) die afkomstig is van zijn kennisleer. Categorieën die verstandsoordelen betreffen, functioneren dus als een *parergon*, als kader voor Kants schoonheidsleer. Er is iets gewelddadigs aan deze inkadering.[3] Begrippen waarmee de structuur van kennisoordelen wordt begrepen, worden toegepast op esthetische oordelen die, zoals Kant toch zelf zegt, geen begrippelijke kennis aanbrengen en zelfs niet naar een bestaand object verwijzen. Het is alsof het transcendentale kader van Kants kennisleer het esthetische oordeel moet beschermen tegen zijn onbepaaldheid, zijn interne gebrekkigheid (*zonder* begrip, enzovoort). Het is alsof het esthetische oordeel volledig in de lucht zou hangen indien het niet nog een beetje zou lijken op een verstandsoordeel. Dit is inderdaad de enige manier waarop Kant zijn inkadering 'rechtvaardigt': esthetische oordelen zouden 'analoog' zijn aan verstandsoordelen.

Als Kant het schoonheidsoordeel vanuit het kader van het verstandsoordeel begrijpt, dan geeft hij eigenlijk een voorbeeld van de dubbelzinnige status van het kader/parergon waar hij terloops op wijst. Zoals de omlijsting de zuivere esthetische ervaring van het schilderij zowel ondersteunt als bedreigt, zo functioneert het begrippenkader van de *Kritik der reinen Vernunft* voor Kants schoonheidsleer als een kader dat

3. Vgl. noot 2 van het hoofdstuk over Kant.

het esthetische oordeel zowel in zijn specificiteit erkent als miskent. De paradox bestaat erin dat die erkenning alleen op basis van die miskenning mogelijk is. Kant kan de onherleidbare specificiteit van het esthetische oordeel slechts hardmaken door zijn formele gelijkenis met het verstandsoordeel te poneren. Enkel door deze gelijkenis kan Kant het zuivere esthetische welbehagen dat de vorm betreft, onderscheiden van een louter natuurlijke, 'aangename' geprikkeldheid die de 'materie' van de gewaarwordingen betreft.

Derrida wijst op het geweld van deze inkadering, maar waarschuwt tevens voor illusies. Zodra men de eigenheid van de kunst of de esthetische ervaring wil vatten, zodra men de vraag stelt naar het 'wezen' of de 'waarheid' van de kunst, bezondigt men zich onvermijdelijk aan zulk geweld. De filosofische vraag 'Wat is kunst?' luidt dit geweld in. De deconstructie moet steeds op dit geweld wijzen, maar anderzijds mag zij niet 'dromen van de pure en simpele afwezigheid van het kader'.[4] Dan zou zij, onder het mom de metafysica te ondergraven, vervallen in een metafysica van de pure, oningekaderde verschijning, van het pure evenement, de vrije energie, kortom: van de volle *aanwezigheid*.

Voor Derrida is er altijd al (in)kader(ing). Het kader komt nooit zomaar achteraf een volle aanwezigheid begrenzen, maar komt juist tegemoet aan een gebrek dat de aanwezigheid zelf tekent. De toevoeging van een kader is nodig opdat er aanwezigheid zou kunnen zijn. Maar tegelijk kan zo'n toevoeging het gebrek in de aanwezigheid enkel herhalen. Zonder dat Kant dit wil, getuigt zijn schoonheidsleer hiervan. Kant voelt wel dat het kader van de verstandsbegrippen te zwaar op de analytiek van het schoonheidsoordeel drukt. Maar hij heeft het nodig. Hij wil dit kader dan ook zo ongemerkt mogelijk plaatsen, als een soort neutrale achtergrond. Maar hij kan niet verhinderen dat dit kader het ingekaderde van binnenuit aantast. Dit is de paradoxale logica van het parergon, die een andere naam is voor de *différance*. Concreet: door zijn analogie met het begrippelijke oordeel wordt het '*zonder* begrip' van het esthetische onzuiver, maar deze onzuiverheid is vreemd genoeg de enige mogelijkheid om dit oordeel 'zuiver' te stellen. Pas door een kader dat er vreemd aan is kan Kant van de schoonheid, die zich onttrekt aan het begrip, een theorie maken.

Net zomin als het 'zonder begrip' van het esthetische oordeel de pure afwezigheid van begrippelijkheid inhoudt, houdt het 'zonder doel' een pure afwezigheid van doel in. Het schone wordt gekenmerkt door een '*doelmatigheid* zonder doel'. Kant denkt hierbij voornamelijk aan natuurschoon en geeft het voorbeeld van een tulp. Als biologisch orga-

4. *La vérité en peinture*, p. 85.

nisme bezit de tulp een doelmatigheid. Hij groeit uit tot een 'volwassen' tulp en produceert zaadjes waaruit andere tulpen kunnen opbloeien. De tulp heeft dus een aanwijsbaar, wetenschappelijk conceptualiseerbaar doel. Als object van esthetische contemplatie is de tulp evenwel *zonder* doel. Dit betekent uiteraard niet dat de schone tulp niet goed op zijn doel is afgestemd, dat hij bijvoorbeeld onvruchtbaar is. Dan zou de tulp schoon zijn omdat hij onvolmaakt is, omdat hij in gebreke blijft tegenover een bepaald doel. Het 'zonder doel' van de tulp is evenwel geen mankement, maar betekent juist dat de tulp radicaal breekt met de idee van een te bereiken doel en dus eigenlijk 'volmaakt' in zichzelf is. Zijn 'onvruchtbaarheid' is erin gelegen dat hij helemaal niet in de cyclus van de vruchtbaarheid binnentreedt. De breuk met elk idee van een biologische of utilitaire doelmatigheid is dus absoluut. Toch blijft deze 'breuk', hoe radicaal ook, onvermijdelijk datgene veronderstellen waarmee gebroken wordt: de doelmatigheid. Schoon aan de tulp is immers haar '*doelmatigheid*-zonder-doel'. Conclusie: niet de doelmatigheid verleent iets zijn schoonheid, noch de pure doelloosheid, maar de radicaliteit van het 'zonder'. Zoiets moet Kant volgens Derrida op het oog hebben als hij zegt dat het schone, zonder enig conceptualiseerbaar doel te bezitten, toch de 'vorm' van de doelmatigheid bezit.

Het 'zonder' is een gemis dat niets mist. 'Het *zonder* van de pure breuk is zonder gebrek.'[5] Het is 'zonder negativiteit',[6] en daarom 'onschuldig' in de zin dat de schone tulp, in tegenstelling tot bijvoorbeeld beschadigd gereedschap, niet in gebreke blijft bij het algemene begrip van wat een tulp is of zou moeten zijn. De negativiteit van beschadigd gereedschap anticipeert volmaaktheid of functionaliteit. Het 'zonder', als een gebrek dat er geen is, betekent niets, representeert of thematiseert niets. Het is, om met Bataille te spreken, een 'werkloze negativiteit'.

Vreemd genoeg komt Kant, wanneer hij in de kunst naar voorbeelden zoekt voor deze doelmatigheid zonder doel, in de 'parergonale' sfeer terecht. Zo verwijst hij bijvoorbeeld naar 'het loofwerk op de omlijstingen of op het behang', dat 'op zichzelf niets betekent' of 'niets voorstelt'.[7] Dit soort ornamentiek refereert weliswaar aan iets, maar tegelijk wordt de referentie in een eindeloos gevarieerd vormenspel opgelost, en dus radicaal onderbroken. Het gaat om een beweging van 'betekening' (*signifiance*) zonder betekenis.

Naast een dergelijke pure, formele schoonheid, die radicaal breekt

5. *La vérité en peinture*, p. 106.
6. Ibidem, p. 108.
7. Zie *Kritik der Urteilskraft*, § 16.

met elk begrip, is er ook een minder zuivere schoonheid, die verbonden is met een begrip of ideaal van hoe een ding moet zijn. Toch slaat Kant deze 'ideale' of 'gedeeltelijk geïntellectualiseerde' schoonheid hoger aan, en wel omwille van haar morele gehalte. Kant denkt hier eerst en vooral aan de menselijke figuur. De menselijke figuur komt voor Kant niet in aanmerking om zonder enig begrip van een doel te worden afgebeeld. Kant schrikt terug voor de idee dat de mens zichzelf puur 'esthetisch' zou kunnen ervaren, namelijk als een pure en dus betekenisloze schoonheid, als wezen 'zonder doel', 'zonder begrip', zonder begrip van een doel... Men kan of mag bij de mens, die toch als enig wezen zichzelf tot doel is, geen abstractie maken van een begrip van volmaaktheid dat in elke norm of canon betreffende menselijke schoonheid is inbegrepen. Dit begrip gaat uiteindelijk terug op een bovenzintuiglijke idee van de morele bestemming van de mens. Met de esthetiek van de mens wordt de radicale doelloosheid van het esthetische afgezwakt. De menselijke figuur valt immers slechts esthetisch te genieten binnen het *kader* van een morele doelmatigheid. De breuk die Kant realiseerde met een traditie die schoonheid en volmaaktheid samen ziet, wordt weer gedicht. Het zinloze spel van de verbeelding krijgt zin doordat het symbool wordt van de moraliteit. Schoonheid wordt de zintuiglijke uitdrukking of verbeelding van een bovenzintuiglijke idee van morele perfectie.

HET ONINSLIKBARE

In zijn *Economimesis* (1975), een tekst die eigenlijk het middenstuk is van *Parergon*, gaat Derrida hier verder op in. Hij wijst erop dat Kant niet enkel met de ideale schoonheid een analogie construeert met de morele sfeer, maar dat zelfs het zuivere smaakoordeel een morele waarde heeft. Het vermogen om belangeloos van de natuur te genieten wijst op een zedelijke aanleg. De esthetische lust is een lust in de niet-consumptie van het object, in de onderbreking van de consumptie, en is dus volledig tegengesteld aan de orale, puur zintuiglijke consumptie. De pure smaak staat tegenover het loutere proeven of verorberen. Maar alles welbeschouwd doet het orale, de mond, hier dienst als model. De mond organiseert de analogieën tussen het lichamelijke en het geestelijke niveau, van het eten en braken tot het spreken en zingen.

Op het gebied van de kunstcreatie denkt Kant aan de mond van het genie wiens spreken of dichten wordt 'gedicteerd' door de mond van de natuur die op zijn beurt wordt geproduceerd door een *logos* die eigenlijk een goddelijke mond is waaruit alles voortkomt en waarnaar alles terugkeert. Alles gaat terug op een sprekende en zichzelf horende logos, een spirituele mond die tegelijk een oor is, een 'auto-affectieve' mond. Daarom is alle kunst voor Kant uiteindelijk *taal*. Taal is uitdrukking en de expressieve taal van de kunst kent verschillende niveaus: het gebaar (beeldende kunsten), de toon (muziek) en het woord (poëzie). De poëzie is de hoogste kunst omdat het de minst nabootsende kunst is. Ze is het minst afhankelijk van een uitwendige, zintuiglijke inhoud, en in die zin de meest vergeestelijkte, verinnerlijkte kunst.

Eigenlijk, zegt Derrida, is de poëzie voor Kant een geslaagde 'rouwarbeid'. Terwijl het subject met de poëzie elke concreet-zintuiglijke binding aan de buitenwereld opgeeft, afziet van elke aanraking of verorbering en vertering, stelt de poëzie het subject hiervoor tegelijk schadeloos in een ideaal zichzelf-horen-spreken. Anders gezegd: de 'hetero-affectie' wordt restloos 'gesublimeerd' tot een 'zelf-affectie' waarbij het subject helemaal bij zichzelf aanwezig is. Hiermee is de poëzie het meest trouw aan de vrije productiviteit van de logos die de natuur bezielt. Doordat ze totaal afziet van consumptie, consumeert de poëzie op ideale wijze. Het privilege van de poëzie wijst er volgens Derrida op dat een goddelijke, zelf-affectieve 'mond' dienst doet als kader, als 'parergon' van Kants esthetica, zowel van zijn leer van het 'belangeloze' smaakoordeel als van zijn kunsttheorie.

Derrida's vraag is wat dit kader uitsluit, maar hij merkt meteen op dat men deze vraag vooral niet mag beantwoorden. Het antwoord is bij voorbaat een nietszeggende tautologie: 'iets' dat weerstand biedt aan deze auto-affectie, dat zich niet laat verteren, zich niet laat voorstellen of uitspreken: een onherleidbare heterogeniteit die zich niet laat inslikken, en dus moet worden *uitgekotst*. Derrida verwijst hierbij opnieuw naar een schijnbaar onbelangrijke alinea in de *Kritik der Urteilskraft* (§ 48) waarin heel kort het walgelijke (*Ekelhafte*) wordt behandeld. Alles kan als schoon worden voorgesteld, zegt Kant daar, al het lelijke en onbehaaglijke: furiën, ziektes, oorlogsverwoestingen... 'Slechts één vorm van lelijkheid kan niet natuurgetrouw worden voorgesteld zonder elk esthetisch welgevallen en dus elke kunstschoonheid te gronde te richten, namelijk degene die walging opwekt.' Walgelijk aan iets is hier niet zozeer dat het ongenietbaar is, maar dat het zich *aan het genot opdringt* voordat men zich ertegen kan verzetten. Het walgelijke laat niet de afstand toe die de voorwaarde is voor een esthetische voorstelling. De voorstelling slaagt er niet in zich los te maken van de gewaarwording van het object, en kan dan ook niet anders dan zichzelf annuleren. De opdringerigheid van het walgelijke verhindert de niet-consumptie, maakt de 'belangeloze' contemplatie onmogelijk. Hierdoor heeft het rouwproces, waarbij het object wordt geïdealiseerd, geen kans van slagen.

De heterogeniteit van het walgelijke is zo radicaal dat het zich zelfs niet actief laat uitkotsen. Zo'n uitkotsing zou immers nog een bezwering zijn. In dit geval stoot de vleesloze mond van de logos zijn tegendeel uit als *zijn* tegendeel, *zijn* ander, en maakt het hiermee identificeerbaar. Maar wat het systeem absoluut niet kan neutraliseren, is iets wat het kan inslikken noch uitkotsen, omdat het dit altijd al *in zichzelf* heeft uitgekotst, het onbeheerst heeft 'geïncorporeerd'. Zo'n incorporatie is een opname zonder vertering of verwerking. Wat wordt opgenomen gaat in het systeem een cyste vormen die vreemd blijft aan het systeem zelf.[8] Het systeem kan op het walgelijke nooit de vinger leggen omdat het binnen het systeem rondspookt. In die zin is het walgelijke ook niet identificeerbaar als het 'letterlijke', 'tot kotsens toe' walgelijke. Het walgelijke bezit geen aanwezigheid, het is niet identificeerbaar en juist daarom is het vervangbaar door alles wat onvoorstelbaar, onnoembaar, ondoorslikbaar is. Juist deze vervangbaarheid, dit vermogen tot verglijding van het walgelijke, wordt door het systeem radicaal uitgestoten. Uitgestoten wordt uiteindelijk dat het andere van het systeem niet 'iets' is. Reeds de vraag 'Wat is het?' zet een kader (parergon) op waarmee men het probeert te neutraliseren.

Het 'walgelijke', als datgene wat zich niet esthetisch laat ervaren noch artistiek laat voorstellen, is geen positieve entiteit die men vergeten is en die dus onder de aandacht zou moeten worden gebracht en gewaardeerd. Het ontsnapt aan Kants esthetica, maar ook aan zijn hele transcendentale systeem zonder er het 'tegendeel' van te zijn.[9] De kwestie is dus niet zozeer dat het systeem iets niet kan integreren of 'inslikken', maar dat er iets is dat aan de tegenstelling tussen inslikken en uitbraken, tussen binnen en buiten, tussen het systeem zelf en zijn negatie ontsnapt. Dit 'iets' heeft geen naam, maar heeft alles te maken met een genot dat zich aan het subject opdringt voordat zijn voorstellingsvermogens er iets mee kunnen aanvangen. Het gaat om een evenement dat reeds *zichzelf* opschort voordat het actief door een subject kan worden opgeschort.

Dit is eigen aan de deconstructie. Zij denkt het 'andere', maar de 'aankomst' van dit andere is nooit zuiver. Die aankomst van het andere is getekend door *différance*. Die aankomst verschilt namelijk van zichzelf, het is een aankomst 'zonder' aankomst. Dit 'zonder' is niet zomaar negatief. Het maakt dat de effecten van het gebeuren niet in te dijken zijn, dat het gebeuren zichzelf uitzaait. De *différance* wijst op een tekort dat eigenlijk een exces is.

8. Deze psychoanalytische terminologie van de 'incorporatie' en de 'cyste' gebruikt Derrida niet zelf in 'Economimesis', maar wel in teksten als *Fors*, het voorwoord bij N. Abraham en M. Torok, *Le verbier de l'Homme au loups*, 1976, en *Otobiographies*, 1984.
9. Derrida zal de klassieke, idealistische esthetica dan ook nooit zomaar aanvallen vanuit een 'materialistische' esthetica (bijvoorbeeld van het 'abjecte' of het 'ongevormde'), maar eerder vanuit haar grens of 'parergon' die altijd ont-sluit wat het wil afsluiten.

Een filosofisch systeem of een esthetica kan met zijn grote 'mond' alles in zich opnemen behalve zijn eigen alles opnemende geste. Anders gezegd: het systeem kan het geweld waarmee het zijn onderwerp inkadert zelf niet meer inkaderen. Maar het kan evenmin, ook al zou het dat willen, de sporen van dit geweld uitwissen. Zo moet Kant, om het domein van het esthetische zuiver te stellen, een kader opzetten dat dit domein van binnenuit onzuiver maakt. Om de naakte zinnelijkheid buiten de esthetische ervaring te houden moet hij het begriploze esthetische oordeel alsnog 'pro forma' als verstandsoordeel behandelen. Maar in het korte fragment over de 'parerga' die het kunstwerk afschermen tegen de al te materiële buitenwereld, blijkt dat die beschermende parerga het kunstwerk zelf met zinnelijkheid bezoedelen.

Van zo'n 'bezoedeling' is ook sprake in verband met het 'walgelijke'. In de manier waarop Kant het niet in te dijken genot aan het 'walgelijke' buiten het esthetische wil houden, verraadt hij dat de esthetische ervaring van binnenuit door dit genot is aangetast. Het systeem ontgrenst zichzelf in de geste waarmee het zich afgrenst. In de beweging waarmee het denken zich – onvermijdelijk – het andere toe-eigent of buitenhoudt, laat het dit andere onvermijdelijk ook in zich binnen. Dit andere is iets wat het niet actief kan inslikken noch kan uitkotsen, maar wat het eerder passief en in hoge mate onbewust blijft ontvangen.

Wat Derrida over de onvoorstelbaarheid van het walgelijke zegt, doet uiteraard denken aan Kants categorie van het 'sublieme'. Maar Derrida is terughoudender tegenover het sublieme dan bijvoorbeeld Jean-François Lyotard. Ten eerste lijkt voor hem het schone zelf reeds iets subliems te hebben. Derrida interpreteert het schone immers als de ervaring van een 'hetero-affectie', een aangedaanheid door een vreemde, onbepaalbare andersheid. Met het 'walgelijke' schrikt Kant eigenlijk terug voor de radicaliteit van deze hetero-affectie, die hij dan ook buiten zijn zuivere esthetica wil houden.

Ten tweede kan men Kants sublieme al te gemakkelijk dialectisch lezen. Het welbehagen aan het sublieme is voor Kant een 'negatieve lust', een lust die aan de onlust ontspringt. Door een vormloos lijkend natuurverschijnsel wordt het spel van de verbeelding met het zintuiglijke materiaal onderbroken, maar dit lijkt meteen een ideale gelegenheid voor de rede om het bovenzintuiglijke te denken. Het gaat dus om een geslaagde idealisering, een geslaagde 'rouw' om het offer dat de verbeelding moet brengen. Door een hoger vermogen te mobiliseren weet het subject uiteindelijk het onvoorstelbare te assimileren, 'in te slikken', net zoals de schone kunsten volgens Kant het lelijke en monsterachtige kunnen integreren.

Dit betekent niet dat er niet ook een deconstructieve lezing van

Kants sublieme mogelijk is. Dan is de onbegrensdheid van het sublieme geen vormloosheid, maar gaat het om de onbegrensdheid, de onvatbaarheid van de begrenzing zelf. In het sublieme ligt de nadruk niet op de afgesloten vorm, maar eerder op de 'vorming' van de vorm zelf. De vorm wordt gevormd door zijn contouren, de lijn, de trek, de rand die afgrenst. Maar deze lijn is 'verdeeld', zegt Derrida. Een lijn is altijd dubbel. Hij behoort tot de vorm die hij afgrenst maar tegelijk ook niet. Hij is een grens die de vorm tegelijk ontgrenst.

Zo begrepen gaat het er in het sublieme niet om dat de voorstelling faalt in haar poging het onvoorstelbare voor te stellen en waardoor ze een 'negatieve voorstelling' (Kant) wordt. Subliem is dat de voorstelling niet met *zichzelf* samenvalt. Het sublieme is 'gestalteloos' ('sans taille') omdat het een voorstelling is die 'in zichzelf snijdt' ('s'entaille'). In de mate waarin de voorstelling zich aflijnt, onttrekt ze zich aan de aanwezigheid.

De blindheid van de tekening

Zonder expliciet naar het 'sublieme' te verwijzen komt Derrida op deze problematiek terug in een tekst bij een tentoonstelling van door hemzelf geselecteerde tekeningen uit het Louvre: *Mémoires d'aveugle. L'autoportrait et autres ruines* (1990). Voor deze tentoonstelling verzamelde Derrida tekeningen van blinden. Derrida merkt op dat tekeningen van blinden (genitivus passivus) eigenlijk tekeningen zijn *van* blinden (genitivus activus). Het blindenthema allegoriseert een blindheid waaraan de kunstenaar zelf lijdt. Scherper: de tekenaar tekent de blinde die hij, al tekenend, zelf is. De handeling van het tekenen is volgens Derrida immers voor de tekenaar noodzakelijk 'onzichtbaar'. De tekenaar kan alleen tekenen voorzover hij de lijn die het potlood op het blad trekt (ook) *niet* volgt. Hij is immers vol aandacht voor het onderwerp dat hij voor zich heeft of in zijn herinnering ziet. De lijn doet haar werk 'in de nacht',[10] als een blinde die zijn handen uitsteekt om te kunnen 'vooruitzien' wat komen gaat, of als ikzelf, zegt Derrida, die soms flarden van zinnen op een blocnote krabbel wanneer ik aan het stuur zit. Anderzijds verliest de tekenaar, in de mate waarin hij zich concentreert op de lijnen die hij trekt, noodzakelijk het onderwerp uit het oog.

Derrida verwijst naar een motief dat de 'oorsprong van het tekenen' allegoriseert: Dibutade die, afgewend van haar geliefde, de contouren tekent van de schaduw die zijn gestalte op een muur werpt. De waarneming (van een object of inwendig beeld) is in die zin nooit zomaar een

10. *Mémoires d'aveugle. L'autoportrait et autres ruines*, p. 50.

aanwezigheid die de tekening tracht op te roepen, maar behoort van meet af aan toe aan de (rouwende) herinnering. Alles begint met de onzichtbaarheid van het 'geziene' en pas vanuit deze oorspronkelijke onzichtbaarheid 'geeft' het zich aan de tekenaar die in die zin een blinde ziener is. Wat de tekenaar zich al tekenend tracht te herinneren en ons wil laten zien, is eigenlijk iets wat spookachtig terugkeert vanuit een verleden dat nooit aanwezig is geweest.

De blindheid in het hart van het zien komt voort uit het feit dat het zicht het subject eerst en vooral wordt *gegeven*. Volgens Derrida is de 'ware' ambitie van de tekenaar nooit, zelfs niet bij de meest klassieke, figuratieve tekenkunst, het creëren van een 'realiteitsgetrouwe' voorstelling geweest, maar altijd het inlossen van een 'schuld'. Het te zien *krijgen* gaat aan elk vermogen tot zien vooraf en de tekening is eropuit dit gebeuren weer te geven. Zo'n 'weergave' is geen representatie maar een – onmogelijke – *terug-gave*, onmogelijk omdat het gegevene niet werd gegeven als een aanwezigheid maar in een moment van blindheid. De tekenaar staat onder een 'wet voorbij het zicht'[11] die eist deze gave, die hij niet in staat is te ontvangen, te erkennen of te 'eren'. Het zien vindt zijn oorsprong dus in 'het hiaat van de disproportie':[12] de disproportie tussen wat men krijgt en wat men kan ontvangen.

Derrida wijst erop dat de blindheid waarvan sprake is geen gebrek is. Juist omdat het gegevene zich in geen enkel heden aanwezig laat stellen, kan het zich overvloedig blijven geven, kan het sporen blijven trekken die zich door geen enkele waarneming, intuïtie, (ver)beelding laten afgrenzen. Wat zich geeft is een spoor van wat nooit aanwezig is geweest en ook dit spoor bezit geen aanwezigheid. Het spoor 'verschijnt' slechts in de mate waarin het zich meteen ook uitwist.

De idee dat het 'ware zicht' pas vanuit of in de blindheid ontstaat, kent een lange religieuze en mystieke traditie. Ook de mythevorming rond letterlijk blinde schrijvers als Homeros, Borges en Joyce wijst op een oud geloof. Derrida is gefascineerd door die traditie én 'deconstrueert' haar. De blindheid wijst voor Derrida niet op een hoger, 'spiritueler' zien. Dit zou inhouden dat de tekening een soort verrijzenis is. De blindheid waar Derrida op doelt is onherstelbaar. Niet alleen blijft de handeling van het tekenen voor de tekenaar 'onzichtbaar', daarbij is ook voor de toeschouwer de getekende lijn onzichtbaar. Uiteraard heeft elke lijn een bepaalde dikte of een kleur en is zij als zodanig waarneembaar, maar als *lijn* gaat zij op in haar rol van boord of contour die een grens trekt tussen het binnen en het buiten van een figuur. De lijn 'als zoda-

11. *Mémoires d'aveugle*, p. 35.
12. Ibidem, p. 36.

nig' laat zich dus niet zien, en deze eclips van de lijn, die de voorwaarde is voor het totstandkomen van de voorstelling, laat zich op haar beurt niet voorstellen. Anders gezegd: de tekenaar noch de toeschouwer kan de vinger leggen op de blindheid die de 'transcendentale mogelijkheidsvoorwaarde' is van de tekening.

Dit wil niet zeggen dat deze blindheid niet in het spel kan worden gebracht, zoals bijvoorbeeld door Henri Fantin-Latour wordt gedaan, die met behulp van een spiegel al tekenend tekeningen maakte van zichzelf. De kunstenaar wil zichzelf zien en dit zien aan ons tonen. Hij laat ons niet slechts zichzelf zien, maar wil ons laten zien hoe hij zelf ziet. Dit kan hij evenwel alleen door zijn ogen aan ons te tonen, waarbij hij dus reeds met onze ogen kijkt. Terwijl hij zichzelf ziet zien, is zijn *eigen* zicht, zijn singuliere 'zienswijze', dus reeds aan het verdwijnen om te worden vervangen door dat van anderen. 'De ziener ziet zichzelf blind.'[13] Hij rouwt om zijn zicht dat hem altijd al door de anderen – die hij zelf is – is ontstolen. Daarom kijkt Fantin-Latours rechteroog ons, dat wil zeggen zichzelf, star aan. Het is het verstarde oog van een blinde of dode die rouwt om zijn verloren zicht. Fantin-Latours linkeroog onthult als het ware de 'waarheid' over het rechteroog: het is steeds onzichtbaar of nauwelijks zichtbaar, opgeslokt door een schaduw.

Derrida spreekt hier van een 'onmogelijke en verblindende zelfreflexiviteit'. Een transparante zelfreflectie of zelfaanwezigheid is onmogelijk omdat men steeds door een ander of anderen is 'geroepen', 'gelast', en 'uitverkoren' om zichzelf te zien of te representeren. De singulariteit van het kunstenaarsoog is steeds bezoedeld omdat dit oog altijd al andere blikken anticipeert die dus eigenlijk aan hem voorafgaan. Maar tegelijk maakt deze interpellatie door de anderen ook het zicht op zichzelf mogelijk.

In zijn *Mémoires. Pour Paul de Man* (1988) schrijft Derrida dat het subject slechts voeling met of inzicht in zichzelf heeft vanuit een herinnering aan de ander in hem die hem blijft aanspreken en aankijken. Omdat deze herinnering 'groter en ouder' is dan het subject zelf gaat ze alles wat het subject zich kan herinneren te buiten. Die herinnering betreft een verleden dat nooit aanwezig is geweest, een absoluut verleden dus. Het subject verschijnt slechts voor zichzelf vanuit de onmogelijke rouw om deze spookachtige, slechts vanuit een radicale vergetelheid sporen trekkende ander in hem. Als Derrida in vele toonaarden schrijft dat het subject wordt geconstitueerd door een soort oorspronkelijk 'verbond', 'contract', 'belofte', enzovoort dat het met zichzelf aangaat, dan wijst hij er altijd meteen op dat het dit verbond aangaat met

13. *Mémoires d'aveugle*, p. 61.

een onachterhaalbare, on(re)presenteerbare ander in hem én dat hij het aangaat *als* ander. De kunst heeft volgens Derrida alles te maken met deze 'waanzin van een amnetische trouw, van een vergetende hypermnesie'.[14] Haar zaak is de onheuglijke inslag van de ander in het subject, maar meteen ook het feit dat de singulariteit van die inslag zich altijd al uitwist in zoverre hij leesbaar, communiceerbaar wordt. Derrida denkt hierbij meestal aan de literatuur. Literatuur is een schrijfpraktijk die zich niet zomaar neerlegt bij deze overigens onvermijdelijke uitwissing van het singuliere. Zij kan het singuliere niet voor zijn uitwissing behoeden. Zij markeert wel die uitwissing zelf. Vandaar Derrida's paradoxale idee dat de literatuur slechts recht doet aan de ander of het andere door elke referentie eraan eerst en vooral *op te schorten*.

Het exemplarische van de literatuur

Het is ondoenlijk in enkele bladzijden ook maar in de verste verte recht te doen aan Derrida's literatuuronderzoek, vooral omdat het zich afspeelt in een subtiele, wijd uitgesponnen dialoog met de letter van de literaire tekst. Alleen enkele 'resultaten' kunnen hier worden aangeduid.

EEN EXQUISE MAAR ONOPVALLENDE PLOOI: MALLARMÉ

In *La double séance* (1970) speelt Derrida Stéphane Mallarmés poëzie uit tegen de klassiek-platoonse visie op de mimesis die tot op heden de esthetica beheerst. 'Platoons' is elk denken dat een hard onderscheid meent te kunnen maken tussen de *reële* aanwezigheid van het zijnde en wat 'slechts' mimesis is: beeld, afbeelding, schijn, verschijning, enzovoort. De traditionele 'economie van de mimesis' ('economimesis') tracht de mimesis in dienst te stellen van de aanwezigheid. Derrida merkt op dat deze metafysische reductie van de mimesis ongetwijfeld onvermijdelijk is, maar dat het even onvermijdelijk is dat deze reductie niet slaagt. Om zichzelf overbodig te maken, zichzelf ten voordele van de aanwezigheid uit te wissen, moet de mimesis noodzakelijk ook altijd *zichzelf* aanduiden. Anders gezegd: men kan niet refereren aan iets en daarbij de operatie van die referentie helemaal wegmoffelen. Deze operatie 'markeert' zich hoe dan ook, laat hoe dan ook een spoor achter in de tekst.

Het teken of de 'betekenaar' verwijst dus altijd ook naar *zichzelf*. Deze zelfverwijzing is geen zelfidentiteit. Ze impliceert juist een onenigheid van de betekenaar met zichzelf. De betekenaar gaat immers

14. *Mémoires. Pour Paul de Man*, p. 78.

niet op in zijn functie die erin bestaat te refereren, maar herhaalt, verdubbelt zichzelf. Elk teken '*hertrekt*' zich meteen, wat met zich meebrengt dat de aanwezigheid zich *terugtrekt*. De operatie van de mimesis blijft als het ware in zichzelf hangen.

Voor deze vreemde zelfverdubbeling van de mimesis, die een radicale breuk met de aanwezigheid impliceert, is de poëzie van Mallarmé volgens Derrida *exemplarisch*. Zijn poëzie getuigt met andere woorden op uitnemende wijze van wat eigenlijk altijd in een tekst gebeurt. Om dit aannemelijk te maken gaat Derrida onder meer uitvoerig in op een kort stukje poëtisch proza dat de titel *Mimique* draagt, volgens hem een 'tekstueel labyrint behangen met spiegels'.[15] Voor dit stukje liet Mallarmé zich inspireren door een tekst van Paul Margueritte, *Pierrot moordenaar van zijn vrouw*. Margueritte, zelf een mimespeler, beschrijft daarin een mimespel dat hij zelf ooit speelde. Hierin speelt Pierrot, het karakter bij uitstek in het mimespel, op zijn beurt na hoe hij zijn vrouw ooit doodkietelde. Alhoewel, het blijft in het ongewisse of Pierrot hier een scène naspeelt die hij werkelijk heeft meegemaakt, of dat hij enkel droomt of hallucineert dat hij zijn vrouw vermoordt. In dit nogal perverse privétheater mimeert hij trouwens net zozeer zijn stervende en extatisch lachende vrouw als 'zichzelf'. Daarbij komt nog dat de 'moordenaar' op het einde zelf sterft aan de voeten van 'zijn geschilderde slachtoffer dat blijft lachen'. Derrida wijst er hier dus op dat Mallarmés tekst niet zomaar naar een realiteit verwijst, maar geënt is op een andere tekst die zelf evenmin naar een realiteit verwijst, maar naar een mimespel dat verwijst naar een mimespeler die voor zichzelf een scène opvoert van een drama dat zich wellicht nooit anders dan op een toneel heeft afgespeeld… Misschien is deze 'geweldloze misdaad' of 'masturbatorische zelfmoord'[16] van Marguerittes Pierrot alleen maar een nieuwe versie van de vele groteske (zelf)moorden die door de vele Pierrots in de literaire traditie reeds werden opgevoerd.

Maar deze 'intertekstualiteit' en de grondige onzekerheid over de 'referent' van Mallarmés *Mimique*, is voor Derrida niet het laatste woord. Essentieel voor Derrida is dat deze opschorting van de referentie bij Mallarmé ook nog eens in de tekst wordt aangeduid. Als Mallarmé Pierrot beschrijft als een 'spookgestalte, wit als een nog niet beschreven bladzijde', beklemtoont hij het virtuele karakter van zijn verschijning. Mallarmé schrijft dat de moordscène met Pierrot 'geen werkelijke handeling illustreert, in een verdorven maar heilig huwelijk (*hymen*) tussen de wens en zijn vervulling, tussen de misdaad en de herinnering eraan'.

15. *La dissémination*, p. 221.
16. Ibidem, p. 229.

De moord wordt ten tonele gevoerd als iets wat gebeurt en tegelijk 'niets dan de idee illustreert'. De scène is 'nu eens vooruitlopend, dan weer herdenkend, in de toekomst, in het verleden, *met een valse schijn van tegenwoordigheid*'. Wat we 'realiteit' noemen blijkt een effect van aankondigingen en terugverwijzingen zonder dat die realiteit zich ooit *nu* laat ervaren of waarnemen.

Op deze crisis van de aanwezigheid wijst volgens Derrida de ambiguïteit van het woord 'hymen'. Het betekent vereniging, versmelting, huwelijk, maar ook maagdenvlies, en dus de blijvende intactheid van wat wordt gepenetreerd. Het hymen is een huwelijk dat niet wordt 'geconsummeerd'. Door te spelen met deze dubbelzinnigheid problematiseert Mallarmé de tegenstelling tussen contact en afstand, tussen realiteit en wensbeeld, tussen gebeurtenis en herinnering: tussen aanwezigheid en afwezigheid. Pierrot kietelt zijn vrouw dood, maar deze geërotiseerde gewelddaad is een spel dat 'zich beperkt tot een voortdurende allusie zonder de spiegel te breken'.[17] Uit deze laatste zin blijkt dat 'hymen' niet slechts naar een thema, namelijk een niet-geconsummeerd huwelijk of, metaforisch, een niet werkelijk gepleegde misdaad, verwijst. Hymen verwijst naar het mimespel dat voortdurend op de realiteit zinspeelt zonder ooit de spiegel van haar fictie te breken. Hymen verwijst in die zin naar 'niets', namelijk naar de operatie van een referentie die zichzelf opschort, die in haar eigen alluderende gestes blijft hangen, in 'een tussenruimte van zuivere fictie' (Mallarmé). Maar Derrida gaat uiteraard verder: schrijvend over hoe het mimespel – maar ook het theater, het ballet en de dans – nimmer door de spiegel van de fictie heen breekt, duidt Mallarmé uiteindelijk de 'fictionaliteit' van zijn eigen schriftuur aan. De tekst treedt niet buiten zichzelf omdat hij, hoezeer hij ook verwijst, ook altijd zijn eigen refererende activiteit markeert. Daarom spreekt Derrida van een 'referentie zonder referent'[18] of, zeer Nietzscheaans, van 'een verschijning zonder verborgen realiteit, zonder achterwereld'.[19]

Het woord 'hymen' wekt associaties op met de talloze andere vliezen, gazen, doeken, sluiers, stoffen, moirés, vleugels, veren, gordijnen en waaiers die over het werk van Mallarmé zijn verspreid. Maar het lijkt toch de voorkeur te hebben omdat in 'hymen' versluiering en verscheuring of doorboring samenklinken. Dit woord spreekt uit dat elke ontsluiering of doorboring van de sluier slechts een fictieve operatie kan zijn, altijd slechts een nieuwe 'plooi' in de sluier kan leggen. Het spreekt

17. Stéphane Mallarmé, 'Mimique', geciteerd in *La dissémination*, p. 201.
18. *La dissémination*, p. 234.
19. Ibidem, p. 239.

uit dat juist daar waar de tekst zijn eigen weefsel van zich wil afschudden en aan de aanwezigheid wil raken, hij zich in zichzelf 'terugtrekt'. 'Hymen' spreekt uit dat hetgeen gebeurt niet werkelijk gebeurt omdat het zich altijd al *neerschrijft* en daardoor ophanden blijft. 'Hymen', dat Derrida uit het werk van Mallarmé plukt, is een ander woord voor *différance*.

Derrida merkt op dat men moeilijk anders kan dan van een woord als 'hymen', zoals bijvoorbeeld van het verwante 'plooi' of 'wit', een thema te maken. Zo verwijst de 'plooi' bij Mallarmé steeds naar intimiteit of innerlijkheid, en kan men nagaan wat Mallarmé hiermee associeert: vrouwelijk geslacht, gebladerte, spiegel, boek, graf... De 'plooi' opent een waaier van betekenissen. Hiermee vergeet men evenwel dat deze rijkdom aan betekenissen voortkomt uit een gebrek. Telkens als er een 'plooi' bij Mallarmé opduikt, 'trekt' de tekst zich immers in zichzelf terug. Hij markeert dan zijn eigen beweging of 'uitwaaiering' als tekst. Zo'n aanvullende zelfmarkering voegt geen extra betekenis toe, maar bezit juist geen betekenis. Naast een element in een associatieve keten is de plooi een soort 'witte' betekenaar die buiten de associatieve keten van plooien en waaiers en witten valt om het verschil aan te duiden waardoor elke term is aangetast omdat hij het spoor draagt van andere. Het 'zelfverschil' of de interne verdeeldheid van elke term noodzaakt een aanvullende term. De 'plooi' is niet alleen zo'n term maar markeert vooral de noodzaak om telkens weer een nieuw supplement toe te voegen. Hij markeert de onafsluitbaarheid van het betekenisproces, het onvermogen van de tekst zich in een betekenis af te sluiten.

Toch is het onvoorzichtig om te zeggen dat de plooi *buiten* de keten valt, alsof de tekst, door een soort ultieme zelfreflectie, plots transparant voor zichzelf zou zijn, zijn eigen beweging zou thematiseren. De plooi die de tekst als tekst markeert, wist zichzelf meteen ook altijd uit. Hij duikt altijd 'bescheiden' onder tussen de termen van de keten waarvan hij de beweging aanduidt. De plooi is wezenlijk onopvallend.

Elk element van de associatieketen is door de plooi aangetast. De plooi doet zich zeker niet enkel voor wanneer de term 'plooi' valt. De tekst plooit zich bijvoorbeeld in de betekenisloze resonantie tussen fonemen, in het overwicht van de syntaxis op de semantiek, in het wit dat Mallarmé openlaat tussen de woorden of zinsflarden, in de substantivering van tussenvoegsels zoals 'tussen' ('l'entre').

Omdat elke tekst a priori is 'geplooid', is hij altijd al van aanwezigheid verstoken, kan hij nooit worden teruggebracht tot een realiteit (innerlijk of uiterlijk) die zich in die tekst, hoe metaforisch of 'polysemisch' ook, zou manifesteren. De intentionaliteit van een subject dat iets wil (re)presenteren dan wel zijn 'werkelijke ervaringen' of gedachten wil uitdrukken, is dus niet de ultieme bron van een tekst. Wat niet betekent dat een tekst een andere bron heeft. Een tekst heeft uiteindelijk geen bron. Er gaat geen aanwezigheid, geen geheime waarheid vooraf aan de plooi waarin de tekst elke referentie naar zo'n aanwezigheid onderbreekt. Verwijzend naar Pierrot schrijft Derrida dat zijn aanranding van Colombine 'altijd zal zijn opgenomen in de plooi van een sluier die elke waarheid verschalkt'.[20]

Tegen het einde van *La double séance* laat Derrida zich toch voorzichtig een uitspraak ontvallen over 'de' literatuur. 'Literair' zou elke tekst zijn die zich 'engageert in de plooi van de plooi'. Elke tekst is onvermijdelijk 'geplooid', maar wist even onvermijdelijk die plooi uit ten gunste van een betekenis, een waarheid, de verschijning van een aanwezigheid. Literair zou elke tekst zijn 'die zich verzet tegen de pure en simpele uitwissing van de plooi'.[21] De talloze plooien in Mallarmés tekst, de witten, waaiers en sluiers, en de syntaxis die deze termen aan hun betekenis onttrekt, getuigen van dit zowel stille als radicale verzet.

EEN OPEN GEHEIM

Na zijn studie over Mallarmé heeft Derrida ook nog over Ponge, Kafka, Genet, Celan, Blanchot en Joyce geschreven. Zijn aandacht lijkt te verschuiven van het referentloze spel van de betekenaars naar een fascinatie voor het singuliere, onvervangbare evenement waarvan het literaire werk getuigt. Het betreft hier evenwel slechts een accentverschuiving. De tekst die, zoals bij Mallarmé, zijn eigen beweging markeert, sluit zich niet in een betekenis af, maar opent zich juist voor een andersheid die zich aan elke betekenisgeving onttrekt. Omgekeerd is de singulariteit waarvan sprake is in de teksten over de dichters Francis Ponge en Paul Celan, een singulariteit die zich uitwist zodra ze zich – en ze kan niet anders – in de tekst inschrijft.

Ponge is een dichter die trouw wil zijn aan de unieke andersheid van de dingen. Juist daarom wil hij niet beschrijven hoe hij de dingen persoonlijk ervaart. Hij wil als het ware zijn eigen signatuur uitwissen om de dingen te laten verschijnen zoals ze zijn. Maar anderzijds houdt zo'n uitwissing van de signatuur het gevaar in dat de dichter over de dingen spreekt in algemene termen en hiermee een beroep doet op een herkenbaarheid die geen recht doet aan hun uniciteit. In *Signéponge* (1975) bespreekt Derrida hoe Ponge dit dilemma 'oplost'. Ponge beperkt er zich niet toe zoals elke dichter zijn gedichten te ondertekenen, hij zaait ook zijn eigennaam in zijn teksten uit onder allerlei al dan niet getrans-

20. *La dissémination*, p. 292.
21. Ibidem, p. 302.

formeerde vormen zodat hij de onvervangbare singulariteit ervan annuleert. Dit doet hij bijvoorbeeld wanneer hij van 'Ponge', als eigennaam betekenisloos, de soortnaam 'éponge' (spons) of 'éponger' (afsponzen) maakt en hiermee meteen ook de uitwissing, de 'afsponzing' aanduidt die hij zijn naam laat ondergaan.

Ponges poëzie getuigt hiermee op exemplarische wijze van wat eigenlijk altijd gebeurt als iemand een tekst ondertekent: terwijl een signatuur het unieke gebeuren van een aanwezigheid aanstipt ('ik-hier-nu-op-dit-blad'), mikt geen enkel teken zo op zijn onpersoonlijke, mechanische herhaling en leesbaarheid door anderen. Elke signatuur stelt zich meteen al bloot aan haar uitwissing. Wanneer Ponge zijn naam afwisselend in de tekst monumentaliseert en haast tot in het onherkenbare verpulvert, markeert hij deze uitwissing die hoe dan ook het lot en de mogelijkheidsvoorwaarde van elke signatuur is. In de markering van zijn uitwissing blijft het uitgewiste bewaard. De in zijn singulariteit betekenisloze eigennaam 'Ponge' lost nooit helemaal op in een universeel leesbare betekenis, maar blijft in de over de tekst verspreide 'sponzen' (éponges) natrillen. Derrida is dan ook terughoudend tegenover structuralistische slogans over de 'dood van de auteur'. Die 'dood' is immers geen loutere afwezigheid, hij laat zijn sporen na in de tekst. Ponges singulariteit 'overleeft' zijn dood doordat zijn tekst heimelijk één eindeloze signatuur wordt. De tekst draagt over heel zijn oppervlak de sporen van een singulariteit die hij in verzegelde bewaring houdt. Hiermee is hij, naast een leesbaar, betekenisvol geheel, een onleesbaar, 'on-zinnig' *ding* en is hij onrechtstreeks trouw aan de ondoordringbare heterogeniteit van de dingen waar het Ponge om te doen is.

Wat de signatuur en de eigennaam zijn bij Ponge, is de datum bij Celan. Celan dateert niet slechts zijn gedichten, zijn gedichten bevatten ook data. Dateren is eigenlijk signeren, zegt Derrida in *Schibboleth. Pour Paul Celan* (1986). Zoals de signatuur duidt de datum een uniek, onherhaalbaar moment aan. Maar deze uniciteit kan zich slechts op leesbare wijze inschrijven door op de 'verjarende herhaling' van dat moment, de herdenking ervan vooruit te lopen en hiermee de uniekheid ervan uit te wissen. In die zin maakt de inscriptie van de datum deze meteen tot zijn eigen zegel, chiffre of *schibboleth* (Hebreeuws voor geheim wachtwoord). De datum rouwt meteen om zichzelf omdat hij zijn geheim prijsgeeft zodra hij algemeen leesbaar, herkenbaar, betekenisvol wordt.

We herkennen hier weer de paradox van de *différance*: het geheim constitueert zich pas door zich prijs te geven aan een onpersoonlijke algemeenheid. Een metafoor van Celan gebruikend zegt Derrida dat in het gedicht de singulariteit van de datum slechts *asse* van zichzelf achterlaat, of scherper: dat die singulariteit zich altijd al slechts te lezen geeft als haar eigen asse. De datum geeft zich vanuit een verleden dat nooit aanwezig is geweest. Bij zo'n gift blijft het onbeslist van wie ze afkomstig is. Deze onbeslistheid is haar voorwaarde. Strikt genomen kan zelfs de dichter er zich niet op beroepen de auteur van de gift te zijn. De 'transcendentale' verassing van het gedateerde evenement impliceert dat dit zelfs voor de 'eerste' getuige nooit ten volle tegenwoordig was. De verassing of verzegeling heeft dan ook niets te maken met een zucht naar hermetisme, alsof de dichter iets zou achterhouden wat hij altijd nog naar boven kan halen. De in het gedicht leesbare en dus in zijn singulariteit uitgewiste datum is de datum van *niemand* en wordt op die manier aan de lezer gegeven: als een *Niemandsrose* (de titel van een dichtbundel van Celan). Anders gezegd: de datum is van meet af aan een aan anderen *gegeven* datum en het is pas zo, geopend en beloofd aan een onbepaalbare ander, dat de datum zich in zichzelf sluit en een absoluut raadsel wordt.

De schrijver schrijft dus vanuit een geheim dat hij zelf niet bezit en nooit heeft bezeten. In teksten zoals *Passions*, *Demeure* en *La littérature au secret* schrikt Derrida er minder voor terug algemene uitspraken over de literatuur te doen, hoewel hij tegelijk de literatuur elke essentie ontzegt. Literatuur begint wanneer het onbeslisbaar blijft wie de auteur en de referent van een tekst of zelfs van een spreken is. Alles wat een literaire tekst beweert kan immers altijd aan een personage of een even fictieve verteller worden toegeschreven. Alles wat beweerd wordt over innerlijke of uiterlijke toestanden kan altijd worden geïnterpreteerd als slechts een mogelijk voorbeeld van wat of hoe iemand iets kan beweren.

In het literaire spreken is het altijd slechts 'alsof' iemand iets over iets zegt. Er is geen instantie die kan worden aangesproken op de waarachtigheid, de uiteindelijke bedoeling, de eerlijkheid of de ernst van het gezegde. Aan de auteur wordt dan ook het recht toegekend om *niet* te antwoorden op alle vragen daaromtrent. Hij heeft een recht op *on*verantwoordelijkheid, en dit recht heeft hij omdat hij spreekt vanuit iets dat hemzelf ontsnapt, omdat hij sporen nalaat van een aanwezigheid die nooit werkelijk de zijne was maar altijd al spookachtig, via de ander, terugkeert. En al is hij een schrijver die, zoals Antonin Artaud, 'zonder omslag' van zichzelf wil getuigen, ook dan spreekt hij vanuit een oorspronkelijke 'dissociatie tussen ik en "ik"' die maakt dat 'ik altijd spreek over mezelf zonder over mezelf te spreken'.[22] Ook als iemand helemaal geen 'literatuur' wil bedrijven, kan het nooit worden uitgesloten dat zijn getuigenis een gesimuleerde, fictieve getuigenis is. Meer nog: 'de moge-

22. *Passions*, pp. 90, 91.

lijkheid van de literaire fictie bespookt, als haar meest eigen mogelijkheid, de zogenaamd waarachtige, verantwoordelijke, ernstige, reële getuigenis. Deze bespoking', gaat Derrida verder, 'is misschien de passie zelf, de passionele plaats van de literaire schriftuur'.[23]

Zo begrepen is literatuur, gezien als fictie, enkel *exemplarisch* voor wat overal gebeurt, overal waar er sporen worden getrokken. Maar dan valt het literaire zeker niet samen met wat men doorgaans rekent tot het domein van de 'literatuur', bewaakt door uitgeverijen, critici, schrijvers en universitaire instituten. De grens tussen het literaire en het niet-literaire blijft onbeslisbaar en het begrip 'literatuur', en alle institutionele kaders die daaromheen hangen, doen alle moeite om deze onbeslisbaarheid te bezweren, om het onbegrensbare te begrenzen. Hiermee wil Derrida niet zeggen dat er geen wezenlijk verschil is tussen een echte getuigenis en fictie, tussen *Wahrheit* en *Dichtung*, maar wel dat elk van de twee termen in de ander zijn *grens* ontmoet, en vooral: dat deze grens een *interne* grens is. Er is geen getuigenis die niet van binnenuit door fictionaliteit is aangetast. Er is anderzijds geen fictie die niet, al is het ondanks zichzelf, getuigt van een singulariteit. Literatuur zou dan alles te maken hebben met de ervaring van deze grens. Het moet duidelijk zijn geworden dat hiermee het begrip 'ervaring' problematisch is geworden.

Besluit: de ontgrenzende grens

Met zijn 'deconstructie' van de metafysica en de daaraan ondergeschikte esthetica wil Derrida niet op de pure en simpele afwezigheid van een fundament wijzen. Een dergelijke filosofische *apocalyps* veronderstelt al te zeer een sterk subject dat zich zeker waant van zijn sceptische positie. Derrida wordt ten onrechte geassocieerd met allerlei postmoderne tekst-*spielerei* waarin alles alles kan betekenen. Ongegrond is ook het verwijt dat hij een soort veralgemeend estheticisme zou huldigen dat uitmondt in een epistemologisch en moreel relativisme of nihilisme. Klassiek-metafysische begrippen zoals betekenis, mimesis, referentialiteit, waarheid, en ook meer moreel geconnoteerde begrippen als waarachtigheid, trouw en eerlijkheid, zijn voor Derrida niet 'achterhaald'. Wel is de aanwezigheid waar ze altijd aan refereren grondig problematisch geworden. Elk poneren, afbeelden, voorstellen, laten verschijnen van die aanwezigheid veronderstelt de 'differering' van die aanwezigheid. Datgene waarmee de mens zijn aanwezigheid bezegelt, *verzegelt* die aanwezigheid meteen en verpandt hem zo aan een eindeloos terugwijkende toekomst.

23. *Passions de la littérature*, p. 52.

De signatuur lijkt bij Derrida hiervoor model te staan. Als inscriptie waarmee de auteur zijn aanwezigheid markeert, is de signatuur altijd al op weg een parodie van zichzelf te worden. Dit valt op in het domein van de kunst. Terwijl de signatuur van de kunstenaar als de meest singuliere, 'authentieke' inscriptie geldt, is ze tevens de betekenaar van een wereld die deze 'authenticiteit' *gewaarborgd* wil zien en juist daardoor verliest. Het fetisjisme dat in de kunstwereld rond de signatuur van de kunstenaar hangt, is bekend. De signatuur moet het publiek ervan verzekeren dat het kunstwerk uit een bepaalde creatieve bron voortkomt (de 'kunstenaar'), ze moet tevens de identiteit van het kunstwerk als een in zichzelf gesloten eenheid bezegelen, alsook de eenheid van het 'oeuvre'. De kunstenaar die signeert is medeplichtig aan dit fetisjisme, hij signeert altijd meteen als vertegenwoordiger van een kunstwereld. Marcel Duchamp zag dit travestiekarakter van de kunstenaarssignatuur in en speelde er ironische spelletjes mee. Ook voor Marcel Broodthaers staat de signatuur niet garant voor authenticiteit, maar markeert ze 'het begin van een systeem van leugens'. Subversief aan de artistieke strategieën van deze kunstenaars is dat zij de signatuur in het centrum van het kunstwerk brengen. Een dergelijke herhaling *binnen* het kunstwerk van hoe het wordt afgebakend, breekt het kunstwerk juist open. De hermarkering van de grens heeft een ont-grenzend effect.

De signatuur is slechts een voorbeeld. Het enorme belang dat de kunstwereld eraan hecht wijst erop dat hetgeen kunst is niet kan worden afgeleid uit de intrinsieke eigenschappen van een object of voorstelling, maar steeds afhangt van aanvullende, 'parergonale' markeringen: kader, sokkel, drager, (witte) muur, museum, opname in de kunstgeschiedenis... Derrida durft dan ook te zeggen dat er geen andere dan de 'institutionele definitie' van kunst is. 'Kunst' is niets anders dan wat als zodanig wordt aangewezen: ingekaderd, opgesteld, opgehangen, benoemd en beschreven. De 'kunstigheid' van kunst is niet terug te voeren tot de intrinsieke kwaliteit van een object of voorstelling, niet tot een persoonlijk-artistieke intuïtie, een inspiratie, een intentie, maar tot de onpersoonlijke, zich machinaal herhalende hulpmiddelen die de *parerga* zijn. Pas door het kader, de sokkel, de drager, het museum, pas door de hele retoriek van zijn presentatie, verschijnt iets als 'kunst'. Het begrip 'kunst' is dus opgehangen aan deze onbetekenende 'fetisjen' die gedachteloos kunnen worden doorgegeven.

Omdat het eigen is aan het parergon *zelf niet te verschijnen* is er de onvermijdelijke illusie dat kunst het eigenlijk zonder een parergonale omkadering kan stellen. Het lijkt dat de parerga iets stutten of begrenzen wat er op zichzelf reeds is, en derhalve in wezen overbodig zijn. De burgerij die, zoals Kant, niet van al te weelderige parerga houdt, beschouwt de parerga dan ook als neutrale, uiteindelijk slechts *materieel* noodzakelijke condities van het kunstwerk dat in wezen een pure, immateriële verschijning is. De moderne kunstenaar trekt hieruit de consequenties. Hij ontdoet het werk zo veel mogelijk van alle parergonale poespas opdat het volledig vanuit de kracht van zijn eigen verschijning zou spreken. Het kunstwerk moet helemaal vanuit zichzelf bewijzen dat het 'kunst' is. Het moet 'autonoom' worden. Daarom moet het ware kunstwerk het zonder kader of sokkel kunnen stellen. Een bepaalde avant-garde stelt zich hiermee niet tevreden. Zij ziet in dat ook de drager en het gebruikte materiaal een parergonaal karakter hebben: terwijl zij het toneel van de voorstelling begrenzen en de aard ervan bepalen, verbergen zij zichzelf. Zij verbergen meer bepaald hun *materialiteit*. Deze moet worden ontbloot. Ontbloot moet de werkelijkheid die altijd achter de esthetische verschijning verborgen zit.

De moderne kunst denkt dus het parergon te kunnen neutraliseren: ofwel met het oog op een pure verschijning die geen aanvullende inkadering behoeft, ofwel met een avant-gardistisch, anti-esthetisch concretisme. Door verwijdering of ontmaskering van de parerga meent men de kunst van haar fetisjistisch karakter te bevrijden. Telkens wordt men hierbij gemotiveerd door het verlangen naar een werkelijke aanwezigheid, een aanwezigheid die geen aanvulling behoeft.

Men zou kunnen stellen dat de moderne kunst werd geboren uit een crisis van het parergon. Niet alleen is de cultische en architecturale omkadering van de kunst weggevallen, ook de parerga die tot de kunstvormen zelf behoren, zoals kader en sokkel, hebben definitief hun vanzelfsprekendheid, hun schijn van neutraliteit verloren. Maar de eis om de macht van het parergon te neutraliseren berust op de illusie dat de kunstenaar deze macht zou kunnen lokaliseren om zo zijn werking te bezweren. Men kan uiteraard bepaalde parerga laten vallen, maar het 'parergonale' effect als zodanig is niet weg te krijgen. Dit bestaat erin dat de operatie die het kunstwerk tot 'kunst' bestempelt noodzakelijk aan de kunstenaar ontsnapt. Niet een of andere intentie of inspiratie van de kunstenaar, niet een of andere verschijning bepaalt wat kunst is, maar een aanvullende inscriptie die zich principieel achter de rug van het subject om voltrekt. Nog het meest 'pure' of brutaal-materiële, zogezegd oningekaderde kunstwerk schrijft zich pas als kunstwerk in door een institutionele of discursieve presentatieretoriek die structureel aan de intentie van de kunstenaar voorafgaat. Er is altijd parergon. En de ontkenning ervan versluiert slechts des te meer zijn macht. Zo wordt het begrijpelijk waarom zelfs de meest agressieve 'anti-kunst' meteen museaal wordt ingekaderd.

Het parergon onttrekt zich aan de aanwezigheid. Het is in wezen niet identificeerbaar als iets wat aan het 'wezenlijke' wordt toegevoegd. De deconstructie destabiliseert nu juist de tegenstelling tussen het wezenlijke en het aanvullende. In die zin misleiden we onszelf reeds omtrent de onopvallende werking van het parergon wanneer we het hebben over concrete parerga als de signatuur, het kader, de sokkel en de drager. De problematiek van de moderne kunst is dan ook helemaal niet beperkt tot een gevecht met de klassieke, aanwijsbare parerga, zoals in het voorgaande werd gesuggereerd.

De moderne argwaan tegenover het parergon is vergelijkbaar met de metafysische argwaan tegenover het schrift. Zoals het metafysische verlangen het schrift te domesticeren verheelt dat er een veel ruimere 'schriftelijkheid' aan het werk is in het hart van elk spreken en ervaren, net zo verheelt het verlangen om de heimelijke werking van de parerga te neutraliseren dat uiteindelijk *elk element in het kunstwerk parergonaal van aard is*, en niet alleen datgene wat men als parergon meent te kunnen aanduiden. De ontbinding van de klassieke, historische parerga zorgt er dus niet voor dat de kunstenaar nu telkens zelf bepaalt hoe zijn werk zich als 'kunstwerk' afgrenst en inschrijft, maar dat de onpersoonlijke, quasi-machinale, blinde manier waarop de klassieke parerga altijd het kunstwerk afgrensden, zich nu uitzaait over het hele kunstwerk. De eigenlijke ervaring van de moderne kunst zou dan zijn dat ze, na de klassieke parerga te hebben afgebroken, geconfronteerd wordt met een 'veralgemeende parergonaliteit'. Het kunstwerk wordt in al zijn momenten met zijn eigen grens geconfronteerd.

We zagen hoe volgens Derrida een lijn zichzelf noodzakelijk moet uitwissen om de figuur zichtbaar te maken. De lijn is in die zin 'parergonaal'. De lijn moet de kunstenaar én de toeschouwer noodzakelijk ontgaan opdat ze haar werk zou kunnen doen. Dit geldt net zo goed voor elke penseelstreek, veeg, toets, en voor elk woord. Ze bezitten geen aanwezigheid. Ze zijn zelf nooit zonder meer zichtbaar omdat ze altijd iets anders te zien *geven*. Ze behoeven altijd een aanvullende markering van zichzelf om, *achteraf*, aanwezig *te zijn geweest*. Ze duiken altijd op als restant van hun eigen eclips. Zo begrepen is het parergon, als de onopvallende grens van de voorstelling die de voorstelling mogelijk maakt, overal binnen de voorstelling aan het werk. De grens is overal.

Wanneer de kunst zich eenmaal uit haar klassieke kaders loswrikt, blijkt zij exemplarisch te zijn voor een structurele onteigening, een onteigening die overal aan het werk is waar de mens *sporen* trekt. Overal waar mensen getuigen van hun aanwezigheid stuit die aanwezigheid meteen op haar grens, een grens van waaruit ze zich spookachtig blijft schenken. Elk spoor keert reeds als zijn eigen spook terug op het moment dat het wordt getrokken. De kunst weigert deze spookachtigheid te neutraliseren, bijvoorbeeld door haar af te doen als 'slechts' illusie, als een vervreemding die ongedaan kan worden gemaakt of als de manifestatie van een hogere werkelijkheid. Zeer schematisch zou men kunnen stellen dat de premoderne kunst deze spookachtigheid wist te bezweren doordat haar parerga de stabiele grens markeerden waar de realiteit ophield en de wereld van de 'kunst', de illusie, de mimesis, de verschijning of schijn begon. In de moderne kunst is deze grens overal *binnen* het kunstwerk in het spel: elk spoor markeert meteen zijn eigen eclips die het aan de onwerkelijkheid van een oneigenlijke herhaling, van de mimesis blootstelt.

Derrida waagt het te zeggen dat wat wij 'kunst' noemen 'misschien niets anders is dan een intense vertrouwdheid met de onontkoombare oorspronkelijkheid van het spook'.[24] Hij beseft dat het hier gaat om een vertrouwdheid met iets wat noodzakelijk vreemd, *unheimlich* blijft. De kunst is de exemplarische affirmatie van de grens die aan elke zelfrealisatie, zelfherkenning, zelfbewustzijn is gesteld. Zij kan elk spoor waaraan de mens zijn aanwezigheid herkent laten verschijnen als iets dat hem vanuit een onachterhaalbaar verleden wordt toegezonden. Op het moment dat de kunst dus 'autonoom' wordt, getuigt zij meteen van de grens die aan de autonomie van de *mens* is gesteld. Deze grens ontsnapt per definitie aan elke gerichte aandacht of bewuste beslistheid. De mens kan nooit raken aan de eclips waarin zijn aanwezigheid zich altijd al opschort en belofte blijft. Toch wordt de kunst door die onmogelijke, 'passieve' passie gedreven. Dit blijkt volgens Derrida uit de schriftuur van Mallarmé bij wie de tekst in zijn 'witten', 'waaiers' en 'plooien' verwijst naar de *différance* die hem voortdrijft. In dergelijke 'autoreferentiële' momenten bewijst het schrijfproces niet dat het voor zichzelf transparant is, maar markeert het juist zijn onherstelbare blindheid. Het markeert daarmee dat het uiteindelijk niet teruggaat op een aanwezigheid die het wil afbeelden, maar op een aangedaanheid die het niet kan thuisbrengen. De kunst heeft 'geen andere herkomst dan de afgrond van het appèl of verzoek' dat uitgaat van een onachterhaalbare andersheid.[25]

Het spreekt vanzelf dat Derrida's deconstructie ons uitdaagt de verhouding tussen kunst en filosofie grondig te herzien. Kunst en filosofie staan niet in een tegenstelling die het mogelijk maakt dat de filosofie de waarheid over de kunst uitspreekt (Hegel), dat de kunst reeds beeldend uitdrukt wat de filosofie dan nog moet conceptualiseren (Schelling). Zelfs de Nietzscheaanse idee dat de filosofie aan het artistieke spel met

24. *Schibboleth. Pour Paul Celan*, p. 96.
25. *Donner la mort*, p. 206.

de schijn een voorbeeld zou moeten nemen om zich te bevrijden van de kleurloze fictie van de 'waarheid', is voor Derrida nog te oppositioneel gedacht. Beide, kunst en filosofie, hebben immers hun oorsprong in het gebeuren van de *différance*. En dit gebeuren gaat vooraf aan de tegenstelling tussen begrip en beeld of metafoor, tussen het zichtbare en het leesbare, tussen het concrete en het algemene, tussen verschijning en teken, tussen fictie en waarheid. Gedacht vanuit de *différance* blijken deze en andere termen waarmee men het verschil tussen filosofie en kunst steeds hard dacht te kunnen maken, door elkaar te zijn gecontamineerd.

De contaminatie tussen filosofie en kunst maakt niet alleen de eenvoudige tegenstelling, maar meteen ook de eenheid tussen filosofie en kunst onmogelijk. De filosofie kan niet anders dan, in de traditie van Kant, zo helder mogelijk haar eigen mogelijkheidsvoorwaarden conceptualiseren. Met de term *différance* denkt de filosofie evenwel iets dat een principiële grens stelt aan die conceptualisering. Niet dat er, zoals nog bij Kant, een 'Ding' is waar het denken niet bij kan. Het gaat om een interne grens, een grens die het denken doorsnijdt bij elke stap die het zet en dus maakt dat het uiteindelijk niet transparant is voor zichzelf. In de mate waarin het denken zich door dit gebrek laat aanspreken, omdat het daarin een gift vermoedt, gaat het wat men altijd 'filosofie' heeft genoemd te buiten, en laat het zich van binnenuit aantasten door wat 'kunst' wordt genoemd.

Bibliografie

OVER KUNST

'Economimesis', in: *Mimesis des articulations*. Ed. Sylviane Agacinski... [et al.]. Parijs (Aubier/Flammarion) 1975

La vérité en peinture; waarin opgenomen 'Parergon'. Parijs (Flammarion) 1978

'Forcener le subjectile', in: *Artaud. Dessins et portraits*. Parijs (Gallimard) 1986

Mémoires d'aveugle. L'autoportrait et autres ruines. Parijs (Éd. de la Réunion des musées nationaux) 1990

SELECTIE UIT OVERIGE WERKEN

De la grammatologie. Parijs (Seuil) 1967

L'écriture et la différence. Parijs (Seuil) 1967

Marges de la philosophie. Parijs (Éditions de Minuit) 1972; Ned. vert. (gedeeltelijk): *Marges van de filosofie*. Vertaling: Ger Groot, Kampen (Kok Agora) 1995, 2de geheel herziene druk. Eerste druk Ned. uitgave: Hilversum (Gooi & Sticht) 1989

Positions. Parijs (Minuit) 1972
Glas. Parijs (Galilée) 1974

OVER LITERATUUR

'La double séance', in: *La dissémination*. Parijs (Galilée) 1972
'Préjugés, devant la loi', in: *La faculté de juger*. Parijs (Minuit) 1985
Parages. Parijs (Galilée) 1986
Schibboleth. Pour Paul Celan. Parijs (Gallimard) 1986
Ulysse Grammophone. Deux mots pour Joyce. Parijs (Galilée) 1987
Mémoires. Pour Paul de Man. Parijs (Gallimard) 1988
Signéponge. Parijs (Seuil) 1988
Passions. Parijs (Galilée) 1993
'Demeure. Fiction et témoignage', in: *Passions de la littérature*. Parijs (Galilée) 1996
'La littérature au secret. Une filiation impossible', in: *Donner la mort*. Parijs (Galilée) 1999

OVER DERRIDA

Herman Parret, *Het denken van de grens. Vier opstellen over Derrida's grammatologie*. Leuven (Acco) 1975
Rodophe Gasché, *Derrida and the Philosophy of Reflection*. Cambridge (Harvard University Press) 1986
Geoffrey Bennington, *Jacques Derrida*. Parijs (Seuil) 1991
Erik Oger, *Jacques Derrida*. Kapellen (Pelckmans) 1995
Jos Defoort, *Het woekerende schrift. Een inleiding op Derrida*. Antwerpen (Hadewych) 1996

EPILOOG

Als in een donkere spiegel[1]

L'homme est défait selon son image.
MAURICE BLANCHOT

Onze kunst is een door de waarheid verblind zijn: het licht op het vertrokken gezicht dat zich afwendt is waar, anders niets.
FRANZ KAFKA

Het zou ongepast en zelfs barbaars zijn om, na dit selectieve overzicht van de moderne kunstfilosofie, tot een 'besluit' te komen. Dat zou immers betekenen dat de besproken auteurs diepgaand genoeg werden behandeld, wat in een overzichtswerk uiteraard niet mogelijk is. Het zou hoe dan ook van een misplaatste pretentie getuigen te beslissen over wat we van de besproken filosofen moeten overhouden en wat we als gedateerd moeten verwerpen. Een dergelijke 'balans' zou ook niet in de lijn van dit boek liggen. De hoofdstukken eindigden niet met een 'kritische beoordeling'. Mijn hoofdzorg was voor de lezer aannemelijk te maken dat het denken van alle besproken filosofen nog steeds *onontkoombaar* is, dat het voor ons het kader of de 'horizon' vormt waarbinnen wij over kunst denken. Zodra wij beginnen te denken over wat kunst voor ons betekent, over de plaats die ze in onze wereld inneemt, denken zij met ons mee.

In de verschillende hoofdstukken werd vooral de nadruk gelegd op de interne samenhang van elke (kunst)filosofie, niet op de manier waarop de desbetreffende filosoof zich tot andere filosofen verhoudt. Maar het moet alvast duidelijk geworden zijn wat al deze filosofen gemeen hebben. Kunst is voor geen van hen zomaar een *esthetische* zaak, een zaak van gewaarwording of affect. Met de kunst staat de *waarheid* op het spel. In die zin is kunst een praktijk die zich op 'filosofisch' domein beweegt. Reeds Plato voelde dit aan. Daarom gold de kunst voor hem als een soort filosofische charlatanerie die schijn verkocht in naam van de waarheid. De esthetica, die in de achttiende eeuw opkomt, neigt ertoe de kunst voor dit verwijt te behoeden door haar een autonoom domein toe te

1. Zie 1 Kor 13, 12: 'Thans zien wij in een donkere spiegel, maar dan van aangezicht tot aangezicht.' We denken ook aan Ingmar Bergmans prachtige film die de titel draagt: ALS IN EEN DONKERE SPIEGEL.

wijzen: dat van de *aesthesis*. Hiermee blijft de kunst evenwel aan de filosofie onderworpen. Benaderd als esthetisch fenomeen functioneert de kunst als het pure tegendeel van de filosofie: ze vertegenwoordigt het gevoel tegenover de rede, het beeld tegenover het begrip, het zintuiglijke tegenover het geestelijke, enzovoort.

Zoals in de inleiding werd gesteld, begint de moderne kunstfilosofie pas echt wanneer het probleem van de waarheid opnieuw zijn intrede in de esthetica doet – zeg maar met Kant en de Romantiek. De waarheid wordt een artistieke zaak. De 'autonomie' van de kunst bestaat er dan niet zomaar in dat zij het domein van een soort verfijnde *aesthesis* voor haar rekening neemt, maar dat zij op een specifieke manier de waarheid aan de orde brengt. Wanneer men die specificiteit ernstig neemt, kan men de waarheid van de kunst niet langer beschouwen als de afgeleide van een eerst filosofisch vastgesteld begrip van waarheid.

Maar zijn er dan twee soorten waarheid, of twee manieren waarop de waarheid kan verschijnen? Die conclusie wordt niet getrokken. Vanuit de 'specifieke' manier waarop het moderne denken in de kunst, om Heidegger te parafraseren, de waarheid *aan het werk* ziet, komt de waarheid *tout court* in een ander daglicht te staan. Het gaat er niet slechts om dat de waarheid zich in de kunst 'ook' kan tonen, in de kunst komt de nog niet vermoede *waarheid over de waarheid* aan de oppervlakte. In die zin zal de moderne filosofie de 'andersheid' van de artistieke waarheid als een andersheid in *zichzelf* erkennen. Het is alsof de filosofie in de kunst, als in een donkere spiegel, die ene waarheid aan het werk ziet waar zij zelf altijd al mee was begaan, maar die zij om een of andere reden nooit heeft willen zien of principieel nooit heeft kunnen zien. De blindheid voor die waarheid wordt door de romantici aangewezen als grondoorzaak van de crisis in de cultuur. In verband met een eventueel te boven komen van die crisis zal men sinds de Romantiek steeds een belangrijke rol aan de kunst toeschrijven.

Het moderne denken begint als de waarheid haar klassieke fundament verliest. De filosofie kan niet langer volhouden dat ze spreekt vanuit een intuïtief of rationeel inzicht in hoe de dingen zelf zijn. Dit inzicht werd altijd gewaarborgd door een God die ervoor instond dat de menselijke geest adequaat was aangesloten op de werkelijkheid zelf. Met de moderne tijd valt deze waarborg weg. Voortaan is het niet meer alsof de dingen de mens toespreken en hij hun taal moet ontcijferen. De waarheid wordt helemaal naar de kant van de mens getrokken. Ze wordt gefundeerd in de helderheid en coherentie van de waarnemingen of ideeën die de mens zich vormt. De waarheid wordt hiermee de zaak van een subject dat zich van een werkelijkheid *voorstellingen* maakt, en zich daarbij van zichzelf bewust is *als* voorstellend (het cartesiaanse *cogito* staat hier uiteraard model). Hierdoor lijkt het alsof het subject helemaal *vanuit zichzelf* tot waarheid komt.

Kant is de filosoof die hieruit de uiterste consequenties trekt. Ten eerste wijkt het object zelf (het '*Ding an sich*') terug. Het is alsof de orde van de voorstellingen nu een in zichzelf gesloten circuit is geworden. De helderheid en 'objectiviteit' waar de moderne, wetenschappelijke rede zo trots op is, worden gekocht met het verlies van het reële object. Ten tweede wordt ook het subject zelf als oorsprong van de voorstellingen een onvoorstelbare, lege x. Kant weet de basisvoorwaarden van de kennis te formaliseren, maar het denkende ik aan de oorsprong van het kennisproces blijft voor de kennis ontoegankelijk. Er is geen voorstelling van het subject van de voorstelling.

Sinds de mens het weten helemaal bij zichzelf legt, weet hij dus niet goed meer waar zijn wetenschap op is gericht, en weet hij tegelijk niet goed meer *van waaruit* hij weet. Sinds de waarheid in het subject wordt gegrond heeft ze iets grondeloos gekregen. De Kantiaanse en trouwens ook de romantische esthetica kunnen zeker worden beschouwd als een poging om de waarheid opnieuw een grond te geven. Maar men kan ook stellen dat de esthetica vanaf Kant de ervaring van die grondeloosheid thematiseert.

De veelbesproken plaats van de verbeelding (*Einbildungskraft*) in Kants filosofie is hier van cruciaal belang. De verbeelding is de *missing link* tussen de passiviteit van de zintuiglijke receptie en de activiteit van het verstand. De verbeelding ordent, 'schematiseert' – reeds op het niveau van het zintuiglijke – de chaos van de zintuiglijke impressies. Pas door de werkzaamheid van de verbeelding kan wat verschijnt object van een verstandelijk begrijpen worden. De verbeelding is dus het – verborgen – fundament van de waarheid.

In Kants kenleer, uitgewerkt in de *Kritik der reinen Vernunft*, blijft de verbeelding een ietwat onopvallend vermogen dat werkt in functie van het verstand. In de *Kritik der Urteilskraft* verkrijgt ze haar autonomie. De verbeelding wordt omwille van zichzelf gewaardeerd. De ervaring van schoonheid is dan dat een object de vormende activiteit van de verbeelding stimuleert zonder dat de verbeelding daarom aanstuurt op enig begrip van het object. En deze afwezigheid van begrip wordt niet ervaren als een gebrek. Juist doordat ze werd ontslagen van haar dienstbaarheid aan het verstand, kan de verbeelding zich ten volle laten gelden als een *vrij* en *productief* vermogen.

Het belang van Kants begrip verbeelding ligt in de idee dat er reeds op het 'passieve' niveau van de zintuiglijke receptie, van het affect, creativiteit in het spel is. De *aesthesis* als zintuiglijk geaffecteerd worden is niet het louter ondergaan van een prikkeling; reeds op dit affectieve niveau wordt de wereld gestructureerd, krijgt ze vorm. Dit ervaart men in de schoonheid. Doordat het schone object mij bevrijdt van het verlangen het te begrijpen, kan ik pas van de spontaneïteit van mijn verbeelding *omwille van zichzelf* genieten.

De subtiliteit van Kants esthetica bestaat erin dat zij de steriele tegenstelling tussen affect en rationaliteit, tussen *aesthesis* en waarheidsproductie doorbreekt. De verbeelding is reeds op het meest 'primitieve' niveau ordenend werkzaam. Zij is in die zin 'waarheidstichtend'. Zij is het die ervoor zorgt dat dingen als dingen herkenbaar zijn en van elkaar zijn onderscheiden, dat ze in het vloeien van de tijd worden vastgehouden als een permanente aanwezigheid. Strikt genomen is er geen wereld die niet al 'verbeeld' is. Wat we 'wereld' noemen is al het product van de verbeelding. De structurerende activiteit van de verbeelding, als voorwaarde van alle kennis, is een automatisme dat voorafgaat aan de wil of de intentie van het subject. Daarom heeft Kant haar 'een verborgen kunst in de diepte van de menselijke ziel' genoemd. De activiteit van de verbeelding lijkt het subject structureel te ontgaan, waardoor het lijkt alsof de wereld zich vanuit zichzelf 'verbeeldt', zich vanuit zichzelf als een samenhangend geheel voor ons openlegt. Dat is de onvermijdelijke illusie die de schoonheidservaring volgens Kant met zich meebrengt: de harmonie die het subject voelt, wordt ervaren als een *gunst* die de natuur hem verleent. Dit is de 'andere waarheid' van de kunst, die eigenlijk in de wetenschappelijke en filosofische waarheid verscholen zit, namelijk een waarheid die niet door het subject aan de verschijnende werkelijkheid wordt opgelegd, maar die als het ware vanuit die werkelijkheid zelf oprijst. 'Als het ware' inderdaad. De verbeelding blijft een menselijke aangelegenheid. En wanneer wij aan de natuur de intentie toeschrijven zich aan ons kenbaar te maken, zetten wij een stap te ver. Wel beschouwt Kant het vrije, belangeloze vormenspel van de verbeelding als het 'symbool' van de spontaneïteit of vrijheid van het subject. Indirect, als het ware onbewust, ontmoet het subject in het schone zijn eigen vrijheid, die zich principieel aan elke zintuiglijke voorstelling onttrekt.

De voor de filosofie bevreemdende 'waarheid' van het schone is dus dat de verbeelding als grond van de waarheidsproductie zich aan de mens onttrekt, en dat de mens in het spel van die verbeelding spelenderwijs, als het ware ondanks zichzelf, zijn vrijheid uitoefent. In het sublieme daarentegen vangt de mens van die vrijheid een glimp op terwijl hij niet meer in staat is die vrijheid uit te oefenen. Het gaat slechts om een glimp want het contact dat het subject met zijn vrijheid krijgt blijft gekleurd door zijn 'esthetisch' ontzag voor een groots, quasi-vormloos object waarop zijn verbeelding te pletter loopt. Volgens Kant produceert de verbeelding, juist in haar falen, een 'negatieve voorstelling' van een vrijheid die alle zintuiglijke bepaaldheid te buiten gaat.

Het Kantiaanse sublieme staat in het centrum van het hedendaagse kunstfilosofische vertoog. Een van de boeiendste Kant-interpretatoren is Jean-François Lyotard. Hij suggereert, wetende dat dit niet meer orthodox Kantiaans is, dat in het sublieme juist de 'materie' van de gewaarwording (*Empfindung*) doorbreekt. Terwijl in de schoonheid die materie door het vormenspel van de verbeelding buiten spel wordt gezet, mislukt de verbeelding hierin in het geval van het sublieme. Zo begrepen is het niet de bovenzintuiglijke idee die onvoorstelbaar is, maar de materie die het subject direct-zintuiglijk affecteert. Wanneer men spreekt over onvoorstelbare ideeën verhult men dus een onvoorstelbaarheid die reeds op het niveau van de zintuiglijke receptie speelt.

In de sublieme ervaring wordt volgens Lyotard de productieve receptiviteit van de verbeelding, die de prikkels opvangt en synthetiseert, opgeschort. Daarom brengt Lyotard het sublieme gevoel in verband met het trauma bij Freud.[2] Het subject wordt geraakt, maar het subject wordt even beroofd van zijn vermogen om deze geraaktheid een plaats te geven. De ontvankelijkheid voor wat gebeurt is zo radicaal dat het psychisch apparaat het gebeuren niet kan registreren en 'binden'. Het komt in die zin niet werkelijk tot een affect. Het affect gaat als het ware aan het subject voorbij. Het blijft onbewust. Het enige wat rest is het 'gevoel' – grenzend aan een afwezigheid van gevoel – *dat* er zich iets voordoet. Het gaat om een soort verbijstering die Lyotard verwoordt als 'Gebeurt dit? Is dit mogelijk?'

Het *dat* van het geraakt-worden, de pure 'materie' van de gewaarwording is 'immaterieel'. Het subject kan die materie slechts ervaren als een syncope, een interruptie, een blinde vlek in de ervaring. Als men spreekt over kunst in termen van *esthetische* ervaring dan moffelt men al te gauw deze syncope in het hart van de *aesthesis* weg. Niet dat het 'esthetische' een overbodige categorie is, maar men moet wel inzien dat men het op geen enkele manier kan inroepen als iets wat vanzelfsprekend is in de zin van 'nabij', 'concreet', 'onmiddellijk voelbaar'. Zoals Heidegger zegt: het 'nabije' is misschien het meest verre, het minst vanzelfsprekende. De kern van de menselijke subjectiviteit, namelijk de ontvankelijkheid van het subject voor wat het raakt – wat Adorno als 'het presubjectieve in het subject' omschrijft en men tegenwoordig vaak 'singulariteit' noemt –, blijft hem juist het meest vreemd. Daarom moet

2. In: J.F. Lyotard, *Heidegger en 'de joden'*. Kampen (Kok Agora) 1990.

alle esthetica die het esthetische serieus neemt onvermijdelijk leiden tot een *anesthetica*.[3]

Het is Lyotard uiteindelijk niet te doen om de 'juiste' interpretatie van een Kantiaans begrip. Hij wil dit begrip omsmeden zodat het zich losmaakt van alle oneindigheidsromantiek en een licht werpt op de historische avant-garde. Volgens Lyotard is de kunst van de avant-garde 'subliem' omdat ze ertoe tendeert de voorstelling te ontdoen van elke thematische, verbeeldbare, voorstelbare bepaaldheid. Ze doet dit niet omdat ze een onvoorstelbaar idee tracht voor te stellen, maar omdat ze de vinger wil leggen op de verre nabijheid van wat raakt. Vandaar dat in de moderne kunst de nadruk niet op de voorstelling ligt maar op de materie van het kunstwerk. Lyotard denkt hier bijvoorbeeld aan het timbre en de nuance van de kleuren. Dat zijn kenmerken van het kunstwerk die zo direct aanwezig, zo nabij zijn dat ze zich aan de voorstelling onttrekken.

De moderne kunst cultiveert een radicale ontvankelijkheid voor wat aanwezig is, zij het dat die ontvankelijkheid paradoxaal genoeg een opschorting vereist van het vermogen het aanwezige aanwezig te *stellen*. De materie van het kunstwerk doet het subject aan als een 'duistere gave' die even onvergetelijk en net zo meteen vergeten is als een traumatische gebeurtenis. In de mate waarin de kunst een dergelijk soort ontvankelijkheid cultiveert, verzet ze zich volgens Lyotard tegen een neiging tot totalitarisme eigen aan de informatiemaatschappij. De cultuur van de informatie dreigt onze ontvankelijkheid voor wat gebeurt te neutraliseren doordat ze elke gebeurtenis a priori herleidt tot een 'information unit' die geregistreerd en 'gecommuniceerd' kan worden.

Lyotard is niet de enige die het begrip van het sublieme nieuw leven heeft ingeblazen. Zo komt de Lacaniaan Slavoj Žižek vanuit een kritische lezing van Kant tot de hypothese dat in het sublieme de verbeelding niet zomaar geweld wordt aangedaan door een monsterlijke vormloosheid, maar dat de verbeelding zelf het gewelddadige monster is.[4]

3. Dit is ook de teneur van Jean-Luc Nancy's interpretatie van het sublieme. Hij spreekt over een paradoxale 'sensibiliteit voor de verdwijning van het sensibele'. De activiteit van de verbeelding, als voorwaarde voor de zintuiglijke receptie, wordt volgens hem niet zomaar stilgelegd, maar raakt aan haar grens. Omdat de verbeelding er niet in slaagt tot een voorstelling te komen, valt ze voortdurend terug in haar voorstellende activiteit zelf die zich hierdoor als het ware in haar naaktheid toont. 'De contour, het kader, de lijn', schrijft Nancy, 'verwijzen naar niets dan zichzelf – en dat is nog te veel gezegd: ze verwijzen niet, maar presenteren (zich), en hun presentatie presenteert zich als deze interruptie, als deze opschorting van de verbeelding (de figurering) waarin de grens zich trekt en zich wegveegt'. In: J.F. Courtine e.a., *Du sublime*. Alençon (Belin) 1988, pp. 60, 63.

Volgens Žižek schrikt Kant terug voor de gedachte dat de zogenaamd 'oorspronkelijke' veelvuldigheid van de zintuiglijke 'materie' (de chaos van indrukken) die voorafgaat aan elke organisatie door verbeelding of verstand, al een effect is van de verbeelding zelf die het continuüm van het natuurlijke waarnemingsveld in stukken trekt. Kant zou zich hebben blindgestaard op het synthetiserende, eenheidstichtende aspect van de verbeelding. Niet dat Žižek dit synthetiserend aspect ontkent, maar hij voegt er – in die zin solidair met Nietzsche en Adorno – aan toe dat er geen synthese, geen samenbrengen van elementen is zonder geweld. De verbeelding introduceert reeds op het zintuiglijke niveau het door Hegel aangeduide geweld van de *abstractie*: ze isoleert elementen uit hun context en brengt ze op arbitraire manier samen. In die zin is ze niet zomaar wereld*stichtend*; haar primaire act is daarentegen een negatie van de wereld zoals ze zich 'natuurlijkerwijs' aandient. Deze negatie wortelt in de afgrondelijke vrijheid van het subject. In de beangstigende vormloosheid van het sublieme zou het subject eigenlijk door niets anders worden aangestaard dan door de wrede negativiteit van zijn eigen vrijheid. Wanneer Kant er de nadruk op legt dat het subject in het sublieme een 'negatieve voorstelling' ontmoet van zijn vrijheid *als fundament van de morele wet*, dan vergeet hij volgens Žižek te zeggen dat deze wet, die van het subject eist dat het radicaal afstand neemt van het zintuiglijk-natuurlijke leven, reeds de 'tot rede gebrachte' gestalte is van een afgrondelijk-negatieve vrijheid. De zowel beangstigende als euforische ervaring van het sublieme correspondeert met de pijnlijk-lustvolle wijze waarop de morele wet zich in de psyche van het subject inschrijft.[5]

Ook de Lacaniaan Slavoj Žižek bewijst dat de interpretatie van het sublieme de meest boeiende resultaten geeft in een heen en weer tussen een originele exegese van de Kantiaanse tekst en psychoanalytische speculaties. Maar terwijl Lyotard lijkt uit te gaan van een soort 'onschuldig' geaffecteerd worden waarmee de verbeelding geen raad weet, ziet Žižek in de verbeelding een geweld dat even oorspronkelijk is als de ontvankelijkheid voor wat gebeurt. Žižek legt er de nadruk op dat het affect altijd al fantasmatisch is bewerkt of 'ingekapseld'. De verbeelding negeert altijd al wat zich zintuiglijk aandient om het om te vormen tot een irreële wereld van losgeslagen, spookachtige brokstukken. In die zin vormt de sublieme kunst niet zomaar een uitdaging aan de verbeelding. Ze herin-

4. Zie Slavoj Žižek, 'The Deadlock of Transcendental Imagination', in: *The Ticklish Subject. The Absent Centre of Political Ontology*. Londen/New York (Verso) 1999.
5. Žižek duidt hier op het geweld van het freudiaanse *Über-Ich*. Dit argument wordt uitgewerkt in Alenka Zupancic, *Ethics of the Real, Kant, Lacan*. Londen/New York (Verso) 2000.

nert de mens eerst en vooral aan de wreedheid van zijn eigen verbeelding. Deze wreedheid, die uiteindelijk niets anders is dan de wreedheid van de menselijke *vrijheid*, is de voorwaarde voor de totstandkoming van wat we 'realiteit' noemen, maar blijft daarin noodzakelijk verborgen.

Om toch te 'besluiten' over Kant: kunst heeft alles te maken met waarheid, met een inzicht van het subject in zichzelf en zijn verhouding tot de wereld. Maar het subject van het inzicht dat de kunst aanbrengt is als het ware gespleten. In het esthetische vormenspel van het schone verkrijgt het subject geen inzicht in datgene waarvan het 'eigenlijk' geniet: zijn vrijheid. In de vormloosheid van het sublieme ziet dit subject zijn vrijheid in – het voelt die vrijheid aan – op het moment dat elk zien hem vergaat. Het inzicht van het subject in zijn vrijheid die zijn laatste waarheid is, is dus telkens getekend door een *verblinding*: de zoete verblinding van het schone waarin het subject zich verlustigt aan een natuur die zich als begrijpelijk presenteert zonder begrepen te worden, of de harde verblinding van het sublieme waarin de natuur verschijnt als een onverschillige muur die het subject op zichzelf terugwerpt. Buiten deze verblindingen heeft het subject geen ervaring of intuïtie ('intellektuelle Anschauung') van de vrijheid als kern van zijn bestaan.

Bij Kant krijgt de mens enkel via de kunst een indirect ('symbolisch') of duister ('negatief') inzicht in een waarheid die voor het verstand gesloten blijft. De romantici van hun kant verwachten van de kunst een veel rechtstreekser inzicht in het absolute (als eenheid tussen subject en object, tussen vrijheid en noodzaak, tussen het geestelijke en het zintuiglijke) dan Kant voor mogelijk hield. Het kunstwerk wordt bij hen de geobjectiveerde voorstelling van een *intellektuelle Anschauung*. Bij nader inzien blijkt dit evenwel problematisch. Deze *Anschauung* (intuïtie) is immers geen zaak van een bewust subject. Ze heeft altijd iets van een verblindende, meteen vervlietende ervaring. Daardoor kan ook de artistieke objectivering ervan niet zomaar een bewuste handeling zijn. Voor de kunstenaar, maar ook voor de beschouwer, is het kunstwerk altijd 'een duistere, onbekende macht'. Hoewel het een product van een bewust individu is, rijst het op vanuit het hart van de natuur waarin vrijheid tegelijk noodzaak is. In het kunstwerk krijgen zowel kunstenaar als beschouwer de metafysische grond van hun vrijheid als vanuit een donkere spiegel teruggekaatst.

Schiller, die nog op de drempel staat van de Romantiek, lijkt nog de enige voor wie de activiteit van de artistieke verbeelding uiteindelijk geen bevreemding wekt. Voor hem bereikt de mens in de 'esthetische stemming' een ideale eenheid tussen receptiviteit en activiteit, waarbij de balans duidelijk doorslaat naar de activiteit: de esthetische mens is diegene die elke prikkel van buitenaf spontaan in een zuiver vormenspel weet op te nemen. Hij heeft als het ware zijn verbeelding helemaal in de hand en vormt daarmee, ook al realiseert hij niets, het model van de autonome, bevrijde mens wiens activiteit transparant is voor zichzelf.

In het romantische begrip ironie wordt de verbeelding eerder *gedesubjectiveerd*. Ze wordt niet uitgeoefend door een autonoom subject, maar gaat haar eigen weg. Het is alsof voorstellingen op eigen initiatief zichzelf opheffen en in andere overglijden (allegorie) of zich plotseling aan elkaar vasthechten (Witz). Deze procédés vormen als het ware een parodie op de synthetiserende activiteit van de verbeelding. De ironische verbeelding oefent, zoals Kant reeds opmerkte, geweld tegen zichzelf uit, richt zich tegen de vormen die ze zelf creëert. Ze organiseert als het ware haar eigen mislukking en laat juist daardoor iets opflitsen van het onvoorstelbare absolute.

Van alle romantici is het wellicht Hölderlin die de problematiek van het sublieme het meest radicaal heeft geïnterpreteerd, zonder daarom het woord letterlijk te laten vallen. In de tragedie verschijnt de waarheid over het subject slechts in een leeg moment, een interruptie ('cesuur') in de keten van de voorstellingen. Dit moment laat zich enkel door een onbetekenend nulteken 'voorstellen'. Een dergelijk nulteken kan zeker worden begrepen als een 'negatieve voorstelling' in de Kantiaanse zin. Alleen zo'n voorstelling die niets voorstelt en dus haar eigen ontoereikendheid assumeert, is trouw aan het 'ontrouwe', zich terugtrekkende absolute.

De Romantiek wil de kunst denken als verschijning van het absolute en ontdekt een vreemd geweld. Zij ontdekt het fragment, de ironie, de cesuur. Het absolute blijkt het onmogelijke. Het moderne denken over kunst zal deze onmogelijkheid uitdiepen. Steeds meer zal het tot het denken doordringen dat in de kunst weliswaar de waarheid verschijnt, maar dat deze waarheid zich paradoxaal meldt in een soort dood punt waarin zij zich terugtrekt en waarin de mens die waarheid als zodanig kan niet herkennen. Hiermee zal voor de filosofie zelf 'waarheid' iets *unheimlichs* worden.

Wellicht is dit moderne bewustzijn alleen mogelijk geworden doordat er eerst Hegel nog is geweest. Met zijn grondstelling dat de kunst 'de zintuiglijke verschijning van de Idee is' betoont hij zich een volbloed romanticus. Alleen trekt hij op zijn manier de consequenties uit het inzicht van de romantici dat de zintuiglijke vormen principieel ontoereikend zijn om de idee (het absolute) voor te stellen. Hoe meer de romantici menen een intuïtie van het absolute te hebben, hoe meer het esthetisch aspect van het kunstwerk voor hen problematisch wordt. De zintuiglijke vorm wordt 'onwezenlijk en voorbijgaand', verliest zijn ‘objectieve noodzaak’. Als de romanticus droomt van een nieuwe kunst of een totaalkunstwerk waarin het geestelijke en het zintuiglijke opnieuw een eenheid zouden vinden, droomt hij die droom vanuit een besef van de onmogelijkheid ervan. Zo kan Schelling van de filosofie wel verwachten dat ze een ‘nieuwe mythologie’ zou stichten die de grondslag moet vormen van een nieuwe kunst; hij kan stellen dat ‘alleen een verandering die in de ideeën plaatsvindt de kunst uit de impasse kan halen’. Maar met de eis dat kunst zou worden herboren uit ideeën, geeft Schelling impliciet toe dat een onmiddellijke, ongereflecteerde eenheid van idee en zintuiglijke voorstelling in de moderne tijd zeer problematisch is geworden en dat dus, zoals Hegel zegt, ‘de schone dagen van de kunst onherroepelijk voorbij zijn’. De romanticus zou voor Hegel moeten toegeven dat zijn verlangen naar de absolute Kunst niet meer is dan krachteloze nostalgie en dat hij als modern individu nu eenmaal een zodanige graad van zelfbewustzijn heeft bereikt dat hij de kunst niet meer nodig heeft voor zijn geestelijke ontplooiing. De romantici verwachten van de kunst dus iets wat ze onmogelijk nog kan schenken en luiden daarmee eigenlijk het einde van de kunst in.

Het ‘einde van de kunst’ betekent dat de uiterlijkheid van de esthetische voorstelling voor de mens niet langer noodzakelijk is ter ontplooiing van zijn zelfbewustzijn. Ofwel is de kunst divertissement geworden, een puur esthetisch spel waarin de mens kan uitrusten van zijn geestelijke arbeid, ofwel presenteert zij voorstellingen van geestelijke inhouden die de mens reeds in de innerlijkheid van zijn bewustzijn voor ogen heeft. In beide gevallen is zij in principe overbodig.

De voor de hand liggende reactie hierop is erop te wijzen dat kunst wel degelijk nog steeds van eminent belang is voor de ontwikkeling en bewustwording van de mens. Men kan altijd nog proberen aan te tonen dat, hoe vreemd moderne kunstuitingen ook kunnen lijken, de kunst voor de mens toch een onmisbare spiegel van de waarheid is. Toch begrijpt men het moderne denken over kunst beter wanneer men met Hegel meegaat en de kunst *vanuit haar einde denkt*. De kunst vanuit haar einde denken betekent dat men erkent dat zij niet langer kan gelden als een voorstelling – of die nu wordt gedacht als ‘afbeelding’ of als ‘uitdrukking’ – waarin de mens zichzelf veruitwendigt om zich daarin vervolgens te herkennen. Het betekent dat men kunst beschouwt als de manifestatie van een radicale uitwendigheid, dat wil zeggen van een uitwendigheid die het subject vreemd blijft maar die hem tegelijk niet loslaat. Deze vreemde uitwendigheid maakt de spiegel van de kunst ondoorzichtig, doorboort hem of doet hem in scherven vallen. In deze donkere spiegel ziet de mens dus niet zijn menselijkheid bevestigd, maar wordt hij eerder verrast door een ‘monsterlijke gelijkenis’ van zichzelf.[6]

Het is met Nietzsche dat dit 'monsterlijke' definitief zijn intrede doet in de (kunst)filosofie. Het is een grove simplificatie om Nietzsches filosofie te interpreteren als een omkering van het platonisme: het lichaam in plaats van de geest, het esthetische in plaats van het metafysische, het spel van de schijn in plaats van de waarheid. De dimensie van het 'dionysische' waar Nietzsche over spreekt is immers niet bepaald een rijk van zintuiglijke genoegens. Het gaat eerder om een *hyper*zintuiglijkheid die voor het subject dat zich als bewust individu staande wil houden ontoegankelijk is. Het dionysische als excessieve levensdrift geldt voor Nietzsche als een onleefbare waarheid die eenieder die enigszins de moed heeft tot deze waarheid onvermijdelijk naar het heelmiddel van de kunst doet grijpen. De kunst is voor Nietzsche een heilzame zelfverblinding als afweer tegen de afgrondelijke verblinding die een al te direct contact met de waarheid teweeg zou brengen. Nietzsche ziet in de kunst een spanning tussen tragiek en lichtheid, tussen dionysische huiver en geniale oppervlakkigheid. Beide ontbreken volgens hem aan de moderne cultuur, die het tragische verwart met een ziekelijke ondergangsstemming (het 'romantisch pessimisme') en lichtheid met kleine genoegens.

Met Nietzsche is de toon van het twintigste-eeuwse denken over kunst gezet. Zo leunt iemand als Bataille heel dicht tegen Nietzsche aan. Niet het 'oneindige', de 'idee' is onvoorstelbaar, maar de excessieve beweging van het leven zelf. De kunst is dan zoiets als een engagement in het onvoorstelbare. Bataille onderscheidt zich evenwel van Nietzsche doordat hij niet langer de droom koestert van een krachtige 'grote stijl' waarin de dionysische levenswil zou zijn bedwongen. Bataille deelt niet Nietzsches nostalgie naar een 'Griekse gezondheid'. Meer dan welke andere filosoof ook heeft Bataille erop gehamerd dat kunst draait rond iets dat radicaal onhandelbaar is, iets wat zich op geen enkele manier laat beteugelen. Bataille droomt van een kunst die van het onmenselijke in de mens zou getuigen zonder het in enige mate te vermenselijken, betekenis te geven. Tegelijk weet hij dat zo'n absoluut soevereine positie onmogelijk is. Kunst is nooit een reële transgressie, maar altijd meteen een *cultuur* van de transgressie. Toch blijft het de taak van het denken om de kunst te beschermen tegen haar verkalkende culturalisering en humanisering, en dus eigenlijk tegen haar bescherming.

In de twintigste eeuw heeft niemand de problematiek van de kunst zo expliciet teruggebogen naar die van de waarheid als Heidegger. Maar ook Heidegger is een Nietzscheaan als hij die waarheid ziet als een overweldigend, gewelddadig 'zijnsgebeuren'. De mens is voor Heidegger

6. Zie Jean-Luc Nancy, *Les muses*. Parijs (Galilée) 1994.

niet in de eerste plaats een redelijk of zelfbewust dier, maar degene die zich door het zijnsgeweld laat aanspreken en zich daarmee uit de 'normale' gang van zijn bestaan laat stoten. De mens is, en dit resoneert zowel met Hölderlin als met Bataille, 'verlangen naar het ongehoorde'.[7] Toch kan hij slechts op het ongehoorde gebeuren van het Zijn ingaan doordat hij er eerst en vooral voor terugschrikt en het op even gewelddadige wijze probeert te bedwingen. De noodzaak van zo'n bedwinging impliceert dat de mens de waarheid ook altijd misloopt. In de sfeer van de kunst betekent dit dat het 'in het *werk* zetten van de waarheid' steeds een blindheid voor de waarheid vooronderstelt. Daarom toont de waarheid zich altijd pas ondanks de mens, namelijk door de onvermijdelijke mislukking van zijn poging het zijnsgeweld binnen de grenzen van een kunstwerk te bedwingen. Het kunstwerk moet dus, zoals reeds voor de romantici, gestalte geven aan zijn eigen onmogelijkheid.

De waarheid is voor Heidegger weliswaar een gewelddadig gebeuren, maar is ook *logos*. De logos is evenwel geen vermogen van het verstand. Aansluitend op Kants theorie van de synthetiserende activiteit van de transcendentale verbeelding, ziet Heidegger de logos als een 'zichtbaar makend verzamelen' dat aan elke begrippelijke objectivering voorafgaat. De mens kan slechts een reeds voorafgaandelijk 'verzameld-zijn' ontsluiten. Dit doet bij uitstek de dichter. Zijn woord probeert de dingen niet voor te stellen, maar voegt zich naar hun oorspronkelijk verzameld-zijn.

Doordat Heidegger het angstwekkende gebeuren van het Zijn als *logos* ziet, kan hij van de kunstenaar verwachten dat deze met vermetele moed dit gebeuren laat verschijnen in een werk waaraan het volk zijn historische bestemming kan aflezen. De kunst stoot de mens uit zijn vertrouwde wereld, maar zet tegelijk de bakens voor een nieuwe wereld waarin de mens zich thuis voelt. Dat was volgens Heidegger het geval bij de Grieken, voor wie kunst nog geen esthetische aangelegenheid en evenmin object van wetenschappelijke studie was. Alle pogingen in onze tijd waarmee men ons probeert te bewijzen dat kunst een 'beleving' is of 'interessant voor de algemene ontwikkeling', bewijzen voor Heidegger slechts dat de kunst in ons tijdperk van de techniek haar maatschappelijk richtinggevende functie is verloren.

Het hele oeuvre van Blanchot lijkt soms een onvermoeibare poging om de verweesde toestand waarin de kunst zich volgens Heidegger bevindt aan te duiden. Net als Heidegger neemt hij Hegels these van het einde van de kunst ernstig. Men zou kunnen stellen dat hij Heidegger radicaliseert zoals Bataille Nietzsche radicaliseert. Blanchot is wars van

7. Martin Heidegger, *Inleiding in de metafysica*. p. 125.

elke nostalgie naar Griekenland of naar welke tijd dan ook waarin de kunst nog van wezenlijk belang zou zijn geweest. Maar dat betekent niet dat voor Blanchot kunst dan van elk belang verstoken zou zijn. Voor Blanchot moest het belang van de kunst juist grondig onzeker worden opdat *voor het eerst* duidelijk zou worden dat er met kunst 'iets wezenlijks in het spel is'.[8] 'Wezenlijk' aan kunst is dan dat ze de fundamentele *on*wezenlijkheid van de mens voelbaar maakt, dat ze laat ervaren 'hoe weinig de mens thuis is in zijn eigen wezen' (Heidegger). De kunst zoekt onopvallend het niveau op waarin de mens *niet* toekomt aan al datgene wat men eeuwenlang als wezenlijk voor het menszijn heeft beschouwd: rede, zelfbewustzijn, vrije wil, autonomie, arbeid en zingeving. Zij legt getuigenis af van een fascinatie waaraan de mens passief is overgeleverd, een fascinatie waarin hij als mens verloren is omdat die hem steevast van elke bestemming, wet of waarheid afleidt en hem zo op een eindeloos dwaalspoor brengt. Uit die fascinatie valt voor de mens geen hoop of 'diepere zin' te putten. De mens kan er zich hoe dan ook niet in alle ernst mee inlaten. Hij kan er zich slechts door laten bespoken. De vreemde strengheid van de kunst bestaat er juist in dat zij die fascinatie fascinatie laat zijn, dat zij er geen zin, geen moraal, geen 'waarheid' uit afleidt.

'Het kunstwerk geeft stem aan [...] iets in de mens waarin hij zich niet herkent, [...] niet aanwezig is, voor zichzelf geen mens is',[9] schrijft Blanchot. De psychoanalyse van Lacan kan beschouwd worden als een theorie die dit 'iets', als object van een voormenselijke fascinatie, in kaart probeert te brengen. Het gaat om het 'object a' dat het subject, ondanks het feit dat het als sprekend wezen door een onophefbaar tekort is getekend, een laatste, zij het puur fantasmatische consistentie verschaft. Dit object is het genotsding dat het subject in zijn fantasma voor de Ander is. Geïdentificeerd met dit Ding is het subject niets, en daarom is het tezelfdertijd de belichaming van zijn tekort. Dit nietige Ding spookt heimelijk rond in elk beeld waarmee de mens zich een zijnsvolheid aanmeet en in alle woorden waarmee hij zijn tekort leefbaar maakt. Het kunstwerk kan dit Ding nooit als zodanig voorstellen. Het flitst slechts op waar een element zich even uit de keten van de voorstellingen losmaakt, betekenisloos wordt en daardoor de leegte gaat belichamen waar alle voorstellingen omheen cirkelen. Antigones verschijning heeft voor Lacan zo'n flitsend effect. In het beeld van haar redeloze, blinde vasthouden aan de naam van haar dode broer openbaart zich de waarheid van

8. Maurice Blanchot, *L'espace littéraire*, p. 295.
9. Ibidem, p. 313.

het verlangen: dat het zich uiteindelijk door niets laat bevredigen, maar dat dit 'niets' iets is, namelijk een onheuglijk, vervlietend Ding waar het subject onbewust aan vastzit. Ook in Holbeins *De ambassadeurs* verschijnt het ultieme object van het verlangen als een gat, een blinde vlek in een voor de rest herkenbaar tafereel. Vanuit deze vlek kijkt een onheuglijke Ander de beschouwer aan. Die blik is verblindend. Hij herinnert de beschouwer aan het object dat zijn verlangen voortdrijft. Maar deze 'herinnering' is niet bewust. In het punt waar het object waarmee hij fantasmatisch samenvalt, oplicht, is hij als bewust wezen per definitie afwezig. Elk kunstwerk is een soort scène die zich rond die afwezigheid vormt en er tegelijk een 'apollinisch' scherm voor plaatst. Kunst is in die zin de ervaring bij uitstek dat de ontmoeting van de mens met zijn laatste waarheid een mislukte ontmoeting is. De waarheid van de kunst is er één die, om met Benjamin te spreken, '*vorbeihuscht*'.

Voor denkers als Heidegger en Bataille, Blanchot en Lacan is de waarheid op zijn zachtst gezegd een vreemde zaak geworden. Zij onttrekt zich aan elke bewuste of systematische poging haar te achterhalen. Zij moet zich als het ware vanuit zichzelf openbaren. Deze openbaring is een gunst die het subject slechts te beurt valt in de mate waarin het er geen aanspraak op maakt. En dan nog. De waarheid blijkt zo ongehoord, zo onverzoenlijk met alles wat vertrouwenwekkend is, dat ze zich steeds ook meteen moet verhullen. Het laten verschijnen van deze onhandelbare waarheid wordt door al deze denkers in hoge mate aan de kunst toevertrouwd.

Van de vier genoemde denkers denkt eigenlijk alleen Heidegger dat de mens zich de waarheid nog enigszins kan toe-eigenen. De mens kan de waarheid tot zijn 'ontwerp' maken. Zo wordt de kunstenaar gezien als degene die door een soort moedige beslistheid (*Entschlossenheit*) de waarheid die hem wordt toebedeeld 'grondt' of 'sticht' Als zodanig vertegenwoordigt hij, overigens net als de staatsman en de priester, het collectief.

Voor Bataille, Blanchot en Lacan lijkt de waarheid die zich in de kunst meldt onverzoenlijk met de mens voor wie hij toch uitsluitend bestemd is. De kunst is dan een praktijk die deze waarheid *in* haar onverzoenlijkheid doet aankomen.[10] Voor deze drie denkers is deze on-

10. Vgl.: 'Die Erkenntnis, welche Kunst ist, hat das Wahre, aber als ein ihr Inkommensurables.' In: Theodor W. Adorno, *Ästhetische Theorie*, p. 191. We kunnen hier ook denken aan *Vor dem Gesetz*, een kort verhaal van Kafka. Daarin verbiedt een bewaker een man zijn hele leven lang de toegang tot de poort van de wet. Maar wanneer de man stervende is zegt hij tegen hem dat de poort alleen voor hem bestemd was.

verzoenlijkheid zo radicaal dat zij voor datgene wat zich in de kunst openbaart zelfs niet meer het klassiek-metafysische begrip 'waarheid' wensen te gebruiken. Reeds Heidegger beweerde dat de 'onwaarheid' tot het wezen van de waarheid behoort. Voor Bataille komt wat zich in de kunst toont slechts bij de mens aan in een verblindend 'niet-weten'. Blanchot beweert vaak van de literatuur dat zij 'zonder waarheid' is. En voor Lacan is 'waarheid' iets dat onverhoeds binnenbreekt in de discursieve orde en even het bodemloos tekort van die orde voelbaar maakt.

De 'waarheid' zoals die in de moderne filosofie aan de kunst wordt toegeschreven, is dus inderdaad een heel andere dan de waarheid zoals die sinds de aanvang van de moderne filosofie wordt gedacht. Voor Descartes en Kant is de waarheid het resultaat van een objectiverende conceptualisering die geheel van het kennende subject uitgaat. Maar reeds voor Kant reikt het waarheidsverlangen van de rede verder dan de grenzen die aan het verstand zijn gesteld. De transcendentale verbeelding, die als voorbegrippelijk, 'in de diepte van de ziel verborgen' voorstellingsvermogen de werking van het verstand pas mogelijk maakt, wordt heimelijk gestuurd door deze rede die het verstand te buiten gaat. In het geval dat de verbeelding niet louter werkt in functie van het verstand maar van haar eigen werkzaamheid geniet, verwijst zij symbolisch naar een realiteit die voor de begrippelijke kennis ontoegankelijk is. Dit is het geval in de kunst. Kant, zij het met kritische terughoudendheid, heeft het dus over een waarheid die niet begrippelijk is en legt deze in handen van de kunst. In de kunstfilosofie na Kant is, vaak met de nadruk op het sublieme, steeds meer de nadruk komen te liggen op het onhandelbare karakter van die waarheid.

De vraag die hier moet worden gesteld is dan waarom de kunst, als haar waarheid inderdaad zo onhandelbaar en vervlietend is, altijd weer de inzet is geworden van een spiritueel en sociaal-politiek geladen *Bildungs*ideaal. Vreemd genoeg heeft men telkens opnieuw datgene wat per definitie aan het projectmatige, aan ieder doelmatig handelen en kennisvergaren ontsnapt, proberen in te schakelen in een emancipatorisch project. Sinds Schiller en de Romantiek, waarmee de moderne kunstfilosofie pas echt begint, schuift men de kunst naar voren als een soort model waarmee de moderne mens zijn 'onbehagen in de cultuur' te boven zou kunnen komen.[11] Dit gebeurt altijd vanuit een gevoel van teleurstelling of scepsis ten aanzien van de politieke – in het bijzonder revolutionaire – pogingen om de crisis van de cultuur op te lossen. Maar men kan ook stellen dat de kunstfilosofie sinds de Romantiek de kunst

11. Dat kunst kan worden ingeschakeld in een maatschappelijk project is wellicht de grondgedachte van elk artistiek avant-gardisme.

met de ondankbare taak heeft opgezadeld deze crisis eerst en vooral *uit te diepen*. Dat is zeker wat mensen als Hölderlin, Nietzsche, Heidegger, Bataille en Blanchot hebben gedaan. Dat al deze denkers op een of andere manier het nihilisme serieus hebben genomen mag dan ook niet verwonderen.

Van de twintigste-eeuwse denkers hebben Benjamin en Adorno het meest nagedacht over de maatschappelijke verantwoordelijkheid van de kunst. Volgens Benjamin, in de lijn van Hölderlins strenge Romantiek, is het waarheidsgehalte van een kunstwerk af te lezen aan 'uitdrukkingsloze' elementen die niet alleen breken met elk idee van communicatie, maar ook met het esthetische genoegen dat men aan de schone vorm zou kunnen beleven. In serieuze kunst slaat het welbehagen in het schone altijd wel ergens om in een sublieme ontsteltenis omwille van de waarheid die doorbreekt. Toch zal Benjamin op een bepaald moment vanuit een andere hoek de schoonheid (de 'aura') van de kunst attaqueren, namelijk vanuit haar communicatieve waarde. Hij zal meer bepaald de waarde van de kunst als document waarderen vanwege van het bewustmakende effect dat die heeft op de massa's. Toch is deze poging van Benjamin om de kunst politiek te instrumentaliseren al met al een kortstondige oprisping gebleven, wat overigens niet betekent dat hij de kunst uiteindelijk als politiek onverschillig beschouwt. De Benjamin van het *Passagen-Werk* laat de 'taak' van de kunst verregaand samenvallen met die van de filosofie. Beide moeten, bijvoorbeeld door een strategie van montage van fragmenten, de niet ingeloste beloftes die in het verleden sluimeren naar boven halen. Van een dergelijke actualisering van wat nooit mocht zijn blijft het concrete politieke effect uiteraard in het ongewisse. Wel kan de 'zwakke Messiaanse kracht' die de filosoof-kunstenaar van het verleden opvangt een 'cesuur in de beweging van het denken' slaan die een grondige verschuiving aanbrengt in de manier waarop wij onze eigen tijd bekijken.

Ook Adorno staat voor de onmogelijke taak om het onhandelbare, *onmenselijke* aspect van de kunst samen te denken met haar maatschappelijk heilzame werking. Zijn esthetica komt neer op een soort verscherping en verruiming van Benjamins 'zwakke' messianisme. De 'autonomie' die de kunst in de moderne tijd heeft veroverd maakt van het kunstwerk een in zichzelf gesloten vorm die omwille van zichzelf, 'belangeloos', wordt gecontempleerd. Dit formalisme maakt de kunst a priori medeplichtig aan een uitbanning of neutralisering van het heterogene, die wezenlijk is voor de Verlichting. Alle formele schoonheid deelt in het geweld van de instrumentele rede. De moderne kunst kan zich hieraan slechts op onvermijdelijk onvolmaakte wijze onttrekken door telkens weer het primitieve mimetisme dat in het gebruik van de rede schuilt, aan de oppervlakte te brengen. De 'waarheid' van de moderne kunst is voor Adorno de huiver die zij binnen haar georganiseerde vorm bewaart: zowel de huiver voor wat radicaal heterogeen is als voor *zichzelf*, voor het mimetische geweld waarmee zij die heterogeniteit in een vorm dwingt, onderwerpt, bevriest.

Het is alsof voor Adorno in de moderne kunst de transcendentale verbeelding zich op haar eigen werkzaamheid terugbuigt en zo haar gewelddadige karakter in de verf zet. De verbeelding houdt niet meer van zichzelf, dat vindt men vaak zo ergerlijk aan Adorno's esthetica. Hegel zei dat het de taak van de kunst was om de wereld van haar vreemdheid te ontdoen. Voor Adorno tracht de kunst juist het heimelijke geweld waarmee de mens zich het vreemde vertrouwd maakt en het huiveren afleert, tegenover dat vreemde goed te maken door dit geweld in haar vorm te reflecteren.[12] In die zin kan Adorno zeggen dat kunst voor hem aan de kant staat van de dood, van het negatieve; alleen het harde beeld van het negatieve is nog trouw aan het leven dat wordt geschonden. Voor Adorno stelt de kunst niet iets ongehoords tegenover het banale of gewone dat in de maatschappij heerst, maar getuigt zij van het ongehoorde dat in het gewone schuilt. Zij spiegelt de maatschappij, zij het per definitie donker en nooit meteen herkenbaar, haar eigen waarheid terug. De spiegel van de kunst heeft dus heel zeker een 'politieke relevantie', maar vanwege haar structurele donkerheid blijft het concreet effect ervan strikt genomen onmeetbaar.

Van alle besproken auteurs heeft Derrida wellicht het minst een 'esthetica', hoewel hij zeker niet het minst over kunst heeft geschreven. Overigens in de lijn van de reeds aangehaalde twintigste-eeuwse denkers, staat de deconstructie per definitie sceptisch tegenover definities, tegenover elke poging om een onderwerp begrippelijk te begrenzen. 'Definities zijn rationele taboes',[13] zei Adorno al. Dit geldt zeker als het gaat om kunst. Als men, zoals Kant doet, kunst bepaalt als iets wat belangeloos omwille van zijn vorm wordt genoten, dan maakt men van de esthetische ervaring een soort 'gecastreerd hedonisme'.[14] Men legt eigenlijk een taboe op datgene in het kunstwerk wat altijd heterogeen blijft aan de vorm. Derrida gaat hierop door. Kant wil de belangeloosheid van de esthetische ervaring veiligstellen door er elk natuurlijk affect uit te weren. Derrida van zijn kant wil niet zozeer het affect herwaarderen,

12. Adorno, *Ästhetische Theorie*. p. 191.
13. Ibidem, p. 24.
14. Ibidem, p. 25.

maar stelt eerst en vooral de tegenstelling tussen het affect als materiële prikkel en de activiteit van de verbeelding die deze prikkel integreert in een stabiele, identificeerbare voorstelling ter discussie. Hij wil eigenlijk wijzen op de bevreemdende verstrengeling tussen affect en transcendentale verbeelding. Volgens Derrida kan de synthetiserende werkzaamheid van de verbeelding niet worden gezien als een bewerking van een 'ruw', 'natuurlijk' aangedaan-worden. Wat zich in de ervaring aandient, wordt altijd meteen uitgewist en naar het verleden weggeduwd. De verbeelding kan de prikkel die ze ontvangt slechts ontvangen door zich deze *meteen al te herinneren*, en in een verleden dat nooit aanwezig is geweest, 'spaart' ze die prikkel voor de toekomst. Bij Derrida wordt de verbeelding dus een proces van *différance* dat het aangeraakt-worden of aanraken altijd al in zichzelf onderbreekt. Als Kant hamert op de distantie die de 'zuiver' esthetische ervaring behoudt tegenover de directe onmiddellijkheid van het affect, verbergt hij eigenlijk deze interne distantie in het affect zelf, zijn oneindig afstandelijke nabijheid. De onvervangbare singulariteit van het affect rouwt altijd al om zichzelf, is altijd al haar eigen rest of 'as'.

Vanuit deze radicale visie op de verbeelding als *différance* heeft Derrida geen esthetica van het sublieme nodig. Lyotard beweert ergens dat de verbeelding, die ervaring als zodanig pas mogelijk maakt, rondom de veelvuldigheid van prikkels 'een soort kader, rand of lijst, omlijsting' plaatst.[15] Het sublieme gaat dit soort begrenzingen te buiten of wist ze uit. Een dergelijke sabotering van de verbeelding en dus van de ervaring slaat dan, als in een kramp, om in euforie. Volgens Derrida is het eigen aan de verbeelding zelf, als mogelijkheidsvoorwaarde van de ervaring, dat ze uit de ervaring iets laat wegvallen. Dat wil zeggen: de ervaring *vindt slechts op haar grens plaats*. Er is dus niet iets, iets 'onvoorstelbaars', dat de verbeelding niet kan inkaderen, er is alleen maar iets omdat er kader is. De verbeelding produceert zelf wat aan haar ontsnapt – als een rest die nooit ten volle verschijnt maar ook nooit helemaal verdwijnt. De verbeelding produceert haar eigen spoken.

Als, zoals Derrida zich laat ontvallen, wat wij 'kunst' noemen misschien niets anders is dan een 'intense vertrouwdheid' met deze structurele spookachtigheid, dan is de kunst een activiteit die zich niet zomaar institutioneel of theoretisch laat afbakenen. Van een dergelijke vertrouwdheid kan men geen beroep maken, geen specialiteit, geen techniek, geen project. Niemand kan zich het begrip 'kunst' toe-eigenen om dan te beslissen wat kunst is en wat niet. Niemand kan er ook prat op gaan die vreemde vertrouwdheid te bezitten of in deze 'op de goede

15. *Heidegger en 'de joden'*, p. 57.

weg' te zijn. Tegelijkertijd is het onvermijdelijk dat dit altijd weer gebeurt, door de kritiek, door musea en instituten, door de kunstgeschiedenis en de esthetica. Alle disciplines proberen het spel op de grens te begrenzen en het zich toe te eigenen. Dit gebeurt niet alleen wanneer men dit spel in een bepaald domein opsluit, maar ook als men de structurele geheimzinnigheid ervan uitbuit, men van het grondeloze, onzinnige geheim een geheim*zinnigheid* maakt.

In die zin kan Derrida zeggen dat er alleen een institutionele definitie van kunst bestaat, waarmee niet gezegd is dat die juist is. Deze definitie schiet zelfs aan het wezenlijke voorbij, namelijk dat de kwestie wat 'kunst' is, de kwestie van de grens dus, *een zaak van de kunst is*. De kunst engageert zich in haar afgrenzing. De filosofie kan haar slechts volgen in dat engagement. In tegenstelling tot kunstgeschiedenis en -wetenschap laat zij zich niet in met een onderwerp dat reeds afgebakend is. Dit is ook de reden waarom de 'voorbeelden' die filosofen aandragen nooit neutraal zijn, maar geëngageerd. Het zijn geen voorbeelden die het algemene begrip kunst inhoud moeten geven. Voor Hölderlin en Nietzsche is de Griekse tragedie *exemplarisch*, zoals Hölderlin dat voor Heidegger is, Manet voor Bataille, Schönberg en Beckett voor Adorno, Mallarmé voor Blanchot en Derrida... De geliefkoosde kunstenaar van de filosoof is altijd degene die een kunstwerk maakt dat datgene wat men gewoonlijk met 'kunst' associeert, te buiten gaat.

Derrida toont hoe bij Kant de onzekere status van het kader dat het 'kunstwerk' afgrenst de onzekere status weerspiegelt van de esthetica als begripsafgrenzing van wat 'kunst' is. Adorno zei al dat kunst wezenlijk argwanend staat tegenover haar begrip. Dit kan niet anders. Kunst is immers juist een hardnekkige preoccupatie met de grens: afgrenzing, omlijning, omschrijving, ponering, aanduiding. Dat de kunst een zaak is van de verbeelding in Kantiaanse zin, houdt in dat zij zich inlaat met het gebaar zelf waarin iets *als* iets wordt aangewezen, vastgehouden, geïdentificeerd. De kunst behelst dus bijna niets, niets dan de beweging zelf van de (re)presentatie: 'dit is dit', 'hier is het', 'dit is het nu'. *Kunst presenteert de presentatie*, en zij presenteert de presentatie als iets wat zich door geen enkel gepresenteerde (onderwerp, referent, idee, betekenis) laat gebieden. De presentatie, als werk van de verbeelding, heeft geen grond tenzij in de *différance* die elke grond meteen van zichzelf losmaakt.

De deconstructie distantieert zich systematisch van elke mogelijke herijking van de referentialiteit, van iedereen dus die zich beroept op een intuïtie van een 'diepere', 'oorspronkelijkere' aanwezigheid. Vaak wordt bijvoorbeeld het lichamelijke in stelling gebracht tegen de geest, de driften tegen de ideeën, het 'abjecte' tegen de vorm. Dergelijke materialistische of vitalistische omkeringen zijn nu net de ellende van de kunstfilosofie als 'esthetica'. Het zijn omkeringen waarmee de filosofie compulsief haar schuld denkt te kunnen afbetalen voor wat zij sinds Plato de kunst heeft aangedaan. Maar wat Plato ergerde aan de verleiding die van beelden uitgaat, was niet de volheid van het esthetische genoegen, maar de grondeloosheid waaraan het denken zelf lijdt. De deconstructie duidt onvermoeibaar op die grondeloosheid, en verzet zich daarom tegen elke substantialisering van wat zich 'achter' het kader, het scherm, de vorm of de voorstelling bevindt. *Er is geheim* – de ellips van de *différance* produceert geheim –, maar er bestaat niet *een* geheim waarop men zich zou kunnen beroepen.

De beweging van de presentatie mist niet alleen elke grond in de aanwezigheid van een referent, zij is evenmin gegrond in een of andere intentie of wilsbesluit van een subject dat aanwezig zou zijn bij zichzelf. 'Kunst' zou dan de affirmatie zijn van de structurele afwezigheid van het subject bij zijn act van (zelf)presentatie, zijn afwezigheid bij het gebeuren waarin het zichzelf voorstelt. In elke lijn of toets, in elke noot, in elk woord waarin het subject van zijn aanwezigheid getuigt, is de aanwezigheid reeds uitgewist. De meest primaire herkenbaarheid of begrijpelijkheid van die getuigenis is niet mogelijk zonder die uitwissing. De getuigenis is altijd al haar eigen spookachtige *terugkeer*. 'Kunst' is dan zoiets als de onmogelijke vertrouwdheid met het spookachtige van ik-dit-hier-nu op dit doek, dit blad, deze muur, deze ruimte, dit scherm.

* * *

Filosofie kan kunst niet anders zien dan als een activiteit waarin de waarheid over de waarheid in het spel is. Waarheid is voor de moderne mens iets wat wordt voorgesteld, geponeerd, gesteld. Een subject stelt zich iets voor en in die voorstelling is het zich van zijn bestaan als voorstellend subject bewust. Dat is de cartesiaanse oerscène van de moderne filosofie en van het moderne zelfbewustzijn zonder meer. Maar men kan ook stellen dat de moderne filosofie vertrekt vanuit een ongeloof in die scène, vanuit een argwaan tegenover het voorstellende subject. Zij gaat op zoek naar een oorspronkelijker scène 'achter' of 'onder' of 'vóór' die scène, en ontdekt dan de kunst als een soort bevoorrechte getuige van die meer oorspronkelijke scène.

In haar zoektocht naar die oorspronkelijke scène dreigt voor de moderne kunstfilosofie steeds een mogelijke terugval in een voor-Kantiaanse metafysica. De kunst zou ons dan een blik gunnen op het pure Zijn dat voorafgaat aan de splitsing tussen subject en object en dus aan elke voorstellende activiteit. (De romantische filosofie *is* deze metafysica maar ook de problematisering ervan.) Een andere verleiding waaraan de kunstfilosofie blootstaat is eerder fenomenologisch van signatuur. Volgens dit soort denken bestaat het eigene van de kunst erin dat ze de mens confronteert met zijn 'prereflexieve', lichamelijk-affectieve betrokkenheid op zijn *Lebenswelt*, waarvan hij door het begrippelijke, voor-stellende denken zou zijn vervreemd.

Sinds Nietzsche dringt er evenwel langzamerhand iets anders tot de filosofie door: de voorstelling is niet alles, er is ongetwijfeld wel iets achter de voorstelling, maar dit 'iets' kan helemaal niet worden gesubstantiveerd of zelfs niet als *Lebenswelt* worden gedacht.[16] Het probleem zit hem in de vreemde verhouding van het subject tot de voorstelling. De voorstelling is niet zomaar een product of een 'schepping' van een subjectieve intentie of wil tot voorstellen. De voorstelling is ook altijd een spoor of afdruk van een aanwezigheid die zich als zodanig aan elke voorstelling onttrekt. Deze onvoorstelbaarheid is niet te wijten aan het feit dat het subject met die aanwezigheid een te intieme, intuïtieve of mystieke band onderhoudt, maar omdat die aanwezigheid een geraaktheid of aangedaanheid betreft die het subject niet kan thuisbrengen. Zijn verhouding tot die aanwezigheid is te passief om die aanwezigheid tot de *zijne* te kunnen maken. Geraakt door die aanwezigheid is het subject als het ware *buiten zichzelf*.

In een bepaalde lijn die loopt van pakweg Hölderlin naar Derrida denkt de filosofie de mens niet als een subject dat eerst (voelend, waarnemend, denkend) bij zichzelf is en zich vervolgens naar buiten toe voorstelt, uitdrukt, ontwerpt, creëert, enzovoort – de mens wordt gedacht als primair *blootgesteld* aan een buiten dat hem radicaal te buiten blijft gaan.[17] In dat buiten verdwijnt hij terwijl zijn identiteit er niettemin door wordt geconstitueerd. Of beter: wat wij 'mens' noemen is iets wat zich uit zijn eigen verdwijning terughaalt door zich 'achteraf' als subject, als grond of 'substraat' van zijn verdwijning (voor) te stellen. In elke voorstelling waarin de mens voor zichzelf verschijnt, zichzelf terugvindt, (bij) zichzelf is, zijn wereld schept, is hij als het ware zijn verdwijning, zijn blootgesteld-zijn aan een radicaal buiten, te boven gekomen. Maar dit neemt niet weg dat elke voorstelling door die verdwijning, dit buiten-zichzelf-zijn, getekend blijft. Wellicht is dit hetgeen de kunst voelbaar maakt. Kunst stelt niets voor zonder ook de voorstelling terug te buigen naar de verdwijning van waaruit ze steeds

16. Nog bij Nietzsche, daarin beïnvloed door Schopenhauers wilsfilosofie, en bij Bataille is er de neiging om datgene wat aan de voorstelling voorafgaat te substantialiseren, namelijk als een kosmisch-vitaal krachtenveld.
17. Het subject is 'blootgesteld-zijn' (*être exposé*). Met onder meer deze term brengt Jean-Luc Nancy het denken van Heidegger, Bataille en Blanchot samen.

opduikt. Op die manier geeft kunst aan de voorstelling een zekere vreemdheid, een onhandelbaar 'raadselkarakter' (Adorno). Het vreemde waarvan de kunst getuigt is niet iets bovennatuurlijks of buitengewoons 'achter' de voorstelling, maar het opduiken zelf van de voorstelling.

Het opduiken zelf van de voorstelling gaat elke voorstelling te buiten, is alleen 'voorstelbaar' in een voorstelling die niet zomaar iets voorstelt, maar juist van het voorstellen zelf een – onoplosbare – kwestie maakt. Alleen een voorstelling die zich met zichzelf inlaat, die zich op haar eigen (afgrenzende, definiërende) beweging terugbuigt, is 'soeverein'. Ze laat zich immers door geen bepaalde realiteit funderen of begrenzen, ook niet de realiteit van een 'idee'. Niet dat zo'n voorstelling daarom helemaal in de ijle sfeer van de 'schijn' hangt. Ze is 'trouw' aan haar *grondeloze grond*, namelijk aan een aanwezigheid die het subject ondanks zichzelf heeft geraakt.

Het moderne denken over kunst nodigt ons uit kunst te denken als iets wat niet voortkomt uit een subject dat bij zichzelf aanwezig is, maar uit een soort voormenselijke geraaktheid, een blootgesteld-zijn aan iets radicaal heterogeens. Anders gezegd: het gaat om een ontvankelijkheid, maar dan van de verblindende, 'sublieme' soort die elk *vermogen* tot ontvangen ontreddert. Zo'n ontvankelijkheid is dus net zo goed een diepe *on*ontvankelijkheid, die in elke verbeelding is verondersteld.

Alle besproken denkers sinds Nietzsche denken de verbeelding (begrenzing, inkadering, beteugeling...) van het geraakt-zijn als even oorspronkelijk, even 'voormenselijk' als het geraakt-zijn zelf. Ze geven in die zin elk op hun manier een radicale versie van Kants *Einbildungskraft*, dat 'geheime vermogen in de diepte van de ziel'. Zo is voor Nietzsche de dionysische levensdrift slechts leefbaar in de mate waarin zij zich in apollinische voorstellingen laat inkleden. Bij Heidegger blijft het zijnsgeweld onbegrepen en zelfs onervaren zonder tegengeweld van de mens die het zich wil toe-eigenen. Bataille stelt nuchter dat er geen transgressie is zonder 'komedie'-achtige simulatie ervan. Adorno ziet hoe de mimetische huiver reeds in zichzelf een poging tot beheersing en dus afstandelijke beschouwing van het gevreesde bevat. Blanchot is de eerste om toe te geven dat de passieve fascinatie voor wat maar niet verdwijnt nooit als zodanig kan worden volgehouden. Elk 'volhouden' betekent op zich reeds een verglijding van de passieve fascinatie naar een poging iets te *doen* verschijnen. Lacan beschouwt de onbewuste gehechtheid aan een fantasmatisch object als een effect achteraf van het tekort waaraan de mens als sprekend wezen lijdt. En voor Derrida schort het geraakt-worden van de mens zich altijd reeds in zichzelf op en wordt het hem als restant teruggegeven.

Bevreemdend is dus telkens niet zozeer dat iets onvoorstelbaars sporen nalaat in de voorstelling, maar dat de wereld voor het subject altijd al als iets voorstelbaars openligt, *dat de ruimte van de voorstelling altijd al geopend is*. Die opening of geopendheid heeft Blanchot 'de waanzin van de dag' genoemd. Hij is als een gift die de mens te beurt valt, maar kan ook worden gezien als een gift die de mens zichzelf, voorafgaandelijk aan elke intentie, schenkt. Passiviteit is hier meteen activiteit, en activiteit bevat een passieve component. In de manier waarop de kunst de voorstelling behandelt of mishandelt, 'toont' zij deze passief-actieve oorsprong van de voorstelling. Ze toont de vorming van een herkenbare en vertrouwelijke, *menselijke* wereld. Ze toont dus het 'vertoon' of de 'tentoonstelling' die de wereld wezenlijk is. Ze toont vooral de absolute vreemdheid van dit vertoon. Want het 'beeld' van hoe de wereld voor de mens voorstelbaar wordt, van hoe de mens zichzelf de wereld als iets voorstelbaars geeft, heeft noodzakelijk iets ongehoords. Vandaar dat de eis dat kunst zich meer zou moeten 'integreren' in de wereld een eigenaardige eis is. Kunst wil juist stilstaan bij het gebeuren zelf waarbij de wereld voor ons een 'wereld' wordt, en dit gebeuren behoort per definitie niet tot het geheel van voorstellingen dat de wereld voor ons is. Hoe datgene wat ons raakt en ons buiten onszelf brengt een geheel wordt waarin we onszelf terugvinden, dat kan zich enkel aan ons openbaren *als in een donkere spiegel*. Het dient zich aan als iets vreemds dat ons tegelijk *unheimlich* vertrouwd is.